John Kotre

Der Strom der Erinnerung

Wie das Gedächtnis
Lebensgeschichten schreibt

Aus dem Englischen von
Hartmut Schickert

W0059376

Deutscher Taschenbuch Verlag

Für Frank Kotre
und den Geist seiner Handschuhe

Ungekürzte Ausgabe
Mai 1998
Deutscher Taschenbuch Verlag GmbH & Co. KG,
München
© 1995 John Kotre
Titel der amerikanischen Originalausgabe:
White Gloves. How We Create Ourselves Through Memory
The Free Press, New York u. a. 1995
© der deutschsprachigen Ausgabe:
1996 Carl Hanser Verlag München Wien
unter dem Titel:
Die Weißen Handschuhe
ISBN 3-446-17438-9
Umschlagkonzept: Balk & Brumshagen
Umschlagfoto: © Art Wolfe Inc., Seattle
Gesamtherstellung: C. H. Beck'sche Buchdruckerei,
Nördlingen
Gedruckt auf säurefreiem, chlorfrei gebleichtem Papier
Printed in Germany · ISBN 3-423-36089-5

Inhalt

Prolog
Die weißen Handschuhe

In meiner Erinnerung gibt es ein Paar weiße Handschuhe. Ich kann sie sehen; sie liegen über ein paar alten Klarinetten auf dem vollgestopften, verstaubten Dachboden im Haus meiner Großmutter hinten in der Ecke, wo die zwei Dachschrägen auf den Fußboden treffen. Daneben liegt ein schwarzer Klarinettenkoffer mit rissigem Bezug. Der Koffer ist offen; sein Futter verströmt Modergeruch. Alles an dieser Erinnerung ist grau. Mit Ausnahme des Lichts, das am Ende des Dachbodens durch ein kleines Fenster fällt. Obwohl ich die Handschuhe nur im Gedächtnis habe – in Wirklichkeit habe ich sie niemals gesehen –, weiß ich, daß sie makellos weiß sind.

Während eines Wendepunkts in meinem Leben, vor beinahe einem Jahrzehnt, wurden die Handschuhe Teil meiner Erinnerungen. Ihren Ursprung haben sie in den Worten meines Vaters, Worten, die sich zwischen Tausenden von anderen verlieren, welche Teil seiner Lebensgeschichte sind; diese Geschichte habe ich vor langer Zeit auf Tonband aufgenommen. Vor zehn Jahren war ich Mitte Vierzig, und zu diesem Zeitpunkt hörte ich mir erstmals die Bänder an, die ich aufgenommen hatte. Die Handschuhe stellten nur ein kleines Detail in der Geschichte meines Vaters dar, aber aus irgendeinem Grund sprachen sie mich an, und ich spürte ein Gefühl der Erleichterung, als ich sie – im Geist – anzog. Sie schienen mich von Schuld zu reinigen und meinen Weg zu bestätigen, schienen mich mit einem mythischen Vorfahren zu verknüpfen, der sich für mich geopfert hatte. Es war Leben in ihnen, das Leben meines Großvaters.

Ich habe meinen Großvater niemals getroffen, und den größten Teil meines Lebens kannte ich noch nicht einmal seinen

Vornamen. Aber ich erinnere mich daran, daß mir mein Vater einmal sagte, ich würde ihm ähnlich sehen. Ich stand auf der Hintertreppe meines Hauses, und mein Vater blickte vom Hof zu mir empor. Er sagte, mein Großvater sei groß und schlank gewesen, genau wie ich. Mein Vater war kleiner und eher untersetzt, körperlich von größerer Kraft. Seiner Bemerkung schenkte ich keine sonderliche Aufmerksamkeit, dennoch fühlte ich mich geschmeichelt. Als ich später das einzige Bild betrachtete, das ich von meinem Großvater besitze, fühlte ich mich abermals angenehm berührt. Das Bild zeigt einen gut aussehenden Mann in den Zwanzigern, und die Frau, die hinter ihm steht, ist wunderschön – meine Großmutter in voller körperlicher Blüte. Das kleine Kind mit den großen Augen und der weißen Hemdbluse ist mein Vater; er hat einen Gesichtsausdruck, den er noch heute, mit 79, zeigen könnte, obwohl seine geistigen Kräfte nachgelassen haben und fast völlig verschwunden sind. Auf dem Bild hält mein Großvater ihn mit der rechten Hand fest auf seinem Schoß.

Mein Großvater starb, ehe ich geboren wurde. Aus den Erzählungen meines Vaters weiß ich, daß er Probleme mit der Lunge hatte. Jahrelang hatte er den Staub der Kohlen eingeatmet, die er in den Ofen des städtischen Gaswerks schaufelte, und hinzu kam noch ein Verkehrsunfall, bei dem er sich die Rippen brach. Ein paar Jahre lang siechte er nach dem Unfall noch dahin, doch er starb, ehe er fünfzig war. In meinem Gedächtnis kontrastiert das Weiß der Handschuhe mit dem Hintergrund des schwarzen Kohlenstaubs, der ihn umbrachte.

Es war nicht abzusehen gewesen, daß das Leben meines Großvaters ein solches Ende nehmen würde. Begonnen hatte es in Ungarn, in einem Gebiet, wo die Umgangssprache Deutsch war. In seinen jungen Jahren spielte mein Großvater in einer Art Militärkapelle Klarinette. »Ich glaube, seine ganze Seele war nichts als Musik«, sagte mein Vater; niemals zuvor hatte ich ihn von jemands »ganzer Seele« sprechen hören. Noch ehe er zwanzig war, *tourte* mein Großvater durch ganz Europa, spielte, schrieb Arrangements. Als er 1912 in die Vereinigten Staaten kam, wohin er seine Frau nachkommen ließ, versuchte er zunächst, seinen Lebensunterhalt mit der Musik zu verdienen, der seine ganze Liebe gehörte. Musiker gab es jedoch »im Dutzend billiger«, und nach ungefähr einem Jahr gab er auf und nahm einen Job in einer Ziegelei an. Was mir von den Erzählungen meines Vaters deutlich im Gedächtnis geblieben ist, war die rückhaltlose Entschiedenheit, mit der mein Großvater diesen Schritt unternahm. Die Klarinetten wurden anscheinend ohne sonderliche Sorgfalt weggepackt, und dazu legte man die weißen Handschuhe, die Teil seiner Uniform gewesen waren. Meine Großmutter war diejenige, die sie behalten wollte. Ich bin mir nicht sicher, ob mein Großvater sie jemals wieder angezogen hat. Als Kind stöberte ich einmal auf dem Dachboden meiner Großmutter herum und fand die Klarinetten, nicht jedoch die Handschuhe. Damals hatte ich keinerlei Vorstellung, wem die Instrumente gehörten oder was sie bedeuteten. Von meinem Großvater wußte ich rein gar nichts.

Was mag es für ihn bedeutet haben, seine Musik aufzugeben und mit Ziegeln und später mit Kohlen zu hantieren, um seine Familie ernähren zu können? Welcher Teil von ihm starb zu diesem Zeitpunkt? Mein Vater berichtete mir, daß sein Vater nur ein einziges Mal pro Jahr zu spielen pflegte, nämlich zu Weihnachten, und auch dann spielte er nicht Klarinette, sondern Akkordeon. Von Zeit zu Zeit hörte er seinen Kindern zu, wenn sie Klavier übten, oder lauschte der Musik aus dem Radio. Gelegentlich sprang er von seinem Stuhl auf und schrie – auf deutsch – »Falsch!«, wenn jemand den Ton nicht getroffen hatte. Doch es scheint, daß er sich nur dadurch von dem, was er liebte, trennen konnte, daß er vollständig damit brach. Wenn er schon selbst keine Musik mehr machen konnte, wollte er, von seltenen Ausnahmen abgesehen, nicht einmal welche hören.

Der Bruch, den er vollzog, hatte über mehrere Generationen Bestand. Weder mein Vater noch ich können uns eine Melodie merken, und obwohl ich Freude an Musik habe, kann ich sie selbst nicht spielen. (Meine Söhne sind glücklicherweise anders geraten.) Und die Neigungen meines Vaters sind alles andere als künstlerisch. Praktisch veranlagt, hat er sein ganzes Leben schwer geschuftet, ein Arbeiter mit kräftigen Händen und kurzen, dicken Fingern. Nachdem mein Großvater gestorben war, übernahm mein Vater dessen Rolle in der Familie. Er nahm eine Arbeit bei einer Firma an, bei der er sein ganzes Leben lang blieb. Er liebte seine Familie, kümmerte sich um seine Kinder und um deren Zukunft. Fest hielt er sie in seinen Händen, genau wie es sein Großvater getan hatte, nachdem seine Musik für immer verstummt war.

In dieser Familie meines Vaters wuchs ich auf. Auf einer High-School der Jesuiten brachte man mir den Reichtum wie die Diszipliniertheit der klassischen Literatur bei. Wichtiger noch war, daß ich mit Fragen des Geistes konfrontiert wurde, obwohl ich das als Teenager niemals so ausgedrückt hätte. Schließlich wurde ich ein Psychologe, der sich ständig für das *Sehen* interessiert, der dauernd versucht, in Worte zu kleiden, was er sieht. Kein »wissenschaftlicher« Psychologe, kein »klinischer«, sondern einer, der individuelles Leben porträtieren will. Ein Künstler, wenn man so will, wenn auch nur dem Temperament nach. Als ich Mitte Vierzig war, veränderte sich mein Leben in dramatischer Weise. Meine Kinder waren erwachsen, meine Ehe war gescheitert, ich erhielt ein großes Forschungsstipendium, das meine Arbeit völlig auf den Kopf stellte, und ich lernte eine neue Frau kennen. In vieler Hinsicht war ich allein, und das war der Moment, als ich mir die Lebensgeschichte meines Vaters anhörte.

Ich staune noch immer über meine Reaktion auf die weißen Handschuhe, bewundere die Kraft, die von diesem Bild selbst heute noch ausgeht. Ich habe das Band erneut abgespielt, um zu versuchen, die Quelle dieser Kraft zu finden. Die Worte meines Vaters lauteten, nur leicht korrigiert: »Die Handschuhe waren aus Wildleder. Meine Mutter konnte sie nicht anziehen, weil die Finger so lang und schlank waren. Schlimm war, daß sie meinem Vater nach seiner schweren körperlichen Arbeit in der Ziegelei auch nicht mehr paßten. Und dabei war er ein so stolzer Mann.« In technischer Hinsicht ist die Stimme meines Vaters nicht gerade gut aufgenommen. Und die Handschuhe spielen in seiner Lebensgeschichte gar keine sonderliche Rolle. Er hatte damals keine Vorstellung – und wird angesichts seines jetzigen Geisteszustands wohl auch niemals eine Vorstellung davon haben –, was sie für mich bedeuten. Die Quelle ihrer Kraft ist auf dem Band nicht zu finden.

Wo dann? In mir – in dem, was ich zu einem kritischen Zeitpunkt in meinem Leben aus dieser Erinnerung machte, in dem, was ich noch immer daraus mache. Damals bekräftigten die Handschuhe meinen Entschluß, eine Scheidung durchzustehen und statt eines lähmenden Verantwortungsgefühls das Leben zu wählen. Über die Handschuhe fühlte ich mich mit einem verwandten Geist verbunden, mit einer Quelle, von der ich zuvor nicht gewußt hatte, daß sie in meiner Familie existierte. In meinem Großvater fand ich die Wurzeln für etwas in mir, das dem Nichts entsprungen schien. Ich glaube, ich weiß, was es für ihn bedeutete, seine »ganze Seele« zu opfern. Auch meinen Vater sah ich Opfer bringen, er lebte sein Leben auf eine Weise, die es mir ermöglichte, mein eigenes zu haben. Letztlich habe ich die Handschuhe angezogen, weil sie mir paßten. Niemand sonst in unserer Familie hat solche Finger wie ich. Niemand sonst hat dasselbe Temperament.

Damals schossen mir all diese Überlegungen gleichzeitig durch den Kopf. Noch viele weitere gesellten sich im Lauf der Jahre hinzu. Oft sind die Handschuhe in ihrem strahlenden Weiß zurückgekehrt, um mir die Schuldgefühle zu nehmen, die ich angesichts getroffener Entscheidungen empfand, und mir zu helfen, mit den kleinen Toden fertig zu werden, die das Leben ermöglichen. Ich muß mich von Menschen trennen – Menschen, mit denen ich arbeite, mit denen ich lebe, die ich liebe –, um meiner Seele folgen zu können. Die Handschuhe reinigen meine Hände und sagen mir, was zu tun ist: Fang von vorn an, bleib deiner Seele treu, geh deinen Weg. Achtzig Jahre ist es jetzt her, daß mein Großvater die weißen Handschuhe beiseite legte. Hätte er nur gewußt, welche Bedeutung sie für mich heute haben!

Dieses Buch handelt vom autobiographischen Gedächtnis, und es ist dem Mann gewidmet, der mir aus der Vergangenheit herüber die Hand reicht und mich berührt. Das autobiographische Gedächtnis besteht aus Erinnerungen an Menschen, Orte,

Dinge, Ereignisse und Gefühle, die in die Geschichte des eigenen Lebens eingehen. Schon seit vielen Jahren beschäftigen sich klinische Psychologen, Psychiater und Sozialarbeiter mit dieser Art von Erinnerungen. Dasselbe tun Rechtsanwälte, Polizisten, Politiker, Interviewer, Lehrer, Beamte und Liebende. Auch ich arbeite mit autobiographischen Erinnerungen, wenn auch in anderem Zusammenhang. Ich habe die Lebensgeschichten von Menschen aufgenommen und sie – beziehungsweise Teile davon – in Büchern und Rundfunksendungen verarbeitet, einmal sogar in einer Fernsehserie mit dem Titel *Seasons of Life*. Und immer wieder erfüllt mich das Mysterium des Gedächtnisses mit Staunen, immer wieder wundere ich mich, wie geistige Bilder aus längst vergangener Zeit das Gesicht des einen Erzählers zum Glühen bringen, dem anderen feuchte Augen machen und den dritten erzittern lassen können. Gleichen solche Erinnerungen Fotografien, oder sind sie wenigstens einigermaßen genau? Und was bedeuten sie, egal ob akkurat oder nicht? Wovon sprechen solche Erinnerungen, und wie sprechen sie?

Was zum Beispiel liegt in der Vergangenheit einer Frau Mitte Dreißig verborgen, der immer das Atmen schwerfällt, wenn sie in eine Situation gerät, die auch nur leicht bedrohlich ist? Die Ohren beginnen ihr zu klingen, Geräusche nimmt sie nur wie ein entferntes Echo wahr. Ihr Blick trübt sich, und sie fühlt sich ganz allein. Dann lösen sich Teile von ihr ab, treten beiseite, so daß sie sie beobachten können. Was für Ereignisse hat es in ihrer Vergangenheit gegeben, warum scheinen sie in ihrem Körper gespeichert zu sein, und warum stellt sich dieses Gefühl der Auflösung immer wieder ungebeten ein? Heute spricht man oft von »Verdrängung« einerseits – und andererseits von »falschen Erinnerungen«, die von Therapeuten »implantiert« werden. Was für einen Rang nehmen solche Begriffe ein? Man sagt uns, wie heilsam es sei, »das Kind, das in einem lebt, wiederzuentdecken«. Ist so etwas überhaupt möglich?

Was ist mit den Kleinigkeiten, die die Zeiten überdauern? Ein Mädchen von elf oder zwölf Jahren hielt sich in einer Sommernacht einmal die kleine Zehe und fragte ihre Mutter, warum sie »eingedellt« sei. Es war Zeit, schlafen zu gehen, und ihre

Mutter war gerade in ihr Zimmer gekommen, um sie ins Bett zu stecken. Die Mutter nahm einen Finger und drückte die Seite des Zehs, wie es ein Schuh tun würde. Sie erklärte dem Mädchen, daß die Schuhe daran schuld waren, und fügte hinzu, daß es bei ihren Zehen nicht anders sei. Es sei eine zärtliche, beruhigende Erinnerung, sagt das Mädchen heute, im Alter von 38. Warum aber ist ihr dieser eine Vorfall im Gedächtnis geblieben, wo sie doch so viele Ereignisse aus der Kindheit vergessen hat?

Wie groß ist die Angst davor, das Gedächtnis zu verlieren oder niemals eine Erinnerung zu haben? Ein Mann Ende Zwanzig schaut an einem Regentag aus dem Fenster und denkt an seinen jüngeren Bruder, der sechs Wochen zuvor bei einem Verkehrsunfall ums Leben gekommen ist. Der Mann beobachtet, wie das Wasser in den rissigen Boden versickert. Plötzlich ergreift ihn Panik. Er kann sich an gar nichts mehr erinnern, was mit seinem Bruder zusammenhängt, kann ihn sich nicht einmal vorstellen. Er rennt zu seinem Elternhaus, kramt das Fotoalbum der Familie hervor und versichert sich so, daß die Erinnerungen an seinen Bruder nicht verschwinden werden. Ein weiterer Mann im selben Alter erinnert sich, daß sein Urgroßvater – einst Baseball-Spieler in der Unterliga – ihn einmal Ball spielen sah, und zwar gut. Er erinnert sich auch an die Zitronenbaiser-Torten seiner Urgroßmutter, die besten, die er jemals gegessen hat. Er möchte diese Erinnerungen nicht missen, und dennoch ist ein Haken an der Sache. Der junge Mann wurde von dieser Familie erst adoptiert, nachdem sein Urgroßvater schon gestorben war und seine Urgroßmutter längst mit dem Backen aufgehört hatte, weil sie in einem Pflegeheim lebte. Die Familie des Mannes versucht ihm klarzumachen, daß er ihre Erzählungen über die Vorfahren zu eigenen Erinnerungen umgewandelt hat, aber er insistiert darauf, daß sie echt seien.

Schließlich: Welche Ansichten über das Gedächtnis gingen im Herbst 1991 einigen amerikanischen Senatoren durch den Kopf, die eine Juraprofessorin verhörten, welche einem Mann, der für die Position des Richters am obersten Gerichtshof vorgeschlagen worden war, den Vorwurf sexueller Belästigung machte? Die Professorin erinnerte sich, daß sie sich von der unverblümten Art dessen, was der Mann acht bis zehn Jahre zuvor zu ihr gesagt hatte, angeekelt und erniedrigt gefühlt hätte. Zwar bereitete es ihr Schwierigkeiten, die Worte in aller Öffentlichkeit zu wiederholen, aber schließlich gelang es ihr, und zwar in aller Ausführlichkeit. Sie sprach von »Sex mit Tieren«, »Schamhaar« und dem »dicken Schwengelbengel«. »Er machte eine Bemerkung, an die ich mich noch ganz deutlich erinnere«, fügte sie hinzu. »Er sagte, ich würde ihm die Karriere ruinieren, wenn ich jemals irgendwem von seinem Betragen erzählte.« Der Mann seinerseits leugnete, daß er jemals irgend etwas in dieser Art gesagt hätte. Er konnte sich an nichts von all dem erinnern, was sie ihm vorwarf, und niemand sonst hatte das Gespräch mit angehört. Glaubten die Senatoren wirklich, daß das autobiographische Gedächtnis, selbst wenn hier keine Lügen mit im Spiel waren, so kleine Details einer Unterhaltung speichern könnte, die vor einem Jahrzehnt stattgefunden hat?

In den siebziger Jahren drängte eine neue Generation von Gedächtnisforschern aus den Laboratorien, um solche Phänomene zu ergründen. Statt weiter mit Nonsens-Silben und Wortlisten zu operieren – womit man Erinnerungen von nur wenigen Minuten Dauer untersucht –, begannen diese Wissenschaftler Phänomene aus dem tatsächlichen Leben zu erforschen, beispielsweise Zeugenaussagen, Tagebücher und Erinnerungen an historische Ereignisse. Unabhängig davon fanden Hirnforscher heraus, daß das Hauptorgan unseres Gedächtnisses ganz anders funktioniert, als bislang angenommen: Im Lauf des Lebens revidiert es sich selbst immer wieder. In einem weiteren Zweig der Psychologie interessierten sich die Gelehrten für das Erzählen, erinnerten an die Geschichtlichkeit menschlichen Denkens und bestanden darauf, dem menschlichen Bestreben, allem einen Sinn zu geben, die entsprechende Aufmerksamkeit zu schenken. Alles in allem verlangen diese Forschungen nach einem drastischen Wandel unserer grundlegenden Annahmen, wie das autobiographische Gedächtnis funktioniert; und dieser Wandel wird für viele von grundsätzlicher Bedeutung sein: für Rechtsanwälte wie Liebespaare, für jeden, der wissen muß, was das Gedächtnis leisten kann und was nicht.

Nicht jeder hängt den »alten« Ansichten über das Gedächtnis nach, doch Untersuchungen zeigen, daß eine deutliche Mehrheit der Menschen sie noch immer hegt. Sie glauben, daß alle Erfahrungen, die man im Leben macht, irgendwo im Gehirn gespeichert werden. Selbst wenn sie sich an ein bestimmtes Ereignis nicht mehr erinnern können, nehmen sie an, daß man sie mit einer speziellen Technik wieder hervorlocken könnte – in ihrer echten, ursprünglichen Form. Die neue Generation von Forschern aber streitet das ab.

Was die Wissenschaft über das autobiographische Gedächtnis herausgefunden hat, will ich in diesem Buch so darlegen, daß uns der Sinn für seine Essenz dabei nicht verlorengeht. In unserer Hauptstadt Washington gibt es ein Ehrenmal für große Amerikaner: eine einfache Wand aus poliertem schwarzem Marmor, in die die Namen derjenigen eingraviert sind, die im Vietnamkrieg fielen. Zwischen den anderen großartigen Monumenten der Umgebung wirkt dieses auf den Boden geduckte Denkmal beinahe verloren. Doch jeder, der sich ihm nähert, spürt, daß Leben in jenem Stein ist. Ein Mann, der jemanden im Krieg verloren hatte, beschrieb einmal, wie es war, als er zwischen all den anderen Namen auch denjenigen eines geliebten Menschen fand. Man sieht den Namen in die Wand gemeißelt, sagte er, aber man sieht zugleich auch die eigene Spiegelung im Marmor. Wenn man die Hand hebt, um den Namen zu berühren, erblickt man zugleich eine Hand, die aus der Vergangenheit herüberreicht, um einen selbst zu berühren. Besser kann man nicht umschreiben, was ein Zusammentreffen in der Erinnerung ausmacht, besser nicht ausdrücken, wohin die Reise geht, die wir mit diesem Buch unternehmen.

1. Wo bleiben die Erinnerungen?

W enn man die heute vorherrschenden Ansichten über das Gedächtnis näher betrachten will, sollte man zunächst eine etwas seltsame Frage stellen: Wo hausen die Erinnerungen? Richtig: *Wo* ist das Gedächtnis? Auf die Schnelle kann man die Frage dadurch beantworten, daß man sich an den Kopf tippt. Wenn man jedoch gründlich darüber nachdenkt, wird man sehen, daß diese einfache Antwort zu punktuell ist. Wenn man den Geist nicht als einsame Insel betrachtet, sondern den Gedächtnisspuren folgt, wo immer sie hinführen, findet man sich rasch auf einer Abenteuerfahrt wieder. An ihrem Ende wird man eingesehen haben, daß das autobiographische Gedächtnis am Ende des 20. Jahrhunderts in einem völlig anderen Kontext steht als in seinen Anfängen und Lichtjahre von der Vorstellung entfernt ist, die man sich vom Gedächtnis während des allergrößten Teils menschlicher Existenz machte. Zugleich wird man eine Vorstellung bekommen haben, wo die gegenwärtigen Ansichten über das Gedächtnis herkommen.

Und so folgt man einer Gedächtnisspur: Denken Sie an ein Objekt aus der Vergangenheit, das in Ihrer Lebensgeschichte eine Rolle spielt – ein Baseball-Handschuh vielleicht oder eine Anziehpuppe, ein Messinglineal, ein Feuerzeug oder eine Fahne. Sie können sich auch eine Episode aus Ihrem Leben vorstellen, von der nur wenige Menschen etwas wissen. Was müßten Sie nun alles unternehmen, um jede Spur dieses Objekts oder dieser Episode vom Antlitz der Erde zu löschen? Alles und jedes zu tilgen, was daran erinnert? Sie werden es faszinierend finden, der Genealogie einer Erinnerung nachzuspüren, und dabei eine

Vorstellung entwickeln, wo und in welcher Form menschliche Erinnerungen heute existieren.

Ich habe Tage gebraucht, um all die Orte und Formen herauszufinden, an und in denen die weißen Handschuhe meines Großvaters noch existent sind. Die Spurensuche begann mit den Handschuhen selbst. Wo waren sie jetzt? Ich wußte es natürlich nicht, aber ich war doch verblüfft, daß ich herausfand, wann sie möglicherweise aus dem Haus meiner Großmutter verschwunden waren. Als die Großmutter nicht länger für sich selbst sorgen konnte, mußte mein Vater sie in eine staatliche Einrichtung für geistig Behinderte geben. Wir Kinder mußten helfen, ihr kleines Häuschen auszuräumen. Ich war damals fünfzehn und erinnere mich, wie ich ihre Schubladen durchsuchte und dabei alle möglichen Dinge fand. Neben ein wenig Geld fand sich ein langer Brief, der in einer fremden Sprache geschrieben war. Ich sehe die elegante Handschrift in lila Tinte noch immer vor mir. Ich kann nicht glauben, daß ich den Brief weggeworfen habe, aber ich tat es tatsächlich. (Mit dem Geld war es etwas anderes.) Mit Erstaunen erfüllte mich die Möglichkeit, daß dies der Zeitpunkt war, zu dem wir uns der Handschuhe meines Großvaters entledigten. Habe ich sie möglicherweise angefaßt, war ich sogar vielleicht derjenige, der sie wegwarf? Wie und wo auch immer es geschah, die Handschuhe wurden wahrscheinlich zusammen mit Tonnen anderer Dinge, die die Leute als Müll ansehen, von der Stadt Chicago vergraben. Das Leder, aus dem sie angefertigt waren, müßte mittlerweile verrottet sein. Keine Spur bliebe in diesem Fall von ihnen.

Nur die Erinnerung bleibt. Für viele Jahre hauste sie im Kopf meines Vaters, wahrscheinlich nur in seinem. Als er mir die Geschichte von den Handschuhen erzählte, eroberte sich die Erinnerung in meinem Geist einen Platz – und in dem derjenigen Familienmitglieder, die mit uns um den Küchentisch saßen. Über ein Mikrophon fand die Erinnerung auch ihren Weg auf ein dünnes Kassetten-Tonband. Das mag als etwas unpersönlicher Ort für eine so menschliche Geschichte erscheinen, aber der Erinnerung ging es dort weit besser als in irgendeinem unserer sehr persönlichen Gedächtnisse. Ich vergaß alles über die Handschuhe sogleich wieder, und sicherlich ging es den anderen genauso. Schließlich verschwand die Erinnerung an die Handschuhe aus dem Gedächtnis meines Vaters, während die Handschuhe selbst im Boden zerfielen. Heute kann er sich nicht mehr an sie erinnern, ja er hat sogar nur noch eine leise Ahnung, wer ich bin. Aber trotzdem ... vielleicht gibt es dort in seinem Gedächtnis die Erinnerung noch, und sie ist nur durch die neuronalen Plaques und die Verwirrungen, die die Alzheimer-Krankheit in einem Gehirn anrichtet, von der Oberfläche abgeschnitten. Sollte dies der Fall sein, hat die Erinnerung vielleicht auch mein Gedächtnis niemals verlassen, auch nicht während der Jahre, da ich sie vergessen hatte. Etwas anderes als Plaques und neuronale Verwirrungen mußte sie dann davon abgehalten haben, ans Tageslicht zu kommen.

Hätte ich ein halbes Jahrhundert früher gelebt, wäre die Erinnerung an die Handschuhe wohl in den Jahren nach dem Geschichtenerzählen am Küchentisch verlorengegangen. Aber mir stand ein tragbarer Kassettenrecorder zur Verfügung, und das versetzte mich in die Lage, mir die Geschichte wieder anzuhören. So ein Gerät ist eine wunderbare Erfindung. Es verwandelt die Schallwellen der Luft in elektrische Ströme, die ihrerseits kleine Eisenoxid-Partikel magnetisieren, mit denen ein Plastikband beschichtet ist. Durch diesen Prozeß wird die Geschichte auf Dauer gespeichert. Um sie wieder herauszuholen, muß ich nur die Kassette in einen Recorder legen und den »Play«-Knopf drücken. Die magnetisierten Partikel erschaffen den Klang wieder, und ich höre die Stimme meines Vaters – genau so, wie ich sie beim ersten Mal hörte.

Die Maschine, die mir die Stimme meines Vaters erhielt, hatte erhebliche Auswirkungen auf mein Leben. Die Technik der Schallaufzeichnung geht auf das Jahr 1877 zurück; damals rezitierte Thomas Edison das Kinderlied *Mary Had a Little Lamb* auf einen Stanniolzylinder, und das war die erste Tonaufnahme der Welt. Bandaufnahmen sind jüngeren Datums und gehen auf das Jahr 1935 zurück, als die Deutschen ihr »Magnetophon« vorstellten. Als nach dem Zweiten Weltkrieg dann Tonbandgeräte in größeren Stückzahlen auf den Markt kamen, sah sich die Columbia University in der Lage, das erste Forschungsprogramm über *Oral History* in die Wege zu leiten. Und diese Universität hat es wiederum mir ermöglicht, mich seit Ende der siebziger Jahre mit Lebensgeschichten zu beschäftigen. Ohne diese Umstände hätte meine Arbeit einen völlig anderen Verlauf genommen, und ich wäre heute nicht in der Lage, über das autobiographische Gedächtnis zu schreiben.

Als ich dann das Band mit der Lebensgeschichte meines Vaters wieder abspielte, bemächtigten sich die weißen Handschuhe erneut meines Geistes. Vielleicht reaktivierten sie auch nur eine entsprechende Erinnerung, die die ganze Zeit vorhanden, aber verschüttet gewesen war. Nach dem Abhören des Bandes erzählte ich zwei anderen Menschen über meine Reaktion auf die Handschuhe. So gab es zwei weitere Orte, an denen die Erinnerung eine Zeitlang existierte. Ob noch immer, ist mir nicht bekannt. Mit Sicherheit weiß ich jedoch von einem anderen wichtigen Ort, an dem sie noch Bestand hat. Im Verlauf eines Interviews für die Fernsehsendung *Seasons of Life* erzählte ich die Geschichte der Handschuhe. Ursprünglich war dies nicht meine Absicht gewesen, aber eine Frage des Produzenten hatte meinem Gedächtnis einen Stups gegeben. Im Schneideraum wurde die Geschichte aus der Sendung herausgenommen, aber die produzierende Fernsehanstalt schickte mir eine Videokassette mit dem ursprünglichen Interview. Nun tauchte eine weitere Maschine, ein Videorecorder, in der Genealogie meiner Erinnerung auf. Er hatte sowohl das von meinem Gesicht reflektierte Licht wie den Klang meiner Stimme in noch mehr magnetisierten Partikeln auf einem Plastikband gespeichert. Dieser Prozeß war viel komplizierter als die reine Tonaufnahme, und auch das Plastikband war breiter, im Prinzip geschah aber dasselbe. Eine Maschine hatte eine permanente Aufzeichnung hergestellt, zu der ich mir mit der entsprechenden Ausrüstung Zugang verschaffen konnte.

Jetzt mußte ich erst einmal in die Bibliothek gehen. Dort erfuhr ich, daß Videorecorder (VCR) erstmals 1956 in den USA eingeführt wurden. Allerdings waren das natürlich nicht die ersten Geräte, mit denen man Bilder festhalten konnte. Im Jahr 1820 hatte der Franzose Joseph Niepce mit einer primitiven Kamera als erster Abbildungen auf Zinn reproduziert, und 1839 ging sein Partner, Louis Daguerre, mit seinen »Daguerreotypien« an die Öffentlichkeit. Mit diesen Bildern auf silberbeschichtetem Kupfer war die Fotografie geboren. Rund fünfzig Jahre später lernten die Bilder dann das Laufen, hauptsächlich waren Frankreich und die USA dafür die Schrittmacher. Im Jahr 1895 führten Auguste und Louis Lumière zum ersten Mal einen Film vor zahlendem Publikum vor.

Als die Geschichte mit den Handschuhen meines Großvaters auf das Videoband gelangte, machte sie nur ein paar Minuten von einem mehrstündigen Interview aus. Das Band wurde transkribiert, und sein Inhalt gelangte so mit Hilfe einer weiteren Maschine in ein weiteres Medium: das gedruckte Wort. Jetzt nahm die Erinnerung die Form echter Geschichtsschreibung an. Die fotografische Aufzeichnung stehender Bilder ist gut 150 Jahre alt, die Tonaufzeichnung etwas mehr als ein Jahrhundert. Gutenberg aber druckte seine erste Bibel schon Mitte des 15. Jahrhunderts, und die beweglichen Lettern, dank deren seine Druckerpresse solche Bedeutung erlangte, waren vermutlich in China schon im 11. Jahrhundert in Gebrauch. Neun Jahrhunderte zuvor hatten die Chinesen religiöse Texte in Stein gemeißelt, die erhabenen Flächen mit Tinte bestrichen und mehrfach Abzüge davon gemacht. Das war, soweit wir wissen, die erste Form des Druckens.

An diesem Punkt der Reise existierten die weißen Handschuhe an vier Arten von Orten: Als Tonaufnahme, als Videoaufnahme, in gedruckter Form und im Geist einiger Menschen. Jetzt passierte mit der Erinnerung für mehrere Jahre nichts weiter – bis ich über dieses Buch nachzudenken begann und einen gelben Notizblock hervorkramte. Ich legte die Geschichte handschriftlich nieder, in einer Form also, die noch älter ist als das gedruckte Wort. Wann die Menschheit zu schreiben begann, ist schwer abzuschätzen; es ist noch nicht einmal klar, welche Arten von Ritzungen, Zeichnungen oder Malereien man als erste Schrift ansehen sollte. Es gibt Höhlenzeichnungen in Südfrankreich und Nordostspanien, die aus der letzten Eiszeit datieren: Sie sind über 10 000 Jahre alt, vielleicht sogar bis zu 30 000 Jahre.

Bei frühen Arten des Schreibens wurden Objekte in ganz ähnlicher Weise repräsentiert, indem man Miniaturbildchen von ihnen anfertigte. Später bildete das gesprochene Wort dann die Grundlage des Schreibens, und alphabetische Schriften wie diejenige, die Sie gerade lesen, erblickten das Licht der Welt. Die erste wurde vor wenigstens 3500 Jahren entwickelt. Damals wurde wahrscheinlich viel auf Blätter, Rinde oder Holz geschrieben; die ersten Belege für Papier stammen aus China; seine Erfindung wird Tsai Lun zugeschrieben, der vor rund 1900 Jahren lebte. Sein Papier war vermutlich so vergänglich wie dasjenige, auf dem ich zum ersten Mal meine Erinnerung an die Handschuhe skizzierte. Ich habe die Seiten nicht mehr, sie liegen wahrscheinlich auf einer Müllkippe in Ann Arbor, Michigan. In welchem Zustand sie heute auch immer sein mögen, diese Papiere sind die fünfte Form, in der die Erinnerung an die Handschuhe meines Großvaters existiert.

Und die sechste folgt sogleich. Ich setzte mich an meinen Computer und tippte ein, was ich handschriftlich notiert hatte. Mein Macintosh konvertierte die elektrischen Signale von der Tastatur in – wieder einmal – winzige Magnetpartikel, mit denen ein Stück Plastik beschichtet war. Diesmal befanden sich die Magneten nicht auf einer Bandspule, sondern in konzentrischen Ringen auf einer schwarzglänzenden Scheibe von 3,5 Zoll Durchmesser. Diese Übertragung von der Tastatur auf die Diskette wurde durch eine Maschine möglich, die in den vierziger Jahren entwickelt worden war und in den fünfziger Jahren auf den Markt gelangte. Seither sind Computer immer kleiner und immer »persönlicher« geworden. Einst waren sie nur Hilfsmittel für aufwendige Rechenoperationen, doch heute sind sie – neben anderem – Gedächtnisspeicher. Alles, was man eingibt, wird in ihnen bewahrt. Und man braucht nur eine spezielle Technik, in diesem Fall ein paar Steuerbefehle, um es wieder abzurufen. Und diese »Erinnerungen« kommen in ihrer wahren, ursprünglichen Form wieder heraus.

Ihre Endstation fand die Erinnerung an die Handschuhe meines Großvaters nun nicht in den neuen Medien, sondern in einer Form, die einen exponentiellen Sprung hinsichtlich des

Verbreitungsgrads darstellte. Ein Setzer nahm eine Kopie meiner Computer-Diskette, und mittels weiterer Maschinen konvertierte er die Magnetaufzeichnungen in die Urform eines Drucks. Andere Setzer machten mit Übersetzungen der Geschichte in Fremdsprachen dasselbe. Diese Kopie wurde auf Film übertragen, und Drucker stellten davon Zehntausende weiterer Kopien her, unter anderem diejenige, die Sie in den Händen halten. Und durch dieses Exemplar gelangt die Geschichte der Handschuhe jetzt auch in Ihren Geist.

Wo sind Erinnerungen zu lokalisieren? Nicht dort, wo sie sich vor tausend, hundert oder auch nur fünfzig Jahren befanden. Geht man in der menschlichen Geschichte immer weiter zurück, stößt man schließlich auf den *Homo sapiens*, der sich einzig auf das Gedächtnis in seinem Kopf verlassen muß – einer der sechs Orte, an denen die weißen Handschuhe heute existieren. Das war vor mehreren hunderttausend Jahren. Irgendwann im Lauf der Entwicklung erfanden die Menschen äußere Hilfsmittel, um ihr Gedächtnis zu unterstützen: Eingekerbte Stöcke, um Botschaften von einem zu einem anderen Stamm zu bringen, geknotete Stränge, um rechtlich relevante Vorgänge festzuhalten. Eingeborene Nordamerikaner fertigten aus bunten Muscheln Wampum-Gürtel an, mit denen sie Abkommen ratifizierten, Allianzen bekräftigten und Verträge schlossen. Die frühen Australier schufen an heiligen Plätzen geometrische Muster, die ihnen halfen, sich die Geschichte ihres Stammes zu merken. In den letzten Jahren hat es bei den Gedächtnishilfen außerordentliche Fortschritte gegeben. Alphabetschriften tauchten vor rund 3500 Jahren auf, Papier und Druck vor weniger als 2000. Fotos gibt es seit gut 150 Jahren, Tonaufzeichnungen und Filme seit etwas mehr als hundert, Tonbänder, Videos und Computer sind zirka fünfzig Jahre alt. Die neuen elektronischen Gedächtnismaschinen werden immer kleiner, effizienter, persönlicher und (mit Ausnahme reiner Tonaufzeichnungen) immer visueller. Am Ende des 20. Jahrhunderts unterscheidet sich das Umfeld des menschlichen Gedächtnisses radikal von dem zu Beginn.

Jetzt wächst eine Generation von Kindern mit den neuesten Gedächtnismaschinen auf. Eine Vierjährige namens Clare ist von ihrem Vater seit ihrem ersten Lebensjahr immer wieder auf Video aufgenommen worden. Am liebsten sieht sie das Fernsehprogramm »Die Clare-Show«. Beinahe jeden Tag will sie es sehen, und jedem erzählt sie, welche Stellen ihr am besten gefallen. Zum Beispiel die, wo die einjährige Clare keine Ahnung hat, was ihr Vater meint, wenn er sagt: »Zeig mir deine Nase.« Die vierjährige Clare kann natürlich auf ihre Nase deuten, also glaubt sie, daß die Clare im Fernseher ziemlich dumm ist. Als ich geboren wurde, waren Camcorder noch lange nicht in Sicht, und folglich war mein Gegenstück zur »Clare-Show« ein »Baby-Buch« voller Erinnerungsstücke, die meine Mutter sorgfältig zusammengetragen hatte. Glücklicherweise wurde das »Baby-Buch« in meiner Jugend als Album weitergeführt, und es übte auf mich weiterhin dieselbe Faszination aus wie die »Clare-Show« auf Clare. Dennoch besteht zwischen diesen beiden Speicherformen der persönlichen Geschichte ein riesiger Unterschied. Meine war statisch und stumm; Clares ist dynamisch und voller Klang, dichter am eigentlichen Leben. Ich kann mir einfach nicht vorstellen, was Clare und all die anderen Kinder ihrer Generation, die mit Videorecordern aufwachsen, über sich denken werden, wenn sie sich einst so wiedersehen. Was für ein Bild werden sie sich von sich selbst machen? Wie werden sie ihre eigenen Erinnerungen zu dem in Bezug setzen, was in den Maschinen gespeichert ist? Wie werden sie sich schließlich ihre Erinnerungen ausmalen?

Durch die gesamte Geschichte des menschlichen Gedächtnisses zieht sich eine Paradoxie. Jede neue äußere Gedächtnisstütze, die erfunden wurde, wurde zu einer Metapher für denjenigen Teil des Gedächtnisses, der in den Köpfen verblieb. Als das Schreiben etabliert war, konnten wir uns ein »wortwörtliches« Gedächtnis vorstellen; als das Drucken erfunden war, dachten wir an »Skripts« aus der Kindheit, die unserem Geist »eingeprägt« worden waren. Nach der Erfindung der Kamera gab es das »fotografische« Gedächtnis, nach dem Kassettenrecorder das »menschliche Tonbandgerät« (so etwa John Dean bei den Anhörungen zu Watergate); und nach dem Computer schließlich fand im Gehirn »Informationsverarbeitung« statt. Man kann sich

26

ausmalen, was als nächstes kommt: Helme und Datenanzüge, die eine »virtuelle Realität« erzeugen. All diese Hilfsmittel dienen uns als machtvolle Metaphern für die Art von Gedächtnis, die in uns verbleibt. Sie alle sind jedoch samt und sonders unbeseelt.

Die Erinnerungen in uns

Wenn ich auf mein Leben zurückblicke, sehe ich noch andere Stellen, die mit Erinnerungen besetzt sind. Keine Aufnahmegeräte wie jene, die in der Geschichte von den Handschuhen meines Großvaters auftauchen, sondern eher die Orte, an denen bedeutende Ereignisse meines Lebens stattgefunden haben. Wenn Sie Ihre Lebensgeschichte jemandem dadurch erzählen wollten, daß Sie ihn zu einem halben Dutzend Plätze mitnähmen, wo würden Sie hingehen? In den Hof des Hauses, in dem Sie aufwuchsen? Auf den Bauernhof, wo Sie sich während der Flucht im Krieg versteckten? Zu zwei Platanen, unter denen Sie sich mit der oder dem Geliebten trafen? An die Straßenecke, wo eins Ihrer Kinder bei einem Verkehrsunfall ums Leben kam? In das Backsteingebäude, in dem Sie dreißig Jahre lang gearbeitet haben? In den Tempel oder die Kirche, wo Sie mit Ihrer Familie beteten? All dies sind »autobiographische Orte«, an denen Wände und Bäume beinahe sprechen können. Sie sind immer Teil der menschlichen Erfahrung gewesen, doch die Erinnerungen, die sie enthalten, überleben im Gegensatz zu den Klängen und Bildern unserer Gedächtnismaschinen unseren Tod nicht. Das liegt daran, daß die Erinnerungen in den Höfen und Straßen und Bäumen und Bauwerken in Wirklichkeit nur Erinnerungen in uns sind.

Wenden wir uns bei unserer Suche nach dem Gedächtnis also nach innen. Die Erinnerungen in uns – wo genau stecken sie?

Wieder könnte man die Frage rasch dadurch beantworten, daß man auf den Kopf weist, was bedeuten soll, daß das Gedächtnis im Gehirn sitzt. Doch man sollte darüber nachdenken, an welchen Stellen des Körpers wir sonst noch autobiographische

Erinnerungen erfahren. Der Gedanke an die Handschuhe meines Großvaters hat mir Tränen in die Augen getrieben und mir den Hals zugeschnürt. Ein Klingen in den Ohren ist die einzige direkte Erinnerung, die ein Veteran des Zweiten Weltkriegs daran hat, wie er in einem Panzer auf eine Mine fuhr. Gerüche sind aufs engste mit Erinnerungen verknüpft. Kerzen, Meerrettich, Zigarren, Babypuder, Apfelscheiben in Honig, Zimtstangen, Rosen: als meine Frau und ich einer Gruppe Rentner solche Dinge brachten, fühlten sie sich sofort in ihre Kindheit zurückversetzt. Marcel Proust beschrieb in *Auf der Suche nach der verlorenen Zeit* in einer mittlerweile berühmten Passage, was ihm mit einem Stück teegetränkten Gebäcks widerfuhr: »In der Sekunde nun, wo dieser mit dem Kuchengeschmack gemischte Schluck Tee meinen Gaumen berührte, zuckte ich zusammen und war wie gebannt durch etwas Ungewöhnliches, das sich in mir vollzog.« Und dann verfolgt Proust dieses Erlebnis bis zu einem Vergnügen seiner Kindheit zurück, das ihm seine Tante oft bereitete, wenn er sie besuchte: Wenn er zu ihr ins Zimmer trat, um ihr einen guten Morgen zu wünschen, reichte sie ihm eine in Tee getauchte Madeleine. Andere Erinnerungen rufen Atembeschwerden hervor, schwitzige Hände, ein flaues Gefühl in der Magengrube, Kreuzschmerzen, Unruhe in den Lenden oder das Gefühl, der Körper würde zerfließen. William Wordsworth schrieb in *Tintern Abbey*, angenehme Erinnerungen seien wie »süße Empfindungen, die man im Blut spürt und am Herzen fühlt«.

Therapeuten, die mit Opfern von Kindesmißbrauch arbeiten, beschreiben deren Schrecken oft als im Körper gespeichert und sagen, er müsse so behandelt werden, wie er erfahren wird – als körperliche Erinnerung. Phänomenologen, die das Gedächtnis erforschen, sprechen vom Körper als »Erinnerungs-Gefäß«. Man muß alte Objekte berühren, behaupten sie, alte Aromen riechen, alte Klänge hören, bis zur Ebene einer kleinen Person hinabsteigen, um die Erfahrungen der Kindheit wiedereinzufangen. Und man wird beobachten, daß die Erinnerungen tiefer empfunden werden, wenn sie in Gesten und Bewegungen eingebettet sind. »Nachdem mein Gatte gestorben war«, berichtet

eine Frau, »ging ich immer in seine Kleiderkammer und liebko-
ste seine Anzüge, weil sie noch nach ihm rochen, ein wenig nach
Zigaretten und nach seinem Rasierwasser. Da stand ich dann,
umarmte seine Anzüge, tat so als ob, schloß meine Augen und
weinte.«

Und dennoch: Wenn wir die erlebte Wahrnehmung von Erinnerungen verlassen und uns der Sichtweise des Wissenschaft-
lers zuwenden, bemerken wir, daß an unserem Impuls, auf die
Frage nach dem Sitz des Gedächtnisses hin auf den Kopf zu deuten, etwas grundsätzlich richtig ist. Nichts macht dies deutlicher
als die Wahrnehmung eines »Phantomschmerzes«: Menschen,
die einen Arm oder ein Bein verloren haben, nehmen das fehlende Glied oft weiterhin als integralen Bestandteil ihres Körpers
wahr. So real ist das Gefühl, berichtet der Psychologe Ronald
Melzack, daß Patienten gelegentlich versuchen, mit dem Phan-
tom-Bein aus dem Bett aufzustehen oder ihre Tasse mit der
Phantom-Hand zu heben. Ein Mann hatte das Gefühl, daß sein
fehlender Arm nach hinten gebogen war; er konnte nicht mehr
auf dem Rücken schlafen – seine Phantom-Hand war ihm im
Weg. Ein anderer hatte die Empfindung, daß der verlorene Arm
zur Seite ausgestreckt war; er mußte sich seitwärts drehen, wenn
er durch eine Tür gehen wollte. Nicht nur Amputierte haben
Empfindungen von Phantom-Gliedern, sondern auch Menschen,
die ohne eine Extremität geboren wurden (was zeigt, daß die
Phantom-Empfindung nichts mit dem Gedächtnis zu tun hat).
Unglücklicherweise wird die Empfindung eines Phantom-Glieds
oft von einem tiefgehenden, brennenden Schmerz begleitet,
von dem die Ärzte ihre Patienten noch nicht auf Dauer erlösen
können.

Melzack hat jahrelang Phantom-Empfindungen untersucht
und ist zu dem Schluß gekommen, daß die Empfindung nicht
im Körper ihren Ursprung hat – im Rückenmark beispielsweise
oder an der Stelle, wo das Glied abgetrennt wurde –, sondern im
Gehirn. Selbst wenn es von einem fehlenden Arm oder Bein
keinerlei Input erhält, erschafft das Gehirn mit seinen eigenen
Aktivitäten die Empfindung eines intakten Körpers. Wenn ein
Phantom-Fuß ein paar Zentimeter unterhalb des dazugehörigen

Stumpfs in der Luft baumelt, wie es gelegentlich vorkommen kann, wird er immer noch als Teil des Körpers wahrgenommen und immer noch so empfunden, als würde er sich mit dem Körper mitbewegen. Daß dies so ist, sagt Melzack, ist in erster Linie auf die Arbeit des Gehirns zurückzuführen.

Phantom-Empfindungen lassen den Analogieschluß zu, daß die Erinnerungen, die wir mit dem Körper wahrnehmen, in Wirklichkeit im Gehirn gespeichert sind. So sind wir zu unserem Ausgangspunkt zurückgekehrt – zu dem Organ in unserem Kopf. Was hat es damit auf sich?

Einige Wissenschaftler beschreiben das menschliche Gehirn als die komplexeste Struktur im gesamten bekannten Universum. Wenn man alle Sterne der Milchstraße auf die Größe eines Softballs von drei oder vier Pfund zusammenquetschte, käme man etwa in die Größenordnung, um die es sich handelt: Rund einhundert Milliarden »Sterne« gibt es im Gehirn, die Neuronen oder Nervenzellen. Neuronen leiten Elektrizität weiter, wenn auch nicht auf dieselbe Weise wie die Metalldrähte in unseren Gedächtnismaschinen. In einem Neuron entsteht Elektrizität dadurch, daß ein paar Ionen einen Moment lang seine äußere Membran durchdringen; dies löst einen Impuls aus, der ähnlich wie der Funken einer Zündschnur das Neuron entlangläuft. Der Impuls in einem Neuron pflanzt sich mindestens eine Million Male langsamer fort als ein elektrisches Signal in einem Kupferdraht, aber er erreicht immer noch Geschwindigkeiten von bis zu 300 Stundenkilometern und mehr. Am Ende des Neurons angekommen, sorgt der Impuls dafür, daß Chemikalien in eine schmale Lücke namens Synapse freigesetzt werden. Diese Chemikalien können ein anderes Neuron zu einem Impuls anregen und so das Signal weiterleiten. Wenn man sich vorstellt, an jedem Stern der Milchstraße seien tausend Drähte befestigt und diese Drähte wären kreuz und quer durch die gesamte Galaxie gespannt, kann man ungefähr einschätzen, wie viele Verbindungen das Gehirn herstellen kann.

Ich würde gerne wissen, welche Sterne in der Galaxie meines Gehirns die Handschuhe meines Großvaters gesehen haben. Als mein Vater mir davon erzählte, *sah* und *hörte* ich. Das bedeutet, Myriaden von Nervenimpulsen wanderten eine Bahn von jedem meiner Augen nach hinten, passierten einen Knotenpunkt und dann eine Relaisstation und gelangten schließlich in meinen Kortex, in die zusammengefaltete äußere Schicht meines Gehirns. Genauer gesagt: Die Impulse erreichten zwei Gebiete des Kortex an der Rückseite meines Kopfes, die zu beiden Seiten der Mittelfurche liegen, welche mein Gehirn in zwei Hemisphären teilt. Dort trafen sie auf Neuronen, die in Gruppen von hundert oder weniger rhythmisch feuerten. Jede Gruppe fungierte als eine Einheit, etwa wie ein Schwarm Stare, der einer kollektiven Laune folgend mal hierhin, mal dorthin fliegt. Als die Nervenimpulse von meinen Augen auf die Neuronen in meinem Kortex trafen, wurden diese mit einem Schlag zum Leben erweckt. Einige von ihnen reagierten auf die Farbe (und nur auf die Farbe) im Gesicht meines Vaters, andere auf die Form seines Kopfes, wieder andere auf seine Bewegungen. Die Neuronen trafen sich an einer Stelle, wo Farbe, Form und Bewegung zu einem Bild seines Gesichts zusammengesetzt wurden. Bei Affen haben Forscher Nervenzellen identifiziert, die auf Gesichter reagieren, nicht jedoch auf die einzelnen visuellen Stimuli, aus denen sich ein Gesicht zusammensetzt. »Gesichterzellen« finden sich weiter oben in der Hierarchie, in der Gesehenes verarbeitet wird.

Die Worte, die ich von meinem Vater hörte, nahmen einen anderen Weg; die Impulse von jedem Ohr durchquerten das Gehirn bis zu einer Stelle im Kortex knapp oberhalb des gegenüberliegenden Ohres (die meisten von ihnen jedenfalls). Auch an diesen Stellen gibt es Verarbeitungshierarchien. Wissenschaftler haben bei männlichen Zebrafinken Neuronen gefunden, die auf eine Melodie reagieren, nicht aber auf die einzelnen Töne, aus denen sie besteht. Erstaunlicherweise reagieren diese Neuronen nur auf die Melodie, die der Vater des Vogels zwitschert, nicht auf die Melodien anderer Finken. Da die Melodie, die mein Vater von sich gab, die Form von Sprache hatte, wanderten neurale Impulse auch an eine Reihe von Stellen in der linken Hemisphäre meines Gehirns. (Da ich Rechtshänder bin, kann ich zu 99 Prozent sicher sein, daß die Sprache in meiner linken Hemisphäre verarbeitet wird. Wenn Sie Linkshänder sind, gilt das für Sie nur mit einer Wahrscheinlichkeit von 65 bis siebzig Prozent.) An verschiedenen Punkten auf dem Weg, den diese Impulse nahmen, kategorisierte eine große Ansammlung neuronaler Strukturen sämtliche Bedeutungen von »Handschuhe«, von der konkreten und wörtlichen bis zur abstrakten und metaphorischen. Unabhängig davon, aber fast simultan kümmerte sich eine kleinere Gruppe von Strukturen, die es nur in der linken Hemisphäre gibt, um die Klänge, die Worte und die Sätze der Sprache sowie um die Regeln, nach denen eine Geschichte gestrickt ist. Eine dritte Gruppe von Strukturen, die über die gesamte linke Hemisphäre verteilt ist, vermittelte zwischen den beiden ersten, so daß die Worte meines Vaters in mir all die korrespondierenden Vorstellungen evozieren konnten.

So ereigneten sich die Dinge wenigstens beim zweiten Mal, als die auf Tonband aufgenommene Stimme meines Vaters mich tief und eindringlich berührte. Wie es beim ersten Mal war, bleibt ein Rätsel. Wurde schon zu diesem Zeitpunkt eine Erinnerung erschaffen, die ich bloß wieder vergaß? Ich kann es nicht sagen. Als ich die Geschichte jedoch zum zweiten Mal hörte, müssen neurale Erregungen bis zu einem halbmondförmigen System tief in meinem Gehirn vorgedrungen sein, das man »limbisches System« nennt. (Stellen Sie sich vor, Sie würden über jedem Ohr einen Finger drei bis vier Zentimeter weit ins Gehirn stecken. Mit den Fingerspitzen könnten Sie dann das limbische System kitzeln.) Das limbische System hat mit den Emotionen zu tun; von Gehirnverletzten, die unter Gedächtnisverlusten leiden, wissen wir, daß ein Teil dieses Systems mit dem Namen »Hippocampus« für das autobiographische Langzeitgedächtnis von entscheidender Bedeutung ist. Gedächtnisverlust-Patienten mit Schädigungen des Hippocampus können lernen, ein Puzzle zusammenzusetzen, können das Erlernte vorführen und bestehen dennoch nach fünf Tagen Training darauf, daß sie dieses Puzzle noch niemals zuvor gesehen haben. »Warum soll ich denn das überhaupt versuchen?« fragen sie – und dann legen sie los und haben es im Nu zusammen. Was sie gelernt haben, ist irgendwo in ihrem Gehirn als »implizite« Erinnerung gespeichert;

aber es ist nicht zu einer »expliziten« Erinnerung, zu einem Teil des autobiographischen Gedächtnisses geworden.

Der Hippocampus ist nicht die Endstation für langfristige autobiographische Erinnerungen; er fungiert eher wie eine Verarbeitungsstation, die sie für eine Weile festhält – wenigstens ein paar Wochen –, ehe sie an den Kortex zurück übertragen werden. Schäden am Hippocampus verhindern, daß neue Langzeiterinnerungen gebildet werden, löschen jedoch nicht die alten aus, die bereits verarbeitet sind. Patienten mit speziellen Schädigungen des Hippocampus haben keinerlei Erinnerung an die Zeit nach ihrer Verletzung. Wenn man sie fragt, wie alt sie sind, geben sie an, wie alt sie in dem Jahr waren, in dem ihr Hippocampus geschädigt wurde; gibt man ihnen dann einen Spiegel, sind sie schockiert. Ein Patient mit einer sehr alten Verletzung lebte seit 1945 wie in einer Zeitkapsel. Er behauptete, der Präsident der Vereinigten Staaten hieße Harry Truman, und das aus dem Weltraum aufgenommene Foto von der Erde machte für ihn keinerlei Sinn. Seiner Ansicht nach konnte es sich nur um den Mond handeln.

Patienten mit Hippocampusschäden lassen uns erkennen, daß das autobiographische Gedächtnis etwas von ganz eigener Art ist, doch auch andere Gebrechen sind in dieser Hinsicht interessant. Bei Menschen mit multiplen Persönlichkeitsstörungen werden implizite Erinnerungen von einer Persönlichkeit auf die andere übertragen, explizite autobiographische Erinnerungen aber nicht. Mein Vater, der an der Alzheimer-Krankheit leidet, hat die Geschichte der Handschuhe vergessen und erkennt mich nicht mehr, aber er weiß noch, wie man die Kugeln für den ersten Stoß beim Poolbillard anordnet. Seine impliziten Erinnerungen hat er noch, wenigstens bis jetzt. Das explizite autobiographische Gedächtnis ist verloren.

Kehren wir zur mentalen Galaxie zurück. Als die Reihe an mir war, die Geschichte der Handschuhe zu erzählen, beteiligten sich andere Bereiche meines Gehirns daran. Wieder stellten Netze von Nervenzellen in der linken Gehirnhälfte das Medium Sprache bereit. Sie ließen mich die richtigen Worte finden, Substantive aus einem Teil des Kortex, Verben aus einem anderen holen. Die Forschung hat solche lexikalischen Dinge sehr präzise lokalisieren können. Eigennamen sind beispielsweise weiter vorn in der linken Hemisphäre repräsentiert, genau wie spezifische Begriffe vor den allgemeinen positioniert sind. Verben sind nicht so leicht zu finden; vorläufige Anhaltspunkte verweisen auf Stellen weiter oben und vorn. Techniken wie das MRI-Verfahren (*Magnetic Resonance Imaging*) erlauben es den Neurowissenschaftlern, bei Patienten mit Hirnverletzungen genau die Stellen aufzuspüren, die geschädigt sind. Einige der Patienten können Verben wiederfinden, aber keine Substantive, oder Substantive eines bestimmten Typs, nicht aber die eines anderen. Auch könnten die Zuständigkeiten bei Männern und Frauen unterschiedlich verteilt sein. Einem Forscher zufolge sind Sprachstörungen bei Frauen dann am häufigsten, wenn ein Gebiet im vorderen Gehirnbereich geschädigt ist, bei Männern hingegen, wenn ein anderer, weiter hinten gelegener Teil Schaden genommen hat.

Wie auch immer, eine Reihe neuraler Netze in meiner linken Gehirnhälfte hat aus meinen Gedanken eine Geschichte wiedererschaffen und sie an Bereiche auf beiden Seiten meines »motorischen« Kortex geschickt, der sich in einem großen Bogen von Ohr zu Ohr spannt. Dann mußte ich nur noch die Geschichte oben in meinem Kopf abschreiben – dort sitzen jene Nervenzellen, die die Bewegungen meiner Hände und Finger steuern. Von der Seite her hätte ich sie erzählen können – hier ist das Zentrum, das Mund und Zunge kontrolliert. Nun ja, die Handschuhe meines Großvaters haben einiges von meinem Gehirn kennengelernt, aber haben sie sich jemals in einem Bereich aufgehalten, den man »Gedächtnis« nennt? Vor fast fünfzig Jahren hat der Neuropsychologe Karl Lashley eine Antwort auf diese Frage zu finden versucht. Er brachte Ratten bei, den richtigen Weg durch ein Labyrinth zu finden, entfernte systematisch bestimmte Teile ihres Kortex und testete dann ihre Kenntnis des Labyrinths erneut. Auf diese Weise hoffte er herauszufinden, wo das Wissen über das Labyrinth gespeichert war. Aber welchen Teil Lashley auch immer wegschnitt, Teile der Erinnerung blieben stets erhalten, und nach Jahren der Suche nach einer bestimmten, einzelnen Stelle gab er auf.

Andere Wissenschaftler gingen der Vermutung nach, daß das Gedächtnis nicht an einer bestimmten Stelle sitzt, sondern vielmehr eine Aktivität ist, ein spezielles Muster von elektrischen Impulsen. Aufgrund eines Experiments von Robert Ransmeier konnte jedoch auch diese Möglichkeit ausgeschlossen werden. Ransmeier trainierte Hamster, die durch einen Irrgarten laufen mußten, um an ihr Futter zu gelangen. Nachdem sie den richtigen Weg gelernt hatten, senkte er ihre Körpertemperatur, bis alle elektrische Aktivität in ihren Gehirnen zum Erliegen kam. Als die Hamster wiederbelebt wurden und ihre Gehirne ihre Arbeit wiederaufnahmen, zeigte sich, daß nichts von dem Erlernten verloren war. Ihre Gehirne waren abgeschaltet gewesen, ihre Erinnerungen blieben jedoch unversehrt. Also mußte es sich beim Langzeitgedächtnis um etwas anderes handeln als nur um Veränderungen in der neuralen Aktivität. Irgendwo in den Neuronen selbst mußte es eine Aufzeichnung geben.

Aber wo im Gehirn war diese Aufzeichnung zu finden? Vermutlich an Millionen von Stellen zugleich. Die Neurowissenschaftlerin Patricia Goldman-Rakic und ihre Kollegen brachten kürzlich einem Affen bei, seinen Blick auf einen kleinen Fleck auf der Mitte eines Fernsehschirms zu fixieren. Dann und wann erschien darauf ein Objekt und verschwand wieder irgendwo am Rand des Schirms. Ein paar Sekunden später verschwand auch der Fleck in der Mitte, was für den Affen das Stichwort war, seine Augen dahin zu richten, wo das Objekt am Rand *gewesen war*, ehe es verschwand. Nachdem der Affe diese Prozedur beherrschte, setzte Goldman-Rakic ihm feine Elektroden ins Gehirn, um herauszufinden, wo das verschwundene Objekt »erinnert« wurde. Und sie fand heraus: Wenn das Objekt zunächst nahe des Bildrands verschwand, nahm die elektrische Aktivität in einem winzigen Häufchen von Neuronen im präfrontalen Kortex des Affen zu; dabei handelt es sich um einen Bereich der äußeren Gehirnrinde vorn hinter der Stirn. Wenn das Objekt verschwunden war und der Affe sich erinnern mußte, wo es gewesen war, zeigten sich Aktivitätsspitzen in einem Häufchen nahe dem ersten. Und wenn dann der Affe seine Augen tatsächlich dorthin richtete, wo das Objekt gewesen war, kam es an einer dritten Stelle zu einem elektrischen Aktivitätsausbruch. Die Nervenzellen der ersten Stelle hatten mit dem Sehen zu tun, die an der dritten mit dem Tun. Diejenigen dazwischen mußten »Gedächtnis«-Neurone sein. Ihre Aufgabe bestand ganz allein darin, das Bild zu bewahren, wo das Objekt aus dem Sehbereich verschwunden war.

Diese Art von Gedächtnis kann man kaum autobiographisch nennen, denn das Ganze dauerte zwischen drei und sechs Sekunden, aber es erlaubt den Forschern, ein sehr komplexes Problem in unverbrauchter Perspektive zu betrachten. Alles, was in eine autobiographische Erinnerung eingeht – Bilder, Klänge, Gerüche, Gefühle, Bedeutungen –, wird vom Gehirn vermutlich in verschiedenen Bereichen repräsentiert, die denjenigen nahe liegen, an denen sich das ursprüngliche Sehen, Hören, Riechen, Fühlen und Verstehen abspielte. Die beteiligten Bereiche müssen winzig sein – einer Schätzung zufolge nicht mehr als tausend Neuronen. Und die Neuronen, die solche Grüppchen bilden, müssen hochspezialisiert sein: Bei Affen steigern bestimmte Nervenzellen ihre Feuerrate, wenn der Affe an einen roten Kreis denkt, nicht jedoch, wenn er sich an ein grünes Quadrat erinnert.

Wenn eine Erinnerung gebildet wird, laufen zumindest drei Vorgänge ab. Zunächst wird die Verbindung zwischen bestimmten Neuronen verstärkt. Was diese Verstärkung bedeutet und wie sie sich vollzieht, ist noch nicht ganz gewiß. Wir wissen, daß elektrische Impulse die Lücke zwischen zwei Neuronen mittels chemischer Boten überbrücken. Wie aber stellen sie es an, daß der Sprung über die Synapse beim zweiten und dritten Mal immer leichter zu vollziehen ist, so daß so etwas wie eine erste Spur einer Erinnerung entsteht? Die eine Möglichkeit wäre, daß das zweite Neuron einer solchen Reihe seinen eigenen chemischen Boten an das erste Neuron zurückschickt. Dieser Bote sagt »Mach's noch einmal«, indem er mehr von den ursprünglichen Botenstoffen freisetzt.

Mit der chemischen Verstärkung von Neuronenverbindungen läßt sich das Kurzzeitgedächtnis erklären, zu lebenslangen Erinnerungen muß aber noch etwas anderes gehören. Bei diesem Etwas scheint es sich um bedeutendere anatomische Veränderungen zu handeln – um ein Wachstum neuer Verzweigungen an Nervenzellen. Wenn man Laborratten aus ihrer gewohnten Umgebung in eine neue versetzt, die sie mehr fordert, zeigen ihre Gehirne solch ein Wachstum; bei näherer Untersuchung findet man heraus, daß dieses Wachstum sich genau an den Stellen vollzieht, wo die neuartigen Erfahrungen verarbeitet werden. Dasselbe hat man bei Affen gefunden: Wenn sie eine Stunde pro Tag üben, mit den drei mittleren Fingern eine Scheibe kreisen zu lassen, erweitern sich diejenigen Gebiete des Kortex, die jene drei Finger kontrollieren; angrenzende Bereiche, in denen Daumen und kleiner Finger repräsentiert sind, tun das hingegen nicht. Nicht nur bei jungen Tieren zeigt sich dieser Effekt, und bei uns scheint es ganz genauso zu sein.

Einiges spricht dafür, daß viele Langzeiterinnerungen an denselben Stellen gespeichert werden wie Kurzzeiterinnerungen; erstere scheinen jedoch eine Folge komplexer Verdrahtung zu sein, die aus Stimulationen resultiert. Die beteiligten Neuronen leben möglicherweise auch länger – die dritte Art von Veränderung. Das liegt daran, daß das wiederholte Feuern Gene einschaltet, die Proteine herzustellen scheinen, welche dem Überleben dienlich sind. Für Nervenzellen ist elektrische Aktivität möglicherweise so etwas wie Gewichtheben oder Jogging. Das Training baut sie vielleicht so weit auf, daß sie in der Lage sind, eine Erinnerung ein Leben lang aufrechtzuerhalten.

Ich bin zwar keineswegs bereit, mich von Neurowissenschaftlern verkabeln zu lassen, um die Angelegenheit endgültig zu klären, aber ich denke, man kann mit Bestimmtheit sagen, daß eine gewisse Anzahl von Nervenzellen im Gehirn sich in Reaktion auf die Handschuhe meines Großvaters verändert hat. Mit ein wenig freundschaftlicher Hilfe vom Hippocampus haben sie ihre Verästelungen zu einem Dickicht anwachsen lassen. Auch in diesem Moment, da ich an die Handschuhe denke, feuern jene Nervenzellen schneller, und ihnen stehen chemische Boten zur Seite, die wissen, auf welchem Weg sie an ihr Ziel gelangen. Meine seltsame Frage »Wo hausen die Erinnerungen?« hat mich auf verschlungene Wege geführt, aber am Ende bin ich wieder dort gelandet, wo ich begonnen hatte: in meinem Kopf. Der einzige Unterschied ist, daß ich jetzt, am Ende meiner Reise, mit all meinen Fingern darauf deute.

Was heißen soll, mir bot sich keine Möglichkeit, auf einen historischen Meilenstein zu verweisen: ein kleines, etwa erbsengroßes Organ von der Form eines Zirbelkieferzapfens. Dabei handelt es sich um die Zirbeldrüse, und obwohl die Wissenschaftler sich nicht sicher sind, was sie alles tut, halten sie es für möglich, daß sie den Überrest eines uralten Sinnesorgans darstellt. Vor 350 Jahren aber glaubte René Descartes, daß hier der Sitz des Bewußtseins sei, die Stelle, an der die Materie auf den Geist treffe. Descartes hatte zwar unrecht, was die Funktion der Zirbeldrüse anging, mit der Frage, die er stellte, lag er aber nicht falsch. Denn wie kann es überhaupt geschehen, daß Erregungen in neuralen Netzen, die ganz mit sich selbst beschäftigt sind, zur subjektiven Wahrnehmung von Erinnerungen werden – zum Klang von Vaters Stimme, zum Bild von Großvaters Händen, zum Sinn beider Leben? Wo ist es, das große kartesianische Theater, auf dessen Bühne die chemischen Boten des Gedächtnisses zu Schauspielern vor unserem inneren Auge werden? Überall, irgendwo, nirgendwo?

Natürlich kann niemand diese Frage beantworten, und vielleicht dauert es noch ein Jahrhundert (wenn überhaupt), bis jemand auch nur eine diesbezügliche Vermutung riskieren wird. Bis dahin müssen wir uns mit unseren Metaphern begnügen. Gegenwärtig wissen wir folgendes: Das menschliche Gehirn ist im Vergleich zu einem Computer ausgesprochen träge, doch das gleicht es durch die Komplexität und Organisationsweise seiner Verbindungen mehr als aus. Im Gegensatz zum Computer wurde das Gehirn nicht für spezifische Anwendungen konstruiert, und es brauchte Millionen von Jahren, um sich zu entwickeln. Es muß sich um unendlich viel mehr Dinge kümmern, als nur Erinnerungen zu bewahren, etwa um die Steuerung von Atmung, Gehen und Sprechen. Und sein ganzes Leben lang ist das Gehirn »eingeschaltet«. Nie wird sein Stecker herausgezogen, auch dann nicht, wenn wir uns schlafen legen. Vielmehr wissen die Forscher seit Anfang der fünfziger Jahre, daß der

Schlaf etwa alle neunzig Minuten Wirbelstürme von elektrischer Aktivität entfacht – Träume. Und schließlich: Obwohl die Verdrahtungen des Gehirns eine hohe Stabilität aufweisen, die im genetischen Programm für sein Wachstum ganz präzise festgelegt ist, verhält es sich viel flexibler als irgendeine Maschine. Es ist geschmeidig, formbar, seine graue Substanz ist wie ein spezieller Lehm, der sich im Verlauf des Lebens nur sehr langsam verhärtet.

Heißt dies, daß die Erinnerungen in unserem Geist weniger akkurat sind als jene in unseren Maschinen? Ja, doch Genauigkeit ist nicht gleichbedeutend mit Wahrheit. Wir dürfen niemals vergessen, daß wir es sind, die die Maschinen erschaffen und kontrollieren. Die Erinnerungen, die in ihnen gespeichert sind, verarbeiten wir anhand der Erinnerungen in uns. Wir können uns heute vor einen Computer setzen, Fotografien Bit für Bit auseinandernehmen und sie auf jede nur erdenkliche Weise neu zusammensetzen. Digital bearbeiten nennen wir das. Und wir können sie weiter umgestalten. Wir können »Dokudramas« herbeizaubern, die auf »rekreierten« tatsächlichen Ereignissen »basieren«, und Filme erschaffen, die auf unverschämte Weise Fakten und Fiktionen mischen. So groß ist die Überzeugungskraft des Bildes, daß ein gut Teil des Publikums das, was es sieht, als historische Wahrheit akzeptiert. In dem Maß, wie die Gedächtnismaschinen sich im 21. Jahrhundert verbessern, wie sie Wissen immer visueller werden lassen, wie sie uns in »virtuelle Realitäten« versetzen, wie sie Dinge zu tun beginnen werden, die wir uns heute noch nicht einmal vorstellen können, in diesem Maß wird sich unsere Fähigkeit, exakte Aufzeichnungen festzuhalten, verbessern. Doch genau in demselben Maß werden wir auch schlechte Erinnerungen beschönigen können.

Eine ganze neue Welt von Erinnerungen wartet da draußen, eine Welt, die sich mein Großvater wohl kaum vorstellen konnte. Doch der Stoff, aus dem seine Erinnerungen waren, unterscheidet sich kaum von dem, aus welchem meine sind. Dank der erstaunlichen Erkenntnisse der Gehirnforschung weiß ich darüber viel mehr, als er jemals hätte wissen können. Und meine Enkel werden wieder mehr wissen als ich, und sie werden in einer Welt von Gedächtnisstützen und »Clare-Shows« leben, die mir den Kopf verdrehen würde, wenn ich einen Blick hineinwerfen könnte. Ich hoffe, meine Enkel werden in jener schwindelerregenden Welt merken, daß die Erinnerung in ihnen sich vom maschinellen Gedächtnis unterscheidet, daß sie die Maschinen kontrollieren und nicht umgekehrt. Möge keiner von ihrer Generation vergessen, was bereits einigen von uns entgangen ist, auch Wissenschaftlern: daß die Erinnerungen in Menschen lebendig sind.

2. Ist alles »da drin«?

Zu der Zeit, als das Tonbandgerät das Licht der Welt erblickte, hörte in Montreal ein Neurochirurg dem menschlichen Gehirn auf eine Weise zu, wie es noch niemals zuvor jemand getan hatte. Ende der dreißiger Jahre versuchte Wilder Penfield Patienten mit schweren epileptischen Anfällen dadurch zu heilen, daß er ihnen schadhaftes Gewebe aus dem Gehirn entfernte. Um herauszufinden, wo er schneiden und wo er auf mögliche Nebenwirkungen achten mußte, untersuchte Penfield, welche Körperteile sich bewegten, wenn er bestimmte Bereiche des Kortex mit einem schwachen elektrischen Strom stimulierte. Da das Gehirn selbst über keinerlei Schmerzrezeptoren verfügt, konnten seine Patienten während der Prozedur bei Bewußtsein bleiben. Wenn Penfield einen bestimmten Bereich des Kortex knapp oberhalb des Ohrs untersuchte, berichteten seine Patienten gelegentlich von so etwas wie Rückblenden: Sie hörten beispielsweise ein Lied, das alte Freunde sangen, eine Mutter, die nach ihrem kleinen Jungen rief, oder hatten die Vision großer Wagen bei einem Karnevalsumzug. Diese Rückblenden waren so lebensecht, daß Penfield glaubte, er hätte langvergessene Erinnerungen reaktiviert. Als er 1969 eine Zusammenfassung seiner Arbeiten veröffentlichte, behauptete er, das *lebende* Gehirn, das er mit seinen Fingern berührt habe, sei so etwas wie ein »Tonbandgerät«. Später bediente er sich hingegen einer anderen Metapher. »Der Geist scheint unabhängig vom Gehirn zu funktionieren«, schrieb er, »und zwar in demselben Sinn, wie ein Programmierer unabhängig von seinem Computer agiert.«

Diese Metaphern waren nicht beliebig gewählt. Penfield war überzeugt, daß der »elektrische Abruf« eine exakte Reproduktion vergangener Erfahrungen heraufbeschwöre. »Es mag diese Augenblicke gegeben haben, da hörte man Musik, da schaute man durch die Tür eines Ballsaales, da stellte man sich vor, wie es die Räuber aus einem Comic strip taten, da erwachte man aus einem lebhaften Traum, da unterhielt man sich lachend mit Freunden, da lauschte man, ob mit dem kleinen Sohn alles in Ordnung war, da betrachtete man die Leuchtreklamen, da lag man bei der Geburt des Kindes im Kreißsaal, da war man vor einem schrecklichen Mann zu Tode erschrocken, da sah man einige Leute ins Zimmer kommen, die Schnee an ihrer Kleidung hatten.« Nur vierzig von über 1100 Patienten erlebten solche Rückblenden, aber Penfield war so erstaunt darüber, wie »dieser Strom eines früheren Bewußtseins wieder floß«, daß er über jeden dieser Fälle detailliert Bericht erstattete. Seinen Aufzeichnungen fügte er Diagramme des jeweiligen Gehirns bei, in denen Ziffern auf die Stellen verwiesen, an denen der Patient stimuliert worden war. Das folgende Beispiel, es stammt von einem Mann, beginnt mit einem Punkt, der mit »28« numeriert war.

28. »O Gott: Da sind sie, da ist mein Bruder. Er zielt mit einem Luftgewehr auf mich.« Seine Augen wanderten langsam nach links ... Auf die Frage, wo er sich befinde, sagte er, er sei zu Hause im Hof. Sein anderer, kleinerer Bruder war auch da. Das war alles. Auf die Frage, ob er erschrocken gewesen sei, als er seinen Bruder sah, antwortete er: »Ja.«

Penfield rückte seine Elektrode ein Stück weiter:

30. »Ich hörte jemand sprechen, meine Mutter sagte einer Tante, sie solle heute abend vorbeikommen.«

Und wieder:

31. »Dasselbe wie eben. Meine Mutter sagte meiner Tante am Telefon, sie solle heute abend doch vorbeikommen und uns besuchen.« Auf die Frage, woher er wisse, daß sie über

das Telefon sprach, antwortete er, er habe sie nicht gesehen, aber aus der Art und Weise, wie die Stimme seiner Tante bei der Antwort geklungen habe, wisse er, daß sie über das Telefon kam.

Und nochmals:

32. »Meine Mutter sagt meinem Bruder, daß er seinen Mantel linksrum angezogen hat. Ich kann sie einfach hören ...« Auf die Frage, ob er diese Dinge für so etwas wie Träume halte, antwortete er: »Nein.«

Wenn er sich über seine Patienten beugte, war Penfield überzeugt, daß all ihre Lebenserfahrungen vor seiner Elektrode lagen. Neurale Aktivitäten, behauptete er, hinterließen eine permanente Spur von Verknüpfungen, »die man noch viele Jahre später mittels elektrischem Strom nachverfolgen kann, ohne daß Details verlorengingen«. Obwohl Penfield bestimmte Arten von Erinnerungen niemals unterkamen – beispielsweise an den Geschmack eines bestimmten Essens, an sexuelle Erlebnisse, Entscheidungsfindungen oder erlittenes Leid –, hielt er an seiner Überzeugung fest, daß alle Lebenserfahrungen irgendwo im Gedächtnis gespeichert seien. Die gerade erfundenen Gedächtnismaschinen schienen sich als Metapher für sein Denken geradezu aufzudrängen.

Schon zu einem früheren Zeitpunkt unseres Jahrhunderts war Sigmund Freud auf andere Weise zu ähnlichen Schlüssen gelangt. Obwohl er im Lauf der Jahre durchaus verschiedene Positionen bezogen hatte, behauptete Freud am Ende schließlich, daß unsere gesamten autobiographischen Aufzeichnungen »da drin« seien, verborgen oder nicht. »... im Seelenleben [kann] nichts, was einmal gebildet wurde, untergehen«, schrieb er 1930 und betonte, »daß alles irgendwie erhalten bleibt und unter geeigneten Umständen, z. B. durch eine so weit reichende Regression, wieder zum Vorschein gebracht werden kann.« Während Penfield eine Elektrode benutzte, um die Erinnerungen wiederzuerwecken, bediente Freud sich Techniken wie der Psychoanalyse, der freien Assoziation und der Traumanalyse. Solche Verfahren waren nötig, um den Schmerz, die Angst, die Scham und die Schuldgefühle zu durchbrechen, die die Erinnerungen unterdrückt hielten. Obwohl ein Operationstisch etwas ganz anderes ist als die Couch eines Psychoanalytikers, ist es doch nicht uninteressant, daß sowohl Penfield wie Freud ihre Erkenntnisse dadurch gewannen, daß Patienten auf dem Rücken lagen und sprachen.

Doch die beiden waren nicht die einzigen, die die Erinnerungen von Menschen untersuchten, die sich ihnen gegenüber passiv verhielten. In den vierziger Jahren schickten Hypnotiseure Menschen in eine sogenannte »Altersregression«, und sie machten dabei faszinierende Beobachtungen. Unter Hypnose wurde den Probanden gesagt, sie seien drei oder vier Jahre alt; sie begannen wie Kinder zu sprechen und produzierten lebhafte Erinnerungen an Ereignisse, die sie seit langem vergessen hatten. 1949 veröffentlichte Robert True in der Zeitschrift *Science* eine Untersuchung; er hatte Freiwillige hypnotisiert und sie auf Weihnachts- und Geburtstagsfeiern zurückgeschickt, die sie im Alter von vier, sieben und zehn Jahren erlebt hatten. Er fragte sie nach dem Wochentag. Die Ergebnisse waren verblüffend: 82 Prozent der Antworten waren richtig. Hätten die Probanden einfach nur geraten, hätte nur eine von sieben Antworten richtig sein dürfen.

Therapeuten erblickten in der Hypnose eine Möglichkeit, Traumata in der Vergangenheit eines Klienten aufzudecken; Kriminalisten sahen darin eine Chance, Hypermnesie zu induzieren, eine Art Supergedächtnis also. So könnte man, meinten sie, Gedächtnisspuren verfolgen, die jenseits der bewußten Erinnerung von Opfern und Zeugen lagen. Hypnotisch wiedererlangte Erinnerungen spielten in berühmten Kriminalfällen eine Rolle: beim Würger von Boston, bei der Nymphomanin im Cable-Car von San Francisco und im Fall von Sam Sheppard, dem Arzt aus Cleveland, der seine schwangere Frau umgebracht haben soll. 1968 erklärte ein Gerichtshof in Maryland solche Erinnerungen ohne jede Einschränkung als Beweismittel für zulässig. 1975 berichtete ein Sprecher des Los Angeles Police Department in *TV Guide*, Hypnoseversuche hätten sich in 65 Prozent aller Fälle als sinnvoll erwiesen. »Mittels Hypnose«, stellte er fest, »machen wir den bewußten Geist passiv, und wir kommunizieren mit dem Unterbewußten, um freizusetzen, was dort verborgen liegt.« Von entscheidender Bedeutung war die Hypnose sicherlich im Fall von Ed Ray, einem Schulbusfahrer, der 1977 zusammen mit 26 der ihm Anvertrauten gekidnappt und in einem zwei Meter tief in der Erde vergrabenen Lastwagenanhänger gefangengehalten worden war. Nachdem die Gruppe gerettet worden war, konnte Ray sich unter Hypnose mit Ausnahme einer einzigen an alle Stellen der Autonummer ihrer Peiniger erinnern, was die Polizei in die Lage versetzte, diese aufzuspüren. In einer Vielzahl von Fällen schien die Hypnose dasselbe zu leisten wie Penfields Elektroden und Freuds Psychoanalyse – in den dunkelsten Ecken des Gedächtnisdepots den Lichtschalter zu finden. Alles lag hier gespeichert und wartete nur darauf, entdeckt zu werden.

Heute sehen die meisten Laien das Gedächtnis genauso wie Freud und Penfield. Rund siebzig bis 85 Prozent aller Befragten glauben, daß alles, was ihnen je zustößt, irgendwo im Gehirn gespeichert wird. Woran man sich nicht erinnern kann, das ist zwar »verloren« oder »verschüttet«, aber es kann »gefunden« oder »freigelegt« werden, oder man kann »darauf stoßen«, wenn man nur den richtigen Trick kennt, also eine bestimmte Technik anwendet: elektrische Gehirnstimulierung, Psychoanalyse, Hypnose in den oben erwähnten Fällen; die richtige Fragestellung, Drohung, meditative Reisen durch das Imaginäre, Gebete, Körpermassagen in anderen. Bei dieser Sichtweise des Gedächtnisses gelangt zwar alles hinein, aber nichts wieder hinaus. Gedächtnisverlust bedeutet, daß Gedächtnisinhalte nicht bewußt erinnert werden können, nicht, daß sie aus dem Speicher verschwunden oder gar nicht erst hineingekommen sind. Einst glaubte ich, solche Ansichten über das Gedächtnis wären nur bei jungen Menschen zu finden, aber meine Umfragen bei einem älteren Publikum (in der Regel bitte ich um Handzeichen) haben das Gegenteil ergeben. Menschen aller Altersstufen glauben offensichtlich an die Dauerhaftigkeit von Erinnerungen. Alles ist »da drin« und potentiell zugänglich.

Und warum sollte man das auch nicht glauben? Nicht nur einflußreiche Geistesgrößen wie Penfield und Freud oder die periodisch auftretenden Hypnotiseure bekräftigen uns darin, wir haben auch persönlich die Erfahrung gemacht, daß »da drin« mehr ist, als wir wissen: wenn uns beispielsweise ein Wort auf der Zunge liegt, aber uns partout nicht einfallen will oder wenn wir genau wissen, daß wir etwas tun wollten, aber vergessen haben, was es war. Andererseits kann einem nach Jahrzehnten des Vergessens plötzlich eine Szene aus der Kindheit wieder einfallen. Und dann gibt es noch diese unheimlichen Déjà-vu-Erlebnisse, die rund sechzig Prozent meiner Landsleute wenigstens einmal in ihrem Leben haben. Man betritt ein Zimmer und hat das Gefühl, daß man an genau diesem Ort schon einmal gewesen ist. Man weiß aber mit Sicherheit, daß das nicht sein kann. Was ist es, tief im Inneren, das einem sagt, dies sei keine neue Erfahrung? Manchmal bringt so ein Ruf aus der Tiefe Erstaunen und Schrecken mit sich. Therapeuten haben mir geschildert, wie das Gesicht eines Klienten weiß vor Angst wird, wie seine Muskeln erschlaffen, wie seine Augen sich weiten und ins Leere starren, als würde irgend etwas in einer Ecke des Gedächtnisses auftauchen. Der Klient weiß nicht, was es ist, *will* es nicht wissen, kann sich aber dem Gefühl nicht entziehen, daß da etwas auf der Lauer liegt.

Die Erfahrung, daß *einiges* im Gedächtnis verborgen liegt, wandelt sich leicht in die Überzeugung, daß *alles* dort nur darauf wartet, gefunden zu werden; in diesem Fall müßten natürlich auch die Originalaufzeichnungen noch existieren, und wenn man auf so ein Original stößt, müßte man es als solches erkennen können. Diese Schlußfolgerung macht Sinn, wenn man sich das Gedächtnis wie eine Maschine vorstellt. Wenn ich an meinem Computer arbeite, ist mir klar, daß »da drin« viel mehr steckt, als auf seinem Bildschirm erscheint. Tatsächlich weiß ich, daß alles, was hineingesteckt wurde – egal wie tief –, bereitwillig darauf wartet, wieder hervorgeholt zu werden. Die dafür nötige Technik – in diesem Fall ein paar Steuerbefehle – ist mir bekannt. Und ich habe keinerlei Zweifel daran, daß es sich bei dem, was da wiederauftaucht, um eine exakte Replikation des ursprünglich verarbeiteten Originals handelt. Nicht anders ist es, wenn ich eine Kassette in einen Videorecorder einlege, einem Tonband lausche, das Familien-Fotoalbum durchblättere oder, um bei diesem Medium zu bleiben, ein Buch aus dem Regal nehme und eine bestimmte Seite aufschlage. Immer kann ich auf die ursprünglichen Aufzeichnungen zurückgreifen und weiß, daß sie authentisch sind.

Der vorherrschenden Ansicht über das Gedächtnis zufolge beurteilt man die Authentizität einer Erinnerung nach ihrer Lebhaftigkeit und ihrem Detailreichtum. Ein klares, deutliches Bild gilt als ein ursprüngliches Bild – wie ein Foto, das im Lauf der Zeit nicht verblaßt ist. Während des Ersten Weltkriegs führte Frederick Bartlett, ein Psychologe an der Universität von Cambridge, mit ein paar Versuchspersonen ein einfaches Experiment durch. Sie sollten sich an die Reihenfolge erinnern, in der ihnen fünf Ansichtskarten gezeigt wurden. Einige von Bartletts Versuchspersonen verließen sich dabei auf visuelle Anhaltspunkte, andere auf die Worte, mit denen sie die Karten beschrieben hatten. Zwei Wochen nachdem ihnen die Karten zum ersten Mal gezeigt worden waren, hatten die »Visualisierer« größeres Zutrauen in ihre Erinnerung als die »Verbalisierer« – obwohl ihre Trefferquote keinesfalls höher lag.

Für Arthur Mann, den Biographen von Fiorello La Guardia (einem früheren Bürgermeister von New York City), war Genauigkeit im Detail der Prüfstein für die Authentizität einer Erinnerung. Einen Augenzeugen hielt Mann für glaubwürdig, »als er sich an den genauen Tag erinnerte, an dem den Deutschen der Durchbruch bei Caporetto gelang, an die zweiten Vornamen der befehlshabenden Offiziere, an den Tag und die Uhrzeit, da La Guardias erste Frau 1921 beerdigt wurde, und auch noch an den Namen und die Adresse des Bestatters«.

Kürzlich wurde in einer Folge der Fernsehserie *Murder, She Wrote* ein Mann vom Vorwurf des Mords freigesprochen, weil ein Hypnotiseur ihm eine verborgene Erinnerung wiederzufinden half, die zeigte, daß er in Notwehr gehandelt hatte. Alle akzeptierten diese Erinnerung als authentisch. In derselben Folge jedoch wurde alles, was eine Frau erzählte, in Mißkredit gebracht, weil ein Detail chronologisch falsch eingeordnet war. Sie erinnerte sich, daß ein Kühlschrank im Keller eines Hauses gestanden hatte – Jahre bevor er tatsächlich dort stand. Weil niemand die Verlagerung eines Details aus der Gegenwart in die Vergangenheit als normal akzeptierte, wurde die Frau als Lügnerin angesehen. Und das wäre sie auch – wenn die vorherrschenden Ansichten über das Gedächtnis korrekt wären.

Die neue Sicht: Rekonstruktion

Diese vorherrschende Sichtweise des Gedächtnisses habe ich im Prolog des Buches die »alte« genannt. Wie alt sie in der Geschichte der Menschheit wirklich ist, ist schwer zu sagen, weil die Aufzeichnungen, die uns darüber Auskunft geben, bereits selbst die Externalisierung des Gedächtnisses repräsentieren. Ich habe jedoch den Verdacht, daß die »alte« Sicht erst seit ein oder zwei Jahrhunderten vorherrscht, seit die Gedächtnismaschinen uns die entsprechenden Metaphern an die Hand gaben. In den letzten paar Jahrzehnten ist mit einer neuen Generation von Wissenschaftlern auch eine neue Forschungsrichtung entstanden, die diese Ansicht in Zweifel zieht.

Frederick Bartlett, der während des Ersten Weltkriegs gezeigt hatte, daß die Lebhaftigkeit einer Erinnerung nichts mit ihrer Akkuratheit zu tun hat, war in gewisser Weise der Vorläufer der neuen Generation. Er glaubte, daß Erinnerungen eher »rekonstruiert« als »wiedererlangt« werden, und auch Freud äußerte sich gelegentlich in ähnlicher Richtung. Ein halbes Jahrhundert nach Bartlett und Freud begann die Psychologin Elizabeth Loftus Beweise für die Richtigkeit dieser »rekonstruktionistischen« Sichtweise zu sammeln. Im Rahmen ihrer Forschungsarbeiten unterzogen sie und ihr Gatte, Geoffrey Loftus, die »Rückblenden« von Wilder Penfields Patienten noch einmal einer genaueren Prüfung. Sie fanden genügend Widersprüchliches und Unmögliches, um Penfields Glauben an die Dauerhaftigkeit von Erinnerungen in Zweifel ziehen zu können. In einem Fall hatte eine Frau den Schauplatz einer Erinnerung aus »der Nachbarschaft« auf »den Holzplatz« verlegt, als eine bestimmte Stelle ihres Gehirns ein zweites Mal stimuliert wurde. Sie sagte anschließend aber, daß sie niemals in ihrem Leben auch nur in der Nähe eines Holzplatzes gewesen sei. In einem weiteren Fall, der Nummer »31« von oben, hörte ein Patient, wie seine Mutter am Telefon mit seiner Tante sprach. Obwohl er selbst gar nicht am Telefon war, hörte er beide Seiten des Gesprächs mit, was im wirklichen Leben unmöglich ist.

Noch eine zweite Gruppe von Wissenschaftlern zog Penfields Schlußfolgerungen in Zweifel. Sie berichteten von einer Patientin, deren »Erinnerungen« aus Gedanken bestanden, die ihr Gehirn unmittelbar vor der Stimulation zufällig gehabt hatte. Es *schien* sich bei ihnen um Aufzeichnungen aus der Vergangenheit zu handeln, aber das stellte sich als Irrtum heraus.

Ähnliche Zweifel an der Stabilität von Gedächtnisspuren kamen auf, als die Behauptungen von Hypnotiseuren überprüft wurden. Als es Wissenschaftlern nicht gelang, Robert Trues Experimente mit der Altersregression zu wiederholen, fanden sie heraus, daß er seine Versuchspersonen nicht etwa gefragt hatte »Welcher Tag ist heute?«, sondern vielmehr »Ist heute Sonntag?«, »Ist heute Montag?« und so weiter; er wußte natürlich die korrekte Antwort, als er in dieser Weise fragte. Und dieser kleine Umstand verändert die Sache völlig: Die geringste Modulation der Stimme, und sei sie noch so unbeabsichtigt, reicht aus, um der Versuchsperson anzudeuten, wie die richtige Antwort lauten muß. Was True demonstriert hatte, war nicht die Leistungsfähigkeit des Gedächtnisses, sondern die Leistungsfähigkeit der Suggestion.

Wie machtvoll eine Suggestion wirken kann, wurde in späteren Hypnose-Experimenten noch direkter aufgezeigt. In einem Fall sollten die Versuchspersonen eine Nacht aus der zurückliegenden Woche wählen, von der sie keine spezifischen Erinnerungen an Träume oder ans Aufwachen hatten. Unter Hypnose wurde ihnen gesagt, daß sie diese Nacht noch einmal erlebten, und man stellte ihnen eine bestimmte Frage: ob sie irgendwelche lauten Geräusche gehört hätten, von denen sie aufgewacht seien? Der Untersuchung zufolge behaupteten siebzehn von 22 Versuchspersonen, ja, jetzt könnten sie sich an solch ein Geräusch erinnern. Dreizehn davon behielten diese Erinnerung auch bei, nachdem die Hypnose aufgehoben worden war und man ihnen gesagt hatte, daß es sich bei dem lauten Geräusch nur um eine Suggestion des Hypnotiseurs handle. Von diesen dreizehn waren sechs sich sicher, eine unmittelbare Erinnerung an nächtliche Geräusche zu haben. »Ich bin mir verdammt sicher«, sagte einer von ihnen. »Ganz bestimmt habe ich diese Geräusche gehört.« Die anderen sieben hatten keine direkte Erinnerung an ein Geräusch, schlußfolgerten aber, daß es eines gegeben haben müsse. »Ich bin mir ziemlich sicher, daß so etwas geschah, weil ich mich daran erinnern kann, wie ich aufschreckte«, lautete beispielsweise ein typischer Kommentar. Im allgemeinen haben solche Forschungen ergeben, daß Menschen unter Hypnose nicht nur mehr Fakten erinnern, sondern auch mehr Phantasiegebilde, und es fällt ihnen schwerer, zwischen beiden zu unterscheiden. Gleichzeitig entwickeln sie ein größeres Vertrauen in ihre Erinnerungen und verwandeln sich in Augenzeugen von großer Überzeugungskraft. Infolge dieser wissenschaftlichen Erkenntnisse akzeptieren immer weniger Gerichte (auch im Staat Maryland) hypnotisch aufgefrischte Erinnerungen als Beweismittel.

Anfang der siebziger Jahre zeigte Loftus, daß auch bei Menschen, die nicht hypnotisiert wurden, die Suggestion eine große Rolle spielt. In ihrem Experiment wurde College-Studenten ein kurzer Film gezeigt, in dem ein paar Sekunden von einem Verkehrsunfall handelten. Danach wurden einige der Versuchspersonen gebeten, die Geschwindigkeit einzuschätzen, mit der die Autos im Film in dem Moment fuhren, als sie »aufeinandertrafen«. Andere sollten die Geschwindigkeit einschätzen, als die Autos »ineinanderkrachten«. Beide Gruppen hatten denselben Film gesehen, aber die »Ineinanderkrach«-Gruppe schätzte die Geschwindigkeit höher ein als die »Aufeinandertreff«-Gruppe. Eine Woche später wurden beide Gruppen befragt, ob sie zerbrochenes Glas am Unfallort gesehen hätten. In der »Ineinanderkrach«-Grupppe wurde öfter mit ja geantwortet, und auch diejenigen, die die Geschwindigkeit hoch eingeschätzt hatten, antworteten häufiger mit ja. In Wirklichkeit war kein zerbrochenes Glas im Film zu sehen gewesen. Weitere Forschungen bestätigten Loftus, daß solche Leitfragen die mentalen Bilder von Versuchspersonen verändern können. Sie »sahen« jetzt einen Bart, lockiges Haar, zerbrochenes Glas oder ein weißes Fahrzeug, ein Stoppschild, eine Scheune oder was immer man ihnen suggerierte. Loftus ist überzeugt, daß zwei Arten von Informationen ins Gedächtnis einfließen. Bei der ersten handelt es sich um die ursprüngliche Wahrnehmung des Ereignisses, bei der zweiten um Informationen, die erst nach dem Ereignis zur Verfügung stehen. Im Lauf der Zeit verschmelzen die beiden zu einer einzigen Erinnerung, die die ursprüngliche Information ersetzt.

Wissenschaftler können heute sogar noch mehr tun, als die Erinnerungen nicht hypnotisierter Versuchspersonen auszuwechseln. Sie können ihnen sogar völlig neue einpflanzen. In einem Fall reproduzierten sie die Ergebnisse des Experiments mit den lauten nächtlichen Geräuschen, indem sie die Versuchspersonen einfach baten, sich solche Geräusche vorzustellen und zu beschreiben. Selbst ohne Hypnose verwandelten sich einige dieser Beschreibungen in Erinnerungen. Gut bekannt ist die Geschichte des Schweizer Psychologen Jean Piaget, der mit der lebhaften Erinnerung aufwuchs, daß er im Alter von zwei Jahren beinahe entführt worden war. In der Erinnerung sah er einen Mann, der ihn bedrohte, sein Kindermädchen, das ihn tapfer verteidigte, und ihr Gesicht, das in dem sich daraus ergebenden Handgemenge zerkratzt wurde. Während seiner gesamten Kindheit und Jugend blieb diese Erinnerung lebendig. Erst als er fünfzehn Jahre alt war, schrieb das Kindermädchen seinen Eltern, daß sie sich die ganze Geschichte nur ausgedacht hatte. Die Klarheit, mit der Piaget das Ereignis in seiner Erinnerung gesehen hatte, und die persönliche Überzeugung, daß diese Erinnerung der Wahrheit entsprach, waren keinerlei Beweise, daß das Ereignis tatsächlich stattgefunden hatte.

Der frühere US-Präsident Ronald Reagan erzählte gern die Geschichte eines Bomberpiloten, dem während des Zweiten Weltkriegs postum die Ehrenmedaille des Kongresses verliehen wurde. Das Flugzeug hatte einen Treffer abbekommen, und ein junger Bordschütze, der nicht mehr hinauskonnte, wurde von Panik ergriffen. »Keine Sorge, mein Sohn«, sagte der Pilot, »wir fliegen ihn zusammen runter.« Der Pilot blieb im Flugzeug und begleitete den jungen Mann in den Tod. Diese Geschichte erzählte Reagan während seiner Wahlkämpfe von 1976 und 1980 und noch einmal 1983. Dann jedoch fand ein Journalist heraus, daß eine solche Ehrenmedaille niemals verliehen worden war. Er entdeckte auch einen Film aus der Zeit des Zweiten Weltkriegs mit dem Titel *A Wing and a Prayer*, in dem ein Pilot zusammen mit dem verwundeten Funker abstürzt und dabei sagt, »den Flug machen wir zusammen«. Auch in einer *Reader's Digest*-Geschichte waren dieselben Worte zu lesen: »Den Flug machen wir zusammen.« Was Reagan als wahr erinnerte, war also vermutlich eine Fiktion. Wie Piagets unwahre Erinnerung illustriert auch sie ein Phänomen, das Kryptomnesie genannt wird.

Der Ausdruck selbst ist ziemlich weit hergeholt (aus dem Griechischen, er bedeutet sinngemäß »verborgene Erinnerung«); die Sache aber, auf die er verweist, erfreut sich weiter Verbreitung: Man erinnert sich an das, *was* jemand gesagt hat, vergißt aber, *daß* es einem erzählt wurde. Oft habe ich dies bei Gruppen von Menschen beobachtet, die gemeinsam an etwas Kreativem arbeiten. Nach einer Weile erinnert sich einer der Beteiligten an etwas, das er bei einer Unterhaltung im Gang oder bei einem Gruppentreffen gehört hat, er hat aber vergessen, wo und sogar, daß er es mitbekommen hat. So wird eine alte Idee zu seinem völlig neuen Einfall. (In gewisser Weise handelt es sich dabei um das Gegenteil eines Déjà-vu-Erlebnisses, bei dem etwas Neues als vertraut erscheint.) Dank des Phänomens der Kryptomnesie ist es möglich, daß ein Bild, welches der eigenen Erinnerung durch ein Foto, einen Film oder die Worte eines anderen eingepflanzt wurde, einer eigenen unmittelbaren Erfahrung entsprungen scheint. Auch läßt die Art und Weise, wie eine Erinnerung aussieht oder sich anfühlt, keinen Rückschluß darauf zu, ob sie kryptisch eingepflanzt wurde oder nicht. Falsche Erinnerungen sehen genauso aus und fühlen sich genauso an wie echte.

Verändern und hinzuerfinden von Erinnerungen: das ist das, was heutige Psychologen – wie auch schon Bartlett 1932 – Rekonstruktion nennen. Damit ist gemeint, daß Erinnerungen im Gehirn nicht starr gespeichert sind wie auf einem Tonband oder im Bücherregal. Sie werden immer wieder umgebaut. John Deans Aussagen bei den Watergate-Anhörungen sind ein gutes Beispiel von Rekonstruktion. Im Juni 1973 sagte Dean vor dem Senatsausschuß, der die Watergate-Affäre untersuchte, über ein Treffen aus, das er mit dem damaligen US-Präsidenten Nixon neun Monate zuvor, am 15. September 1972, gehabt hatte. Dean leitete seine Aussage mit der Feststellung ein, daß er ein ausgezeichnetes Gedächtnis habe. Nach seinem Auftritt nannte die Presse ihn »ein menschliches Tonbandgerät«. Später stellte sich heraus, daß während des Treffens, über das Dean ausgesagt hatte, tatsächlich ein Tonbandgerät mitgelaufen war. Gewissermaßen wie von selbst hatte sich so ein Experiment ergeben. Der Psychologe Ulric Neisser verglich die Mitschrift von Deans Zeugenaussage mit der Abschrift des Tonbands vom tatsächlichen Treffen: Überall wucherten die Rekonstruktionen. Beim Wort genommen, war Deans Aussage alles andere als akkurat. Neissers Vergleiche zeigten, daß Dean in seine Erinnerungen etwas eingefügt hatte, das er sich bei dem Treffen gewünscht, aber niemals erhalten hatte – ein aufmunterndes Kompliment des Präsidenten. In der Erinnerung nutzte Dean eine spätere Einsicht zu seinem Vorteil und verkehrte eine Vorhersage, die sich als falsch herausgestellt hatte, ins Gegenteil. Im nachhinein weist er sich auch eine wesentlich zentralere Rolle im Gang der Dinge zu. Neisser kommt zu dem Schluß: »Was er in seiner Aussage tatsächlich beschreibt, ist nicht das Treffen vom 15. September, sondern eine Phantasie: Das Treffen, wie es sozusagen hätte sein sollen ... Bis zum Juni war seine Phantasie zu dem geworden, was Dean hinsichtlich des Treffens ›erinnerte‹.«

Überraschenderweise kam Neisser nicht zu dem Schluß, daß Dean log. Im größeren Zusammenhang war alles wahr, was er sagte. Nixon hatte die Kenntnisse, die Dean ihm unterstellte; es *war* zu Vertuschungen gekommen. In Deans Geist stand ein einzelner Vorgang – sein Treffen mit dem Präsidenten – für ein Konglomerat wiederholter Vorgänge. Und von diesem Symbol ging eine so große Anziehungskraft aus, daß Dean sich an Einzelheiten erinnerte, die sich bei der fraglichen Gelegenheit nie zugetragen hatten.

Immer wenn man autobiographische Erinnerungen mit externen Aufzeichnungen vergleicht, ziehen sie den kürzeren, jedenfalls wenn man sie mit dem vergleicht, was unsere Gedächtnismaschinen leisten. Und dennoch richten wir die gleichen Erwartungen an unsere Erinnerungen. Als der Rechtsausschuß des Senats die Anschuldigungen Anita Hills untersuchte, die Clarence Thomas sexuelle Belästigung vorwarf, fand sich nachträglich keine Tonbandaufnahme wie im Watergate-Fall. Die Verhöre konnten sich einzig und allein auf die Annahme stützen, daß alles »da drin« sei, daß der ursprüngliche, vor langer Zeit gesprochene Wortlaut noch immer in den Köpfen zweier Menschen gespeichert sei. Durch gründliche Befragung, so glaubte man, könnten sich diese ursprünglichen Aufzeichnungen reproduzieren lassen. Als die Aussagen von Hill und Thomas sich widersprachen, versuchten Senatoren, Fernsehkommentatoren und die Öffentlichkeit Kriterien dafür zu finden, wer von beiden die Wahrheit sagte. Wenn eine Erinnerung sehr lebhaft und detailreich war, galt sie als zutreffend. Wenn Zeugen keinen Vorteil daraus ziehen konnten, ihre Erinnerungen zu offenbaren, wenn sie vertrauenswürdig wirkten und sich nicht in Widersprüche verstrickten, wenn sie dem Fragenden fest ins Auge blickten, dann waren sie wahrhaftig. Die wissenschaftliche Forschung hat jedoch herausgefunden, daß keines dieser Kriterien irgend etwas mit der Genauigkeit einer Erinnerung zu tun hat. Und Gespräche sind so ziemlich am schwierigsten genau zu erinnern, besonders wenn man deswegen verhört wird.

Die wissenschaftlichen Erkenntnisse über Erinnerungen sind ziemlich klar: Qualitäten wie Lebhaftigkeit und Genauigkeit können nicht als Beleg dafür gelten, daß eine Erinnerung wahr ist, und wo solche Qualitäten fehlen, kann man dennoch nicht den Schluß ziehen, daß die Erinnerung falsch ist. Um sich auf eine Erinnerung verlassen zu können, brauchen Senatsausschüsse, Richter, Schwurgerichte – wir alle – eine Bestätigung durch die Erinnerungen anderer Menschen oder durch irgendeine Art externer Aufzeichnung. Wir müssen auch bedenken, daß falsche Details und sogar ganze falsche Episoden einer Erinnerung hinzugefügt werden können und daß Erinnerungen auch im wesentlichen wahr sein können, selbst wenn wichtige Details falsch sind.

Wie hinein, wie hinaus?

Um eine Vorstellung davon zu bekommen, wie das Material ins Gedächtnis hineingelangt und später wieder herausgeholt wird, nehmen wir einmal ein ganz einfaches Beispiel, etwas, das man fast jeden Tag sieht: einen Pfennig. Was wissen Sie alles über einen Pfennig? Viel, meinen Sie? Nun, dann versuchen Sie doch einen zu zeichnen – jetzt gleich.

Eigentlich sollte dies ganz einfach sein, aber es ist es nicht. Wenn Sie nicht mehr weiterwissen, dann vergleichen Sie Ihre Zeichnung mit einem wirklichen Pfennig. Haben Sie auf der Vorderseite links und rechts neben der Ziffer »1« je eine der Rundung folgende Ähre gezeichnet? Mit einem kleinen Buchstaben in der Mitte oben? Haben Sie unter die Ziffer nur »Pfennig« geschrieben oder die Zahl wiederholt? Und auf der Rückseite: Wie viele Eichenblätter haben Sie in die Mitte gezeichnet? Wie herum läuft der Schriftzug »Bundesrepublik Deutschland«? Steht die Jahreszahl an der richtigen Stelle? Bei ähnlichen Untersuchungen in Amerika haben nur zwanzig Prozent der Versuchspersonen sich an gerade mal die Hälfte von acht wesentlichen Merkmalen eines Pennys erinnert. Nur einer hatte alles richtig: ein leidenschaftlicher Münzensammler; natürlich konnte er Geldstücke bis in kleinste Details wiedergeben, weil sie in seinem Leben eine so besondere Rolle spielen.

Ich habe dieses Penny-Experiment mit verschiedenen Gruppen durchgeführt, die die Aufgabe alle genauso schlecht bewältigten wie die erwähnten Versuchspersonen. Und dennoch hielten sie an ihrer Überzeugung fest, daß das Gedächtnis etwas Permanentes sei. Obwohl sie noch nicht einmal einen Penny aus dem Kopf zeichnen können, behaupten die meisten Menschen dennoch steif und fest, daß alle Merkmale eines Pennys irgendwo in ihren Köpfen gespeichert sind.

Ich sage solchen Menschen, was wir aus der Forschung wissen: daß eine Münze zwar von ihren Augen und ihrem Gehirn in erstaunlichem Detailreichtum wahrgenommen wird, daß nach ein paar Zehntelsekunden dieses Bild aber größtenteils verschwunden ist. Was übrigbleibt – all das, was gebraucht wurde, um einen Pfennig zu identifizieren und zu benutzen –, geht zunächst in das Kurzzeitgedächtnis ein, dann in das Langzeitgedächtnis. Das heißt, daß viele Aspekte unserer Wahrnehmung es gar nicht bis zu dem »da drin« schaffen. Wenn Sie daran zweifeln, sollten Sie den Besitzer einer Video-Überwachungsanlage bitten, sich die Videobänder von einer Woche ansehen zu dürfen. Sagen wir, die von einer Tankstelle, die 24 Stunden am Tag geöffnet hat. Kaum etwas von diesen 168 Stunden würden Sie sich merken können, weil nur so wenig davon es wert wäre, behalten zu werden. Aber man bekäme eine gute Vorstellung, was unserem Gedächtnis potentiell zur Verfügung steht und wie langweilig das meiste davon ist.

Nicht alles geht in das autobiographische Gedächtnis ein, noch nicht einmal die Details eines Pfennigs, und wenn etwas es dennoch schafft, kehrt es vielleicht niemals wieder zurück. Einige Erinnerungen »zerfallen« einfach – in der Regel, weil sie nicht gebraucht werden. Wie die in der Erde vergrabenen weißen Handschuhe hören sie buchstäblich auf zu existieren. Die Neurowissenschaftler müssen zwar noch direkte anatomische Beweise für solch einen Zerfall beim Menschen finden, aber sie sind der Sache schon ziemlich nahe. Vor einiger Zeit haben sie beispielsweise herausgefunden, daß bei einem Kätzchen, dem man in einer bestimmten Entwicklungsphase ein Auge zunäht, die Nervenzellen zwischen diesem Auge und dem Kortex die Verzweigungen verlieren. Sie verkümmern, weil sie nicht gebraucht werden. Gleichzeitig entwickeln die Nervenzellen, die das offene Auge mit dem Kortex verbinden, dickere Verzweigungen und übernehmen tatsächlich teilweise jene Kortexbereiche, die normalerweise zu dem verschlossenen Auge gehören. Bei jungen Affen passiert das gleiche, und in beiden Fällen führt es dazu, daß das erwachsene Tier auch dann noch Sehstörungen hat, wenn das zugenähte Auge schon lang wieder geöffnet ist. Die Vorstellung ist nicht abwegig, daß zwischen den Neuronen Wettbewerb herrscht und daß die starken auf Kosten der schwachen überleben.

Wie holen wir unsere Erinnerungen wieder hervor? In der Regel weisen »Wiederherstellungs-Signale« den Weg. Blättert man ein Fotoalbum aus der Schulzeit durch, kann man sehen, wie solche Signale funktionieren: Die Namen und Gesichter lösen eine Flut von Erinnerungen aus. Genauso ist es mit den Worten, die die Klassenkameraden hineingeschrieben haben. Besucht man die Schule selbst wieder einmal und streift durch die Gänge und Klassenzimmer, kann man noch mehr Signale entdecken. Autobiographisch relevante Orte, an denen die Erinnerung sich festmacht, illustrieren, daß Erinnerungen vom Kontext abhängen. Bei einem Experiment haben Taucher sich drei Meter unter Wasser eine Liste von Worten angehört; sie konnten sie sich besser in Erinnerung rufen, wenn sie dabei wieder unter Wasser waren und nicht einfach am Strand saßen. Eine zweite Gruppe von Tauchern, die die Liste am Strand sitzend gehört hatte, erinnerte sich am Strand besser daran als unter Wasser. Wenn man mit kleinen Kindern in einen Park geht und sie am nächsten Tag fragt, was sie dort gemacht haben, fallen ihnen mehr Einzelheiten ein, wenn man die Fragen im Park stellt statt beispielsweise im Kindergarten.

Noch mehr Erinnerungen an die Schulzeit kann man dadurch abrufen, daß man weitere Signale hinzuzieht – »autobiographische Objekte« wie ein Schulbuch oder einen alten Pullover. Auf jedem Klassentreffen kann man beobachten, wie die Erinnerungen des einen diejenigen der anderen stimulieren. (Und man kann auch beobachten, wie stark die Erinnerungen voneinander abweichen.) Wenn die Stimmung immer nostalgischer wird, wenn die Anekdoten wie Querschläger durch den Raum zischen, bemerkt man noch etwas anderes – daß das Gedächtnis auch vom Gefühlszustand abhängt. Wenn Menschen glücklich sind, fallen ihnen fröhliche Erinnerungen ein. In trauriger Stimmung denken sie eher an Deprimierendes. In dem al-

ten Film *Lichter der Großstadt* spielt Charlie Chaplin einen Land-
streicher, der einen Betrunkenen davon abhält, in den Tod zu
springen. Der Trunkenbold stellt sich als Millionär heraus und
spendiert Charlie eine Zechtour durch die Nacht. Nachdem am
nächsten Tag beide wieder nüchtern sind, hat der Millionär
keine Ahnung mehr, wer Charlie ist. Dann betrinkt er sich wieder, sieht Charlie, und alles fällt ihm wieder ein. Abermals
durchzechen sie die Nacht und werden wieder nüchtern: Der
Millionär findet Charlie in seinem Haus vor, hält ihn für einen
Eindringling und läßt ihn vom Butler hinauswerfen. Charlie begreift es nicht.

Der Psychologe Gordon Bower hätte Charlie erklären können, daß die unterschiedlichen Gefühlszustände wie unterschiedliche Bibliotheken sind. »Eine vorhandene Erinnerungs-
aufzeichnung kann nur dadurch wiedergefunden werden, daß
man diejenige Bibliothek – den physiologischen Zustand – wieder aufsucht, in dem das Vorkommnis in erster Instanz gespeichert wurde.« Daß Vorkommnisse von Kindesmißbrauch den
Betroffenen nur so schwer wieder ins Bewußtsein zu rufen sind,
liegt nicht zuletzt daran, daß sie unter extremen emotionalen
Bedingungen ins Gedächtnis gelangten. Nur wenn irgend etwas
in der Gegenwart jene Bedingungen wieder evoziert (und nur
wenn den Betroffenen ihre allgegenwärtige Angst genommen
wird), wird die Erinnerung an das tatsächliche Ereignis zurückkehren. Ein Mensch kann ein Verbrechen aus Leidenschaft
wahrhaftig vergessen, wenn extreme Raserei einem überwälti-
genden Reuegefühl wich. Dieser drastische Wechsel der Gefühlszustände erzeugt eine Art von Gedächtnisverlust.

Wenn Psychologen das Gedächtnis testen, bedienen sie sich
in der Regel derselben Methoden wie ein Lehrer. Die Aufgaben-
stellung lautet entweder »erinnern« oder »wiedererkennen«. Als
ich Sie bat, einen Pfennig zu zeichnen, prüfte ich Ihr Erinne-
rungsvermögen. Das ist so, als würden Sie bei einer mündlichen
Prüfung nach etwas Bestimmtem gefragt; es gibt keine vorge-
gebenen Antworten, aus denen man wählen kann. Manchmal
versagt diese Methode des Erinnerns, und in der Tat ist unsere Gedächtnisleistung besser, wenn wir aus einer Reihe von Möglich-

keiten auswählen können wie beispielsweise bei einem Multiple-choice-Test. Als die Forscher bei dem Penny-Experiment die Versuchspersonen aufforderten, aus fünfzehn ähnlichen Zeichnungen die korrekte Wiedergabe eines Pennys auszuwählen, waren 42 Prozent von ihnen dazu in der Lage. Ein weit höherer Prozentsatz also als beim freien Erinnern. Einer weiteren Untersuchung zufolge konnten Menschen, die Schwierigkeiten hatten, sich nach 25 Jahren noch an viele ihrer Schulkameraden zu erinnern, dennoch neunzig Prozent ihrer Namen und Fotos wiedererkennen. Oft versetzt uns etwas »da drin« in die Lage, Dinge wiederzuerkennen, an die wir uns bewußt nicht erinnern können.

Aber auch mit dem Wiedererkennen kann es Probleme geben, hauptsächlich dadurch, daß suggerierte Alternativen das Gedächtnis quasi kontaminieren. Bei einem Experiment ging es um die Identifizierung eines Kriminellen. Versuchspersonen wurden einer Reihe von fünf Personen gegenübergestellt, und man sagte ihnen, daß der Täter – es handelte sich um einen inszenierten Fall von Vandalismus – sich unter den fünfen befände. Das stimmte nicht, aber 78 Prozent der Versuchspersonen »erkannten« ihn. Als man einer anderen Gruppe von Versuchspersonen sagte, der Frevler »könnte« dort in der Reihe stehen (wiederum war dem nicht so), gab es weniger falsche Identifizierungen, aber noch immer deuteten 33 Prozent auf einen Unschuldigen. Ein weiteres Problem bei solchen polizeilichen Gegenüberstellungen ist, daß sie auf relative Urteile gegründet sind. Zeugen verschaffen sich dadurch Gewißheit, daß sie andere Möglichkeiten eliminieren, was es immer unwahrscheinlicher werden läßt, daß sie den absoluten Wert ihrer endgültigen Entscheidung in Frage stellen; und wenn sie diese Entscheidung erst einmal bekanntgegeben und somit jemand eines Verbrechens beschuldigt haben, wird es für sie sehr schwierig, ihre Ansicht noch einmal zu ändern.

Beim freien Erinnern sind Menschen hingegen durchaus in der Lage, verläßlich Gedächtnisinhalte zu reproduzieren, wenn man ihnen gestattet, ohne Störung ihre Gedächtnisspuren zurückzuverfolgen. Es lastet dann weniger Druck auf den Zeugen, ihre Aussagen mit Details anzureichern, deren sie sich nicht sicher sind. Einer Untersuchung zufolge war die Erinnerung um fünfzig Prozent genauer, wenn die Ermittlungsbeamten ihre Fragen zurückhielten, bis die Zeugen sich eine Szene vor dem geistigen Auge wieder vorgestellt und jedes Detail, an das sie sich erinnern konnten, beschrieben hatten. Wird dieser Prozeß durch Fragen unterbrochen, werden Suggestionen eingepflanzt, die die Erinnerung verfälschen. Bei anderen Untersuchungen ist herausgekommen, daß sich Zeugen so gut wie fehlerfrei an etwas erinnern, wenn sie nicht gezwungen werden, zwischen Alternativen zu wählen, wenn man ihnen also sagt, daß »Ich erinnere mich einfach nicht« auch eine akzeptable Antwort sei – wenn sie also nichts beweisen müssen. Von sich aus geben sie einfach keine Informationen preis, deren sie sich nicht sicher sind.

Daß so viele Signale Erinnerungen hervorzaubern können, läßt uns erkennen, wie umfassend die assoziativen Netze des Gehirns sind. Wenn wir uns erinnern, sammelt das Gehirn sozusagen all die neuralen Ereignisse wieder ein, die sich bei einer früheren Gelegenheit abspielten. Wenn man bedenkt, wie viele einzelne Neurone beim ersten Mal feuerten (ihre Zahl liegt jenseits aller Vorstellungskraft), ist leicht vorstellbar, daß viele davon beim zweiten Durchgang übersehen werden. Wenn man dann daran denkt, wie viele Assoziationen möglicherweise einem neuralen Netz im Laufe der Zeit hinzugefügt wurden, ist leicht einzusehen, wie nichtursprüngliche Elemente sich in eine Erinnerung einschleichen können. Wenn man sich schließlich vorstellt, daß all die beteiligten *und* die ursprünglich nicht beteiligten Neuronen wachsen und wieder vergehen, dann kann es nicht überraschen, daß Psychologen, die Erinnerungen mit externen Aufzeichnungen vergleichen, Beweise für Rekonstruktionen finden. Es wäre sogar äußerst verblüffend, wenn das nicht so wäre. Heutigen Neurowissenschaftlern ist klar, was Wilder Penfield nicht wußte: daß das im Gehirn Gespeicherte sich verändert, weil das Gehirn selbst sich verändert.

Verdrängte Erinnerungen

1990 wurde George Franklin sen. in Redwood City, California, der Prozeß gemacht; er war angeklagt, im Jahr 1969 ein achtjähriges Kind brutal ermordet zu haben. Die Hauptbelastungszeugin in dem Fall war Franklins eigene, jetzt erwachsene Tochter Eileen, die eine enge Freundin des Opfers, Susie Nason, gewesen war. Mehr als zwanzig Jahre lang hatte Eileen den Vorfall vergessen gehabt. Eines Tages, als sie mit ihrer eigenen fünfjährigen Tochter spielte, stellte sich schlagartig eine Erinnerung wieder ein: Susies anklagender Gesichtsausdruck unmittelbar vor ihrer Ermordung. Mit der Zeit folgten dieser Rückblende weitere, bis Eileen eine ganze Episode daraus zusammengesetzt hatte. Sie begann damit, daß ihr Vater Susie auf der Rückbank eines VW-Busses sexuell Gewalt antat. Eileen konnte sich genau an die Worte des Opfers erinnern, als sie flehentlich bettelte »Nein, nicht!« und »Aufhören!«, und präzise an den Klang der Stimme ihres Vaters, wie er antwortete »Jetzt, Susie!« Sie erinnerte sich, daß ihr Vater Susie nach der Vergewaltigung aus dem Bus holte und daß sie selbst schrie, als er einen Felsbrocken hoch über seinen Kopf hob. Als nächstes Bild sah sie ihre Freundin, die blutbedeckt am Boden lag. Eileen erinnerte sich noch an ein weiteres Detail: einen zerquetschten Silberring an Susies Finger. Mehrere Einzelheiten ihrer Geschichte veränderten sich, als Eileen sie zunächst Verwandten, dann der Polizei und schließlich vor Gericht erzählte. Zum Beispiel, wer noch in dem Bus saß, als Susie zustieg, und zu welcher Tageszeit es passierte. Auch die Umstände, unter denen Eileen zum ersten Mal die Erinnerung wiedergekommen war, wechselten im Lauf ihrer Aussagen: Anfangs hatte sie gesagt, es sei ihr unter Hypnose wieder eingefallen; später behauptete sie, sie hätte zu diesem Zeitpunkt mit ihrer Tochter gespielt. Dennoch waren die Bilder, von denen Eileen berichtete, so lebhaft und überzeugend, daß die Geschworenen nur einen Tag brauchten, um Franklin des Mordes schuldig zu sprechen. Das Urteil wurde in der Folge vom kalifornischen Appellationsgericht bestätigt. Zum ersten Mal in unserer Geschichte war ein Bürger der Vereinigten Staaten hauptsächlich deswegen schuldig gesprochen worden, weil eine verdrängte Erinnerung wiederaufgetaucht war.

Ein Jahr nach der Aburteilung Franklins prangte ein Foto der Schauspielerin Roseanne Barr Arnold auf dem Cover der Illustrierten *People*; sie enthüllte, daß ihre Mutter sie von Kindesbeinen an mißbraucht hatte. Die Erinnerungen daran waren kürzlich im Rahmen einer Therapie wieder ans Licht gekommen. Andere Berichte von unterdrückten Kindheitstraumata, darunter die einer früheren Miss America, erschienen in *People, The Washington Post, Seventeen, Glamour, Newsweek* und *Time*; Rechtsanwälte begannen, Zivilklage-Akten von Klienten anzulegen, deren verdrängte Erinnerungen an einen Mißbrauch die Repressionsschranken wieder durchbrochen hatten. Die Klienten verlangten finanzielle Entschädigungen für körperliches und seelisches Leid, für therapeutische und medizinische Kosten und für entgangene Einkünfte. Die staatliche Rechtsprechung mußte über Verjährungsfristen neu nachdenken. Im Bundesstaat Washington hatte man es damit besonders eilig und beschloß 1989, Fälle zuzulassen, die binnen dreier Jahre, nachdem eine Person sich an einen Mißbrauch *erinnert* hatte, zur Verhandlung kamen, ohne daß es von Belang war, wann der Mißbrauch sich tatsächlich ereignet hatte. Daß es so etwas wie Verdrängung gibt, ist alles andere als neu, aber plötzlich arrangierte sich die Öffentlichkeit (und die Rechtsprechung) damit. War dieser Begriff aber auch stichhaltig? Welchen Wert hatte die Vorstellung, daß Erfahrungen so schmerzlich sein können, daß sie aus dem Bewußtsein verdrängt werden, zwar »da drin« bleiben, aber unzugänglich sind? Und in welcher Form kehren verdrängte Erinnerungen schließlich ins Bewußtsein zurück?

Glaubt man dem Fernsehspiel *Fatal Memories*, das die NBC zwei Jahre nach der Verurteilung George Franklins sendete, sind verdrängte Erinnerungen in sehr guter Verfassung. Das Drehbuch, das auf dem Fall Franklin basierte, entsprach in vielem, was über den sexuellen Mißbrauch von Kindern bekannt ist, der Wahrheit, und es ließ erkennen, daß seine Autoren viel darüber wußten, wie das autobiographische Gedächtnis funktioniert. Interessant ist jedoch, was der Film *visuell* leistete: Eileens Rückblenden erschienen mitten in einem Farbfilm als grobkörnige Schwarzweißsequenzen. Sie sahen ganz wie Originalaufnahmen aus, eben ganz wie die »Filme«, für die Eileen Franklin zweifellos ihre Erinnerungen hielt. Das Bild, das *Fatal Memories* von autobiographischen Erinnerungen zeichnete, stand ganz in der Tradition von Penfield und Freud: alte Filmszenen in neue eingeblendet – und all das von einer Maschine hervorgebracht.

Im Grunde seines Herzens begreift jeder das autobiographische Gedächtnis so, wie es auch Eileen Franklin und *Fatal Memories* taten: im Rahmen von Verdrängung und Unbewußtem. Üblicherweise gebührt Freud das Verdienst, diese Vorstellungen aufgebracht zu haben, doch sie gehen auf sehr viel ältere Traditionen zurück. Schon im 17. Jahrhundert sprach Descartes vom Unterschied zwischen bewußten und unbewußten Prozessen; Anfang des 18. Jahrhunderts schrieb Leibniz, eine unendlich große Zahl von Wahrnehmungen sei von keinerlei Bewußtheit oder Reflexion begleitet. Mit Freud und der Verbreitung der Psychoanalyse kam die Vorstellung auf, daß das Unbewußte der Ort sei, wo verdrängte Erinnerungen bewahrt würden. Therapeuten waren der Überzeugung, einige Erfahrungen brächten solchen Schmerz, solche Angst, solche Scham- oder Schuldgefühle mit sich, daß man mit ihnen nur fertig werden kann, indem man sie aus dem bewußten Erinnern ausschließt, um zu vergessen, daß es sie jemals gegeben hat. Was im Unbewußten weggesperrt wird, verschwindet jedoch nicht; es meldet sich in Form von Symptomen wieder, die manchmal das Leben unerträglich werden lassen können. Im Fall eines Kindesmißbrauchs kann die erwachsene Person beim Geschlechtsverkehr unangenehme körperliche Empfindungen haben – ein riesiger Kloß im Hals, das Gefühl, sich übergeben zu müssen, einen Drang, die Muskeln fest angespannt zu lassen. Das Opfer hat vielleicht die spezifischen Episoden, die diese Symptome hervorbrachten, verdrängt, weil derjenige, der es mißbrauchte, damit drohte, ihm ein Leid zuzufügen, wenn es jemals irgendjemand davon erzählte. Wenn jedoch der Täter nicht länger eine Bedrohung darstellt, kehren die Bilder aus dem Gedächtnis zurück, und die Verdrängung wird aufgehoben.

Es gibt andere Phänomene, die der Verdrängung vergleichbar sind; bei diesen sogenannten »psychogenen Amnesien« handelt es sich um verborgene Erinnerungen an leidvolle Erfahrungen, und sie verschwinden auf so rätselhafte Weise, wie sie auch wiederauftauchen. Die solcherart traumatisierten Individuen verlassen vielleicht ihr Heim, reisen an einen fernen Ort und vergessen für Monate oder gar Jahre, wer sie sind. Obwohl sie noch immer wissen, wie man spricht, arbeitet oder Auto fährt – Beispiele für implizites Gedächtnis –, haben sie ihre autobiographischen Erinnerungen verloren. Aus klinischer Sicht gibt es eine Fülle von Beweisen dafür, daß es ein Unterbewußtsein gibt, welches die verdrängten Erinnerungen bewahrt.

Doch die Berichte der Kliniker reichten den Experimentalpsychologen nicht, die wissenschaftliche Beweise wollten. Also haben sie über ein Jahrhundert lang in ihren Labors nach Anzeichen für das Unbewußte gesucht. In der Juniausgabe des *American Psychologist* von 1992 veröffentlichten sie eine kollektive Schlußfolgerung: Die Existenz unbewußter mentaler Prozesse sei »in der empirischen Forschung fest verankert«. Solche Prozesse stünden »außer Frage«.

Die Psychologen entdeckten das Unbewußte unter anderem, wenn auch nur als schwaches und weit entferntes Signal, mittels eines Experiments, das mit »subliminaler Wahrnehmung« zu tun hatte. Für einen winzigen Augenblick (jeweils nur eine Tausendstelsekunde) wurden unregelmäßig geformte Achtecke auf einen Schirm projiziert; die Versuchspersonen konnten sie nicht erkennen, sondern nahmen nur einen kurzen Lichtblitz wahr. Dann wurde jedes der Achtecke zusammen mit einem neuen noch einmal präsentiert, diesmal aber für eine ganze Sekunde, was mehr als genug ist, um gründlich hinzusehen. Die Versuchspersonen sollten raten, welches der beiden in der ersten Runde präsentiert worden war, und sie tippten in nur fünfzig Prozent aller Fälle richtig, was exakt der Zufallsquote entspricht. Als sie jedoch gefragt wurden, welches Achteck ihnen besser *gefiel*, wählten sie in sechzig Prozent aller Fälle das bereits zuvor präsentierte. Diesmal lag die Trefferquote also höher. Irgendeine unbewußte Wahrnehmung hatte sie darauf eingestimmt, dem bereits bekannten Achteck den Vorzug zu geben, obwohl sie keine Erinnerung daran hatten, das Achteck bereits gesehen zu haben, ja obwohl sie nicht einmal bewußt diese Wahrnehmung gemacht hatten.

Zu ähnlichen Ergebnissen gelangt man, wenn man vollnarkotisierten Patienten im OP eine Liste mit Namen vorliest. Wenn die Narkose vorüber ist, halten die Patienten jene Namen, die ihnen vorgelesen wurden, für »berühmter« als andere, obwohl sie nicht sagen können, wie sie zu dieser Einschätzung kommen. Noch bemerkenswerter ist das Phänomen des »Blindsehens«: Patienten mit bestimmten Verletzungen des visuellen Kortex können »sehen«, ohne zu wissen, daß sie sehen. Obwohl sie in jeder Hinsicht blind sind, können sie dennoch ein Objekt lokalisieren und es sogar mit ihren Augen verfolgen. Ihre Fähigkeit beschränkt sich auf gewisse Aspekte des Sehens, und sie machen auch eine Reihe von Fehlern, doch liegen ihre Leistungen über der Zufallsquote, und sie sind genauso überrascht wie ihre Ärzte, wenn man ihnen eröffnet, was sie getan haben. Eine Frau mit einer Verletzung, bei der nur bestimmte Aspekte des Gesichtssinns ausgelöscht wurden, bekam zwei Zeichnungen desselben Hauses präsentiert; auf der einen stand es in Flammen. Als sie entscheiden sollte, in welchem Haus sie lieber wohnen würde, meinte sie, die Frage sei unsinnig, weil die beiden Häuser doch identisch wären. Als man sie jedoch bat, eine der Zeichnungen wegzunehmen, wählte sie regelmäßig dasjenige Haus, das nicht in Flammen stand. Irgend etwas in ihr wußte von dem Feuer, sie konnte jedoch nicht sagen, was es war. Normale Versuchspersonen, denen man hypnotisch suggeriert, sie seien blind, reagieren ganz ähnlich wie solche Patienten, die »blindsehen«. Und bei Menschen mit vorübergehender, rein psychisch bedingter Blindheit ist es nicht anders. In gewisser Weise geht es uns ja allen so, wenn wir beispielsweise beim Autofahren auf Verkehrsampeln reagieren, ohne daß uns sonderlich bewußt ist, daß wir sie überhaupt sehen.

Unbekannte Nervenverbindungen müssen beim Blindsehen in Aktion sein, aber die Hirnforscher wissen noch nicht, wo sie zu finden sind. Ebensogut ist möglich, daß die beteiligte neurale

Aktivität so schwach ist, daß sie nicht ausreicht, um eine bewußte Wahrnehmung hervorzubringen, auch wenn sie es schafft, bis ins motorische System vorzudringen, das die Bewegungen steuert. Was kommt hinzu, wenn sich eine bewußte Wahrnehmung einstellt? Eine vermehrte elektrische Aktivität, könnte die Antwort lauten, Aktivität an bestimmten Stellen, sogar Aktivität in bestimmten Rhythmen. Wie es sich neural manifestiert und wo es zu lokalisieren ist, bleibt aber beim Bewußtsein noch rätselhafter als beim Gedächtnis.

Die wissenschaftliche Debatte über Bewußtes und Unbewußtes hat klargestellt, daß dazwischen einfach kein klarer Trennstrich gezogen werden kann. Vielleicht haben Sie, während Sie diesen Absatz lesen, gerade ein Jucken im Fuß verspürt, aber bereits wieder vergessen. *Un*bewußt war es genaugenommen nicht, vielleicht könnte man es *vor*bewußt oder *unter*bewußt nennen? *Un*bewußt kann sich auf geistige *Inhalte* beziehen, wie im Fall verdrängter Erinnerungen, aber auch auf geistige *Prozesse*, wie bei den Experimenten über Seh- und Hörvorgänge, bei denen es nicht zur bewußten Wahrnehmung kommt. Unsere Lernfähigkeit und unsere Kreativität hängen zu erheblichen Teilen von unbewußten Vorgängen ab. Und wie wir sehen werden, spielen sie auch eine große Rolle, wenn wir unsere Lebensgeschichte ausbilden.

Heute wird in der Psychologie nicht mehr darüber debattiert, ob es das Unbewußte, wie immer man es definieren mag, überhaupt gibt; man streitet vielmehr nur noch darüber, wie gewitzt es ist. Ist es klug oder dumm? (Genau diese Worte gebrauchen die Forscher.) Das Unbewußte, das man im Labor untersucht, ist eigentlich ziemlich dumm. Den Vorläufern des *Homo sapiens* mag es geholfen haben, bereits einen Sekundenbruchteil, ehe sie ein Objekt sahen, eine Ahnung davon zu haben oder es zu spüren, ehe sie es hörten – aber was könnten wir mit einer solchen Fähigkeit heute anfangen? Einen rasch heranfliegenden Ball antizipieren vielleicht, aber nicht viel mehr. Und mit der gewissen Neigung, unter Narkose »gehörte« Namen zu behalten, würde man eine Prüfung auch nicht besser bestehen, als wenn man sich im Schlaf Tonbänder anhörte. Die Forscher handeln natürlich nicht gerade klug, wenn sie vom Unbewußten erwarten, daß es unter experimentellen Bedingungen einen scharfsinnigen Eindruck macht. In einem Labor dem Unbewußten zu lauschen ist so ähnlich, wie in einer kleinen Kammer einem Orchester zuzuhören.

Um alles mitzubekommen, was das Unbewußte zu sagen hat, muß man seine Kammer schon verlassen. Was die verdrängten Erinnerungen angeht, so muß man entweder Therapeuten zuhören, die sagen, »ich glaube, was meine Klienten mir erzählen«, oder Untersuchungen wie jene von John Briere und Jon Conte akzeptieren, die mittlerweile erwachsene Opfer von Kindesmißbrauch befragten, ob es je eine Zeit in ihrem Leben gegeben habe, zu der sie sich an den Mißbrauch nicht erinnern konnten. 59 Prozent der Befragten bejahten dies. Briere und Conte fanden heraus, daß jene, die von solch einem Gedächtnisverlust berichteten, tendenziell gewaltsamer als die anderen, schon in jungen Jahren und über lange Zeit hinweg mißbraucht und mit dem Tod bedroht worden waren, wenn sie jemals offenbaren würden, was geschehen war; all dies stimmt gut mit Freuds Theorie der Verdrängung überein. Wie weit das Phänomen der Verdrängung verbreitet ist, läßt sich schwer sagen (denn paradoxerweise muß man ja Menschen bitten, sich an Perioden des Vergessens zu erinnern), aber es kann kein Zweifel daran bestehen, daß das Phänomen existiert. Mehr als einmal haben Erwachsene die Erinnerung an einen Mißbrauch wiedergefunden und ihn anschließend verifiziert, gelegentlich auch durch ein Geständnis des Täters.

Man kann aber auch die Möglichkeit nicht ausschließen, daß Phantom-Erinnerungen an einen Mißbrauch unserem Geist eingepflanzt werden und dann genauso wirken wie verdrängte Erinnerungen, die zurückkommen. Die Autoren eines vielgelesenen Buches raten Frauen, die den Verdacht haben, daß sie in der Vergangenheit mißbraucht worden sind: »Wenn Sie nicht in der Lage sind, sich an spezielle Fälle zu erinnern ... aber dennoch das Gefühl haben, daß etwas Mißbräuchliches mit Ihnen geschehen ist, war das wahrscheinlich auch so ... Gehen Sie davon aus, daß Ihre Gefühle Ihnen die Wahrheit sagen.« Solche Ahnungen hätten sich noch niemals als falsch herausgestellt, behaupten die Autoren. »Wenn Sie glauben, daß Sie mißbraucht worden sind, und Ihr Leben die entsprechenden Symptome aufweist, dann sind Sie das auch.« Und noch einmal: »Selbst wenn Ihre Erinnerungen unvollständig sind, selbst wenn Ihre Familie darauf besteht, daß nie irgend etwas in dieser Hinsicht geschehen ist, müssen Sie dennoch sich selbst vertrauen.« Eine Broschüre zum selben Thema rät jenen, die an einen tatsächlichen Mißbrauch keine konkreten Erinnerungen haben: »Am besten ist es, so vorzugehen, als sei man mißbraucht worden.« Solche Anleitungen können tatsächlich mithelfen, verdrängte Erinnerungen wieder an die Oberfläche zu spülen, aber sie können die Leserin oder den Leser auch dazu verleiten, ein Ereignis zu erfinden, das eine einfache Erklärung für etwas abgibt, bei dem es sich in Wirklichkeit um sehr komplexe Probleme handelt. Therapeuten, die in der Vergangenheit ihrer Klienten nach Anzeichen für Mißbrauch suchen, können gegebenenfalls ebenso suggestiv vorgehen: »Ihre Symptome legen den Verdacht nahe, daß Sie als Kind mißbraucht worden sind. Was können Sie mir darüber sagen?« Eine Frau mit Depressionen und Angstgefühlen versuchte zwei Jahre lang ohne Erfolg, sich an den Mißbrauch zu erinnern, von dem ihr Therapeut überzeugt war, daß es ihn gegeben hatte. »Ich habe keine unmittelbaren Erinnerungen an diesen Mißbrauch«, schrieb sie an Elizabeth Loftus. »Ich habe es mit Selbsthypnose versucht und mit leichter Trance-Arbeit unter Anleitung meines Therapeuten. Ich habe sogar die Häuser wieder aufgesucht, in denen ich als Kind gelebt habe ... alles, um dem Gedächtnis auf die Sprünge zu helfen.« Eine andere Klientin »erlangte« eine Erinnerung »wieder«, die ihre Eltern bestürzte und niederschmetterte. Ihr Vater schrieb an eine bekannte Zeitungskolumnistin:

Liebe Abby,

meine Frau und ich sind seit 36 Jahren verheiratet. Unser einziges Kind, unsere Tochter Ellie, ist 34.
Sie hatte emotionale Probleme, also ging sie zu einem The-

rapeuten, und jetzt ist sie davon überzeugt, daß ich – ihr Vater – sie als Kleinkind vergewaltigt hätte!

Sie sagte, sie hätte die Erinnerung an diese Vergewaltigung verdrängt, und ihr Therapeut hätte ihr geholfen, sich wieder daran zu erinnern.

Abby, solch eine Erinnerung kann es nicht geben, denn so etwas Schreckliches könnte ich niemals tun. Dies ist die größte Tragödie in meinem Leben, und ich kann Ellie nicht davon überzeugen, daß das, was sie sich einbildet, niemals geschehen ist.

Gott sei dank glaubt meine Frau mir; diese Krise hat uns beide wirklich wieder einander nähergebracht. Bittere Tränen haben wir darüber vergossen. Könnten Sie uns bitte irgendwie helfen?

Kann die Erinnerung an eine Vergewaltigung einer Klientin von einem Therapeuten eingepflanzt werden? Entsprechende Experimente können aus ethischen Gründen nicht durchgeführt werden, aber in einer Pilotstudie ist es Loftus und ihren Kollegen gelungen, jemandem eine Erinnerung von weniger traumatischer Natur zu suggerieren. Eine der Versuchspersonen der Untersuchung war ein vierzehn Jahre alter Junge namens Chris. Sein älterer Bruder erzählte Chris, daß er im Alter von fünf Jahren einmal in einer Einkaufspassage verlorengegangen wäre und daß man ihn schließlich in Begleitung eines alten Mannes, der ein Flanellhemd trug, wiedergefunden hätte. Die Geschichte war frei erfunden, aber zwei Tage später »erinnerte« sich Chris, was er bei der fraglichen Gelegenheit empfunden hatte. »Ich hatte eine so große Angst, daß ich meine Familie nie wiedersehen würde«, sagte er. »Ich wußte, daß ich in großen Schwierigkeiten steckte.« Noch einen Tag später erinnerte er sich, daß seine Mutter ihm hinterher gesagt hätte, so etwas dürfe er »nie wieder tun«. In der Folgezeit fielen ihm nach und nach das Flanellhemd des alten Mannes, ein paar Geschäfte der Passage und sogar ein Gespräch mit dem alten Mann wieder ein. Binnen einiger Wochen war noch mehr hinzugekommen.

Ich war kurz bei euch, und ich glaube, dann ging ich hinüber zum Spielzeuggeschäft, dem Kay-bee-Laden, und, na ja, wir verloren uns, und ich schaute mich um und dachte: »Auweh. Jetzt stecke ich in der Tinte.« So war es. Und dann … dann dacht’ ich, daß ich meine Familie nie wiedersehen würde. Ich hatte wirklich Angst, wirklich. Und dann kam dieser alte Mann, ich glaube, er trug ein blaues Flanellhemd, kam rüber zu mir … Er war ziemlich alt. Irgendwie war er oben kahl … Er hatte nur noch einen Kranz grauer Haare … Und er trug eine Brille.

Hielt Chris diese Erinnerungen für echt? Zusammen mit der erfundenen Geschichte, wie er verlorenging, wurden ihm auch ein paar wahre erzählt. Einige Wochen später wurde er im Rahmen der Untersuchung darüber aufgeklärt, daß eine der Geschichten frei erfunden war – ob er vielleicht erraten könne, welche? Chris tippte auf eine der wahren. Genau wie alle vier anderen Versuchspersonen bei dieser Untersuchung hielt Chris seine falschen Erinnerungen für echt.

Paul Ingram, eine prominente Person des öffentlichen Lebens in Olympia, Washington, war in einen viel dramatischeren Fall mit ernsthaften Folgen verwickelt. 1988 wurde er verhaftet und des Kindesmißbrauchs bezichtigt. Und zwar von seinen beiden Töchtern, zu diesem Zeitpunkt 22 und 18 Jahre alt. Im Rahmen einer religiösen Veranstaltung hatten sie einen sehr gefühlsbetonten Vortrag über sexuelle Belästigungen gehört, und dieser hatte ihnen ihre offensichtlich verdrängten Erinnerungen wieder ins Bewußtsein gerufen. Die Sprecherin, die sich als Sprachrohr Gottes sah, sagte einem der Mädchen auf den Kopf zu: »Du bist als Kind mißbraucht worden!« Und sie deutete an, daß ihr Vater der Täter gewesen sei. Mit diesen Vorwürfen konfrontiert, sagte Ingram, er wisse nichts von irgendeinem Mißbrauch, den er begangen habe; er könne sich an nichts erinnern. Mehrere Stunden später sprach er auf ein Tonband eine offizielle Erklärung: »Ich glaube wirklich, daß es zu den geschilderten Vorfällen gekommen ist, daß ich die Mädchen verletzt und mißbraucht habe, und zwar über längere Zeit. Ich habe es verdrängt.«

In den folgenden Monaten erinnerten sich Ingrams Töchter an immer mehr. Viele Jahre lang waren sie von Ingram, seinen Freunden und Mitarbeitern und sogar von seiner Frau mißbraucht worden. Sie waren satanischen Ritualen unterworfen worden, in denen Babys, vielleicht 25 an der Zahl, abgestochen und vergraben worden waren. Auch auf sie selbst hätte man eingestochen, sie gezwungen, mit Tieren zu verkehren, sie eingekotet. Wann immer eine neue Anschuldigung vorgebracht wurde, hatte Ingram Schwierigkeiten, sich an das fragliche Ereignis zu erinnern. Die Untersuchungsbeamten versuchten ihm zu helfen; wenn er nur gestehen würde, sagten sie, würden die Erinnerungen von allein wieder zu fließen beginnen. Ingram betete fieberhaft, versenkte sich in Trance und begann wiederzuerkennen, wovon sie sprachen; oder er stellte sich vor, daß er in einen warmen, weißen Nebel hineinging, und wartete darauf, daß die Bilder kommen würden. Er vertraute darauf, daß die Bilder real sein würden, weil sein Pastor ihm versichert hatte, Gott würde ihm die Wahrheit zeigen. Die Bilder schienen sich von gewöhnlichen Erinnerungen zu unterscheiden, aber er meinte, das läge daran, das sie verdrängt gewesen waren.

Irgendwann im Verlauf der Untersuchung wurde ein Sektenspezialist hinzugezogen, er hieß Richard Ofshe; er sollte Ingram helfen, seinem Gedächtnis weitere Dinge zu entlocken. Ofshe entschloß sich hingegen, die Vorgehensweise selbst auf die Probe zu stellen. Er dachte sich einen hundertprozentig unwahren Vorfall aus und erzählte Ingram, seine Tochter hätte ihm berichtet, daß er, Ingram, sie gezwungen hätte, in seiner Gegenwart mit ihrem Bruder Geschlechtsverkehr zu haben. Ingram konnte sich an die Episode nicht erinnern, aber Ofshe versicherte ihm, daß es so geschehen sei, und trug ihm auf, in seine Zelle zurückzukehren und deswegen zu beten. Ingram tat das, und schließlich schrieb er einen dreiseitigen Bericht, in dem er den Vorfall in lebhaften Details schilderte und seine Schuld eingestand. Keine Knochen von toten Babys wurden jemals von der Polizei gefunden. Keine Anzeichen des Mißbrauchs fand man an den Körpern der Mädchen, obwohl sie behaupteten, sie seien von Narben bedeckt. Es gab keinerlei physischen Beweis, der irgendeinen der Vorwürfe gestützt hätte, und Ofshe versuchte Ingram zu überzeugen, daß weder seine Erinnerungen noch die seiner Töchter wahr waren. Doch Ingram bekannte sich in sechs Fällen von Vergewaltigung dritten Grades schuldig und wurde zu zwanzig Jahren Gefängnis mit einer Erlassung der Reststrafe nach frühestens zwölf Jahren verurteilt. Im Gefängnis ist ihm mittlerweile aufgegangen, daß das, was er gesehen hatte, seiner Phantasie und nicht seinem Gedächtnis entsprungen war. Laut Ofshe ist dies kein Einzelfall. Noch mehr Menschen sind dazu gebracht worden, sich an ein verdrängtes Verbrechen zu »erin- nern«, das sie niemals begangen haben.

Aus dem Dilemma, das das Unbewußte darstellt, scheint es keinen eindeutigen Ausweg zu geben. Dabei ist es in Wirklich- keit ganz einfach. Wenn wir mit einem entsprechenden Fall konfrontiert sind, müssen wir immer zwei Möglichkeiten be- denken: 1. Erinnerungen können verdrängt werden; 2. mittels Suggestion können Phantom-Erinnerungen eingepflanzt wer- den, die so aussehen, als seien sie verdrängt. Wie häufig ist der erste Fall? Und wie häufig der zweite? Hat die Verdrängung mehr Macht als die Suggestion oder umgekehrt? Diese Fragen werden niemals genau beantwortet werden können. Und selbst wenn man das könnte, würde es sich um statistische Normen handeln, um *allgemeine* Antworten; im Einzelfall hätten sie we- nig Aussagekraft. In jedem Einzelfall können wir nur diese bei- den Möglichkeiten im Auge behalten und nach objektiven Be- weisen für die eine oder andere suchen.

Kann ich mich auf mein Gedächtnis verlassen?

Als Autor und Forscher, dessen Thema Lebensgeschichten sind, gehe ich autobiographische Erinnerungen auf andere Weise an als ein Therapeut oder Geschworener. Meist hat meine Arbeit damit zu tun, wie fruchtbar oder unfruchtbar Leute ihr Leben gefunden haben, und folglich sind die Erinnerungen, die ich ihnen entlocke, meist von solchen Fragen gefärbt. Wenn ich die

Erinnerungen zu Geschichten zusammenfasse, wird das besonders deutlich. Vor Jahren glaubte ich noch, daß ich es mit Erinnerungen in reiner Form zu tun hätte, heute aber weiß ich es besser. Es ist mir klar, daß die Erinnerungen das Produkt von zwei Menschen sind, von mir selbst und meinem Gegenüber, und daß sie einem sozialen Zweck dienen. Sie bieten nicht nur Einblicke in die Vergangenheit einer Person, sie erhalten auch eine Beziehung in der Gegenwart aufrecht.

Die Praxis des Therapeuten, der Gerichtssaal und die Veranda hinter dem Haus, auf die ich mich oft zurückziehe, sie alle bieten verschiedene Aussichten auf das Gedächtnis. Und alle werfen die Frage auf: Können wir ihm vertrauen? Wissen wir die Wahrheit über unsere Vergangenheit? Verschärft wird das Problem durch das, was George Orwell in *1984* herausgestrichen hat. »Und wenn es not tut, seine Erinnerungen umzuordnen oder mit schriftlichen Aufzeichnungen willkürlich umzuspringen, dann gilt es zu *vergessen*, daß man das getan hat.«

Vertrauen ist keine einfache Sache und Wahrheit schon gar nicht, hoffnungslos kompliziert sind aber beide nicht. Nehmen wir einige der Fälle, die in diesem Kapitel angeführt wurden. Obwohl wir uns nicht an alle Details eines Pfennigs erinnern können, wissen wir doch die Wahrheit darüber – worum es sich dabei handelt, wieviel er wert ist, wie man ihn verwendet und so weiter. Dem, was wir darüber wissen, können wir vertrauen. Die Versuchspersonen von Elizabeth Loftus' Experiment, die sich fälschlicherweise an zerbrochenes Glas erinnerten, wußten dennoch, was sie im Film gesehen hatten: einen Verkehrsunfall. Auf dieses Wissen konnten sie sich verlassen. Und trotz allem, was John Dean von seinem Gespräch mit Präsident Nixon falsch wiedergegeben hatte, war seine Schilderung im großen und ganzen richtig: Was ihm zufolge im Weißen Haus vor sich ging, ereignete sich tatsächlich. Wenn es um Erinnerungen geht, müssen wir mehr fragen als nur: »Kann ich mich auf sie verlassen?« Wir müssen fragen: »Wann kann ich mich auf sie verlassen? In welchem Zusammenhang? In welcher Hinsicht?«

Das autobiographische Gedächtnis der Menschen hat sich im Verlauf unzähliger Jahre in einer Vielfalt von Umständen entwickelt. An ziemlich eigenartigen Orten wird es auf den Punkt gebracht. Einer davon ist der Zeugenstand eines auf Gegnerschaft beruhenden Rechtssystems Ende des 20. Jahrhunderts. In diesem System wird die Geschichte des einen Menschen gegen die eines anderen ausgespielt – Anklage contra Verteidigung, Thomas gegen Hill. In solch einem Zusammenhang ist alles, von den ersten Verhören und Aussagen bis zu ihrer schließlichen Präsentation im Verhandlungssaal, darauf ausgerichtet, Erinnerungen hervorzulocken, die *überzeugend* sind. Unter solchen Umständen ist es schwierig, mit Erinnerungen offen umzugehen, sie abzuwägen, sie als das zu nehmen, was sie sind. Wenn Menschen gezwungen werden, öffentlich etwas auszusagen, das unsicher ist, werden sie plötzlich ihrer Sache sehr sicher; indem sie versuchen, andere zu überzeugen, überzeugen sie sich selbst. Nach und nach sehen dann die Qualitäten, die die Vertrauenswürdigkeit ausmachen, wie Anzeichen der Wahrheit aus. Aber sie sind es nicht.

Wäre ich Geschworener, würde es mir unmöglich sein, jemanden nur aufgrund einer verdrängten Erinnerung, die wieder ins Bewußtsein zurückgekehrt ist, zu verurteilen. Ich hätte Probleme damit, das auszuschließen, was in unserem Rechtssystem »vernünftiger Zweifel« genannt wird. Es ist einfach vernünftig, seine Zweifel zu haben, wenn man es mit Erinnerungen dieser Art zu tun hat. Sogar bei einem Zivilprozeß, in dem die Anforderungen an Beweismittel weniger streng sind, bedürfte es meiner Ansicht nach einer Bestätigung von außen. Wäre ich jedoch Therapeut, sähe die Sache ganz anders aus. Ich wäre nicht mit einem einzelnen Ereignis befaßt, schon gar nicht mit speziellen Details, sondern hätte es mit einem Muster zu tun, das dieses Ereignis repräsentiert. Ich müßte keine Skrupel haben, zu dem Schluß zu kommen, daß irgendein Vater seine Kinder mißbraucht hat, und obwohl ich mir nicht sicher sein könnte, daß er zu einer ganz bestimmten Gelegenheit eine ganz bestimmte Handlung vollzogen hat, könnte ich sehr wohl daraus schließen, daß solch eine Handlung zu seinem Charakter paßte. Als Helfer hätte ich Zeit, meinen Klienten kennenzulernen, den Kontext seiner oder ihrer Erinnerung zu studieren und andere Erklärungen mit in Erwägung zu ziehen. Kurz, ich wäre in einer Position, in der ich verdrängte Erinnerungen als das nehmen könnte, was sie sind, und folglich könnte ich dem vertrauen, was ich vor mir sehe.

Obwohl die Praxis eines Therapeuten etwas ganz anderes ist als ein Gerichtssaal, prägt auch sie die Erinnerungen auf ihre Weise. Eine Therapeutin wird die Erinnerungen ihrer Klienten je nachdem, welche Art von Therapie sie betreibt, unterschiedlich einfärben. Wenn es sich bei ihr um eine Psychoanalytikerin handelt, werden ihre Patienten psychoanalytische Erinnerungen haben. Wählt sie einen kognitiven Zugang, werden sie sich an ihre irrationalen Ansichten erinnern. Wenn sich die Therapeutin für die Geburtenfolge interessiert, werden die Klienten sich daran erinnern, wie es war, das älteste oder jüngste Kind in der Familie zu sein. Ist die Therapeutin auf der Suche nach dem Kind, das in uns lebt, werden die Patienten ihr frühkindliches Selbst wiederfinden. Einige Therapieverfahren neigen mehr als andere dazu, unser Gedächtnis als bodenloses Reservoir zu betrachten und den Glauben zu bestärken, daß »da drin« noch immer mehr zu holen ist. Und so kommen die Therapiesitzungen niemals an ein Ende.

Gelöst werden kann dieses Problem nicht etwa dadurch, daß man die Erinnerungen aus solch einem Zusammenhang heraushält, sondern nur, indem man bedenkt, wie sich das Gedächtnis unter solchen Umständen verhält, und die Erwartungen und die Praktiken entsprechend anpaßt. Donald Spence zum Beispiel glaubt nicht mehr daran, daß er mittels Psychoanalyse die ursprünglichen Aufzeichnungen eines Gedächtnisses wiederausgraben kann. Er kann die »historische« Wahrheit nicht wiedererlangen. Er muß sich mit der »narrativen« Wahrheit zufriedengeben, mit jener Kohärenz, die »ästhetische Finalität« annimmt und zum gegenwärtigen Charakter des Klienten paßt. Doch die narrative Wahrheit reicht aus, um den Klienten auf den Weg der Besserung zu bringen. Aufgrund der Forschungen über die Beeinflußbarkeit von Zeugen ist es heute übliche Rechtspraxis, daß sie zunächst ihre Geschichte frei erzählen dürfen, ehe man ihnen spezifische Fragen stellt. Für polizeiliche Gegenüberstellungen gibt es neue Empfehlungen, wie man zu glaubwürdigen Identifizierungen gelangt: Man beginnt mit einer Gruppe fraglicher Personen, unter denen der Verdächtige sich nicht befindet, und reiht ihn erst in eine spätere Gruppe ein (Zeugen, die beim ersten Durchgang noch niemanden identifizieren, haben sich beim zweiten als zuverlässiger erwiesen); die Personen werden einzeln, nicht zu mehreren zugleich vorgeführt (was die Probleme reduziert, die aus relativen Urteilen resultieren); jede Art von Feedback wird nach einer Identifizierung vermieden (wenn man Zeugen sagt, daß jemand anders denselben identifiziert hat, verstärkt man künstlich ihre Überzeugung). Auf diese und andere Weise können die Ergebnisse wissenschaftlicher Forschung dafür genutzt werden, die Frage zu relativieren, ob man sich auf das Gedächtnis eines einzelnen verlassen kann.

Doch die Wissenschaft stellt sich ihrerseits die Frage: Wieweit können wir ihm vertrauen? Denn trotz allem, was die systematische Forschung uns über das Gedächtnis enthüllt hat, kann sie unsere wichtigsten Erinnerungen nicht fassen: die spontanen, die kommen und gehen, wie sie wollen. Die plötzlichen Rückblenden, die Gespräche, über die wir im nachhinein grübeln, die Gedanken, die unseren Geist selbst dann beschäftigen, wenn wir nicht versuchen, uns an etwas Bestimmtes zu erinnern. Ein paar Psychologen haben kurz davor gestanden, spontane Erinnerungen in den Griff zu bekommen, aber sie alle sind an einem Grunddilemma gescheitert: Sobald man eine davon zu fassen bekommt, geschweige denn sie ins Labor schleift, zerstört man das Spontane daran. Selbst »freie« Erinnerungen und »freie« Assoziationen können dieses Problem nicht umgehen. Kann man einfach zusehen, wie die Erinnerungen dem Gedächtnis entsteigen und wieder darin verschwinden, ohne sie irgendwie zu beeinflussen? Nein, behauptet ein Psychologe, der das versucht hat, denn sobald man darauf aufmerksam wird, verändert man unvermeidlich das, was man beobachtet.

Folglich bleibt uns nur das, was auf so rätselhafte Weise unseren Geist bewegt – die Stimme der Mutter, die an einem Sommerabend ruft, ein Lied aus alter Zeit, das sanft in unserem Geist erklingt, der Anblick eines grellbunten Karnevalsumzugs und, ja, die Angst, die plötzlich an unsere Tür klopft, wenn wir uns sicher glauben. Wir haben um diese Erinnerungen nicht gebeten, wir haben sie nicht unter Kontrolle, und doch sind sie da: der Stoff, aus dem das Leben ist. Manchmal rühren sie zu Tränen. Manchmal zaubern sie ein Lächeln auf unser Gesicht, ohne daß wir etwas davon merken. Bewußt oder unbewußt, immer aber recht gescheit, so fließen sie wie ein Strom durch unsere Seele.

3. Wie ein Strom

Ich glaube, meine Frau hat ein besseres autobiographisches Gedächtnis als ich. Zu oft schon habe ich, wenn wir in Erinnerungen schwelgten, mich sagen hören: »Hab' ich das wirklich getan?« oder, wenn sie mir einen Wink gegeben hatte: »O ja, jetzt erinnere ich mich.« Nur selten gelingt es mir, sie auf etwas zu bringen, was sie nicht bereits weiß. Obwohl sie also viel mehr Erinnerungen gespeichert hat, bin ich derjenige, der gern mit ihnen spielt. Ich habe Lust, die Geschichte unseres gemeinsamen Lebens immer wieder zu erzählen, vor allem die Ereignisse, die an seinem Anfang standen. Ich weiß, daß ich den Kontakt mit ihnen verlieren würde, wenn ich unsere Erinnerungen nicht in Worte faßte, und dann würde in mir etwas sterben. Vielleicht ist mein Drang, unsere Geschichte immer wieder durchzugehen, auch eine Art Vorahnung. Wenn mit mir das passieren sollte, was mit meinem Vater geschehen ist, wird es Kathys Aufgabe sein, mein Gedächtnis zu werden.

Alles deutet darauf hin, daß sie diese Aufgabe hervorragend bewältigen wird. Gegen Ende der Grundschule und in den ersten Jahren der High-School verfügte Kathy über das, was man ein eidetisches oder fotografisches Gedächtnis nennt. Sie selbst hatte keinen solchen Namen dafür, ja sie wußte noch nicht einmal, daß dies etwas Ungewöhnliches war; sie wußte nur, daß sie bei Prüfungen immer sehr gut abschnitt. Sie erinnert sich noch heute, wie sie damals lernte: Am Tag einer Prüfung stand sie frühmorgens auf und las das zu bewältigende Pensum sehr konzentriert durch. Es blieb ihr so im Gedächtnis, daß sie es vor ihrem geistigen Auge wieder sehen konnte. Einer ihrer Lehrer glaubte, sie würde schummeln, und mehr als einer riet ihr davon ab, auf diese Weise zu lernen. Doch in der achten Klasse sagte ihr ein Lehrer, ein gewisser Mr. Byrd, daß sie über eine außerordentliche Gabe verfüge. Regelmäßig befreite er sie von den Hausaufgaben, wenn sie sich vor die Klasse stellte und fünf oder gar zehn Seiten aus dem Lehrbuch rezitierte. Kathy merkte erst, daß an ihr etwas Besonderes war, als anderen Schülern dieselbe Möglichkeit eingeräumt wurde, sie die Aufgabe aber nicht bewältigten. Solange es funktionierte, machte ihr fotografisches Gedächtnis ihr Spaß, doch in der zwölften Klasse verschwand es aus irgendeinem Grund.

Der Psychologe Ulric Neisser glaubt, daß solche vorübergehenden Fähigkeiten weiter verbreitet sind, als man annimmt. Eine Frau erzählte ihm, daß sie als Schülerin eine ganze Tafel voller Informationen nur ein einziges Mal lesen mußte, um sie zu behalten. An ein Gemälde, das sie in einem Museum gesehen hatte, konnte sie sich so genau erinnern, als würde sie wieder davorstehen. Mit Mitte Zwanzig arbeitete sie in einem zoologischen Labor, wo sie Insekten präparierte. Jeden Morgen gab ihr Direktor ihr hundert bis 200 Stück und instruierte sie, wie sie jedes zu positionieren hatte. Sie machte sich keine einzige Notiz, führte aber die Instruktionen fehlerfrei aus. Neisser konnte sich von dem Direktor bestätigen lassen, daß es so gewesen war. Wie Kathy verlor auch diese Frau ihre Fähigkeit, aber erst im Alter von 29, als sie auf Medikamente, die sie wegen Darmbeschwerden nahm, eine vorübergehende psychotische Reaktion entwickelte. Neisser hegt den Verdacht, daß Fälle wie Kathys, bei denen außerordentliche Fähigkeiten mit der Pubertät verschwinden, weit häufiger sind.

Noch andere Beispiele für maschinengleiche Gedächtnisleistungen sind dokumentiert. So wird berichtet, daß ein gewisser Dr. Leyden Ende des 19. Jahrhunderts lange Beschlüsse des britischen Parlaments oder ähnliche Dokumente nach nur einmaligem Lesen fehlerfrei wiederholen konnte. Noch bemerkenswerter sind die Leistungen einiger jüdischer Gelehrter, die um die Jahrhundertwende in Polen lebten. Sie hatten den gesamten Talmud auswendig gelernt: zwölf Bände mit Tausenden von Seiten. Um ihre Fähigkeiten zu demonstrieren, baten die Gelehrten einen Freiwilligen, einen beliebigen Band des Talmud zu nehmen und ihn auf irgendeiner Seite aufzuschlagen. Mit einer Nadel deutete der Freiwillige dann auf eines der Worte auf dieser Seite – irgendein zufälliges Wort. Der Gelehrte bat dann andere Anwesende, ihm weitere Seiten zuzurufen. Ohne hinzusehen, konnte er sagen, welches Wort an derselben Position stand wie die Nadel auf jener anderen Seite. Um zu prüfen, ob der Gelehrte recht hatte, wurde die Nadel bis zu den anderen Seiten durchgestochen. Es wurde von Fällen berichtet, in denen die Gelehrten niemals einen Fehler machten.

Ein russischer Zeitungsreporter namens Shereshevskii verblüffte seinen Redakteur damit, daß er sich niemals Notizen machte. Als er darauf angesprochen wurde, war Shereshevskii verwirrt. *Er* konnte sich Wort für Wort an alles erinnern, was jemand gesagt hatte. Ob das nicht jeder könne? Der Redakteur empfahl ihm einen jungen Psychologen namens Alexander Luria, der seine Gedächtnisleistungen zu testen begann. Im Verlauf mehrerer Jahre fand Luria heraus, daß »weder das *Fassungsvermögen* von S.s Gedächtnis noch die *Dauerhaftigkeit all dessen, was er sich merkte*, irgendwelchen Beschränkungen unterlag«. Eine Liste von siebzig Wörtern konnte er in vier Minuten auswendig lernen, indem man ihm die Worte einfach langsam vorlas. Noch fünfzehn Jahre später konnte er sie fehlerfrei aufsagen, und zwar vorwärts wie rückwärts. Wenn er seine Fähigkeiten vorführte und jemand ihn bat, eine Reihe von Wörtern aufzusagen, die Shereshevskii vor langer Zeit gelernt hatte, pflegte er seine Augen zu schließen, eine Pause zu machen und dann etwas zu sagen wie: »Ja, ja ... Das war die Reihe, die Sie mir damals gaben, als wir in Ihrer Wohnung waren ... Sie saßen am Tisch und ich im Schaukelstuhl ... Sie hatten einen grauen Anzug an und haben mich genauso angeschaut wie jetzt ... Ich sehe es wieder vor mir, wie Sie die Wortfolge aufsagten ...« Und dann rasselte er die Worte in genau derselben Reihenfolge herunter, wie er sie Jahre zuvor gehört hatte.

Shereshevskii verfügte über die Fähigkeit, alles vor seinem geistigen Auge zu sehen. »Wenn ich auf etwas kommen will«, berichtete er, »stelle ich es mir einfach im Geist vor. Ich muß mich überhaupt nicht anstrengen, damit mir das gelingt.« Sein Puls betrug normalerweise siebzig bis 72 Schläge pro Minute. Er konnte ihn jedoch willentlich auf Werte um Mitte Sechzig herunterdrücken, indem er sich vorstellte, daß er einschlafe, oder seinen Puls auf hundert steigern, indem er vor seinem geistigen Auge sich selbst sah, wie er einem Zug, der gerade abfuhr, hinterherrannte. Er konnte die Temperatur in seiner rechten Hand dadurch erhöhen, daß er sich ausmalte, er hielte sie an einen heißen Ofen, während er gleichzeitig die Temperatur in seiner linken senkte, indem er sich vorstellte, er hielte ein Stück Eis darin. Doch diese visuelle Vorstellungskraft war nicht seine einzige Gabe. Seine geistigen Bilder wurden oft von anderen Empfindungen begleitet – Klängen, Gerüchen, Berührungen, Gefühlen. Eine solche sensorische Mixtur nennt man Synästhesie. Shereshevskii sagte einmal: »Ich hörte die Glocke läuten. Ein kleines rundes Objekt rollte mir geradewegs vor die Augen... Meine Finger spürten etwas Rauhes wie ein Tau... Dann nahm ich den Geschmack von Salzwasser wahr... Und etwas Weißes.« Die Wortliste, die Luria ihm vorlas, rief in seinem Geist Bilder hervor, die so plastisch waren, daß er sie niemals wieder vergaß.

Auch die »Kalender-Rechner« gehören zu den Gedächtnis-Superstars. Nennt man ihnen irgendein Datum aus der Vergangenheit, können sie genau sagen, auf welchen Wochentag es fiel. Einige behaupten sogar, sich erinnern zu können, wie das Wetter an jenem Tag war oder was sich an diesem Tag ereignet hat, aber es gibt keine Möglichkeit, solche Details zu überprüfen. Leichter waren da schon die Leistungen des Japaners Hideaki Tomoyori zu kontrollieren, der kürzlich die ersten 40 000 Stellen der Zahl π korrekt aufsagte, was über siebzehn Stunden in Anspruch nahm. Auch die Gedächtnisleistungen des Dirigenten Arturo Toscanini sind legendär: Man schätzt, daß Toscanini jede Note aller Instrumente von rund 250 Symphonien und die Worte wie die Musik von rund hundert Opern auswendig wußte. Unter anderem erzählt man sich von ihm die folgende Anekdote: Unmittelbar vor einem Konzert bemerkte der zweite Fagottist, daß an seinem Instrument die Klappe für den tiefsten Ton kaputt war. Toscanini schloß eine Minute lang die Augen, ging im Geist die Partitur durch und sagte dann: »Das macht nichts, der Ton wird beim heutigen Konzert nicht gebraucht.«

Unter dem Gesichtspunkt der wissenschaftlichen Überprüfbarkeit betrachtet, hatte das beste fotografische Gedächtnis wahrscheinlich eine Frau, die man mit Stereogrammen testete, welche aus Paaren von Zufallsmustern mit jeweils 10 000 Punkten bestanden. Wenn man solch ein Paar mit einem Stereoskop betrachtet, sieht man eine bestimmte dreidimensionale Figur. (Mittels des Stereoskops wird das eine Muster nur dem rechten, das andere nur dem linken Auge gezeigt. Ohne dieses Hilfsmittel taucht keine Figur auf.) Die fragliche Frau konnte ein Muster, das ihrem linken Auge gezeigt wurde, mit der Erinnerung an ein anderes Muster, welches *am Tag zuvor* ihrem rechten Auge gezeigt wurde, kombinieren. Das ist eine bemerkenswerte Leistung, die bislang noch von keinem anderen erbracht wurde. Die Frau ist übrigens Künstlerin; sie kann das exakte Abbild einer Szenerie geistig auf die leere Leinwand projizieren, und wenn das Bild erst einmal vor ihr steht, kann sie ihren Blick darüber wandern lassen, um sich die Details näher zu betrachten.

Doch trotz solcher bemerkenswerter Leistungen hat niemand ein absolut perfektes Gedächtnis. Das einzige, von dem ich je gehört habe, gehörte Arnold Schwarzenegger – in dem Science-fiction-Thriller *Total Recall*. In diesem Film wird der von Schwarzenegger dargestellten Person eine elektronisch gespeicherte Erinnerung an einen Ferienaufenthalt auf dem Mars implantiert. Das ist billiger, als die Reise tatsächlich zu machen, und weil das Implantat perfekt ist, ist die Erfahrung dieselbe. Nachdem das Implantat in Schwarzeneggers Gehirn eingesetzt ist, macht er sich zum Mars auf. Oder nicht? So real ist die Erinnerung, daß er nicht weiß, ob er in der Vergangenheit oder in der Gegenwart lebt. Der Zuschauer weiß es ebenfalls nicht, und das Rätsel wird auch am Ende des Films nicht gelöst.

Würde man sich wirklich ein perfektes Gedächtnis wünschen, bei dem alles »da drin« in tadellosem Zustand gespeichert ist? Im Film muß Schwarzenegger die Entdeckung machen, daß perfektes Erinnern extrem gefährlich ist. Wären Sie in solch einem Zustand, könnten Sie nicht sagen, ob Sie diese Worte hier jetzt gerade lesen oder ob es sich um Worte handelt, die Sie in der Vergangenheit gelesen haben. Sie würden nicht wissen, ob ein Auto, das an Ihnen vorüberprescht, tatsächlich da ist oder nicht. In einer Filmszene muß Schwarzenegger sich in Sekundenbruchteilen entscheiden, ob er jemanden erschießen soll: Ist der andere real oder nur eine implantierte Erinnerung? (Schwarzenegger schießt im Zweifelsfall natürlich.) Man könnte in der Tat behaupten, daß ein nicht perfektes Gedächtnis eine Anpassungsleistung der Evolution darstellt. Hätte der *Homo sapiens* nicht zwischen Erinnerungen und Realität unterscheiden können, wäre er zu verwundbar gewesen, um als Art überleben zu können.

Heute könnte ein einzelner möglicherweise mit einem perfekten visuellen Gedächtnis überleben, aber vielleicht ginge es ihm wie Dr. Leyden. Obwohl dieser einen langen Parlamentsbeschluß nach nur einmaligem Lesen rezitieren konnte, war doch ein Haken an der Sache. Wenn er sich einen bestimmten Punkt von etwas, das er gelesen hatte, ins Gedächtnis rufen wollte, konnte er das nur dadurch tun, daß er das gesamte Dokument *von Anfang an* erneut durchging. Seine »Gabe« war also eher ein Fluch als ein Segen. Auch mit vielen »Kalender-Rechnern« möchte man nicht tauschen; trotz ihres außerordentlichen (und ziemlichen nutzlosen) Talents sind sie oft erheblich zurückgeblieben. Den gesamten Talmud vor dem geistigen Auge passieren lassen zu können ist ebenfalls nicht unbedingt ein Segen. Keinem der Gelehrten mit dieser bemerkenswerten Fähigkeit wurde nachgesagt, besonders klug oder weise zu sein. Es sieht so aus, als hätten sie das Wissen um das Wesentliche gegen ein fotografisches Gedächtnis eingetauscht. Der Fall von Shereshevskii erhielt dadurch eine tragische Note, daß es ihm so gut wie unmöglich war, etwas aus seinem Gedächtnis zu tilgen. Er konnte auch nicht vom Besonderen auf das Allgemeine schließen, Abstraktionen bilden oder all die Details in seinem Kopf organisieren. Im Lauf der Jahre häuften sich immer mehr konkrete Bilder an, bis sie ihn schließlich überwältigten. Der kleinste Wink löste so viele Erinnerungen aus, daß er seinen alltäglichen Verrichtungen nicht länger nachgehen konnte. Er konnte keinen Beruf mehr ausüben, nicht mehr lesen und noch nicht einmal einer einfachen Unterhaltung folgen. Gegen Ende seines Lebens konnte er nichts weiter tun, als von Stadt zu Stadt zu reisen und sein spezielles Talent, Wortlisten auswendig zu lernen, vorzuführen.

Viele Menschen mit außerordentlichem Gedächtnis kennen die Probleme, die Shereshevskii hatte, nicht: keine überwältigende Synästhesie, keine Schwierigkeiten mit dem Generalisieren. Seine Geschichte illustriert jedoch eine universelle – und paradoxe – Wahrheit: Man muß vergessen, um sich erinnern zu können. Das heißt, man muß bestimmte Dinge vergessen, damit man sich andere merken kann. Nehmen Sie an, Sie könnten sich an jeden Platz erinnern, an dem Sie jemals Ihr Auto geparkt haben. Würden Sie es dann je wiederfinden? Was, wenn Sie Koch in einem Schnellrestaurant wären und keine Bestellung vergessen könnten, nachdem Sie sie erledigt haben? Tausende und Abertausende früherer Bestellungen würden Ihnen durch den Kopf toben; welches Gericht sollten Sie dann jetzt kochen? Während wir an Techniken arbeiten, die die Gedächtnisleistung verbessern helfen, suchte Shereshevskii nach welchen, die sein Vergessen verbessern würden. Er *wollte* nicht so viele Details erkennen. In seinem Geist versuchte er sie unter einer »dicken Decke« zu verbergen. Es funktionierte nicht. Er versuchte, die Zahlenreihen früherer Gedächtnistests zu einem imaginären Ball zu knüllen, damit sie die Aufgaben, die gerade zur Lösung anstanden, nicht störten. Auch das funktionierte nicht sonderlich. Er probierte sogar aus, die Zahlen auf ein Stück Papier zu schreiben und dieses dann zu verbrennen, aber auch dann erschienen sie in seinem Geist wieder und trieben sich über den verkohlten Resten herum. Schließlich – und ziemlich überraschend – fand er dadurch ein wenig Erleichterung, daß er sich auf die wesentlichen Details einer Szene oder in bestimmten Situationen auf die *Abwesenheit* von Bildern konzentrierte. Shereshevskiis Schicksal ist ein Grund mehr, warum Psychologen heute das Vergessen nicht als Problem, sondern als sinnvolle geistige Fähigkeit betrachten. Wenn man sich an alle Bäume im Leben erinnern könnte, würde man den Wald nicht mehr sehen.

Das Gehirn, unser Gedächtnisorgan, schaltet nicht nur Nervenzellen ein, es stellt sie auch ab. Ja, die meisten Botschaften, die über die Synapsen geschickt werden, führen dazu, daß das empfangende Neuron unterdrückt und nicht etwa erregt wird. Neuronen müssen unterdrückt werden, weil das Gehirn ständig »an« ist. Wenn man in koordinierter Weise sprechen oder denken oder sich bewegen will, müssen bestimmte Bereiche zum Schweigen gebracht, andere hingegen verstärkt werden. Wenn Sie beispielsweise Ihren Arm beugen wollen, müssen Sie die Muskeln auf der Innenseite des Arms anspannen, gleichzeitig aber diejenigen an der Außenseite entspannen. So ist es auch mit dem Gedächtnis. Wenn neu Erlerntes nicht mit anderen Dingen in Konflikt geraten soll, müssen wir dann und wann unsere Ablage ausmisten. Einige neurale Verbindungen in unserem Gehirn müssen sich auflösen, damit andere sich bilden können.

Von einem kognitiven Standpunkt aus betrachtet, besteht bei einem perfekten visuellen Gedächtnis das Problem darin, daß es nicht gelöscht werden kann. In emotionaler Hinsicht ist es vielleicht genauso. Wie oft verspürten wir vielleicht schon den Wunsch, einige Empfindungen aus der Vergangenheit aufzuschreiben und sie auf magische Weise zu verbrennen, nur um festzustellen, daß sie noch immer ihr Unwesen in uns treiben! Wie oft haben wir vielleicht schon versucht, Erinnerungsspuren loszuwerden, die uns Schmerz und Trauer verursachen! Ich weiß noch, wie ich einmal im Dunkeln an einem zugefrorenen Teich saß und mir wünschte, daß mein Gedächtnis wie dieser Teich wäre – durch Kälte betäubt und zum Schweigen gebracht. Natürlich ging das nicht, und heute bin ich für das Tauwetter dankbar, aber diese Erfahrung wirft für mich die Frage auf, warum man sich überhaupt ein autobiographisches Gedächtnis wünschen sollte, das so perfekt funktioniert wie eine maschinelle Aufzeichnung. Bei einem makellosen Gedächtnis würden wir den stechenden Schmerz des Zurückgewiesenwerdens noch immer so intensiv verspüren wie damals vor langer Zeit. Wir wären nicht in der Lage, Verlust, Furcht, Schuld und Zeitverschwendung in neuem Licht zu betrachten. Wir wären in der Vergangenheit festgefroren, unfähig, sie zu reparieren, unfähig, zu atmen, uns zu ändern oder zu wachsen.

Erinnerungen reparieren

Betrachten wir nun das Umfeld, in dem das autobiographische Gedächtnis zu Hause ist – nicht im Gerichtssaal oder vor einem Publikum, sondern in unserem gelebten Leben. In diesem Zusammenhang erscheint die rekonstruktive Natur des Gedächtnisses als ein Segen, ohne den wir uns weder von der Vergangenheit erholen noch ihr einen Sinn geben könnten.

Als meine Stieftochter Adrienne fünfzehn war, schlich sie sich während des Sommers gelegentlich mitten in der Nacht aus dem Haus. Dasselbe taten ihre Freunde woanders in der Stadt. Die Teenager trafen sich schließlich im Ort in einem Restaurant, wo sie um drei oder vier Uhr in der Frühe einfach herumhingen. Ihre Eltern hatten keine Ahnung, wo sie waren, und sie wissen bis heute nicht, wie oft ihre Kinder ausgebüxt waren, ohne daß es bemerkt wurde. Wir versuchten, Adrienne in ihrem fünfzehnten Sommer zu bremsen, und schraubten außen quer vor ihr Schlafzimmerfenster ein Brett; meine Frau, Kathy, schlief auf der Couch und bewachte die Eingangstür. Gelegentlich ließ jedoch unsere Wachsamkeit nach, und einmal bot das Anlaß, eine neue Erinnerung zu bilden.

In einer Augustnacht stellte Kathy bei einem Kontrollgang um ein Uhr morgens fest, daß Adrienne verschwunden war. Dieses Mal hatte Kathy das Gefühl, daß wir einmal das Wäldchen in der Nähe unseres Hauses durchsuchen sollten. Also nahmen wir eine Taschenlampe und den Hund und machten uns auf den Weg. Kathy rief verzweifelt »Adrienne!« Zwischen den Bäumen war es dunkel, und obwohl wir zu zweit waren und den Hund dabeihatten, hatte ich Angst. Angst um mich und um Adrienne. Nachdem wir eine Viertelstunde lang verschlungene kleine Wege abgesucht und dabei die Taschenlampe gelegentlich auch ausgeschaltet hatten, beschlossen wir zurückzugehen. Da hörten wir plötzlich in weiter Ferne eine männliche Stimme rufen: »Adrienne!« Ich ließ die Taschenlampe ausgeschaltet und rannte in die Richtung, aus der ich die Stimme gehört hatte; Kathy folgte mir mit dem Hund. Als wir nah genug heran waren, leuchtete ich mit der Taschenlampe direkt in die Gesichter zweier junger Männer, die ich noch nie gesehen hatte.

Sie waren wohl geblendet, denn sie fragten mich, ob ich Adrienne sei. »Nein«, sagte ich, und ich log ein bißchen: »Ich bin Adriennes Vater.« Stille. Bei den Jungen handelte es sich um College-Schüler aus Minnesota, die ihre letzte Nacht in der Stadt verbrachten. Sie hatten Adrienne im Schwimmbad kennengelernt und für diese Nacht verabredet, sie um halb zwei am Ende des Wäldchens zu treffen, sie zu einer Party mitzunehmen und wieder nach Hause zu bringen, ehe wir aufwachten. Ich erklärte ihnen, daß Adrienne erst fünfzehn und damit dem Gesetz nach minderjährig sei. Vielleicht hatten meine Worte Eindruck gemacht, vielleicht waren die beiden auch einfach anständige Kerle, auf jeden Fall beteiligten sie sich an der Suche. Wie sich herausstellte, wäre ihre Hilfe aber nicht nötig gewesen. Adrienne hatte uns in das Wäldchen gehen sehen und war zurück nach Hause geeilt.

Als wir unser Haus betraten und Adrienne im Wohnzimmer sitzen sahen, überkam Kathy eine große Erleichterung. Ich hätte das Mädchen umbringen können, und Kathy ging es bald genauso. Wir waren beide sehr zornig, und obwohl ich mich nicht mehr genau erinnern kann, worin Adriennes Bestrafung bestand, bin ich mir sicher, daß sie, sagen wir, recht »hart« war. Angst und Wut prägten unsere ursprüngliche Erinnerung an die Aktivitäten jener Nacht.

Drei Tage später konnte ich mit eigenen Augen beobachten, wie die Erinnerung sich veränderte. Kathy und ich brachten meiner Tochter My-Linh, die den Sommer als Studienberaterin in einem nahegelegenen Ferienlager verbrachte, einen Geburtstagskuchen. Unsere Gefangene hatten wir im Schlepptau. Bei der Geburtstagsparty waren noch mehr junge Leute, und bald hörten sie sich Adriennes Geschichte an. Mit einem Mal war die Angelegenheit ein Riesenspaß. Es war »Die große Flucht«. Binnen fünfzehn Minuten wandelte sich Adrienne von einer Kriminellen zur Heldin. Ihr Vergehen wurde zu einem spannenden Abenteuer. Nein, nein, sagte ich zu mir selbst und wollte wütend bleiben, aber die Entwicklung war nicht mehr aufzuhalten. Seit jenem Abend ist es mir nicht mehr gelungen, meine ursprünglichen Empfindungen der Angst und Wut wiederzuerlangen. Sie wurden von etwas überlagert, das eher meinen Sinn für Humor anspricht.

So wurde also eine Erinnerung transformiert, nicht nur in Adrienne, sondern auch in mir. Was genau aber hatte sich nach der Transformation geändert? Nicht das Wissen aller darum, was passiert war. Adrienne hatte das Haus in jener Augustnacht verlassen, Kathy und ich waren ihr in das Wäldchen gefolgt, wir hatten die jungen Männer getroffen, und wir waren wieder nach Hause gegangen, wo wir Adrienne im Wohnzimmer fanden. All dies war sowohl vor wie nach der Umwandlung der Erinnerung wahr. Einige Details haben vielleicht von Anfang an nicht gestimmt. War es genau ein Uhr gewesen, als Kathy Adriennes Bett leer vorgefunden hatte? Waren wir tatsächlich fünfzehn Minuten lang im Wald gewesen? Habe ich zu den jungen Männern wirklich das gesagt, was ich gesagt zu haben glaube? Waren es tatsächlich zwei gewesen? Mein Zutrauen in die peripheren Details ist weit geringer als das in die zentralen Fakten. Daß letztere stimmen, daran habe ich keinen Zweifel.

Die zentralen Fakten veränderten sich beim Wiedererzählen der Geschichte nicht, vielmehr wechselten die Bedeutungen und die Gefühle, die mit ihnen assoziiert waren. Ich glaube, ich bin dazu verdammt, mich an den Vorfall so zu erinnern, wie er erzählt wurde: als »Die große Flucht«, bei der die Gefahr ein klein wenig größer als in Wirklichkeit war, die Rettung etwas atemberaubender, die ins Auge gefaßte Bestrafung etwas näher an einer Exekution. Ich befürchte, ich werde am Ende noch *Spaß* an dieser Erinnerung haben, obwohl die Ereignisse in jener Nacht alles andere als spaßig waren.

Erinnerungen können sich verändern, weil sie dafür Raum lassen. Sie machen zwar nicht diesen Eindruck, aber so ist es. Mit einer interessanten optischen Täuschung kann man gut symbolisch demonstrieren, wie wir unbewußt die Leerstellen in unseren Erinnerungen ausfüllen. Das können Sie selbst machen: Zeichnen Sie auf ein Blatt Papier einen etwa zehn Zentimeter langen und einen halben Zentimeter dicken, schwarzen, waagrechten Balken, in dem Sie irgendwo auf der linken Seite eine Lücke von einem Zentimeter lassen. Am rechten Ende zeichnen Sie unmittelbar über dem Balken ein »X«. Halten Sie das Blatt Papier auf Armeslänge vor sich, bedecken Sie Ihr rechtes Auge und fixieren Sie das »X« mit Ihrem linken. Dann bewegen Sie das Blatt langsam auf Ihre Nasenspitze zu. An einem bestimmten Punkt kommt es zu einer optischen Täuschung: Die Lücke in dem Balken schließt sich plötzlich, er scheint durchgehend zu sein.

In diesem Zustand kann der Balken als Metapher für eine Erinnerung dienen. Die optische Täuschung wird dadurch hervorgerufen, daß die Lücke in dem Balken in jenem Moment an einer Stelle Ihrer Netzhaut hinten im Auge abgebildet wird, die keine sensorischen Rezeptoren hat. An dieser Stelle, dem sogenannten »blinden Fleck«, tritt der Sehnerv aus dem Auge aus. Das Gehirn jedoch ergänzt die fehlende Information und konstruiert das Bild einer durchgehenden Linie auf die gleiche Weise, wie es fehlende Information von einem amputierten Glied ergänzt und eine Phantom-Wahrnehmung erzeugt. Auch wenn man sich an etwas erinnert, werden Lücken mit Dingen gefüllt, die das Gehirn konstruiert. Oft handelt es sich dabei um Generalisierungen, wie sie Shereshevskii nur unter großen Schwierigkeiten machen konnte. Sie repräsentieren, was Ereignisse *bedeuten* – und welche Gefühle wir dabei empfinden. Erinnerungen werden transformiert, wenn ein solcher Satz von Bedeutungen und Empfindungen gegen einen anderen ausgetauscht wird. Der neue Satz gibt der Erinnerung eine andere Perspektive, ruft dieses Detail wieder ins Gedächtnis, jenes nicht, verstärkt die eine Episode und schwächt die andere ab.

Bei einer jungen Hausfrau und Mutter kleiner Kinder wurden eines Tages Erinnerungen transformiert, als sie herausfand, daß ihr Gatte ein Verhältnis hatte. Über einen Privatdetektiv erfuhr sie, daß es mehr war als ein bloßer Seitensprung. Ihr Gatte unterhielt vielmehr zu drei Frauen zugleich Beziehungen – zu ihr selbst, zu der Freundin, mit der er ein Verhältnis hatte, und zu noch einer Frau, mit der er Kinder hatte. Über jede neue Enthüllung staunte sie noch mehr als über die vorangegangene. Sie

fragte sich: »Warum bin ich nur nicht früher darauf gekommen?«
Jetzt wußte sie, warum das Geld so knapp war, warum ihr Mann
so reserviert war, warum er so oft fort war. Die Bedeutungen
ihrer Erinnerungen wechselten. Triviale Gesten wurden zu
Mahnmalen, nebenbei gesprochene Bemerkungen bekamen etwas Prophetisches. Auch die Gefühle veränderten sich: Worte,
die einst für Hingabe standen, symbolisierten jetzt Verrat. Sogar
neue Details kamen ihr in den Sinn – Dinge, so schien es, die die
ganze Zeit »da drin« gewesen waren, die sie jedoch nie bemerkt
hatte. Solch eine Erfahrung läßt wenig Zweifel daran, daß Erinnerungen rekonstruktiver Natur sind, daß die Art und Weise,
wie Ereignisse sich in der Gegenwart darstellen, unsere Erinnerung an die Vergangenheit auf den Kopf stellen können.

Erinnerungen können sich auch zum Guten verändern. Sie
können repariert oder, um einen dem Lebendigen näher stehenden Ausdruck zu gebrauchen, geheilt werden. Eine Frau mittleren Alters, nennen wir sie Sandra, hatte Probleme bei der Arbeit.
In angespannten Situationen ging ihr Atem nur schleppend, die
Ohren begannen ihr zu klingen, und sie hatte das Gefühl, daß sie
selbst davontreiben würde. Als Kind war Sandra körperlich
mißhandelt worden. Ihr alkoholkranker Vater verprügelte regelmäßig ihre Mutter, und wenn Sandra zugegen war, wurde auch
sie geschlagen. Sandra erinnerte sich an das, was ihr ihre Mutter
als kleines Kind gesagt hatte: Wenn ihr Vater gewalttätig wurde,
sollte sie ihre kleine Schwester nehmen und sich verstecken. Ein
Vorfall war ihr besonders plastisch im Gedächtnis geblieben: Als
sie vier Jahre alt war und ihre Schwester zwei, geriet ihr Vater
wieder einmal in Wut und fing an, ihre Mutter mit dem Telefon
zu schlagen. Sandra und ihre Schwester kletterten aus dem Fenster auf die Feuertreppe, rannten die Stufen hoch und schlüpften
durchs Fenster in die darüberliegende Nachbarwohnung, wo sie
Zuflucht fanden.

Weil sie die Situation so deutlich vor ihrem geistigen Auge
sah, wollte Sandra herausfinden, wie genau sie sich erinnerte. Sie
hatte die Episode bereits in Gegenwart eines Therapeuten erneut
durchlebt, jetzt aber wollte sie an ebenden Ort zurückkehren,
wo sie sich ereignet hatte. Ihr Gatte stand ihr körperlich und

emotional bei. Sie fand die Wohnung genau dort, wo sie sie vermutet hatte, und diese sah auch so aus, wie sie erwartet hatte. Auch die Feuertreppe war noch da. Ihre Mutter, schon vor langer Zeit vom Vater geschieden, lebte noch in der Nähe, also stattete Sandra auch ihr einen Besuch ab. Sie erfuhr, daß ihre Flucht über die Feuertreppe im Alter von vier Jahren kein Einzelfall gewesen war. Vielmehr hatte die Mutter mit den Nachbarn auf dem Stock darüber die Vereinbarung getroffen, daß sie die Mädchen bei sich aufnahmen, wann immer ihr Gatte gewalttätig wurde. Anläßlich jenes Besuchs bei ihrer Mutter erfuhr Sandra Dinge aus der Familiengeschichte, von denen sie nie zuvor etwas gewußt hatte. Sie erinnerte sich noch immer daran, was ihr als Kind widerfahren war – ja, sie wußte jetzt mehr darüber als zuvor –, aber an ihren Erinnerungen hatte sich viel verändert.

Die Bedeutungen wechselten. Zwar wußte Sandra, daß ihre Mutter nicht in der Lage gewesen war, ihren Kindern den angemessenen Schutz zuteil werden zu lassen, jetzt sah sie aber auch, daß ihre Mutter selbst ein Opfer war. Sie hatte die Hauptlast eines Verhaltensmusters von Mißhandlungen getragen, das von einer Generation auf die nächste übergegangen war. Sich selbst sah Sandra jetzt ebenfalls in anderem Licht. Obwohl sie unter den Mißhandlungen gelitten hatte und ihr Trauma für ihr ganzes Leben behalten würde, hatte sie es nicht an ihre Kinder weitergegeben. Sie war der Puffer gewesen, derjenige Mensch, der sagte: »Von hier an wird keiner mehr Schaden nehmen.« Als immer mehr Erinnerungen an die Oberfläche drangen, konnte sie weitere Querverbindungen ziehen. Sie mußte immer zusammengekauert und mit dem Gesicht zur Wand schlafen und dabei ein Kissen im Rücken haben. Jetzt wußte sie, warum: Mit dieser Position wollte sie sich gegen nächtliche Schläge schützen. Das Gefühl der Auflösung, das sie bei der Arbeit empfand, konnte sie mit den Empfindungen in ihren Erinnerungen zusammenbringen, und sie verstand, warum das Gefühl immer wiederkehrte.

Auch ihre emotionale Einstellung hatte sich verändert. Sandra fühlte sich jetzt sicherer, nicht mehr so hilflos und ganz bestimmt nicht mehr so ängstlich. Ihre Erinnerungen schienen nicht mehr soviel Macht über sie zu haben wie einst. In kniffligen Situationen fiel ihr das Atmen noch immer schwer, insgesamt aber fühlte sie sich erleichtert und befreit, und sie konnte nachts auch leichter schlafen. Man könnte es auch so ausdrükken, daß sie jetzt besser zwischen *damals* und *heute* trennen konnte, daß sie das, was wie eine immer wieder durchlebte Erfahrung wirkte, in eine Erinnerung verwandelt hatte.

Zu all diesen Veränderungen war es gekommen, weil sie ihre Erinnerung mit jemandem geteilt hatte. Mehr Menschen hatten jetzt Anteil daran – ein verständnisvoller Therapeut, ein zu ihr haltender Ehemann, ihre Mutter und sie selbst. Das ist, denke ich, ein oft übersehener Aspekt bei der Reparatur von Erinnerungen: daß sich beim Heilungsprozeß eine Verschiebung ergibt, wer an unseren Erinnerungen teilhat – oder, wenn man so will, ihr Verbleib. Zu wem gehörte eine traumatische Erinnerung vor einer solchen Veränderung? Wo war sie? Zu wem gehört sie danach? Wo ist sie? Die Antworten auf diese Fragen können vielleicht zeigen, daß die Erinnerung einem kollektiven Bedeutungssystem entnommen und einem anderen aufgepfropft wurde. Auf diese Verschmelzung des Individuellen mit dem Kollektiven werde ich im Verlauf des Buches noch einmal zurückkommen.

Sandras Erinnerungen wurden indirekt im Rahmen einer Therapie und mit der Hilfe anderer Menschen in ihrem Leben repariert. Man kann aber auch direkter vorgehen. Es gibt beispielsweise eine christliche Therapieform, bei der die Figur Jesu direkt ins erinnerte Bild eingefügt wird. Von Matthew Linn und seinen Kollegen stammt die Geschichte von Sue, die im Alter von achtzehn Jahren als paranoid schizophren eingestuft und in eine psychiatrische Klinik gesteckt wurde. Dreißig Jahre später erinnerte sie sich, wie sie als dreijähriges Kind auf einem Krankenhausflur saß, während Ärzte sich verzweifelt um ihren Vater im Raum nebenan bemühten. »Kurz darauf kam ihre Mutter aus dem Raum gerannt und zerrte Sue den Korridor entlang«, berichtet Linn. »Sue sagte: ›Ich will meinem Daddy auf Wiedersehen sagen.‹ Ihre Mutter schlug sie und schrie: ›Du wirst deinen Daddy nie wieder sehen. Er ist tot. Wenn ich dich jemals wegen ihm weinen sehe oder dich über ihn sprechen höre, bekommst du Schläge.‹«

Kurz nachdem Sue mit einer christlichen Therapeutin namens Judith zu arbeiten begonnen hatte, stellten sich diese Erinnerungen wieder ein. Daraus entwickelte sich der folgende Dialog, bei dem Judith den Anfang macht:

»Sue, kannst du jetzt wieder sehen, wie du da auf dem Stuhl im Gang sitzt?«
»Ja.«
»Fühlst du dich wie ein dreijähriges Kind?«
»Ja.«
»Nun schau mal, ob du Jesus den Gang entlangkommen siehst.«
Nach etwa einer Minute sagte Sue: »Ja, er kommt den Gang entlang.« Dann hellte sich ihr Gesicht auf, und Judith ließ sie einfach schweigend für mehrere Minuten mit Jesus zusammensein.
Hinterher erzählte Sue Judith, was passiert war. Jesus kam den Krankenhausflur entlang und sagte: »Hallo. Wie geht es dir?«
Sue antwortete: »Oh, nicht so gut. Man will mich nicht dort hineinlassen.«
Jesus sagte: »Nun, *mich* werden sie nicht aufhalten.« Und so nahm Jesus Sue an der Hand, führte sie in den Raum, weckte ihren Vater auf und legte Sue in seine Arme. Sue weinte ihre lang zurückgehaltenen Tränen und sagte zu ihrem Vater all die Dinge, die sie ihm niemals hatte erzählen können, und sie schwelgte in seinen Zärtlichkeiten und Küssen ...
Dann sagte Jesus: »Warum umarmst du deinen Daddy jetzt nicht und sagst ihm auf Wiedersehen?«
Sue drückte ihren Daddy fest an sich und sagte: »Mach's gut. Ich werde dich wiedersehen.« Dann trug Jesus sie aus dem Raum hinaus.

Die Frau wußte noch immer, was sich in der Vergangenheit abgespielt hatte, doch für sie war Jesus jetzt Teil dieser Erinnerung. Neben anderen hatte jetzt auch er daran Anteil, also war sie sicherer im christlichen Bedeutungssystem verankert. Linn zufolge war die anschließende Transformation so gewaltig, daß die Frau die Klinik verlassen konnte.

Im nächsten Kapitel werde ich von individuellen Erinnerungen berichten, die Themen symbolisieren, welche sich wie ein roter Faden durch das Leben eines Menschen ziehen. Man nennt sie selbstdefinierende Erinnerungen, und sie sind mit vielen Bedeutungsebenen im autobiographischen Gedächtnissystem verbunden. Sues ursprüngliche Erinnerung ist ein ausgezeichnetes Beispiel dafür: keine präzise Zusammenfassung dessen, was ihr eines Tages im Alter von drei Jahren widerfuhr, aber eine präzise Metapher für all das, was ihr während der ersten achtzehn Lebensjahre zustieß. Die Erinnerung drehte sich gar nicht so sehr um den Tod ihres Vaters, sondern vielmehr um den Mangel an mütterlicher Liebe. Sues Metapher hatte so reiche Querverbindungen, daß sie zum Vehikel vieler positiver Veränderungen bei ihr wurde. Anders ausgedrückt: Als diese eine ihrer selbst-definierenden Erinnerungen repariert war, geschah mit einem großen Teil ihrer Lebensgeschichte dasselbe.

Genauso direkt und frontal wie beim christlichen Heilen von Erinnerungen geht der Psychotherapeut David Grove vor, der mit erwachsenen Opfern von frühkindlichem Mißbrauch arbeitet. An einem bestimmten Punkt seiner Therapie pflegt Grove die Erinnerungen seiner Klienten »aufzuweichen«; beispielsweise fordert er eine Klientin auf, ihre Erinnerungen vor dem geistigen Auge abspulen zu lassen, als wären sie ein Film. Dann bittet er sie, den Film rückwärts laufen zu lassen, und zwar nicht nur einmal, sondern oft. Wenn der Film an einer bestimmten Stelle stehenbleibt und nicht weiterlaufen will, macht Grove den Vorschlag, daß sie den Film in ein Standbild umwandeln soll. Dann muß sie versuchen, das Bild einzurahmen und es aus verschiedenen Perspektiven zu betrachten, etwa von oben oder unten, oder das Bild herumzudrehen und es von hinten anzuschauen. Nachdem die Erinnerung auf diese Weise geschmeidiger gemacht wurde, fragt Grove die Klientin, ob es irgend etwas gibt, das ihr helfen würde, die Erinnerung zu verändern – ob sie irgend etwas weiß, irgend jemand kennt, zu irgendwelchen spirituellen Ressourcen Kontakt hat. Die Klientin bildet in ihrem Geist eine neue Erinnerung und stellt sie neben die alte. Welche überwiegt? Wenn die neue Erinnerung genügend Kraft hat, die alte aufzulösen, ist der Prozeß abgeschlossen.

Grove betont, daß es sich dabei nicht nur um ein Training der Einbildungskraft handelt. Wenn es so wäre, hätten die Veränderungen keinen Bestand. Was in einer Erinnerung neu eingefügt wird, muß auf Realität gegründet sein, auf wirkliches Wissen und wirkliche Menschen. Klienten, die erfolgreich mit diesem Ansatz gearbeitet haben, verlieren nicht den Kontakt zu dem, was in der Vergangenheit wirklich passierte, sie nehmen es nur anders wahr.

Wenn Therapeuten und andere direkt an Erinnerungen arbeiten, gibt es mehr als nur eine Vorgehensweise. Manchmal nehmen sie einem Vorfall aus der Vergangenheit seine Durchschlagskraft, aber nicht immer. Ein Therapeut arbeitete einmal mit einer Frau, die aus Trauer über den Verlust ihrer Tochter zweieinhalb Jahre zuvor wie zu Eis erstarrt war. Immer wieder brachte der Therapeut die Sache auf den Punkt, daß die Tochter für immer von ihr gegangen war. Erst als die Frau diese fundamentale Realität akzeptierte, verschwand auch der quälende Schmerz; und erst dann war sie in der Lage, sich ein Bild ihrer Tochter anzusehen und sich eine Aufnahme ihres Lieblingslieds anzuhören. John Bradshaw hat bei vielen Gelegenheiten gesagt und geschrieben, wie wichtig es ist, sein »inneres Kind« wiederzugewinnen; er rät, Erinnerungs-»Anker« aus der Vergangenheit und der Gegenwart zu kombinieren. Während man beispielsweise die eine Hand zur Faust ballt, schwelgt man in der Empfindung des Erwachsenen, geliebt zu werden. Dann wendet man sich der kindlichen Erfahrung zu, unerwünscht und ungeliebt zu sein, und ballt dabei die andere Hand zur Faust. Um die Erinnerung an die Kindheit zu reparieren, aktiviert man beide Anker, indem man beidseitig eine Faust macht. »Während Sie die Hände so halten, lassen Sie sich spüren, daß Sie der Welt willkommen sind. Lassen Sie sich eine innige Umarmung empfinden. Wenn Sie dann von Wärme und Kraft erfüllt sind, lassen Sie beide Anker los und öffnen die Augen.«

Die Erinnerungen werden Bradshaw zufolge miteinander verschmelzen, und man wird das Erlebnis aus der Kindheit in der Tat verändert haben.

Wann wird ein frontaler Angriff auf das Gedächtnis zur Manipulation, ja zum Zwang? Eindeutig war dies der Fall bei den »Gehirnwäschen«, die die Kommunisten in China in den fünfziger Jahren praktizierten. Als sie sie bei Gefangenen aus dem Westen anwandten – Ärzten, Missionaren und ähnlichen Leuten –, mußten diese unter anderem immer wieder einstige Missetaten gestehen. Die Gefangenen mußten ihre gesamte Lebensgeschichte in China offenlegen, wozu auch sämtliche Details aus ihrem Privatleben zählten. Diese Details wurden zum Ansatzpunkt für die Umwandlung. Ein französischer Arzt gab beispielsweise zu: »Als ich während der ›Befreiung‹ die noch von Pferden gezogene Artillerie der kommunistischen Armee sah, erzählte ich davon einem amerikanischen Freund ... Der Richter schrie, daß dieser Amerikaner ein Spion sei, der geheimes Material für seine Spionageorganisation sammle, und daß ich schuldig sei, ihn mit militärischen Geheiminformationen versorgt zu haben ... Zunächst akzeptierte ich dies nicht, doch bald mußte ich es meinem Geständnis hinzufügen.« Auch andere belanglose Unterhaltungen – einem Amerikaner gegenüber zu erwähnen, was ein Paar Schuhe kostete oder daß man kein Benzin für das Auto bekommen hatte – wurden als Spionageakte neu definiert. Während man so die Vergangenheit des Mannes durchstöberte, wurden die Ereignisse ihrer alten Bedeutungen beraubt, und man gab ihnen neue. Jahrzehnte der Lebensgeschichte wurden transformiert, Vorfall für Vorfall, und zwar nicht nur für die Menschen, die die Verhöre anstellten, sondern für die Gefangenen selbst. All dies fand im Rahmen von stundenlangen Gruppengesprächen statt. Die Kommunisten versuchten, die Identität eines Menschen zu verändern, und sie wußten sehr gut, daß sie ihr Ziel nur dann erreichen würden, wenn sie auch das Gedächtnis des Menschen veränderten. Sie scheuten nicht davor zurück, ihre Gefangenen in physische und emotionale Extreme zu treiben, um ihr Ziel zu erreichen.

In Form der Gehirnwäsche wird niemand sich sein Gedächtnis direkt manipulieren lassen wollen. Auch unter normalen Umständen lassen wir es lieber zu, daß unsere Erinnerungen sich von sich aus verändern, ohne daß wir sonderlich bemerken, was da vor sich geht. Und doch: Warum wenden sich Menschen mit quälenden Erinnerungen an einen Freund oder Helfer, wenn sie nicht die Absicht haben, sie zu verändern, wenn sie nicht die Hoffnung haben, die Vergangenheit auf andere Weise zu sehen und zu empfinden? Wenn man sich klarmacht, daß die Erinnerungen, mit denen man in eine Beratungssituation hineingeht, bereits Rekonstruktionen sind, erscheint es gar nicht so widernatürlich, sie durch neue ersetzen zu wollen.

Natürlich sind der Reparatur von Erinnerungen auch Grenzen gesetzt; eine Frau, die das Opfer einer Vergewaltigung war, hat das einmal sehr gut zum Ausdruck gebracht: »Ich denke oft, daß ich die Erfahrung der Vergewaltigung bewältigt habe ... Und immer irre ich mich. Die unvorstellbare Angst, die Notwendigkeit, mich gegen meinen Willen hergeben zu müssen, die Macht, die ein anderer über mich hat, das alles kann ich nicht vergessen, es ist meiner Seele eingebrannt.« Daß die Reparaturmöglichkeiten von Erinnerungen begrenzt sind, erlebte eine andere Frau, als sie die Lebensgeschichte ihres Vaters auf Tonband aufnahm. Zunächst schien er verändert, und so war es auch mit ihren Erinnerungen an ihn. »Ich fühlte, daß ich an einen Punkt gekommen war, an dem ich meine Vergangenheit, meine Eltern und mich selbst akzeptieren konnte. Ein Punkt, an dem ich – obwohl ich nicht vergessen kann – loslassen und weitermachen kann. Ich spürte, daß ich eine eigene Persönlichkeit war, die nicht in dem Generationen währenden Kreislauf von Alkohol, Mißhandlung und Vernachlässigung gefangen war.« Doch dieses Gefühl der Befreiung war nur vorübergehend. Einige Wochen nach den Tonbandaufnahmen hörte sie sich die Bänder an:

Die alten, vertrauten Gefühle des Schmerzes und des Verlassenseins tauchten wieder auf. Ich bemerkte, daß sich die Stimme meines Vaters veränderte, als er in seiner Geschichte den Punkt erreichte, an dem seine Familie mit ins Spiel kam. Er wirkte beherrscht und reserviert. Mir ging auf, daß mein

Kampf um meine eigene Existenz hier seine Wurzeln hatte. Wir spielten in seiner Geschichte kaum eine Rolle. Daß er mich nur so wenig schätzt, liegt vielleicht daran, daß ich eine Frau bin. Vielleicht betrachtet er sich selbst auch als minderwertig, und ich bin in seinen Augen nichts weiter als eine Verlängerung von ihm.

Mir wird jetzt klar, daß die Erinnerungen immer noch dieselben sind, daß aber ihre Funktion sich gewandelt hat. Sie beherrschen mich nicht länger, sondern beschützen mich eher. Ständig weisen sie darauf hin, daß das, was unsere Familie vergiftete, immer noch da ist, auch wenn ich heute nicht mehr tagtäglich damit zu tun habe. Die Erinnerungen ermahnen mich, daß ich meinen Abstand wahren muß, weil ich sonst nicht sicher bin. Das Pathologische an unserer Familie geht weiter, und ich muß aufpassen.

An Erinnerungen etwas zu reparieren kann vielerlei bedeuten – daß der Schmerz seltener wird, auch wenn er niemals ganz verschwindet, daß obsessives Grübeln einem sinnvollen Gedenken weicht, ja daß sogar eine Art Verdrängung sich über das legt, was nicht in Ordnung gebracht werden kann. Wenn das autobiographische Gedächtnis repariert wird, ist es nicht erstarrt, als wäre es in einer Maschine festgehalten, sondern es fließt wie ein Strom. Diesen uralten Vergleich hat vor einhundert Jahren schon William James gezogen, um den »Strom des Bewußtseins« zu beschreiben, der unseren Geist durchzieht. Auch Wilder Penfield machte sich diese Sicht zu eigen, bezog sie aber nur auf den Strom des aktuellen Bewußtseins, nicht auf die Gedächtnisspur, die es hinterläßt. Die betrachtete er als permanent. Aus der Anatomie wie aus der Verhaltensforschung liegen uns heute Beweise vor, daß Penfield unrecht hatte, daß es in unserem Geist sowohl einen Strom von Erinnerungen wie einen Strom des Bewußtseins gibt. So soll denn ein Fluß unsere Hauptmetapher für das autobiographische Gedächtnis sein. Lassen wir ihn fließen – mit all seinen Verwerfungen und all seinen Stimmungen und all seinen Potentialen, die er für das Leben bietet.

Das Leben eines Stroms

Wenn ich meinen Vater heute anrufe, holt meine Mutter ihn ans Telefon, und es entspinnt sich etwa ein Gespräch wie das folgende:

»Hallo, Dad, hier ist John, dein Sohn.« Ich muß ihm meinen Namen sagen und auch, in welcher Beziehung wir zueinander stehen, damit er eine ungefähre Vorstellung davon hat, wer ich bin.

»Oh.«

»Du weißt doch, der gutaussehende.« Diesen Satz habe ich schon Dutzende von Malen gebraucht, aber mein Vater kann immer wieder aufs neue darüber lachen. Da sein Gedächtnisverlust ihn auf seinen Wesenskern zurückgestutzt hat, ist er auf zwei Grundeigenschaften reduziert: seinen tiefen Glauben und seinen Sinn für Humor.

Es ist ihm eine Hilfe, daß über dem Telefon meiner Eltern Familienfotos an der Wand hängen. Inzwischen hat meine Mutter bereits auf mich gedeutet.

Ich frage ihn, wie es ihm geht, und er sagt: »Nun ja, es gibt mich noch.«

»Aber an viel kannst du dich nicht mehr erinnern, denke ich.«

»Nein, bestimmt nicht.« Er lacht, aber in seiner Stimme schwingt eine gewisse Unsicherheit oder Zurückhaltung mit. Er sorgt sich vielleicht, ob er das Gespräch wird durchstehen können, ohne sich in eine peinliche Lage zu bringen. Ich frage ihn nach dem Wetter und spreche dann von etwas, das ich von ihm bekommen habe, beispielsweise von dem 78er Oldsmobile, der gerade die 100 000 Meilen überschritten hat (»Er läuft noch immer prima.« »Mach keine Witze, alter Junge.«), oder von seiner Angelrolle, die ich kürzlich an eine meiner Ruten montiert habe. »Ich habe eine von deinen Rollen ausprobiert, und sie funktioniert ziemlich gut. Neulich abend habe ich eine Menge Blaufelchen gefangen und auch einen kleinen Barsch.« Das Angelngehen mit meinem Vater gehört nämlich zu meinen

Lieblingserinnerungen: Ich sitze mit ihm in einem Boot, mit Fliegen fischen wir Forellen und mit Schwimmer und Köder Barsche. Ich habe noch den Geruch des »6-12«-Mückenschutzmittels in der Nase, mit dem wir uns Gesicht und Hände einrieben, und ich kann spüren, wie die Mücken um meinen Kopf herumschwirren. Unter unsere Baseballmützen haben wir hinten Taschentücher geklemmt, um den Nacken vor Insekten zu schützen. Das war unsere »Fremdenlegions«-Aufmachung. Man hört ein leises, schmatzendes Geräusch da draußen im Dunkeln und wirft die Angel aus. Entweder bekommt man einen Fisch an den Haken, oder man muß die Leine erneut durch die Luft schwirren lassen.

»Weißt du noch, wie wir immer Angeln gegangen sind?«

»Ja.« Die Bilder davon hat er nicht mehr so im Kopf wie ich. Er riecht nicht länger das Mückenschutzmittel und hört auch nicht mehr die Mücken summen. Dennoch schwingen Nostalgie und Begeisterung in seiner Stimme mit, wenn er sagt: »Ja, das waren noch Zeiten.«

Zur Abwechslung habe ich Kathy den Telefonhörer übergeben. An sie erinnert sich mein Vater nicht mehr, aber sie sagt ihm, daß sie sich sehr wohl an ihn erinnert: »Du bist doch dieser charmante, sexy Knabe.«

»Nun, das war einmal, heute mach' ich's nicht mehr allzuoft.« Kathy muß loslachen. Ich glaube, einige Dinge vergißt man niemals.

Während die Erinnerungen meines Vaters an mich verblassen, strömen diejenigen, die ich an ihn habe, durch mein Bewußtsein. Ich habe gar nicht nach ihnen gefragt, sie stellen sich ganz von selbst ein. Am Silver Lake in Wisconsin, Ende der vierziger Jahre: ich habe gerade meinen ersten Fisch gefangen, einen Katzenfisch. Jetzt liegt er auf dem Boden des Bootes, und ich ziehe mich so weit, wie es geht, ohne ins Wasser zu fallen, ans Heck zurück. Mein Vater ermahnt mich, irgend etwas an dem Fisch nicht zu berühren – die Bartfäden oder die Stacheln. Er muß sich keine Sorgen machen: Etwas so Schleimiges habe ich noch nie gesehen. Etwas später spricht er mit einem anderen Angler auf dem See und bittet ihn um einen lebenden Köderfisch »für den Jungen«. Also müssen wir mit toten Ködern oder Regenwürmern geangelt haben. Mit dem lebenden Köder fange ich dann etwas später meinen ersten »richtigen« Fisch, einen Crappie. Er nimmt die Stelle des Katzenfischs als »mein erster Fang« ein.

Balsam Lake, Wisconsin, Anfang der fünfziger Jahre: die Barschsaison wird eröffnet. Ich habe in der Schule drei Tage freibekommen, um mit meinem Vater und meinem Onkel auf Angeltour zu gehen. Ich bin das erste Mal in eine richtige »Männerrunde« aufgenommen worden – ich weiß das, weil die beiden sich keinerlei Mühe geben, meinetwegen ihre Worte mit Bedacht zu wählen. Das Fliegenfischen hat man mir noch nicht beigebracht, aber an zwei aufeinanderfolgenden Nachmittagen kommen ganze Schwärme von Crappies an unserem Steg vorbei, und wir holen aus unseren Ruten, Schwimmern und Ködern das Letzte heraus. Einen so guten Fang haben wir noch nie gehabt. Auf einem Schwarzweißfoto sieht man die Crappies – allesamt von guter Größe – auf Zeitungspapier liegen; mein Vater und ich hocken dahinter. Das war mein letztes Jahr als Junge, und mein Vater stand in seinen besten Mannesjahren. Diese Zeit werde ich niemals vergessen.

Mein Vater spielte auch Softball, und ich denke oft daran, wie er mich Sonntag morgens mit zu den Spielen nahm. Er spielte als Center-Field-Spieler und trug ein blaugoldenes Trikot, auf dem »Acorns« stand. Wenn seine Mannschaft Schlagpartei war, übte er gelegentlich mit mir fangen oder ließ einen seiner Mannschaftskameraden mir Bälle zuwerfen. Vor meinem geistigen Auge sehe ich das Bild, wie ich nach einem All-Star-Spiel mit ihm zusammen auf der Rückbank eines Jeeps an einem Zaun entlangfahre, auf dem sein Name prangt. Jahre später, als er mit dem Spielen schon aufgehört hatte, gab es einmal ein Firmenpicknick, bei dem er am Getränkestand arbeitete. Dort nahm er sich kurz frei, um in einem Spiel, bei dem seine Mannschaft gerade mit 8–0 zurücklag, ein paar Einsätze zu spielen. (Warum erinnere ich mich gerade an diesen Spielstand so genau?) Beim ersten Einsatz schmetterte er den Ball noch über den zweiten Baseman hinaus. Er hatte so fest zugeschlagen, daß der Ball im

Outfield noch einen Abhang hinunterrollte, und so kam er zu einem Home Run, dem ersten Punkt für seine Mannschaft. Beim nächsten Mal kam er wieder bis ins jenseitige Feld, diesmal aber war es ein regelrechter Treibschlag, und der Home Run war völlig legal. Zwei Einsätze, zwei Home Runs, und dann wieder zurück an die Arbeit am Getränkestand. So war mein Vater, als ich klein war. Ich bin erstaunt, an wie vieles aus dieser Zeit ich mich erinnere – ein halbes Dutzend Jahre vielleicht, aber in der zeitlichen Verzerrung meines Gedächtnisses kommen sie mir wie Jahrzehnte vor. Und wenn ich mich wirklich in sie vertiefe, ist es eine Ewigkeit.

Ich war dabei, als mein Vater zum letzten Mal an einem regulären Spiel teilnahm. Ich weiß, daß ich schon älter gewesen sein muß, weil ich beim Aufwärmtraining die Übungsbälle warf und schon mit dem »Sechzehnzöller« umgehen konnte, mit dem wir bei uns in Chicago spielen. Als das Spiel näher rückte, rief mich mein Vater hinter die Bank und bat mich, ihm zum Üben ein paar Flachbälle zuzuwerfen. Das verstand ich nicht. Ein Center-Field-Spieler, der um flache Bälle bittet? Er begann den Abend als Baseman am zweiten Mal; das ist die Position, an der eine Mannschaft ihre Schwächen zu verbergen versucht. Er muß wohl ein paar Gelegenheiten verpatzt haben, denn nach ein paar Einsätzen wurde er ganz aus dem Spiel herausgenommen. Ich glaube, wir blieben noch bis zum Schluß, bin mir aber nicht sicher. Ich erinnere mich nicht daran, daß wir auf dem Heimweg sprachen.

Sein ganzes Leben lang arbeitete mein Vater für dasselbe Versorgungsunternehmen, bei dem auch schon mein Großvater beschäftigt gewesen war. Die Firma hatte ihm die Stelle gegeben, als mein Großvater gestorben war. Als er Mitte Fünfzig war, wurde dann eine Hütte im nördlichen Wisconsin zum Mittelpunkt seines Lebens. Er hatte sie für 8000 Dollar gekauft. (Vielleicht lautet der Softball-Spielstand deswegen 8–0.) Sein Leben lang hatte er von einem Sommerhäuschen geträumt, aber längere Ferien, der Ruhestand und die Realisierung seines Traums ließen ihn nicht zur Ruhe kommen. Ich erinnere mich an unzählige Steine, die er ausgrub. Den Bereich vor der Hütte, zum See hin, wollte er so flach bekommen, daß er einen leicht zu mähenden Rasen anlegen konnte. Hinter der Hütte zog er zusätzlich eine Mauer hoch, die Regenwasser von den Fundamenten abhalten sollte. Also grub er den ganzen Sommer lang die Steine aus, die die Rasenfläche durchbrochen hatten, und schleppte sie nach hinten zu seiner Mauer. Und im nächsten Frühjahr waren sie immer wieder da, Steine so groß wie Softbälle und Felsen so groß wie Findlinge. Wenn er einmal mit einem Stein angefangen hatte, konnte er nicht mehr aufhören. Er mußte heraus, egal wie groß, alle mußten sie heraus, und im nächsten Jahr tauchten an deren Stelle mit der Schneeschmelze wieder neue auf.

Obwohl er sich ständig darüber beklagte, machte ihm die anstrengende Arbeit Spaß. Für mich gleicht die Erde dort seiner Seele. Was im Inneren meines Vaters vor sich ging, darüber weiß ich nicht viel, aber ich glaube, das Graben spielte auch darin eine wichtige Rolle – Sorgen wurden ausgegraben in der Hoffnung, sie loszuwerden, Enttäuschungen und Verbitterungen wurden ausgegraben und in noch größerem Maß Schuld, Sünden so groß wie ein Softball und Sünden so groß wie Findlinge. Zumindest waren es für ihn als anständigen Menschen Sünden. Zweifellos hat er sie viele Male einem Priester gebeichtet, doch die Schuldgefühle kamen immer wieder. Vielleicht glaubte er, daß er die körperlichen Mühen des Steineschleppens verdient hatte, daß die Strafe, die er seinem Körper auferlegte, ihm guttat und daß er (als Katholik in jenen Tagen) die für eine Sünde verhängte »Zeitstrafe« verbüßen und seine Verweildauer im Fegefeuer verkürzen konnte. Vielleicht hegte er die Hoffnung, daß er nur lang und tief genug Steine klauben mußte, wenn er sie alle loswerden und endlich seinen Frieden finden wollte. Doch je länger er grub, desto mehr Steine kamen an die Oberfläche.

Außer dem Temperament, das ich von ihm erbte, habe ich keine Anzeichen für das, was im Innern meines Vaters vor sich ging. Ich weiß, wie eine solche Obsession ist, und ich kenne die Makellosigkeit weißer Handschuhe. Irgendwo auf meinem Weg entdeckte ich, daß sich in meinem Gesicht das seine abzuzeichnen begann. Es fing an, als ich zwischen dreißig und vierzig war.

Ein Blick in den Spiegel, eine Bemerkung von einem Bekannten. Ich habe mir einmal die Haare glatt an den Kopf gekämmt, um zu sehen, ob es stimmte. Wahrhaftig, so war es, und ich erschrak darüber. Das Gesicht meines Vaters hat jetzt, zum Ende seines Lebens hin, einen tief eingefurchten, verbitterten Ausdruck angenommen. Ob es auf die Gene in seinen Zellen oder auf die Steine in seiner Seele zurückzuführen ist, weiß ich nicht, aber dieses Gesicht könnte einem Kind, das ihn nicht kennt, angst machen. Und doch lächelt dasselbe Gesicht freudig zurück, wenn man es anlacht.

Im Ruhestand fiel es meiner Mutter immer schwerer, mit meinem Vater zu leben. Daß er jede Stunde des Tages zugegen war, trieb ihr den Blutdruck in die Höhe, und darüber machte er sich so viel Sorgen, daß er anfing, ihn ihr jeden Tag zu messen. Nichts – nichts! – könnte Ihnen den Blutdruck mehr in die Höhe treiben als mein Vater, wenn er mit der Manschette kommt. Von einem gewissen Punkt in ihrem Leben an hat er sie auf eine Weise behandelt, der man heute das Etikett »seelische Mißhandlung« geben würde. Ich sehe ihn noch förmlich vor mir: Er steht auf dem Rasen vor unserem Haus, glaubt wahrscheinlich, daß niemand ihm zusieht, und streckt mit seinem schrecklich finsteren Ausdruck meiner Mutter den Zeigefinger ins Gesicht: »Sieh mich an, wenn ich mit dir rede!« Seine Wut walzte alles nieder.

Sie hat zwar niemals davon gesprochen, aber ich bin mir sicher, daß es nach seiner Pensionierung Momente gab, in denen sie daran dachte, von ihm fortzugehen. Aber in finanzieller, familiärer und religiöser Hinsicht konnte sie sich nicht vorstellen, ein Leben getrennt von ihm zu führen. Sie konnte ja nicht einmal Auto fahren. Und obwohl sie unter ihm litt, sagte sie immer, daß er es ja gut meine, daß er im Grunde ein guter Mensch sei. Und das war er auch.

Jahrelang quälte meinen Vater die Vorstellung, daß er genau wie seine Mutter den Verstand verlieren würde. Folglich verleugnete er alle Anzeichen seiner Krankheit und überkompensierte sie dadurch, daß er sich alles aufschrieb. Unzählige Notizen. Der 78er Oldsmobile, den ich von ihm übernahm, als er nicht mehr fahren konnte, war mit Merkzetteln vollgestopft. Unter der Haube war notiert, welche Flüssigkeiten wohin gehörten. Am Armaturenbrett Zettel, welche Schalter was in Bewegung setzen. Im Handschuhfach Notizen, wie man den Reifenluftdruck mißt und reguliert. Der Kofferraum war ein einziger Erste-Hilfe-Kasten. Meine Mutter berichtete seinem Arzt von seinen geistigen Fehlleistungen, damit dieser Bescheid wußte, damit dieser ihn offiziell für senil erklärte. Wenn ich zu Besuch war, machte ich mit ihm Ausflüge an Orte, an denen er niemals zuvor gewesen war, aber er behauptete, er erinnere sich an sie. Endlich bekannte er sich dazu, daß ihn seine geistigen Kräfte verließen, und er begann darüber Witze zu machen. Er schien erleichtert. Was soll man auch tun, wenn man vergessen hat, worüber man sich Sorgen machte? Wenn man nicht weiß, was einen enttäuscht, warum man so wütend ist? Wenn man sich nicht erinnern kann, was man beichten soll? Es gab nichts mehr auszugraben. Mein Vater wurde einfacher, umgänglicher und fand eine Art Frieden. Seine wichtigste Frage lautete jetzt: »Wo ist Bess?«

Irgendwo war Bess, seit fünfzig Jahren seine Frau, und sie veränderte sich nun auf eine Weise, die er sich niemals hätte vorstellen können. Ich auch nicht. Den größten Teil meines Erwachsenenlebens schrieb meine Mutter nichtssagende Briefe und wußte am Telefon nicht viel zu sagen. Ich dachte, das läge an den Medikamenten, die sie nahm, oder vielleicht an ihrer Persönlichkeit, doch dann fand ich heraus, daß mein Vater alles zensierte, was sie schrieb oder sagte. Plötzlich, mit Mitte Siebzig, war die Unterdrückung weg. Sie begann ihren Mann mit »Kotre« anzureden, nicht mehr mit »John«. Sie wurde gesprächig, tüchtig, unabhängig. Eine praktische Intelligenz bildete sich bei ihr aus, so daß ich mich fragte, wo sie all die Jahre gewesen war, wohin sie verschwunden gewesen war.

Ich bin jetzt Mitte Fünfzig, und eigentlich interessiere ich mich nicht so sehr für die Details der Lebenserinnerungen meines Vaters. Es liegt eine Wahrheit in ihnen, der ich vertraue, und sie haben auch in meinem Geist Spuren hinterlassen. Ab und zu träume ich nachts davon, einen Schatz zu finden. Eine Ressource in mir, von der ich nie wußte, daß es sie gibt. Die Träume haben unterschiedliche Gestalt, oft handelt es sich bei dem Schatz aber um einen Fisch, den ich unter der Oberfläche eines Sees oder Teichs sehe. Oder es ist ein Fisch, den ich noch nicht sehe, zu dem ich aber Kontakt habe. Ich hole die Schnur ein, er aber taucht tiefer, und ich frage mich, was es für einer sein wird, wenn ich ihn an die Oberfläche geholt habe. Dies ist das Erbe der Ferien an den Seen im nördlichen Wisconsin und der beste Fischzug von allen.

Vor einigen Sommern bin ich wieder einmal »echt« angeln gegangen. Nicht aus dem Boot heraus, weil ich Rückenprobleme habe, aufgrund deren ich nicht längere Zeit still sitzen kann; ich angelte vom Ufer aus oder watete in das seichte Wasser eines Sees hinaus. Später entdeckte ich nahe unserem Wohnort an einem Fluß gute Fischgründe. (Wie jeder Angler werde ich die genauen Stellen nicht verraten.) Mein Vater ist mit mir niemals in einen Fluß hinausgewatet, das war also eine neue Erfahrung. Im ersten Sommer fing ich Flußbarsche, Kaulbarsche und andere Angelfische, sogar ein paar kleine Katzenfische. Nichts Bedeutendes, aber worauf es wirklich ankam, war der Geruch von Fisch an meinen Händen, als ich nach Hause kam. Und der des Mückenschutzmittels, von dem ich immer noch eine Flasche habe.

Von Flüssen wußte ich rein gar nichts, und es bereitet mir viel Freude, diesen hier näher kennenzulernen. Nicht nur die Fische, die in ihm schwimmen, sondern alles, was es darüber zu wissen gibt. Wenn ein Tonband abläuft, wechselt seine Geschwindigkeit niemals. Auch nicht sein Inhalt. Das Wasser eines Flusses ist jedoch in ständigem Wandel begriffen. In der Mitte mag es vorauswogen, während es an den Rändern in Strudeln kreist, in deren Zentrum es lautlos zu kochen scheint. Schließt man die Augen, hört man vielleicht das Donnern einer Stromschnelle weiter flußaufwärts, in der Nähe ein sanfteres Rauschen, ein leises Plätschern zu seinen Füßen. Ganz verschiedene Klänge. Viele Stimmungen zeigt ein Fluß, zu jeder Zeit und an jedem Ort sind sie anders. Geht man hinein, spürt man, wie kraftvoll die Strömung ist, wie trügerisch der Grund. Manches kann hier verlorengehen, so viel, daß die alten Griechen sich in der Unterwelt einen Fluß vorstellten, dessen Wasser vollständiges Vergessen bewirkt. Sie nannten ihn Lethe, und die Seelen tranken daraus, wenn sie von einem Leben ins andere überwechselten.

Das Leben in einem Fluß ist von unvorstellbarer Vielfalt. Unter seiner Oberfläche wachsen Pflanzen, vermehren sich und sterben, und genau dasselbe tun alle möglichen Arten von Kreaturen – Krebse, Schnecken, Blutegel, die Larven der Dobsonfliege und Nymphen, deren Namen ich immer noch nicht kenne. Eine nie geahnte und nie zuvor gesehene Lebensfülle erlebt man jedoch, wenn die Maifliegen schlüpfen. Das erste Mal widerfuhr mir das an einem Sommerabend, während die Dämmerung in die Dunkelheit überging. Ich war mit meinen Anglerstiefeln und -hosen noch im Wasser. Wie aus dem Nichts waren sie da und schwärmten lautlos um mich herum. Der Mond ging auf, und ich sah den ganzen Fluß entlang eine riesige Wolke von Maifliegen. Die Mücken aus meiner Jugend hatten sich in etwas Neues verwandelt. Groß, weiß und lautlos waren die Maifliegen, warm und sanft. Ich konnte sie in meinem Gesicht spüren, ich schwelgte in ihnen. Ich habe keine Ahnung, wie sie aus dem Fluß gekommen waren, aber da waren sie: opake weiße Geister, die wie Schneeflocken trieben, nur nach oben, immer nach oben. Jeden Sommer kehre ich um diese Zeit zurück. Manchmal angele ich auch, wenn die Maifliegen schlüpfen. Und ich hoffe, daß nach Jahren mein Gedächtnis mir das geben wird, was heute auf seine Weise und zu seiner Zeit der Fluß mir gibt. Ich hoffe, daß weder der Fluß noch mein Gedächtnis mich jemals enttäuschen werden. Bislang habe ich zu beiden noch Vertrauen.

Von diesem Fluß habe ich meinem Vater erzählt, nichts aber von den Maifliegen. Es hätte zu vieler Erklärungen bedurft, und er hat es immer so eilig, wieder vom Telefon wegzukommen. »Wie geht es euch da drüben?« fragt er am Ende eines typischen Gesprächs. Es hat nur wenige Minuten gedauert.

»Gut. Mit uns ist alles in Ordnung. Vielleicht kannst du dich nicht mehr an uns erinnern, aber wir denken immer an dich.«

»Alles klar, Junge, paß auf dich auf.«

»Ja, du auch.«

4. Das System des autobiographischen Gedächtnisses

Während der Strom der Erinnerungen durch unser Leben fließt, ereignet sich in ihm mancherlei, was den magnetisierten Eisenoxidpartikeln auf einem Tonband fremd wäre. Die Inhalte des Erinnerungsstroms organisieren sich selbst und bilden eine Art von hierarchischem System. Hinsichtlich seiner Präzision und Stabilität bleibt dieses System im Vergleich zu dem einer Computerdiskette sehr blaß. Trotz allem aber handelt es sich dabei um ein System, und an seiner Spitze steht ein Selbst – das Produkt dieser Hierarchie, der Schöpfer des Sinns, den sie einflößt.

Wie die Erinnerungen sich selbst organisieren, kann man erkennen, wenn man ihrem Weg stromabwärts folgt und ihren Zustand zu dem Zeitpunkt, als man sie in den Strom warf, mit dem vergleicht, wenn man sie wieder herausfischt. Im Jahr 1972 stellte sich die Psychologin Marigold Linton genau diese Aufgabe. Jeden Tag schrieb sie auf Karteikarten kurze Beschreibungen von wenigstens zwei Ereignissen dieses Tages auf, jeweils ein Ereignis auf eine Karte. Nach einer Weile begann sie sich monatlich selbst zu testen. Konnte sie sich an ein Ereignis gut genug erinnern, um es richtig zu datieren? Nach sechs Jahren hatte Linton über 5500 Ereignisse aufgeschrieben und verbrachte sechs bis zwölf Stunden mit ihrem monatlichen Test. Nach zwölf Jahren hatte sie eine ganze Menge über das autobiographische Gedächtnis in Erfahrung gebracht.

In bestimmter Hinsicht funktionierte Lintons Gedächtnis ganz ähnlich wie eine Bibliothek: Was sich in jüngster Zeit ereignet hatte, wurde auf Regalen mit dem Schild »Neuzugänge« gelagert – als Dinge, die letzte Woche oder letzten Monat pas siert waren. Solche Erinnerungen konnte Linton mit einer einfachen chronologischen Suche wieder hervorholen. Doch nach ungefähr einem Jahr wurden die Ereignisse auf die Hauptstapel ihres Gedächtnisses umgeschichtet und nun nach Inhalten sortiert – als Dinge, die man beispielsweise mit Freunden getan hatte oder die mit der Arbeit im Zusammenhang standen. Mit Ausnahme der wichtigsten Ereignisse verblaßte das *Wann* als Suchkriterium; im Vergleich dazu wurde das *Was* stärker. Sie können sich wahrscheinlich daran erinnern, was Sie letzten Sommer getan haben; denken Sie jedoch drei oder vier Sommer zurück, wird es schon schwieriger, solange die Ereignisse nicht als Ferien oder Projekte oder, sagen wir, Episoden einer scheiternden Beziehung bedenkenswert waren. Was die Langzeitorganisation unserer Erinnerung angeht, sind nur wenige von uns Kalenderrechner.

Wer jemals die Lebensgeschichte eines anderen aufgenommen und niedergeschrieben hat (und ich kann diese Erfahrung nur von ganzem Herzen empfehlen), weiß genau, wie wenig sich das Gedächtnis für den Kalender interessiert. Derjenige, der die Geschichte aufschreibt, muß das fehlende *Wann* rekonstruieren, indem er sich Randnotizen macht wie etwa: »Geboren 1912, Bruder geboren 1915, Umzug der Familie 1917, Schulanfang 1918, Masern 1919« und so weiter. Von Ereignissen desselben Jahres wird möglicherweise bei ganz verschiedenen Gelegenheiten und in völlig unterschiedlichen Zusammenhängen gesprochen. Doch es gibt auch Überraschungen wie etwa die, daß so ein Päckchen *Was* aufgeschnürt wird und man darin eine ganze Kette von Daten eingekapselt findet. Das war beispielsweise bei einem Veteran des Zweiten Weltkriegs der Fall, der sich an seine Zeit der Kampfeinsätze in perfekter chronologischer Reihenfolge erinnern konnte. In den meisten Fällen sagen die Menschen einem aber: »Nun, mal sehen, das muß doch damals gewesen sein ...«, und dann suchen sie nach einem Bezugspunkt, dessen Datum ihnen bekannt ist oder über den es irgendeine externe Aufzeichnung gibt. Manchmal wissen sie sogar die Tageszeit oder den Wochentag eines bestimmten Ereignisses besser als den Monat oder das Jahr, in denen es stattfand.

Bezugspunkte sind der Schlüssel. In Agatha Christies *By the Pricking of My Thumbs* sagt eine der Hauptpersonen über die Menschen in ihrer Pfarrpfründe: »Sie sagen nicht ›Das passierte 1930‹ oder ›Das passierte 1925‹ oder so etwas. Sie sagten ›Es passierte in dem Jahr, nachdem die alte Mühle abgebrannt war‹ oder ›Das passierte, als der Blitz in die große Eiche eingeschlagen war, wobei Farmer James ums Leben gekommen war‹ oder ›Das war in dem Jahr, als wir die Kinderlähmungs-Epidemie hatten‹.« Ich habe einmal einen alten Armenier interviewt, der sich noch nicht einmal seines Geburtsdatums sicher war. »Meine Mutter sagte mir, es sei zu der Zeit gewesen, als wir Nudeln machten. Nudeln, das hieß September. Ich sagte: ›In welchem Jahr?‹ Sie antwortete: ›Ich weiß nicht.‹ Ha, ha. Ich denke, es könnte 1905 oder 1906 gewesen sein.« Seine Jugendjahre teilte er in zwei unterschiedliche Kategorien ein: »Vor dem Massaker« und »Nach dem Massaker«. Mittlerweile wußte er, in welchem Jahr das Massaker stattgefunden hatte – 1915 –, den Monat mußte er sich aber aus dem Zusammenhang erschließen; er sagte, es müsse im Mai gewesen sein, denn der Weizen sei grün gewesen. Heute erschließt man das Datum eines Ereignisses eher dadurch, daß man es zu einer Scheidung, zu einem Wechsel des Arbeitsplatzes oder zu einer anderen wichtigen Veränderung in Beziehung setzt. »Das war, ehe wir uns trennten«, sagt man vielleicht, oder »Da war ich schon im Ruhestand.« Es ist keineswegs überraschend, daß wichtige Ereignisse dazu dienen, die Zeit im Gedächtnis zu organisieren, denn auch die Kalender selbst sind um solche Zeitmarken herum gebaut. Obwohl er um sechs Jahre danebenliegt, teilt der christliche Kalender die Zeit in die Jahre vor und nach Christi Geburt ein. Im Islam unterscheidet der Kalender zwischen den Perioden vor und nach Mohammeds Auswanderung von Mekka nach Medina.

Daß im autobiographischen Gedächtnis das *Wann* dem *Was* weicht, ist wichtig, denn es führt zum eigentlichen Interesse des Gedächtnisses: das Selbst mit Sinn zu versorgen. Bevor wir einer Erfahrung im Gedächtnis einen dauerhaften Platz zuweisen können, müssen wir entscheiden, was sie bedeutet. Wenn diese Entscheidung aber einmal gefallen ist, müssen wir uns nicht länger an ähnliche Episoden erinnern. Das ist das Interessante daran. Bei ihrem Selbstversuch fand Linton zu ihrer Überraschung heraus, wieviel sie vergessen hatte, weil die Ereignisse ihre Besonderheiten verloren hatten. So erinnerte sie sich an eine neue Klasse, der sie erstmals Unterricht gegeben hatte, aber nicht an alle Unterrichtsstunden in einer alten Klasse, an ein Tennisspiel mit einem neuen Partner, aber nicht an all ihre Spiele mit dem früheren. Was ihr Gedächtnis behielt, waren einzigartige Ereignisse, die »ersten Male«, nicht jedoch alle folgenden. Bibliotheken sind immer an Dubletten interessiert, die meisten Gedächtnisse aber nicht. Dubletten machen keinen Sinn.

Vom vierten Jahr ihrer Selbstbeobachtung an ging Linton noch etwas anderes auf. Ein paar der Karten, die ihrem Gedächtnis auf die Sprünge helfen sollten, versagten nicht nur in dieser Hinsicht, sondern ergaben absolut keinen Sinn mehr. Sie konnte einfach nicht mehr verstehen, was sie einst geschrieben hatte. »Ich konnte hören, wie ich mit eigener Stimme Fragmente aus meinem eigenen Leben beschrieb, die irgendwie völlig bedeutungslos waren.« Die ursprünglichen Aufzeichnungen waren nicht das Problem. Vielmehr waren die Ereignisse mit keinem der Muster verknüpft, die sich im Verlauf ihres Lebens ausgebildet hatten. Die Ereignisse hatten zu nichts geführt, paßten nirgendwohin. Es waren Waisen im System eines autobiographischen Gedächtnisses, das allgemeingültige Erinnerungen an das fabriziert, *was* Ereignisse bedeuten.

Die Psychologen haben für allgemeingültige Erinnerungen an das *Was* alle möglichen Namen erfunden: Skripts, Schemata, MOPs (*Memory Organization Packets*) und TOPs (*Thematic Organization Points*), um nur ein paar zu erwähnen. Doch wie man sie auch immer nennen mag, immer geht es darum, daß wir sie aus den Spezifika des Alltagslebens erschaffen und sie in einer Art Hierarchie arrangieren. Auf der untersten Ebene der Hierarchie finden sich tatsächliche Geschehnisse, Einzelereignisse, die wir noch immer als solche erinnern. Es sind nicht viele, weil das meiste dessen, an das wir uns erinnern, weiter oben in der Hierarchie absorbiert wird. Wir wissen, daß wir als Kinder »in der Regel« mit den Nachbarn Verstecken oder Seilhüpfen oder Himmel und

Hölle spielten, aber wir erinnern uns nicht an jedes Mal. Die Formulierung »in der Regel« weist auf eine allgemeine Erinnerung hin. Ich erinnere mich nicht an jedes Softball-Spiel, zu dem mein Vater mich mitnahm, aber ich weiß, daß er das »in der Regel« tat – eine weitere allgemeingültige Erinnerung. Wir alle haben einen generellen Eindruck von unserer Schulzeit, aber mit einer Buchführung über jeden Tag und über alle Nackenschläge können wir nicht dienen. So viel davon war reine Routine, daß wir die Einzelheiten vergessen haben.

Daß man in der Gedächtnishierarchie weiter nach oben kommt, merkt man daran, daß die allgemeinen Erinnerungen thematischer werden. Sie decken längere Zeiträume ab, Perioden, die die Psychologen als »Ausweitungen« bezeichnen. In ihnen sind mehr Aktivitäten zusammengefaßt, es wird mehr interpretiert, das Selbst-Bild beginnt sich darin zu spiegeln. Jetzt heißt es nicht mehr »In der Regel haben wir Himmel und Hölle gespielt«, sondern »Ich kam immer als letzter an die Reihe«. Nicht »Mein Vater nahm mich meist zu seinen Spielen mit«, sondern »Ich habe immer alles mit meinem Vater gemacht«. Über unsere Zeit an der Oberstufe sagen wir vielleicht »Ich war ein miserabler Schüler« oder »Meine besten Freunde sind diejenigen, die ich aus dieser Zeit habe«. Allgemeingültige Erinnerungen nahe der Spitze der Hierarchie können das ganze Leben umfassen. Sie vermitteln die Bedeutung, die einzelnen Ereignisse jedoch, welche diese Bedeutung hervorbringen, fehlen in ihnen.

Allgemeingültige Erinnerungen bringen Effizienz in das System des autobiographischen Gedächtnisses. Lesen Sie sich die folgende Zahlenreihe durch und versuchen Sie, sie sich zu merken: 1, 6, 4, 8, 1, 8, 1, 5, 1, 8, 7, 1, 1, 9, 4, 5. Jetzt versuchen Sie es noch einmal, fassen Sie diesmal aber die Zahlen zu Vierergruppen zusammen. Wenn man Ziffern zu sinnvollen Einheiten bündelt – in diesem Fall Jahreszahlen, die jedem Schulkind bekannt sein sollten –, muß man sich nicht soviel merken. Mit dieser Technik des »Bündelns« war ein College-Student in der Lage, sich achtzig Zahlen zu merken, die ihm nur einmal vorgelesen wurden. Er betrachtete sie als Zahlen-Sets, die mal für Laufzeiten bei Leichtathletikwettbewerben standen, mal für historische Daten oder Zeitabstände. Die Sets selbst organisierte er auf einer höheren Ebene seiner Gedächtnishierarchie: Zunächst kam eine Gruppe von fünf Laufzeiten, dann folgten soundso viel historische Daten und so weiter. Sinnvolle Organisation ermöglicht es Gedächtnis-Superstars, sich Zahlenreihen zu merken, die in die Zehntausende gehen, wenn man ihnen genügend Zeit läßt, sie zu lernen. Auch Schachmeister können sich dadurch alle möglichen Positionen der Figuren auf dem Brett merken. Bei Experimenten ist herausgekommen, daß das Gedächtnis von Schachexperten dem von Anfängern bei weitem überlegen ist, wenn die Figuren zu sinnvollen Mustern arrangiert werden, nicht aber, wenn sie nach dem Zufallsprinzip verteilt sind. Muster nehmen dem Gedächtnis einen gut Teil seiner Bürde ab.

Wenn Ihnen das nächste Mal ein Wort auf der Zunge liegt, dann schreiben Sie all jene Worte auf, die Ihnen einfallen, während Sie versuchen, auf das gefragte zu kommen. Wenn Ihnen das gesuchte Wort schließlich einfällt, werden Sie sehen, daß es etwas mit den »Lockvögeln«, die Ihnen zunächst einfielen, gemein hat – vielleicht ist der Anfangsbuchstabe derselbe, vielleicht die Zahl der Silben oder die Betonung. Lautete das gesuchte Wort beispielsweise »Kongreß«, ist Ihnen möglicherweise »Konkurs«, »Korinth« und »Korsar« eingefallen. War »Salem« gefragt, fielen Ihnen möglicherweise »Siam«, »Schalom«, »Salpong« und »Silam« ein – es können auch Worte sein, die es in Wirklichkeit gar nicht gibt. Die gemeinsamen Elemente von Zielworten und Lockvögeln verweisen auf die Existenz eines allgemeineren Begriffs, über den das Gedächtnis selbst dann verfügt, wenn die Kenntnis eines spezifischen Worts verloren ist.

Allgemeingültige Erinnerungen können vielleicht auch Déjà-vu-Erlebnisse erklären. Man geht beispielsweise in ein Restaurant und hat das seltsame Gefühl, daß man schon einmal dort gewesen ist. Man weiß aber, daß dies unmöglich ist. Dann hat man vermutlich eine allgemeingültige Erinnerung aktiviert, ein »Skript« für Restaurantbesuche. Das Skript enthält alles, was man normalerweise in einem Restaurant tut: Man betritt es, sagt im Fall einer Tischreservierung der Empfangsdame oder dem Empfangschef seinen Namen, folgt ihm oder ihr an einen Tisch, setzt sich, spricht mit dem Kellner, bestellt das Essen, ißt, nimmt noch ein Dessert, bittet um die Rechnung, bezahlt, legt ein Trinkgeld hin und geht wieder hinaus. Untersuchungen haben ergeben, daß allgemeingültige Erinnerungen die Gedächtnisspuren spezifischer Details verändern können. Wenn ein Professor eine Vorlesung hält und währenddessen niemals auf das deutet, was an der Tafel geschrieben steht, werden viele Studenten beispielsweise sich dennoch daran »erinnern«, daß er genau dies tat. Denn auf die Tafel zu zeigen ist Teil des Standardskripts für Vorlesungen. Meine Frau machte mit unserem alten Kombi einmal einen Ausflug ins nördliche Michigan und bekam Probleme mit dem Öldruck. Ihr Bruder lebte in der Nähe, also fuhr sie mit dem Wagen hin. Er entfernte den Ölfilter, untersuchte ihn, fand ihn schadhaft und ersetzte ihn. Dann funktionierte alles wieder. Ein paar Jahre später »erinnerte« Kathy sich daran, wie erleichtert ich war, als ihr Bruder es geschafft hatte. *Ich war bei dieser Gelegenheit aber gar nicht anwesend.* Dennoch sah Kathy mich in ihrer Erinnerung, weil sich der Einfluß eines allgemeingültigen Skripts bemerkbar machte: Normalerweise fahren wir beide gemeinsam nach Norden.

Der Psychologe Craig Barclay hat herausgefunden, daß Menschen veränderte Erinnerungen dann als echt akzeptieren, wenn sie mit bereits vorhandenen Skripts übereinstimmen. Bei einem Experiment ließ Barclay graduierte Studenten vier Monate lang fünfzehn Ereignisse pro Woche aufzeichnen – was eine Gesamtsumme von rund 250 Ereignissen ergibt. Im Verlauf der nächsten Jahre testete er fünfmal ihre Erinnerungen daran. Die Tests waren ganz einfach. Den Studenten wurden Erinnerungen gezeigt, die sie ursprünglich aufgezeichnet hatten, und daneben auch Abwandlungen, die Barclay hinzugefügt hatte. Bei den Tests mußten sich die Studenten das alles ansehen und sich jedesmal die Frage stellen: »Stammt dies von mir oder von Barclay? Ist es meine Erinnerung oder nicht?« Beim Wiedererkennen der Originale waren sie ziemlich gut und fanden ungefähr neunzig Prozent davon heraus. Sie kauften Barclay aber auch viele seiner Abweichungen ab, nämlich bis zu fünfzig Prozent. Das kam daher, daß es sich bei den Abwandlungen um Dinge handelte, die sie in Wirklichkeit gut hätten tun können; es war etwas, das sie »normalerweise« oder »typischerweise« tun. Weil ihnen andere Informationen darüber fehlten, mußten sie sich auf Skripts verlassen, um einzuschätzen, ob die Erinnerungen authentisch waren.

Wenn Menschen ihre Lebensgeschichte erzählen, springen sie mit der Eleganz einer Katze von einer Ebene ihrer Gedächtnishierarchie auf eine andere, vom Allgemeinen zum Besonderen und wieder zurück zum Generellen. Das geht so schnell, daß man es erst dann bemerkt, wenn man die Transkription ihrer Erinnerungen sorgfältig liest. »In der Schule ging es mir immer schlecht«, antwortete ein Mann Anfang Fünfzig auf eine entsprechende Frage von mir. Er begann also mit einer allgemeingültigen Erinnerung aus der Mitte der Hierarchie. Dann wechselte er die Ebene und sprach über die verschiedenen Schulfächer: Geschichte und Erdkunde gefielen ihm, auch der Werkunterricht. Mit Englisch hatte er ziemliche Schwierigkeiten, und genauso war es mit dem Mathematikunterricht, als die Algebra drankam. Das wollte er dann erklären, also sprang er eine Stufe höher: »Ich hörte immer, wie meine Mutter Ausflüchte für mich fand. Wenn man das als Kind mitbekommt, glaubt man leicht selbst daran, nicht wahr?« Im nächsten Moment war er auf der untersten Ebene angekommen und sprach von einem speziellen Ereignis: »Ich hatte die zehnte Klasse hinter mich gebracht und merkte, daß ich keine Perspektive hatte. Ich hatte nichts als Schwierigkeiten. Also sagte ich zu meiner Mutter: ›Da kann ich's gleich seinlassen und von der Schule abgehen.‹«

Wir kamen dann auf seine Arbeit und auf den Zweiten Weltkrieg zu sprechen, bei dessen Ausbruch er zwölf Jahre alt war. Das brachte eine Erinnerung an seine Zeit auf der Junior High School zurück. Im Werkunterricht »bauten wir immer aus Holz alle möglichen Flugzeugtypen nach, und sie wurden schwarz angemalt, damit wir Burschen lernen konnten, ein Flugzeug anhand seiner Silhouette zu identifizieren«. Eine allgemeinere Erinnerung auf niedrigerer Ebene. Dann ging es weiter: »Zwei- oder dreimal habe ich einen Preis für das beste Modellflugzeug gewonnen.« Ein Detail, das ganz unten auf der Ebene konkreter Ereignisse gespeichert ist. Und dann: »In solchen Sachen war ich sehr gut, in allem, was ich mit meinen Händen tat.« Das war eine Aussage, die der Spitze seines autobiographischen Gedächtnissystems sehr nahe lag, denn sie spiegelte eine Tatsache wider, die noch weit über seine Schulzeit hinaus Gültigkeit hatte. Die Flexibilität, mit der sich dieser Mann durch seine Erinnerungen bewegte, ist bewundernswert, auch wenn sie für uns etwas ganz Alltägliches ist: In einem Atemzug folgt auf das Bild eines Preises, der vor vierzig Jahren gewonnen wurde, eine Aussage, die auf das ganze Leben zutrifft.

Natürlich ist das autobiographische Gedächtnis bei jedem Menschen anders, jedes hat seine eigene Mischung von *Wann* und *Was*, seine eigene Mixtur von Besonderem und Allgemeinem. Einige Menschen behalten die Chronologie besser als andere. Bei einigen sind die Hierarchien kopflastig, bei anderen liegt der Schwerpunkt unten, manchmal leicht abstrakt, manchmal quälend konkret. Bei den meisten Menschen sind die frühesten Lebenserinnerungen ziemlich speziell, einmal habe ich aber einen Mann interviewt, dessen früheste Erinnerung mit »einer Art von Doppelheit« zu tun hatte. Solche Abstraktionen durchdrangen sein gesamtes System. Zu Beginn der Interviewreihe mußte ich immer wieder um Beschreibungen konkreter Ereignisse bitten, sie blieben aber rar, und große Zeitabstände lagen dazwischen. Als im Verlauf der Interviews das Vertrauen zwischen uns wuchs und seine Kindheitsjahre nicht mehr das Thema waren, wurde es besser; dennoch war für einen Großteil seines autobiographischen Gedächtnissystems das kennzeichnend, was Psychoanalytiker »Rationalisierung« nennen: ein Abwehrmechanismus, der zwischen einem selbst und den emotional gefärbten Lebenserfahrungen Distanz schafft. Neuere Untersuchungen haben ergeben, daß Menschen, die an Depressionen leiden, möglicherweise zwar auf der allgemeinen Ebene Zugang zu positiven Erinnerungen haben, nicht jedoch auf der Ebene des Besonderen. In diesem Bereich können sie nicht auf den Grund ihrer Gedächtnishierarchie hinabsteigen. Ihre Probleme sind denen von Shereshevskii genau entgegengesetzt: Sein Gedächtnis war mit konkreten Einzelheiten überladen und nicht in der Lage, Abstraktionen zu bilden.

Leicht wird man zu der Annahme verleitet, daß das autobiographische Gedächtnissystem anderer Menschen dieselbe »Persönlichkeit« hat wie unser eigenes. Doch mit Freude erkennt man dann, daß dies ein Trugschluß ist, daß unsere Gedächtnisstrukturen von großer Vielfalt sind, daß jeder von uns ein einzigartiges eigenes System hat. In diesem Kapitel wird beschrieben, auf welche Weise unsere Gedächtnisse sich gleichen. Hoffentlich wird dadurch nicht der Blick auf all das getrübt, worin sie sich unterscheiden.

Warum wirken bestimmte Erinnerungen so lebendig?

Begeben wir uns ins Erdgeschoß des autobiographischen Gedächtnissystems, wo die Erinnerungen an spezifische Ereignisse zu finden sind. Zur Spitze, wo das Selbst residiert, können wir später noch hinaufklettern. Hier unten wundern wir uns über all das, was in unserem Leben passiert ist. Es sollte uns nicht überraschen, daß im fließenden Gedächtnisstrom soviel verlorengeht. Vielmehr sollten wir über das Gegenteil erstaunt sein: Warum soviel überlebt hat. Warum wirken bestimmte Erinnerungen so lebendig? Warum so klar wie frisches Quellwasser?

Marigold Lintons Tagebuchexperiment gibt eine Antwort auf diese Frage: Wir merken uns Ereignisse, die neuartig sind, wenigstens zu dem Zeitpunkt, zu dem wir mit ihnen konfrontiert werden. Wenn uns etwas verblüfft oder schockiert oder einfach noch nie zuvor widerfahren ist, scheint ein Blitz in unserem Geist abgefeuert zu werden, der das Ereignis dem Gedächtnis einbrennt. Neurologisch betrachtet, handelt es sich bei diesem Blitz um eine massive Zunahme der Kortexaktivität, die möglicherweise von einer plötzlichen Hormonfreisetzung ausgelöst wird. Die Hormone erhöhen die Menge der zur Verfügung stehenden Glucose, die den Zellen als Brennstoff dient. Der neurale »Blitz« gewährleistet nicht, daß das daraus resultierende

»Foto« sich mit der Zeit nicht verändert (Forschungsergebnisse beweisen das Gegenteil); aber er stellt sicher, daß der sich verändernde Eindruck lange Zeit Bestand haben wird. Wissenschaftler haben einmal Versuchspersonen im Alter zwischen zwanzig und 78 Jahren gebeten, sechs ihrer lebhaftesten Erinnerungen aufzuschreiben: 73 Prozent davon betrafen einzigartige Ereignisse, weitere zwanzig Prozent erstmalige Vorkommnisse, das heißt Ereignisse, denen ähnliche später folgten. Im Gegensatz dazu waren nur vier Prozent der lebhaften Erinnerungen allgemeiner Natur, und nur drei Prozent betrafen letztmalige Ereignisse.

Das Einmalige eines Ereignisses ist in vielen Fällen genau das, was einem Routinefall eine überraschende Wendung gibt. Lange nachdem ich ein Skript für Restaurantbesuche ausgebildet hatte und lange nachdem Besuche in bestimmten Restaurants in dieses Skript eingegangen (und damit vergessen) waren, hatte ich ein im wahrsten Sinne des Wortes merkwürdiges Erlebnis. Es ereignete sich in einem gutbürgerlichen Restaurant in einer Kleinstadt in Indiana. Es begann damit, daß mir eine schwergewichtige Kellnerin eine Schüssel Suppe in den Schoß kippte. Sie kam mit Tüchern angerannt, entschuldigte sich vielmals und säuberte meine Kleidung, so gut sie konnte. Dann kam sie mit dem Hauptgang. Als sie mir den Teller hinstellen wollte, rutschte sie auf einem Suppenrest aus, den sie am Boden übersehen hatte. Mit einem riesigen Plumps fiel sie hin. Das Geräusch, das sie bei der Landung machte, oder das Mitleid, das wir in dieser peinlichen Situation mit ihr empfanden, werde ich niemals vergessen. Gleich zwei solche Pannen an einem einzigen Abend!

Mein allgemeingültiges Restaurantskript nahm noch einmal eine überraschende Wendung, als meine Frau und ich die Werbekampagne eines örtlichen Bauunternehmers ausnutzen wollten. »Besuchen Sie eins unserer Modellhäuser«, besagte die Werbung, »und wir geben Ihnen einen Gutschein für ein gutes Abendessen.« Folglich besichtigten wir ein Haus, bekamen den Gutschein und riefen ein paar Freunde an. Im Restaurant angekommen, meinte ich, wir sollten niemandem verraten, daß wir »Gutschein-Gäste« waren. Ich wollte wie jeder normale Gast behandelt werden. Und so geschah es – wir wurden königlich bewirtet. Aperitifs, Appetithäppchen, die teuersten Vorspeisen, Desserts, die wir einfach nicht mehr schafften. Wir fühlten uns wie Kinder, die man auf einen Bonbonladen losgelassen hatte, und wann immer einer von uns sagte »Das darf doch einfach nicht wahr sein«, schaute ich in meiner Tasche nach dem Gutschein. Aber er war noch immer da. Dann schlug die Stunde der Wahrheit. Der Kellner brachte die Rechnung, und ich legte ihm den Gutschein auf das Tablett. Er zögerte und sagte: »Da muß ich erst mit dem Chef sprechen.« Schlagartig wurde mir klar, daß der Traum vorbei war. Als der Kellner zurückkam, erfuhren wir, daß der Bauunternehmer seine Gutscheine nicht mehr einlöste. Als wir gingen, grübelten wir über eine ewige Wahrheit nach: daß auf dieser Welt wirklich nichts umsonst ist.

Unerwartete Wendungen, die gegen die Regeln eines Skripts verstoßen, sind wie Markierungen, die Episoden als etwas Besonderes herausragen lassen. Doch noch aus einem anderen Grund können Ereignisse in unserem Gedächtnis eine Ausnahmestellung beziehen: wenn sie sich als folgenreich erwiesen haben. Dann geht nicht im Moment des Ereignisses ein Blitz los, sondern ein Spotlight strahlt es im Rückblick an. Bei einem ihrer monatlichen Gedächtnistests stieß Linton einmal auf eine Tagebuchkarte, auf der ein Treffen mit einem schüchternen Gelehrten beschrieben war. Nichts Außergewöhnliches war an diesem Ereignis, auch nicht in emotionaler Hinsicht. Als ihr aber fünf Jahre später aufging, daß die auf der Karte erwähnte Person ihr Ehemann geworden war, sah sie dieses Treffen im Licht seiner Folgen ganz neu. Ihre emotionale Anteilnahme an dem Ereignis wuchs, ihre Erinnerungen daran wurden lebhafter, »ein Leuchtturm in zuvor unbekanntem Gelände«. Stellen Sie sich vor, Sie würden ein altes Tagebuch oder einen alten Kalender durchblättern und ein unbedeutendes Treffen verzeichnet finden, bei dem Sie die Liebe Ihres Lebens kennenlernten oder einen Berg entdeckten, der sich später als Maulwurfshügel erwies, und Sie werden die Segnungen solcher rückblickender Folgerungen schätzenlernen. Manchmal wartet das autobiographische Gedächtnis einfach ab, wie sich die Dinge entwickeln werden, ehe es entscheidet, ob sie wert sind, erinnert zu werden.

Und nun stellen Sie sich vor, wie lebhaft eine Erinnerung werden kann, wenn das Ereignis sowohl etwas Neues darstellte als auch Folgen zeigte. Zu Beginn wird es dem Gedächtnis mit dem Blitz eingepflanzt, und dann bleibt es weiterhin im Scheinwerferlicht stehen. Bei seltenen Gelegenheiten wissen wir sogar, *während wir ein neues Ereignis wahrnehmen*, daß es einen Wendepunkt darstellt, daß es unser Leben für immer verändern wird. Plötzliche, tragische Unglücksfälle fallen in diese Kategorie, aber auch Momente unerwarteter Glückseligkeit. Im Gegensatz zu Linton sagte eine Frau einmal über den Moment, als sie zum ersten Mal die Stimme eines Mannes hörte: »Daß ich ihn liebte, wußte ich von diesem Augenblick an.« Und ein Mann sagte, kurz bevor er zum ersten Mal mit einer Frau die Liebe vollzog: »An diese Nacht werde ich immer denken.« Beide haben schließlich den geliebten Menschen geheiratet. Beide haben die Saat, die da aufgehen wird, schon ganz zu Beginn ihrer Beziehung gespürt.

Wenn ein Ereignis in Ihrem Leben sowohl einzigartig wie folgenreich war, stehen die Chancen nicht schlecht, daß sie es zu einer guten Geschichte ausgebaut haben. Sie haben es immer wieder »erzählt«, wenn keinem anderen, so doch sich selbst, und diese Wiederholungen haben es in ihrem Geist frisch gehalten. Im Jahr 1944 wurde ein junger Mann aus Tennessee, als J.T. bekannt, zur Musterung bestellt und hatte keine Ahnung, was ihn erwartete. Er wußte nur, daß an diesem ungewöhnlichen Tag sich sein Schicksal entscheiden würde. Er glaubte, die Armee würde ihn nicht nehmen, weil er als Kind ein Knieleiden hatte, das ihn ans Bett gefesselt hatte. Doch eine Überraschung wartete auf ihn.

Hunderte und Aberhunderte nackter Männer standen da in Clarksville Schlange. Ich erinnere mich verdammt gut an den Moment, als ich vor das Pult trat. Da saß dieser Kerl und schaute meine Unterlagen durch. »Irgendwelche Kinderkrankheiten?« sagte er. »Oder was Ähnliches?«

»Ja«, sagte ich, »da sind die Papiere, die der Arzt mir mitgegeben hat. Ich habe Probleme mit den Beinen.«

Er schaute die Unterlagen durch und sagte dann: »Nun gut, wie fühlen Sie sich jetzt?«

»Na ja, ich habe keine Probleme mehr damit.«

»Tauglichkeitsgrad 1-A! Sie packen es!« Und er drückte einen Stempel auf meine Unterlagen. Dann fragte er mich: »Möchten Sie gern zur Marine?«

»Um Himmels willen, nein«, sagte ich, »ich kann verdammt noch mal viel weiter laufen als schwimmen.«

Wenige Worte – »Tauglichkeitsgrad 1-A! Sie packen es!« – veränderten J. T.s Leben unwiderruflich. Nachdem er im Zweiten Weltkrieg gekämpft hatte, verpflichtete er sich erneut bei der Armee und machte Karriere. Als ich ihn kennenlernte, war ein Ereignis, das sowohl neuartig wie folgenreich gewesen war, zu einer klassischen Wehrdienst-Geschichte geworden. Wieviel hatte sich durch das Erzählen und Wiedererzählen verändert? Stammte die Pointe, weiter laufen als schwimmen zu können, tatsächlich aus dem Jahr 1944 in Clarksville, oder wurde sie erst später hinzugefügt? Ich weiß es ganz bestimmt nicht, und heute, glaube ich, weiß es auch J. T. nicht mehr. Aber das spielt kaum eine Rolle. Die Funktion dieses Satzes ist es, die Geschichte erzählbar zu machen, einen Wendepunkt im Leben dieses Mannes erinnerungswürdig zu erhalten.

Geschichten über die Militärzeit hängen oft mit wichtigen historischen Ereignissen zusammen, die Konsèquenzen nicht nur für die eigene Person, sondern auch für das eigene Land oder sogar für die ganze Welt hatten. Hat man an solchen Ereignissen teilgenommen, verblaßt die Erinnerung daran niemals. Ein weiterer Veteran des Zweiten Weltkriegs, er diente in der Marine, erzählte mir, daß er kurz nach Ende des Kriegs bei der »Operation Crossroads« dabeigewesen sei:

Ich hatte keine Ahnung, worum es dabei ging. So gut wie alle Flugzeuge wurden von der »Saratoga« entfernt, und man brachte ein paar Panzer und eine Menge Armeelastwagen und Jeeps an Bord und verankerte sie auf dem Flugdeck. Die Besatzung wurde auf die reine Schiffsmannschaft reduziert, von 4000 auf 600 Männer. Wir stachen in See, und jemand erzählte uns: »Wir fahren nach Bikini.« Niemand wußte, was Bikini war. Alle begannen die Karten zu studieren, und es stellte sich als ein kleiner Fleck draußen mitten im Ozean heraus.

Auf jenem kleinen Flecken sollten Atombomben-Tests stattfinden. Es gab zwei davon, und sie waren unvergeßlich:

Beim ersten Test kam ein Bomber herangeflogen und warf eine Bombe am Fallschirm ab – eine kleine, eine winzige Bombe, nur fünf Megatonnen. Der Himmel war bewölkt. Wir konnten die Gespräche zwischen dem Piloten und dem Bombenschützen mithören. Beim ersten Anflug konnten sie das Ziel nicht sehen, und so sagte der Bombenschütze dem Piloten, er solle noch einmal eine Kehre fliegen. Beim zweiten Anflug konnte er das Ziel immer noch nicht ausmachen. Schließlich, beim dritten, warf er die Bombe ab. Wir hatten dem Vorgang den Rücken zukehren müssen, und man sagte uns: »Okay, ihr könnt euch jetzt wieder umdrehen.« Nun ja, es gab keine Explosion. Ich konnte nichts hören. Ich suchte den Horizont ab, konnte aber nur hier und da kleine Rauchwölkchen sehen. Und ich sagte: »Na, das ist ja ein Ding. Den ganzen weiten Weg sind wir hierhergekommen, haben uns den Arsch abgeschwitzt, und wofür das alles?«
Und dann sagte jemand plötzlich: »Schaut, da oben«, und über den Wolken stand diese riesige orangerote Feuerwolke. Wie quellende Sahnewirbel sah es aus, wie ein großer, aufgehender Pilz. Man kann alles darin sehen, was man sehen will, aber man kann mit den Augen eigentlich nicht ausmachen, was es in Wirklichkeit ist. Die Hitze war ungeheuer. Die »Saratoga« war fünfzehn Meilen vom Explosionsort entfernt, aber sie fing Feuer.
Danach machten wir mit dem Unterwassertest weiter. Jetzt waren wir wirklich dicht dran. Wir lagen zwar außerhalb des Atolls, waren aber nah genug, um die Zahlen auf den

Seiten der Schiffe lesen zu können. Die »Saratoga« war am dichtesten am Zielschiff dran. Dann ging die Bombe hoch: Nie und nimmer in meinem ganzen Leben habe ich etwas Ähnliches erlebt. Es war so unglaublich, daß man es mit Worten nicht beschreiben kann. Das Wasser schoß hoch, als hätte man einen riesigen Dampfstrahl in die Luft gejagt, bis er an die Decke klatscht. In einem Sekundenbruchteil kochte das Wasser hoch und überschwemmte das ganze Atoll, und ich meine, es hat überall dort die Schiffe versenkt. Die »Saratoga« hat es komplett aus dem Wasser gehoben und in der Luft um 360° gedreht und auf der Rückseite aufgerissen. Und das waren nur fünf Megatonnen, sechzig Fuß unter Wasser.

Wissenschaftliche Untersuchungen zeigen, daß es nicht solcher historischer Ereignisse bedarf, damit Erinnerungen so frisch im Gedächtnis haftenbleiben. Kurz vor der Jahrhundertwende fand F. W. Colegrove heraus, daß eine Versuchsgruppe von mittelalten und älteren Menschen sich sehr lebhaft daran erinnerte, *die Nachricht zu hören*, daß Abraham Lincoln erschossen worden war. Sie wußten genau, wo sie sich zu jenem Zeitpunkt aufhielten, was sie taten, welche Tageszeit es war und wer es ihnen sagte. Über dreißig Jahre später waren ihre Erinnerungen noch sehr detailliert. Eine der Versuchspersonen erzählte:

Mein Vater und ich waren auf dem Weg nach A ... im Staate Maine, um Dinge zu erledigen, die für mein Weiterkommen wichtig waren. Als wir den steilen Berg hinunter in die Stadt fuhren, spürten wir, daß etwas nicht in Ordnung war. Alle sahen so traurig aus, und alle waren so aufgeregt, daß mein Vater das Pferd stoppte, sich aus dem Wagen beugte und fragte: »Was ist los, meine Freunde? Was ist passiert?« »Haben Sie nicht gehört?« lautete die Antwort. »Lincoln wurde gemeuchelt.« Meinem Vater fielen die Zügel aus der Hand, die Tränen strömten ihm aus den Augen, und er saß da, als wäre er keiner Bewegung mehr fähig. Unser Heim war weit, viel war zu erledigen, also sammelte er sich nach einiger Zeit wieder, und wir brachten unsere Arbeit so gut zu Ende, wie es uns unsere schweren Herzen erlaubten.

Ältere Amerikaner erinnern sich wahrscheinlich ebenso gut an den Moment, als sie zum ersten Mal die Nachricht hörten, daß Pearl Harbor bombardiert worden war. Die jüngeren unter meinen Lesern waren damals noch nicht geboren, aber zweifellos werden sie gleichermaßen lebhafte Erinnerungen an die Ermordung John F. Kennedys haben, an den Tag, da ein menschliches Wesen zum ersten Mal einen Fuß auf den Mond setzte, oder an den Moment, beinahe zwanzig Jahre später, als die Raumfähre *Challenger* explodierte. Aus Untersuchungen geht hervor, daß überraschend viele Menschen sich daran erinnern, wo sie waren und was sie taten, als die Nachricht von solchen Ereignissen sie erreichte. Meist weiß man auch noch, wer die Nachricht überbrachte, was man danach tat und wie betroffen man sich fühlte. Die persönliche Bedeutung eines solchen Ereignisses prägt diese Art von Erinnerungen, und aus diesem Grund können sich auch mehr schwarze als weiße Amerikaner die Umstände ins Gedächtnis rufen, unter denen sie erfuhren, daß Martin Luther King oder Malcolm X ermordet worden war. An wirklich bedeutenden Tagen sind unsere individuellen Lebensgeschichten vorübergehend mit der Geschichte selbst verbunden, und wir sagen, wenn auch nur indirekt: »Ich war dabei.«

Bei neuartigen, folgenreichen Ereignissen ist oft viel Gefühl mit im Spiel, ein dritter Faktor, der das Erinnerte lebendig hält. Gefühle können jederzeit in eine Erinnerung Eingang finden, etwa in dem Moment, wo sie erstmals gebildet wird, oder Jahre später, wenn einem ihre Bedeutung aufgeht. Die vielleicht schrecklichste Erinnerung, von der ich bislang hörte – eine einzigartige, folgenschwere und stark emotional getönte –, betraf ein neunjähriges Mädchen, welches ihre Lieblingstante besuchen wollte. Sie mußte den ganzen Tag lang warten, weil ihre Tante dringend benötigten Schlaf nachholen wollte. Als es schließlich Abend wurde, bekamen sie, ihre ältere Schwester und ihr Bruder den Schlüssel zur Wohnung der Tante, und man sagte ihnen, daß sie sie jetzt aufwecken dürften. Die ältere Schwester schloß die Tür auf, und das Mädchen drängte sich vor den anderen in die Wohnung. Es war dunkel, und sie schaltete das Licht ein. Da, am Türbalken, hing ihre Tante. Sie hatte Selbstmord begangen. Die Empfindungen müssen in diesem Moment überwältigend gewesen sein, und sie scheinen in den Jahren seither sich nur wenig verändert zu haben. Das Mädchen wuchs in der Angst vor Verrat auf: Wenn ihre geliebte Tante sie verlassen hatte, wie sollte sie dann irgend jemand sonst vertrauen?

Emotionen wirken sich auf das Gedächtnis in paradoxer Weise aus; zum Teil liegt das daran, daß es so viele verschiedene Gefühle gibt. In den meisten Fällen funktionieren sie wie ein Blitz, der dem autobiographischen Gedächtnissystem grelles Licht spendet, so daß es recht viele Details aufzeichnen kann. Doch es gibt auch Momente, in denen das Gefühl so überwältigend ist und alles so schnell passiert, daß das Gedächtnis wie betäubt ist. Autounfälle sind genauso ein Beispiel dafür wie öffentliche Auftritte. Von manchen Ereignissen hat man nur einen verschwommenen Eindruck, weil die Gefühle, die sie hervorrufen, Schmerz oder Trauer sind. Wir erinnern uns vielleicht an den Tag, an dem ein geliebter Mitmensch starb, aber nicht sonderlich gut an die folgenden Tage. Es passierte einfach zuviel in dieser Zeit, und außerdem waren wir nicht ganz wir selbst.

Wie das Gefühl der Angst sich auf das Gedächtnis auswirkt, ist besonders ungewiß. Für jeden, der behauptet, »wenn man erschrocken ist, wird man sich daran erinnern«, steht ein anderer auf, der das Gegenteil behauptet. Die Angst kann die Aufmerksamkeit auf einen Punkt konzentrieren: Wenn jemand mit einer Pistole auf einen zielt, fällt es schwer, sich an irgend etwas anderes außer an die Pistole zu erinnern. Psychologen nennen dies den »Waffen-Fokus-Effekt«; zu ihm kommt es in rund einem Drittel aller darauf ausgerichteten Experimente. Hinsichtlich der Genauigkeit von emotional stark eingefärbten Erinnerungen ist die Beweislage dieselbe: Einigen Untersuchungen zufolge verbessert emotionale Erregung (auch starker Streß) das Gedächtnis, andere zeigen, daß es dabei schlechter wird, und wieder andere lassen den Schluß zu, daß es nicht darauf ankommt. Der Blitz, der im Moment höchster Erregung abgefeuert wird, kann Details dem Geist einbrennen, er kann ihn aber auch blenden.

Im allgemeinen ist es angebracht, bei lebhaften Erinnerungen die Genauigkeit des Gedächtnisses weiterhin mit Vorbehalt zu betrachten. Wenige Tage nach dem *Challenger*-Unglück im Jahr 1986 wurden mehrere Dutzend Studenten und Angestellte der Johns Hopkins University befragt, unter welchen Umständen sie von dem Vorfall gehört hatten. Neun Monate später befragten die Wissenschaftler diejenigen 27, die sie wieder auffinden konnten, ein zweites Mal. Ein paar von den neuen Berichten stimmten tatsächlich nicht mit den alten überein. Unmittelbar nach dem Unglück hatte eine Frau beispielsweise zu Protokoll gegeben, daß ihr Gatte ihr am Telefon von der Neuigkeit berichtet habe; neun Monate später erinnerte sie sich, daß sie von dem Unfall in den Fernsehnachrichten gehört hätte. Dennoch: wenn man alle Details in den Berichten berücksichtigt, waren nur weniger als neun Prozent inkonsistent, und was die Genauigkeit angeht, ist das gar nicht schlecht.

Eine andere Untersuchung zeigte jedoch, daß die Zeit ihren Tribut fordert. Am Tag nach der *Challenger*-Explosion wurden an der Emory University einige Studenten gebeten, aufzuschreiben, unter welchen Umständen sie die Neuigkeit erfahren hatten. Fast *drei Jahre* später wurden sie über das ausgefragt, was sie niedergeschrieben hatten. Nur sieben Prozent machten im Vergleich zu ihrem ursprünglichen Bericht keinen Fehler, während 25 Prozent alles falsch wiedergaben. Als man ihnen ihre ursprünglichen Berichte wieder vorlegte, waren die Studenten sprachlos. »Ich denke noch immer anders darüber«, sagte einer. »Ich habe überhaupt keine Erinnerung mehr daran«, sagte ein anderer. Soweit die Forscher es sagen konnten, waren die ursprünglichen Erinnerungen verschwunden.

Der vierte und letzte Grund, warum bestimmte Episoden so lebendig in Erinnerung bleiben, ist vielleicht der faszinierendste. Nämlich: irgend etwas in uns hat diese Episoden als Symbole gewählt. Eine Frau erinnert sich an die Geburt ihres ersten Kindes: »Ich weiß noch, wie ich ihn [den Sohn] mit zu meiner Mutter nahm – sie hatte ihn noch nicht gesehen –, und ich werde ihren

Blick niemals vergessen. Er, sie, schmetterte mich einfach nieder. Sie sah ihn an, als wollte sie sagen: ›Ist *er* das?‹« Der Frau war bewußt, daß diese Erinnerung viel mehr betraf als nur den Moment, den sie festhielt. Der Blick ihrer Mutter war genau derjenige gewesen, den sie als Kind immer bekommen hatte, die Haltung ihrer Mutter genau diejenige, die alles und jedem entgegengebracht wurde, was sie als Kind tat. Nichts könnte besser als Metapher für diese erweiterte Mutter-Tochter-Beziehung dienen als die Erinnerung an jenen Gesichtsausdruck.

Für die Fälle, in denen eine Episode für ein Muster oder für eine Reihe von wiederholten Episoden steht, hat der Gedächtnisforscher Ulric Neisser den Ausdruck »Repisoden« geprägt. Sandras Erinnerung an die Flucht auf die Feuertreppe im dritten Kapitel ist dafür ein Beispiel. Sie erinnerte sich daran, daß sie der Gewalt in der Familie bei einer Gelegenheit dadurch entkam, daß sie aus dem Fenster auf die Feuertreppe kletterte und von dort in die Wohnung eines Nachbarn. Jahre später erfuhr sie, daß sie das nicht nur einmal, sondern viele Male getan hatte. Als Neisser die Zeugenaussagen im Zusammenhang mit der Watergate-Affäre überprüfte, kam er zu dem Schluß, daß John Deans Erinnerungen gleichermaßen »repisodisch« waren. In seinem Gedächtnis war mehr in ein einziges Gespräch mit dem Präsidenten hineingepackt, als tatsächlich gesagt worden war. In Deans Kopf stand die Unterhaltung für ein ausgedehntes Muster andauernder Aktivitäten.

Symbolische Episoden machen deutlich, daß wir uns im Laufe der Zeit nicht nur in der Gedächtnishierarchie nach oben bewegen und aus spezifischen Ereignissen allgemeingültige Erinnerungen machen. Gelegentlich bewegen wir uns auch nach unten. Dort finden wir einen einzelnen, konkreten Vorfall, der stellvertretend für ein Hauptthema unseres Lebens steht, der einen ganzen Packen von Bedeutungen in der Hierarchie darüber zusammenfaßt. Wir finden das sprichwörtliche Bild, das mehr als tausend Worte sagt.

Manchmal zeigt dieses Bild nicht ein Ereignis, sondern eine Sache. Meine Frau und ich baten einmal eine Gruppe von älteren Menschen, an ein autobiographisches Objekt aus ihrer Vergangenheit zu denken. Sie sollten es in Großbuchstaben auf ein Blatt Papier schreiben, sich das Papier an die Brust heften und im Zimmer umhergehen. Bald stellten sie Schilder zur Schau, auf denen beispielsweise stand: »Stiefelknöpfer«, »altmodischer Füller«, »Streichholz«, »Angelrute«, »Hershey Bar«, »Dreirad« und noch vieles mehr. Eine Person, auf deren Brust »Geige« stand, entdeckte eine andere, die dasselbe notiert hatte. Ein »roter Wagen« traf einen »Handwagen«. Ein Paar »Schlittschuhe« traf sich mit einem Paar »Rollschuhe«.

Eine Frau hatte »Korallenelefant« auf ihr Blatt Papier geschrieben. Sie stammte aus einer armen Familie, die ihren Kindern keine neuen Kleider, geschweige denn Schmuck kaufen konnte. Ungefähr in der sechsten Klasse schwärmte das Mädchen für eine Lehrerin, eine junge, attraktive Frau, die immer wunderschöne Sachen trug. Eines Tages war es ein Schmuckstück, eine Ansteckenadel mit einem Elefanten aus Korallen, und während des ganzen Tages konnte das kleine Mädchen nicht die Augen davon lassen. Nach dem Unterricht blieb sie noch da, um sich das Stück näher anzusehen und der Lehrerin zu sagen, wie schön sie es fand. Am Ende des Schuljahres schenkte die Lehrerin dem Mädchen die Ansteckenadel. »Das war mein wertvollster Besitz«, sagte die Frau mit Tränen in den Augen. Dennoch hat sie den Schmuck einige Jahre später bei einem Umzug verloren. Alles, was ihr bleibt, ist die Erinnerung – und eine Geschichte, die als Symbol für ihr Leben stehen kann.

Auch jüngere Menschen erinnern sich an Objekte von symbolischer Bedeutung. Zum Beispiel an eine Spielzeugeisenbahn, die am Weihnachtsabend auf einer riesigen Sperrholzplatte aufgebaut war: »Das war das erste Mal, daß mein Bruder etwas bekam, weil er ein Junge war, ich aber nicht, weil ich ein Mädchen war.« (Man kann wetten, daß dies noch öfters vorkam.) Ein Baseball-Schläger mit schwarzem Isolierband um den Griff: »Was ich damit alles anstellte! Wenn ich einen Stein damit schlug, machte der Schläger ein Geräusch, wie es kein anderer konnte. Der ganze Schläger war über und über zersplittert, weil ich vom Weg aus immer Steine in den Wald schlug.« Verwaschene Blue jeans, Größe 5/6, mit Messingdruckknöpfen an den Seiten-

taschen: »Sie symbolisierten meinen Sieg über mein Überge-
wicht. Ich konnte sie endlich anziehen, nachdem ich drei Jahre
lang buchstäblich gehungert hatte. Ich glaube, sie paßten mir
ungefähr drei Wochen lang.« Ein Schreibtisch voller Künstler-
utensilien: »Er gehörte meiner Mutter. Sie starb, als ich knapp
vier war, und dieser Schreibtisch verband mich mit ihr. Mein
Vater hat ihre Sachen niemals weggeräumt, also lebte sie für
mich in diesem Schreibtisch weiter. Ich kann mich noch genau
daran erinnern, wie jede einzelne Schublade roch.«

Wie weiß man, daß ein Objekt symbolische Bedeutung hat?
Wenn es eine Kette von Assoziationen auslöst, über die man
stundenlang reden könnte. Mir geht es mit den weißen Handschuhen so, aber auch mit einem Baseball-Handschuh, den ich
einmal zum Geburtstag bekam. Ich sehe lebhaft vor mir, wie
dieser Handschuh auf dem Eßzimmerbuffet neben dem Klapp-
bett liegt, in dem ich schlief. In meiner Erinnerung ist es Nacht,
und ich liege im Bett; unsere Familie will am nächsten Tag in
den Urlaub fahren. Ich kann das Klauenfett riechen, mit dem ich
das Leder eingerieben habe, und ich sehe es im Licht der Stra-
ßenlaternen, das durchs Fenster fällt, glänzen. Ich weiß, daß
diese Erinnerung nicht akkurat ist, denn ich habe Anfang April
Geburtstag, und unsere Familie ist niemals vor Ende des Schuljahres in die Ferien gefahren, was frühestens Ende Juni war.
Doch auf Genauigkeit kommt es nicht an. In der Erinnerung
verschmelzen die besten Seiten des April und die besten des Juni
miteinander, und wenn ich erst einmal angefangen habe, von
jenem Handschuh zu sprechen, kommen auch Bilder wieder,
wie ich mit meinem Vater fangen übe, wie ich ihm und seiner
Mannschaft beim Softball zusehe und wie ich dieselben Dinge
mit meinen Söhnen tue. Meine Erinnerung an den Baseball-
handschuh ist nicht deshalb so lebendig, weil sie wie eine Fotografie ist, sondern weil sie mir die Tür zu einer Geschichte nach
der anderen öffnet. Je öfter ich die Geschichten erzähle, desto
klarer wird das Bild dieser nächtlichen Szenerie.

Gelegentlich verweisen Episoden vom Grund des autobiographischen Gedächtnissystems direkt auf das Selbst an seiner
Spitze. Die Psychologen Jefferson Singer und Peter Salovey be-

zeichnen sie als selbstdefinierend. Es sind diejenigen, »die von unserem Leben geformt wurden und die ihm zugleich Form geben, Erinnerungen an unsere stolzesten Erfolge und unsere schmählichsten Niederlagen, Erinnerungen an gewonnene wie verlorene Liebe – Erinnerungen, die sich immer wieder darauf auswirken, wie wir uns intim verhalten oder wie wir unsere Macht gebrauchen –, eben Erinnerungen, die die Frage beantworten, wer wir sind«. Sie sind auch eine große Hilfe, wenn etwas repariert werden muß: Therapeuten können sie dazu benutzen, gut zuzuhören und klug zu diagnostizieren, und zwar viel unaufdringlicher als mit Persönlichkeitstests.

Können Sie an einen Moment denken, in dem Sie ganz und wahrhaftig Sie selbst waren? Eine kanadische Lehrerausbilderin antwortete auf diese Frage einmal, sie erinnere sich an den Tag, als sie ihren Studenten ein Gedicht vorlas. Es war zwar kein literarisches Meisterwerk, aber das Gedicht sagte in wenigen Worten aus, was sie stundenlang zu erklären versucht hatte. »Die Wirkung war elektrisierend«, sagte sie. »Im ganzen Raum strahlten Augen vor Erleuchtung, und Köpfe nickten Zustimmung. Noch vor der anschließenden Diskussion wußte ich, daß sie es endlich verstanden hatten.« Verstehen war jedoch nicht genug. Nach den Praktika in verschiedenen Schulen kehrten die Studenten zurück. Sie hatten das Gedicht in ihr eigenes Leben eingebaut.

Sie erzählten alle möglichen Geschichten darüber, was ihnen widerfahren war, wie sie oder andere das Denken der Kinder behindert und unterdrückt hatten und was sie unternommen hatten, um das zu ändern zu versuchen. Das Gedicht bestand nicht nur aus netten Worten, über die man eine Träne vergoß und die man dann vergaß. Es war etwas, das sie auf ihr eigenes Leben anwenden konnten. In diesem Moment spürte ich eine unendliche, tiefe Befriedigung. Ich war überzeugt, daß von meinem Kursus vielleicht einige wirklich sensibler für die Bedürfnisse der Kinder geworden waren. Zu diesem Zeitpunkt spürte ich, daß ich sehr nahe daran war, meine Aufgabe wahrhaftig zu erfüllen.

Der Psychologe Dan McAdams bezeichnet selbstdefinierende Erinnerungen als »Kernepisoden«. Seine Untersuchungen bestätigen, daß sich in ihnen wirklich Aspekte unserer Identität spiegeln. Von seinen Versuchspersonen erinnerten sich diejenigen, für die Macht ein beherrschendes Motiv war, an Kernepisoden von physischer Stärke oder moralischer Kraft, an Zeiten, als sie etwas Neues begriffen hatten, Einfluß auf andere ausübten, körperlich äußerst aktiv waren oder eine Menge Ruhm oder Prestige erwarben. Eine junge Turnerin schrieb über eine bemerkenswerte Leistung, die sie einmal am Stufenbarren erbrachte:

> Von der Anspannung des Aufschwungs bis zum fliegenden Abgang legte ich all meine Kraft in jede einzelne Bewegung ... Nach meiner Übung strahlten meine Mannschaftskameradinnen vor Anerkennung und klopften mir auf die Schulter. Ich war verblüfft, als ich sah, daß ich 9,0 Punkte erreicht hatte. Der Trainer jubelte mit der Menge mit, und ich spürte eine ungeheure Erfüllung. Noch heute ist mein Ergebnis dort unerreicht.

Andere Versuchspersonen von McAdams orientierten sich eher an intimen Situationen; dem entsprachen die Kernepisoden, die ihnen im Gedächtnis geblieben waren. Die folgende Erinnerung stammt von einem Mann im Alter von 33 Jahren:

> Der großartigste Moment in meinem Leben war wahrscheinlich, als [meine Tochter] zur Welt kam, denn im Gegensatz zur Geburt meiner beiden Söhne konnte ich im Kreißsaal an der Seite meiner Frau sein, als sie geboren wurde. All das werde ich niemals vergessen, besonders nicht, wie sie unmittelbar nach der Geburt meiner Frau auf die Brust gelegt wurde und sie uns beide einfach anstarrte, ohne loszuweinen. Statt dessen weinte ich vor lauter Glück und Freude. Seit diesem Tag vor drei Jahren hat sie unendlich viel Liebe und Glück in das Leben meiner Familie gebracht und aus mir mehr Liebe herausgelockt, als ich jemals für möglich gehalten hätte.

Das Verhältnis zwischen den Themen des Selbst und den Themen der Kernepisoden stimmte auch dann, wenn die Erinnerungen schmerzlicher Natur waren. Die an Macht interessierten Menschen hatten eher »schlechte« Erinnerungen an Konflikte, Schwächen, Versagen, Erniedrigung oder Ahnungslosigkeit. Für diejenigen, die sich mit Intimsituationen beschäftigten, hatten die unangenehmsten Erinnerungen mit einem anderen Menschen zu tun, entweder mit einem gemeinsam erlittenen Unglück oder mit einer Zurückweisung, Trennung oder Enttäuschung. Das Verhältnis stimmte aber nicht mehr, und das ist bezeichnend, wenn McAdams Versuchspersonen Routineepisoden in ihrem Leben beschrieben. Erinnerungen an gewöhnliche Ereignisse ließen keinen Blick auf das Selbst an der Spitze des autobiographischen Gedächtnissystems zu. Erinnerungen an außergewöhnliche Vorfälle allerdings schon.

Gefangene, die den chinesischen Gehirnwäscheversuchen in den fünfziger Jahren Widerstand leisteten, illustrieren noch auf andere Weise den Zusammenhang zwischen Identität und selbstdefinierenden Erinnerungen. Denn es war ihre Identität, die ihre Peiniger letztlich zu zerstören suchten, ein altes Selbst wie beispielsweise »Arzt«, »Lehrer« oder »Priester«. Gefangene konnten den Attacken dadurch Widerstand leisten, daß sie in sich selbst einen Platz fanden, wohin ihnen ihre Peiniger nicht folgen konnten, einen Ort, an dem sie in den am meisten geschätzten Momenten ihres Lebens schwelgen konnten. Ein europäischer Professor ging immer in eine Ecke seiner überfüllten Zelle und zeichnete sich vor einem Weihnachtsbaum, in einer Universitätsstadt, auf einem romantischen Spaziergang mit seiner Verlobten, bei Betrachtung einer Mutter mit Kind. Und er schrieb auch über jene Zeit in seinem Leben, die die jeweilige Zeichnung repräsentierte. Was er aufschrieb und zeichnete, wurde für ihn so wichtig, daß er es später unter großer Gefahr für sich selbst hinausschmuggelte. Margaret Rathbun, eine amerikanische Kriegsgefangene im Persischen Golfkrieg, durfte während ihrer Gefangenschaft weder Papier noch Bleistift benutzen, aber es gelang ihr, alle möglichen Erinnerungen aus ihrem gesamten Leben heraufzubeschwören und sie immer wieder durchzuspielen. Diese Gefangenen schützten und bestärkten ihr Selbst dadurch, daß sie in den Erinnerungen an die Vergangenheit lebten. Sie schmiedeten eine direkte Verbindung zu dem, was sie einst waren, weil sie hofften, so dieselbe Person bleiben zu können.

Es ist faszinierend, mit selbstdefinierenden Erinnerungen bewußt dasselbe zu tun, was das autobiographische Gedächtnis unbewußt tut. Könnten Sie Ihre Lebensgeschichte um einige wenige signifikante autobiographische Objekte herum bauen? Und was ist mit Episoden – könnten Sie ein halbes Dutzend Schlüsselmomente herausgreifen? Ein japanischer Student erzählte mir einmal, seine Mutter habe daran geglaubt, daß es im Leben nur drei solcher Momente gebe und daß man wieder dahin zurückkehre, wo man hergekommen sei. Für sie bildete der Lebensweg folglich ein Quadrat, wobei die eine Ecke den Punkt markierte, von dem man ausging und zu dem man zurückkehrte, und die anderen drei die Punkte des Übergangs. Bilder wie dieses weisen uns darauf hin, daß sich nicht einfach nur das Gedächtnis um lebhaft erinnerte Episoden herum aufbaut. Das Leben selbst strebt ihnen zu oder flieht vor ihnen.

Wenn Sie Ihre Schlüsselerinnerungen auswählen, fragen Sie sich, warum jede so lebhaft ist. Vielleicht war an der erinnerten Erfahrung etwas Neues, etwas, das die Regeln des normalen Skripts durchbrach. Vielleicht war das Ereignis folgenschwer, der erste in einer Kette umfallender Dominosteine. Vielleicht war es mit einem Moment großer historischer Bedeutung verknüpft, vielleicht hat es starke Gefühle aufgewühlt. Vielleicht war es symbolischer Natur – und ist es noch immer –, indem es einen Zeitpunkt einfing, als Sie wahrhaftig Sie selbst waren. Eine Erinnerung mag aus einem dieser Gründe, aus mehreren oder aus allen zugleich lebhaft sein. Und wenn sie wahrhaft selbstdefinierend ist, wird sie Ihnen sagen, wer Sie sind.

»Es ist, als wäre es erst gestern gewesen«

Lebhafte Bilder führen im Strom der Erinnerungen zu einem Zeitsprung. In Nathaniel Hawthornes *The House of the Seven Gables* bekommt Clifford Pyncheon eine frische Rose von einer ganz besonderen Sorte. Ihr Duft löst zahllose Assoziationen aus. »Ich weiß noch, was mir diese Blume immer bedeutete«, sagt er. »Vor langer Zeit, nehme ich an, vor sehr langer Zeit! – Oder war es erst gestern?« Ein Tonband behandelt die Zeit immer gleich, methodisch, eine Minute realer Zeit ergibt eine Minute aufgenommene Zeit. Doch mit der Zeit der Erinnerung, der Zeit Ihres Lebens, ist es etwas anderes.

Wenn man all das zusammennähme, an was man sich aus dem Leben erinnern kann, das *Wann* wieder hineinsteckte und alles in chronologischer Reihenfolge vor sich ausbreitete, könnte man sehen, daß bestimmte Jahre mehr Aufmerksamkeit beanspruchen als andere. Knapp 35 Jahre nach dem Ende des Zweiten Weltkriegs schrieb der Psychologe Howard Hoffman die »oral history« seiner Kriegserfahrungen auf. Als er und seine Frau seine Erinnerungen mit den zur Verfügung stehenden Dokumenten verglichen, stellten sie fest, daß die Ereignisse, an die er sich lebhaft erinnerte, subjektiv einen längeren Zeitraum beanspruchten als jene, die nicht mehr so präsent waren. Die Grundausbildung mit ihren ständig neuen Erfahrungen beanspruchte in seinem Gedächtnis mehr als elfmal soviel Platz wie sein Aufenthalt in Deutschland bei Kriegsende. Howard war tatsächlich erstaunt, als er durch den Vergleich mit dem Kalender in Erfahrung brachte, daß letzterer volle sechs Monate gedauert hatte. Nach einem Jahr schrecklicher Fronteinsätze waren sie ihm wie nichts vorgekommen.

Lebhaft erinnerten Episoden räumen wir in unserem Gedächtnis nicht nur mehr Raum ein, wir verlagern sie auch mehr in Richtung Gegenwart. Sie wirken, als seien sie gerade erst gestern geschehen. Dieses Phänomen, das auch als Vorausverlagerung bekannt ist, kennen Ärzte schon seit langem. »Wann haben Sie sich das letzte Mal untersuchen lassen? Wurde ein EKG gemacht? Der Cholesterinspiegel überprüft?« Wenn man das, was die Patienten darauf antworten, mit ihrer Krankengeschichte vergleicht, kommt heraus, daß sie in der Regel den entsprechenden Zeitraum zu kurz einschätzen. Mein Hausarzt meint, daß ihm das Gegenteil so gut wie nie widerfahren ist. Ich selbst unterliege derselben Fehleinschätzung, wenn etwas mit meinem Auto nicht in Ordnung ist. »Ich hab' das gerade reparieren lassen«, sage ich zum Beispiel. Doch wenn ich dann die alten Reparaturaufträge durchsehe, stelle ich oft fest, daß die entsprechende Instandsetzung nur *scheinbar* erst kürzlich erfolgt ist. Den Psychologen wurde das Problem der Vorausverlagerung klar, als sie mit Verbrechensopfern arbeiteten, denen sie Fragen stellten wie etwa: »Hat Sie im Verlauf der letzten sechs Monate irgend jemand angegriffen? Hat jemand versucht, Sie auszurauben?« und so weiter. Beispielsweise wurden die Antworten mit den Polizeiakten verglichen. Rund zwanzig Prozent der Vorfälle, von denen die Opfer berichteten, sollten sich innerhalb der Zeitspanne von sechs Monaten ereignet haben, während sie tatsächlich schon früher passiert waren. Sie waren weiter nach vorn verlagert worden.

Was steckt hinter diesem Vorwärtsdrang in die Gegenwart? In einigen Fällen könnte es daran liegen, daß zwischen damals und jetzt sich ein ähnlicher Vorfall ereignet hat. Manchmal mag es daran liegen, wie viele Assoziationen zu der Erinnerung mittlerweile hinzugekommen sind und wie lebhaft und abrufbereit sie demzufolge ist. Bei einer Untersuchung wurden die Befragten gebeten, das Datum von Ereignissen zu schätzen, die sie für bemerkenswert hielten; sie neigten dazu, jene Vorgänge, die für sie wichtig gewesen waren, nach vorn zu verlagern, andere aber, die ihnen relativ gleichgültig waren, weiter nach hinten. »John Lennon starb« schien ihnen zum Beispiel nicht so lange herzusein wie »Keith Moon von ›The Who‹ starb«.

Wenn es auf Genauigkeit ankommt, ist es möglich, die Neigung zur zeitlichen Verlagerung zu reduzieren. Elizabeth Loftus und Wesley Marburger machten den Vorschlag, dazu diejenigen Meilensteine zu verwenden, deren sich auch das autobiographische Gedächtnis normalerweise bedient. Der Ausbruch des Mt. St. Helens im Staat Washington 1989 war so ein Ereignis. »Hat

Sie seit dem ersten großen Ausbruch des Mt. St. Helens irgend jemand zusammengeschlagen?« Wenn diese Frage genau sechs Monate nach dem Ereignis gestellt wurde, wurde daraufhin öfter genau datiert als auf die Frage »Hat Sie während der letzten sechs Monate irgend jemand zusammengeschlagen?« Persönliche Anhaltspunkte wie ein Geburtstag oder ein Hochzeitstag halfen, die Vorausverlagerung zu reduzieren. Dasselbe leisteten offizielle Bezugspunkte wie etwa der Neujahrstag. Übliche Datumsangaben (»seit dem 3. Februar«) taten das nicht. Bei ihnen gab es keine Assoziationen, die sie zu einem Meilenstein hätten werden lassen.

Natürlich werden auch die Meilensteine selbst im Erinnerungsstrom hin und her geworfen. Geburten, Hochzeiten, Todesfälle – ganz zu schweigen von bestandenen Prüfungen, Umzügen, Pensionierungen und anderen wichtigen Übergängen –, sie alle können unser Leben so gründlich verändern, daß sie uns lebhaft und gegenwärtig im Gedächtnis sind:

Meine Tochter ist jetzt sechs, aber es scheint mir gerade wie gestern, daß ich mit ihr schwanger ging. Ich denke daran mit Freude zurück, also sind die Erinnerungen mir nahe.

Es ist jetzt vier Jahre her, daß ich geheiratet habe. An jenem Tag bekam ich auch zwei Söhne, im Alter von sechs und drei Jahren. So viel ist in diesen vergangenen vier Jahren passiert, und doch ist es mir so gegenwärtig.

Mein Vati starb vor achtzehn Monaten, beim Zähneputzen aber schaltete ich auf die Zeit zurück, als er mir sagte, daran zu denken, die Zahnbürste mit dem Kopf nach oben in den Becher zu stellen. Ich war wie gelähmt, weil es mir schien, als hätte er mir das gerade gestern erst gesagt.

Solche Erinnerungen sind bezeichnend, weil sie zeigen, daß beim Vorausverlagern noch etwas anderes am Werk ist: Wir wollen eine Person oder eine Erfahrung in emotionaler Hinsicht uns nahe halten:

Keinesfalls, auf keine Weise, in keiner Form kann ich begreifen, daß ich schon vor fünf Jahren die High-School absolviert habe. Keinesfalls! Ich kann mich erinnern, daß ich an jedem Schultag mit rund zwanzig Freunden im Haus meiner Eltern zu Mittag aß. Das kommt mir vor, als sei es gestern gewesen, daß wir da herumhingen und dann in ein paar Autos wieder zurück zur Schule fuhren.

Ich weiß, daß ich in jedem Sommer mit dem Greyhound-Bus meine Großmutter in St. Louis besuchen fuhr. Mit zwölf allein in einem Bus zu verreisen fand ich ganz toll. Mir kommt es vor, als sei es gar nicht schon 1955 gewesen, daß ich meine Großmutter zum ersten Mal besuchte, aber so war es.

Unsere Reise ins Land der Maya. Es kommt mir vor, als sei es gestern gewesen, und doch war das schon 1977. Wir fuhren mit einem wunderschönen Boot, und wir nahmen alles wahr, als ereignete es sich zum ersten Mal. Es war wunderbar. Ich machte die Reise mit meinem »Verhältnis« – mit meiner Frau.

Manchmal verweisen die zeitlichen Verschiebungen unserer Erinnerungen auf das Selbst. Bin ich noch dieselbe Person, die ich einst war? Bin ich jetzt anders? Bei persönlichen Meilensteinen, die sich in den Vordergrund der Erinnerungen drängen, handelt es sich oft um Gelegenheiten, bei denen wir eine neue Rolle übernahmen und zu einer neuen Person wurden – zu einer Braut oder einem Bräutigam, einer Mutter, einem Soldaten, einem Arbeiter, einem Rentner. Während sich ein neues Selbst ausbildete, zog sich ein älteres in die Vergangenheit zurück. Wenn wir unseren Blick auf das letztere richten, kehrt sich das Vergrößerungsglas der zeitlichen Verkürzung um. Die Ereignisse erscheinen kleiner und entfernter, als sie in Wirklichkeit sind:

Es kommt mir wie eine Ewigkeit vor, daß ich auf der High-School war. Es ist gerade vier Jahre her, daß ich die Prüfung schaffte, aber ich bin jetzt ein ganz anderer Mensch.

Daß ich meine Firma verkaufte, scheint mir so lange herzusein, aber es sind nur zwei Jahre. Es ging darum, meinen Le-
benstraum zu verkaufen und das entsprechende Geld für die
ganze harte Arbeit zu bekommen.

Die Erinnerungen an die Zeit, ehe ich nach Kalifornien zog,
sind die an ein ziemliches Durcheinander. Es scheint mir ein
Leben lang herzusein, das Leben eines anderen. Heute bin
ich so ein ganz neuer Mensch, daß es kaum zu glauben ist.

Zur Rückwärtsverlagerung kommt es auch, wenn wir zu bestimmten Erlebnissen emotionalen Abstand gewinnen wollen.
Manchmal versuchen wir aktiv, diesen Abstand herzustellen, indem wir Briefe verbrennen, Erinnerungsstücke in den Müll
werfen und behaupten: »Das war damals, dies ist heute.« Doch in
den meisten Fällen kommt es von ganz allein zu zeitlichen Verschiebungen:

Mir scheint es schon so lange herzusein, daß mich meine
einzige Tochter wegen des College verlassen hat, und doch
sind es gerade zwei Jahre. Eigentlich habe ich niemals ge-
wollt, daß sie fortgeht, also habe ich versucht, diesen trauri-
gen Tag zu vergessen.

Vor zwei Jahren hatte ich einen Autounfall. Eine Teenagerin
hatte die Kontrolle über ihr Auto verloren und mich mit
rund siebzig Stundenkilometern von vorn erwischt. Meine
Mutter wurde schwer verletzt. Beide Arme und ein Bein
waren gebrochen, dazu noch fünf Rippen. Es kommt mir
vor, als sei es eine Ewigkeit her.

Als mein Cousin an einem Gehirntumor starb, war er erst
22; acht Monate lang hatte er gelitten, ehe er starb. Das
Ganze scheint mir sehr lange herzusein. Man will Abstand
von der Trauer gewinnen, also will man, daß die Zeit
schneller läuft.

Wenn die Episoden auf dem Grund des autobiographischen Gedächtnissystems mehr oder weniger lebhaft werden, rücken sie
entweder mehr in Richtung Gegenwart oder mehr in Richtung
Vergangenheit. In der subjektiven Zeit des Gedächtnisses tun sie
das, nicht in der objektiven des Kalenders. Einzelne Stücke des
Kalenders können wir in unsere Erinnerungen einbauen und
infolgedessen bestimmte zeitliche Fixierungen wahrnehmen.
Immer aber wird es Fälle geben, bei denen wir uns selbst mit
traumgleichen Formulierungen überraschen wie derjenigen von
Clifford Pincheon: »Vor langer Zeit, nehme ich an, vor sehr langer Zeit! – Oder war es erst gestern?«

Archive verwalten, Mythen erschaffen

Es dürfte nicht überraschen, daß autobiographische Erinnerungen sich selbst in Hierarchien organisieren. Schließlich ist das
Gehirn, das diese Erinnerungen enthält, selbst zum Teil auf gleiche Weise organisiert. Wir wissen, daß die Zellen auf der einen
Ebene des visuellen Systems Farben, Formen und Bewegungen
erkennen, während die Zellen auf einer anderen Ebene das
wahrnehmen, was sich aus der Farbe, der Form und der Bewegung zusammengenommen ergibt – beispielsweise ein Gesicht.
Auch das ist eine Art von Hierarchie. Was das Hören angeht, so
wissen wir von Zellen, die auf einzelne Töne reagieren, und von
anderen weiter oben, die auf Melodien antworten, die aus solchen Tönen bestehen. Bei den Bewegungen der Muskeln ist es
nicht anders. Es gibt »Kommando«-Neuronen, die die Richtung
vorgeben, in die sich ein ganzes Glied bewegt, beispielsweise die
Streckung, mit der ein heranfliegender Tennisball erreicht werden kann, die aber nicht die Kontraktion spezieller Muskeln
steuern. Letzteres ist die Aufgabe von Neuronen, die weiter
oben in der Hierarchie plaziert sind. Je abstrakter oder allgemeiner eine Funktion ist, desto größer ist der Abstand zwischen dem
betreffenden Neuron und dem Auge, Ohr oder Körperteil. Das
Maß für die Entfernung ist dabei die Anzahl der Verbindungen,
und man braucht viele, um ganz nach oben zu gelangen.

Gesichterzellen, Melodienzellen und Kommandoneuronen sind alle in der Hierarchie etwa so weit oben angesiedelt, wie die Wissenschaftler bislang hochklettern konnten. Und es ist noch ein weiter Weg nach ganz oben, bis man auf die Zellen trifft, die bei Menschen für Freude, Trauer, Bedeutung oder das Selbst stehen – die Spitze des autobiographischen Gedächtnisses. Und dennoch können Untersuchungen an Patienten mit gespaltenem Gehirn den Weg weisen. Solche Untersuchungen lassen erkennen, daß es in der linken Hemisphäre ein System von neuronalen Strukturen gibt, welches die Aktivitäten im gesamten Gehirn überwacht und synthetisiert und versucht, sich einen Reim auf das Ganze zu machen. Der Psychologe Michael Gazzaniga bezeichnet dieses System als den »Interpreten«.

Bei Patienten mit gespaltenem Gehirn wurden die Nervenverbindungen, die die beiden Hemisphären miteinander verbinden, durchtrennt, weil man damit versuchen wollte, die Häufigkeit ihrer epileptischen Anfälle zu reduzieren. Würden Sie sich mit solch einem Patienten unterhalten, würde ihnen wahrscheinlich nichts Besonderes auffallen. Die Experimente von Gazzaniga und anderen haben jedoch Dinge ans Tageslicht gebracht, die wirklich ganz außergewöhnlich sind. Die Experimente gründeten sich auf die Entdeckung, daß man der einen Hälfte eines gespaltenen Gehirns ein Bild zeigen kann, ohne daß die andere Hälfte davon etwas weiß. Man muß nur das Bild auf die linke oder rechte Seite dessen, was der Patient sieht, beschränken. Wenn man beispielsweise ein Bild nur in der linken Hälfte des Sehfelds plaziert, wird es nur von der rechten Hemisphäre wahrgenommen und umgekehrt.

Nehmen wir an, Sie zeigen das Bild eines Hühnerbeins einem solchen Patienten mit einem gespaltenen Gehirn und fragen ihn, welches aus einer Reihe von Bildern dazu paßt. Sie bitten ihn nicht darum, verbal zu reagieren, sondern einfach nur mit der Hand, die von der rechten Hemisphäre gesteuert wird, also der linken, auf das Bild zu zeigen. Der Patient wird auf das Bild eines Hühnerkopfs weisen. Natürlich: der Kopf eines Huhns hat etwas mit seinem Fuß zu tun. Dasselbe kann man mit der linken Hemisphäre machen. Man zeigt dem Patienten das

Bild einer schneebedeckten Szenerie, und er zeigt mit seiner rechten Hand auf eine Schneeschippe. Kein Problem. Es ist, als hätte der Patient zwei getrennte Gehirne, die simultan arbeiten. *Beinahe* ist es so.

Interessant wird es, wenn die Bilder des Hühnerbeins und des Schnees simultan präsentiert, also beide gleichzeitig jeweils einer Gehirnhälfte gezeigt werden. Jetzt weist der Patient mit seiner rechten Hand auf einen Hühnerkopf und mit seiner linken auf eine Schneeschippe und fragt sich, warum. Also bittet man ihn um eine verbale Interpretation: Warum passen diese Dinge zusammen? Eine typische Antwort lautet: »Der Hühnerfuß paßt zum Huhn, und man braucht eine Schaufel, um den Hühnermist herauszuschaffen.« Bemerkenswert an dieser Antwort ist, daß die Schneeszene, die der rechten Hemisphäre präsentiert wurde, darin nicht vorkommt. Das heißt, daß die linke Hemisphäre sich um die Interpretation kümmert. Sie weiß um den Hühnerfuß, den Hühnerkopf und die Schaufel. (Der Patient kann seine beiden Hände sehen.) Also muß die linke Hemisphäre herausfinden, wie sie die drei Dinge zu einer Erklärung verknüpft. Wäre die rechte Hemisphäre der Interpret, hätte man vielleicht etwas von einem gefrorenen Hühnerkopf gehört, der beim Schneeschippen gefunden wurde. Nichts hätte jedoch auf den Fuß verwiesen.

Der Interpret ist folglich derjenige, der den Sinn stiftet. Er bedient sich der Sprache, aber umsichtig geplante Experimente haben gezeigt, daß er nicht mit der Sprache gleichzusetzen ist. (Auch Patienten, die in der rechten Hemisphäre einiges Sprachvermögen aufweisen, interpretieren immer noch auf der linken Seite.) Trotz seiner Befähigung zur Sinnstiftung wäre es jedoch verfrüht, zu behaupten, daß der Interpret der neue Sitz des kartesianischen Theaters ist. Beim Interpreten handelt es sich um ein System, nicht um eine einzelne Stelle. Wir wissen nicht, »wo« die Nervenimpulse zur subjektiven Wahrnehmung des Bewußtseins werden, und noch viel weniger wissen wir, »wo« das Selbst residiert, oder auch nur, ob »wo« überhaupt die richtige Frage ist.

Der Interpret arbeitet bei Tag wie bei Nacht. Wenn wir schlafen, verwandelt er alle neunzig Minuten zufällige Ausbrüche von Gehirnaktivitäten in Träume, die Sinn machen. Wenn die Aktivität sich im visuellen System ereignet, sehen wir Szenerien, die sich verschieben, die verblassen und die aus dem Nichts bizarre Kombinationen entstehen lassen. Wenn das vestibuläre System aktiv ist, nehmen wir Dinge wahr, die mit dem Gleichgewicht zu tun haben – es ist beispielsweise, als trieben wir dahin oder als würden wir uns um uns selbst drehen. Doch diese zufälligen Aktivitätsausbrüche machen für sich allein noch keine Träume aus. Zu Träumen gehören Gefühle und Erinnerungen und Bedeutungen. Letztere sind das Werk des Interpreten. Träume sind, das sehen die meisten Neurologen so, Gehirnaktivitäten auf der Suche nach einer guten Geschichte, und der Interpret ist derjenige, der die Geschichte liefert.

Uns, die wir am Gedächtnis herumrätseln, beschäftigt aber die Frage, was der Interpret denn in psychologischer Hinsicht ist. Von welcher Wesensart ist das Selbst, jene bewußte Repräsentation des Interpreten, die unser autobiographisches Gedächtnissystem leitet? Ist es ein Lügner? Jemand, der an der Nase herumgeführt wird? Oder einfach bloß ein Schluderer? Ist es ein Historiker, ein Geschichtenerzähler oder beides?

Nachdem er zahlreiche Beweise zusammengetragen hatte, kam der Psychologe Anthony Greenwald zu dem Schluß, daß das Selbst ein Diktator ist, wenn es darum geht, die persönliche Geschichte zusammenzuzimmern: ein »totalitäres Ego«. Fangen wir damit an, daß er behauptete, es sei egozentrisch. Experimente haben gezeigt, daß Menschen sich am besten an ihren eigenen Beitrag zu einer Gruppenleistung erinnern und im Erfolgsfall sich mehr Anteil am fertigen Produkt zuschreiben als anderen Gruppenmitgliedern. Auch nehmen Menschen sich in übertriebener Weise als das Ziel der Gruppenaktivität wahr, genau wie der politische Führer einer Nation das Verhalten anderer Nationen dahingehend fehlinterpretieren kann, daß sie damit beabsichtigten, ihn persönlich zu provozieren. Sowohl als Ursache wie als Wirkung hält sich das totalitäre Ego im Rahmen der Ereignisse für bedeutender, als es in Wirklichkeit ist. Es erinnert sich an die Vergangenheit, »als sei sie ein Drama, in dem das Selbst die Hauptperson ist«.

Noch in anderer Hinsicht hegt Greenwald zufolge das Selbst ein Vorurteil. Es merkt sich willkommene Resultate – und schreibt sie sich zugute –, nicht aber unerwünschte. Einer Untersuchung zufolge sagten College-Studenten am Montagmorgen, wenn ihr Football-Team gewonnen hatte: »Wir haben gewonnen.« Wenn in der Woche darauf ihre Mannschaft jedoch geschlagen wurde, sagten die Studenten: »Sie haben verloren.« Ich erinnere mich noch genau an jeden waghalsigen Tennisschlag, der sich nachträglich als siegreich herausstellte, an alle drei. Doch nach wie vor probiere ich solche aussichtslosen Schläge aus, weil ich all die Male vergessen habe, bei denen ich den Ball ins Aus schlug. Wenn ich mich mit derselben Haltung an einen Spielautomaten stellte, käme ich wohl in große Schwierigkeiten. Die Bereitwilligkeit, mit der wir die Verantwortung für Unerwünschtes ablehnen, kann manchmal so extrem werden, daß es nur noch zum Lachen ist. »Der Telegrafenmast kam auf mich zu«, erklärte ein Autofahrer einem Polizisten. »Ich versuchte ihm seitlich auszuweichen, als er mich schon direkt frontal traf.« Ein anderer Fahrer, der ein Stoppschild überfuhr, sagte: »Als ich mich der Kreuzung näherte, tauchte plötzlich ein Stoppschild an einer Stelle auf, wo nie zuvor eins gewesen war. Ich konnte einfach nicht mehr rechtzeitig genug anhalten, um den Unfall zu vermeiden.«

Bei einer weiteren Erinnerungsverzerrung des totalitären Ego liegt eine Art Konservativismus vor: der »Das-habe-ich-ja-schon-immer-gewußt«-Effekt. Er wurde mittels eines Experiments demonstriert, bei dem die Versuchspersonen für einen Test, den sie absolvieren sollten, zugleich die richtigen Antworten erhielten. Nach Beendigung des Tests überschätzten sie ihr vorhergehendes Wissen. »Ich habe die Antworten sowieso gewußt«, meinten sie, doch eine Kontrollgruppe bewies das Gegenteil. Jedesmal wenn wir zurückschauen und eine Vorahnung entdecken, daß irgend etwas passieren würde, verzerren wir vielleicht unsere Erinnerungen auf diese Weise. Wie viele von diesen Ahnungen haben wir gleich wieder vergessen, wenn nichts Dementsprechendes eingetreten ist, und wie viele Prophezeiungen haben wir nachträglich auf die Fakten hingebogen. Bei seinem Treffen mit Präsident Nixon sagte John Dean über die Watergate-Vertuschung: »Nichts kann über uns hereinbrechen, was uns überraschen könnte.« Das sind die Worte, die das versteckte Tonbandgerät festhielt. Als aber alles erst einmal zusammengebrochen war, erinnerte sich Dean genau ans Gegenteil. Neun Monate nach dem Gespräch gab er zu Protokoll: »Ich sagte ihm auch, daß es noch ein weiter Weg sei, bis diese Angelegenheit endgültig erledigt ist, und daß ich keinesfalls garantieren könne, daß nicht eines Tages die ganze Sache ans Licht kommen würde.« Im nachhinein revidierte er seine Prophezeiung. Mit seinem Konservativismus gleicht das totalitäre Ego einem Politiker, der sagt, daß er *schon immer* eine Position eingenommen habe, die sich erst kürzlich als populär herausgestellt hat.

Doch das Gedächtnis leistet noch mehr, als nur Erinnerungen zu verzerren; das Selbst hat mehr Facetten als nur seine Egozentrik. Zunächst einmal überwacht es, was »da drin« vor sich geht, und das macht es ziemlich gut. Nehmen wir beispielsweise das Phänomen, daß man fühlt, man wisse etwas Bestimmtes. Oft habe ich mit ansehen müssen, wie es Studenten bei Prüfungen quälte. Sie spürten, daß sie die richtige Antwort wußten – sie lag ihnen auf der Zunge –, aber gerade in diesem Augenblick fiel sie ihnen nicht ein. Sie ballten die Fäuste, rutschten auf den Stühlen umher, schauten zum Himmel und starrten sogar mich an, als könnten sie die Antwort, von der sie wußten, daß sie sie wußten, meinem Kopf entreißen. Untersuchungen haben ergeben, daß sie mit ihrer Ahnung wahrscheinlich recht haben. Menschen, die eindeutig davon überzeugt sind, daß eine bestimmte Antwort »da drin« ist, fällt diese Antwort häufiger ein als anderen, die davon nicht so sehr überzeugt sind. Und Menschen, die wissen, daß sie etwas definitiv *nicht* wissen, haben meist genauso recht. Selbst wenn man ihnen zusätzliche Hinweise gibt, kommen sie kaum auf die gesuchte Sache. Wahrscheinlich führt das deutliche Gefühl, daß eine Erinnerung da ist, zu einer längeren und intensiveren Suche danach, während die eindeutige Überzeugung, daß sie einem fehlt, uns dazu verleitet, rasch aufzugeben. Doch es ist nicht allein eine Frage der Motivation. Wir müssen es dem Selbst hoch anrechnen, daß es aufmerksam verfolgt, was in der Hierarchie weiter unten vor sich geht.

Das Selbst überwacht jedoch nicht nur, was an Erinnerungen da ist, es entwickelt auch Methoden, sie auf ihre Authentizität hin zu prüfen. Nicht immer läßt es sich von der Lebhaftigkeit eines Bildes oder seinem Detailreichtum täuschen. Gibt es in Ihrer Vergangenheit vielleicht etwas, das Sie sich anders gewünscht hätten? Nehmen Sie sich einen Moment Zeit und stellen Sie es sich so vor, wie Sie es gerne gehabt hätten, wobei Sie es in Ihrer Phantasie so überzeugend und lebendig wie möglich ausgestalten. Jetzt vergleichen Sie diese Vorstellung mit der Erinnerung an das, was sich tatsächlich zugetragen hat. Woran können Sie die beiden unterscheiden? An den Auswirkungen auf die Gegenwart, sagte eine junge Frau in einem meiner Seminare, die an den Tod ihres Vaters dachte. Weil er sich an das erinnere, was in der Zeitung gestanden hat, sagte ein früherer Football-Spieler, der eine Linie übertreten hatte, wodurch seiner Mannschaft ein möglicher Punkt annulliert wurde. Weil das vorgestellte Ereignis die Gesetze der Physik verletze oder anderem Allgemeinwissen widerspreche, antworteten die Versuchspersonen bei einer Untersuchung, in der ähnliche Fragen gestellt wurden. Der Football-Spieler wußte ganz genau, daß die Lebhaftigkeit einer Erinnerung nicht der Schlüssel ist. Lange bevor ich ihm die Frage stellte, hatte er in seiner Vorstellung schon viele Male den Punkt gemacht. Für ihn war die Phantasie so klar und deutlich wie die Wirklichkeit, dennoch bereitete es ihm keinerlei Schwierigkeiten, das eine vom anderen zu unterscheiden.

Das Selbst hat nicht nur Mittel und Wege, zwischen Phantasie und Realität zu trennen, es nimmt oft auch viel auf sich, um das zu tun. Bei vielen Gelegenheiten kommt es entscheidend darauf an, genau zu wissen, was sich in unserem Leben ereignet hat – Gelegenheiten, bei denen das Schicksal anderer von unseren Kenntnissen abhängt, Gelegenheiten, bei denen wir das Richtige wissen *müssen*, selbst wenn es ein Leben lang dauert, es herauszufinden. Also konsultieren wir externe Aufzeichnungen, vergleichen unsere Erinnerungen mit denen anderer und revidieren, wenn nötig, unsere geistigen Bilder oder entfernen sie wenigstens aus der Kategorie »Erinnerung«. Und wenn wir die Wahrheit einmal kennen, werden wir sie nie wieder verleugnen wollen.

Daß das sich erinnernde Selbst von so verwirrendem Charakter ist, rührt von zwei entgegengesetzten Elementen her, die es prägen. Auf der einen Seite hat es das Temperament eines Bibliothekars, der über die wichtigsten Archive des Gedächtnisses wacht. In dieser Funktion kann es sehr wählerisch und penibel sein; es schützt seine Originalaufzeichnungen und versucht, sie in makellosem Zustand zu erhalten. Der Wächter der Archive repräsentiert das Gewissen des Gedächtnisses, erledigt, was von ihm verlangt wird, und versucht, dies möglichst perfekt zu tun. Vom Gedächtnis wird erwartet, daß es zwischen wahr und falsch, zwischen Fakten und Phantasie unterscheiden kann, zwischen dem, was authentisch, aber unterdrückt ist, und dem, was künstlich eingepflanzt wurde. Es wird von ihm erwartet, nach Genauigkeit zu streben und sich selbst zu revidieren, um der historischen Wahrheit zu entsprechen. Das ist nicht allein eine Frage des Gewissens. Wir müssen mit der Wirklichkeit der Vergangenheit in Kontakt bleiben, um überleben zu können.

Doch der Gedächtnisarchivar frönt auch einer heimlichen Leidenschaft: sich eine schöne Geschichte über sich selbst auszudenken, eine Geschichte, die einige von uns den persönlichen Mythos nennen. In dem Sinn, wie wir den Begriff gebrauchen, ist ein Mythos nicht eine Unwahrheit, sondern eine umfassende Sicht der Realität, eine andere Art von Wirklichkeit als diejenige, die ein Bibliothekar kennt. Ein Mythos ist eine Geschichte, die nicht nur den Geist, sondern auch das Herz anspricht, weil sie *ihrer* Wirklichkeit große Überzeugungskraft verleihen will. Normalerweise sehen wir Mythen als etwas Kulturelles, das eine Gruppe von Menschen miteinander teilt. Es gibt aber auch persönliche Mythen. Der persönliche Mythos versucht, die Wahrheit herauszufinden und dem Selbst Überzeugungskraft zu verleihen: der Person zu versichern, wer sie ist.

Als Schöpfer des Mythos hinterläßt das Selbst überall im Gedächtnis seine Werke. Im Verlauf der Zeit werden die guten Charaktere in unserem Leben noch ein bißchen besser, und die Schurken werden noch ein bißchen schlimmer. Das Tempo wird schneller, die Fische werden größer, die Wirtschaftskrise wird härter. Was wir als Kinder ein paarmal taten, daran erinnern wir uns als Erwachsene so, als hätten wir es viele Male getan. Manch-mal sagen wir, wir hätten das »immer« getan, wir hätten beim Familienausflug im Auto uns immer mit dem Buchstabenspiel beschäftigt, hätten immer ein Geldstück von unserem Lieblingsonkel bekommen, seien in Physik und Chemie immer durchgefallen, seien jeden Freitagabend in dieselbe Bar gegangen. Ob wir wollten oder nicht, es war *immer* so. All die Verzerrungen des Gedächtnisses, all die Rekonstruktionen, all die eingepflanzten Phantome – die in einem Zeugenstand so gar nichts verloren haben – erscheinen in anderem Licht, wenn sie als narrative Ausschmückungen gesehen werden. Stellt das totalitäre Ego das Selbst ins Zentrum der Dinge? Genau das machen Geschichtenerzähler mit ihren Hauptpersonen. Setzt es Ahnungen und Prophezeiungen ein, wo es zuvor keine gab? So kriegen Geschichtenerzähler ihre Zuhörer dazu, bis zum Ende voll Spannung zu lauschen. Solche Abwandlungen sind keine Erlasse eines Diktators, sondern Hinweise auf einen Mythenschöpfer. Sie sagen uns, wer es ist, der sich daran erinnert.

Daß es diesen Mythos gibt, ist nicht allein aus einer Leidenschaft für das Erzählen zu erklären. Vielmehr ist es einmal mehr eine Frage des Überlebens – des psychischen Überlebens des Selbst. Eine zunehmende Zahl von Forschungsergebnissen deutet heute darauf hin, daß »positive Illusionen« von entscheidender Bedeutung für die geistige Gesundheit sind. Man hat herausgefunden, daß gerade die Art von Verzerrung, die Greenwald dem totalitären Ego zuschrieb, für motivierte, bestens funktionierende Individuen charakteristisch ist, während sie anderen, die unter Depressionen leiden, eher fehlt. Leistungsorientierte Kinder, die auch große Herausforderungen beharrlich angehen, erinnern sich an ihre Erfolge besser als hilflose, selbst wenn die Leistungen sich gleichen, und sie scheinen ihre Fehlschläge zu vergessen. Erwachsene mit ähnlich einseitigen Erinnerungen schätzen sich selbst überaus positiv ein, sehen sich in übertriebener Weise als Herr der Lage und zeigen einen unrealistischen Optimismus. Weil sie weniger akkurat sind als depressive Menschen, erschaffen sie oft »sich selbst erfüllende Prophezeiungen«, die schließlich zum Erfolg führen. Selbst Krebspatienten können sich ihrer Lage besser anpassen, wenn sie davon überzeugt sind, daß sie aus eigener Kraft einen Rückfall verhindern können. Der Schlüssel liegt darin, daß man »an das eigene Selbst als einen kompetenten, effizienten Akteur glaubt, der sich in einer Welt mit einer im allgemeinen positiven Zukunftsaussicht bewegt«, meinen die Forscher Shelley Taylor und Jonathan Brown. Anders ausgedrückt, der Schlüssel ist ein lebensbejahender Mythos, der dem Selbst, während es die Vergangenheit interpretiert und in die Zukunft schaut, die nötige Kraft gibt.

Die beiden Sichtweisen des Selbst

Als mir eine Frau einmal von der frühesten Erinnerung in ihrem Leben berichtete – sie schaute eine Wäscherutsche hinab –, fragte ich sie, was sie sehe. Sie antwortete: »Ich sehe nicht die Wäscherutsche, ich sehe mich.« In der Erinnerung starrte sie von außen auf sich selbst. Nur sehr wenige Erinnerungen nehmen diese visuelle Perspektive an, doch das System als Ganzes arbeitet sehr ähnlich. Es erschafft ein Porträt des Selbst, etwas, das wir uns von außen anschauen, so daß wir dann sagen können: »Das bin ich, und so bin ich zu dem geworden, was ich bin.« Sowohl als Wächter der Archive wie als Schöpfer des Mythos erschafft das sich erinnernde Selbst ein erinnertes Selbst. Als wir zum ersten Mal eine Videokamera mit in den Familienurlaub nahmen, entwickelte sich eine interessante Routine. Tagsüber fuhren wir Wasserski, spielten Volleyball, adoptierten streunende Hunde und Katzen und jagten und balgten uns, als wären wir Teenager. Abends versammelten wir uns vor einem Fernseher und schauten uns die Bänder von ebendiesen Aktivitäten an. Jeder von uns war ein sich erinnerndes Selbst, das auf dem Fernsehschirm sich das erinnerte Selbst anschaute. Genauso funktioniert das erwachsene autobiographische Gedächtnissystem, in dem das Selbst die entgegengesetzten Positionen des Subjekts und des Objekts zugleich einnimmt.

Was man sieht, verändert sich, wenn man vom Subjekt zum Objekt geht, genau wie es sich verändert, wenn man mit dem

Wasserskilaufen aufhört, die Videokassette einlegt und sich selbst beim Wasserskilaufen zusieht. Solange man auf dem Wasser ist, konzentriert man sich auf die Situation, in der man sich befindet. Man sieht die Leute hinten im Boot, die Kielwellen, den Durchhänger in der Leine, die kommende Kurve. Sieht man sich das Ganze aber auf dem Fernsehschirm an, konzentriert man sich auf sich selbst. Man beobachtet seine Körperhaltung, den Stil, die Aggressivität, mit der man eine Kurve angegangen ist, die Unausweichlichkeit, mit der man kopfüber ins Wasser fiel. Sozialpsychologische Forschungen haben es oft bestätigt: Menschen, die an solch einem Experiment teilnehmen, machen »situative Attributionen«, um ihr Verhalten zu erklären. Sie klammern sich an die äußeren Umstände. Wenn sie etwas nicht schaffen, sagen sie: »Die Aufgabe war zu kompliziert.« Beobachter ebendieser Menschen machen »dispositionale Attributionen« über das, was sie sehen. Sie konzentrieren sich auf die inneren Wesensmerkmale. Wenn sie jemanden versagen sehen, urteilen sie: »Die Person ist einfach zu dumm.« Ein Schauspieler auf der Bühne ist sich seiner Situation bewußt: Dies ist ein Spiel, dies ist eine Rolle, ich folge einem Text. Wenn er seine Sache aber gut macht, glauben die Zuschauer, daß *er* heldenhaft oder schurkisch ist. Sie glauben, sein Verhalten ginge aus seinem inneren Selbst hervor – aus seiner Disposition –, und aus diesem Grunde mußte Leonard Nimoy vom *Raumschiff Enterprise* auch ein Buch mit dem Titel schreiben *Ich bin nicht Spock*.

Im Lauf der Zeit werden wir den Zuschauern bei einem Theaterstück immer ähnlicher. Wir sehen unsere Erinnerungen – und uns selbst – vor uns die Bühne betreten. Wenn Sie schon einmal nach Ihrem Leben befragt worden sind, wissen Sie, wieviel Selbstreflexion aus diesem Prozeß hervorgehen kann. Dasselbe passiert, wenn man seine Erinnerungen niederschreibt. Wenn man damit fertig ist, sieht das Ich buchstäblich sein *Ich* auf den Seiten vor sich. Und wenn man dann über den Text nachdenkt, fängt man an, dispositionale Attributionen zu machen. »Ich muß wohl schüchtern gewesen sein oder leicht aufbrausend oder selbstsüchtig«, sagt man, »ein Held oder ein Schurke.« Man spricht aus der Position des Beobachters von außen. Und man bringt ein wenig mehr Dauerhaftigkeit, einen Hauch von Ewigkeit in die Geschichte hinein.

Die Tendenz, mehr von den eigenen Charakterzügen wahrzunehmen, wenn die Erinnerungen älter werden, ist auch als dispositionale Verschiebung bekannt. Bei einem Experiment dauerte es nur drei Wochen, bis dieser Prozeß einsetzte. Bei einem anderen wurden College-Studenten gebeten, über ihren allerersten Schultag zu schreiben, über ihren ersten Tag an der High-School und über den gestrigen Tag. Je weiter zurück sie in der Zeit gingen, desto häufiger nahmen sie auf ihre inneren Wesensmerkmale Bezug statt auf äußere Umstände. Sie konzentrierten ihre dispositionalen Attributionen auch auf den Anfang ihrer Beschreibungen. In einer dritten Untersuchung wurden die Autobiographien von 77 Psychologen durchforstet; auch dabei zeigte sich wieder die dispositionale Verschiebung, und es kam dabei überhaupt nicht darauf an, was die von den jeweiligen Psychologen vertretenen Theorien über innere und äußere Determinanten des Verhaltens aussagten. Insgesamt lag die Anzahl der dispositionalen Attributionen nie über der der situativen, doch erstere waren anscheinend zu Beginn der Autobiographien häufiger, seltener in der Mitte und am seltensten gegen Schluß. Unsere frühesten Erinnerungen sind nicht nur diejenigen mit den meisten Selbstwahrnehmungen von außen, sie sind auch die, bei denen sich die dispositionale Verschiebung am deutlichsten zeigt.

In den nächsten beiden Kapiteln werden wir von der Geburt bis zum Erwachsenenalter der Entwicklung beider Seiten des *Ich* folgen, dem erinnernden Selbst und dem erinnerten Selbst. Vorläufig will ich hier damit schließen, daß die Arbeit des autobiographischen Gedächtnissystems – all das Verwalten der Archive und das Erschaffen eines Mythos – darauf abzielt, den Hauptdarsteller in unserer Geschichte zu etablieren. Ein älterer Student erzählte mir einmal von einem Freund, der bei einem Tauchunfall beinahe ertrunken wäre. Ehe er gerettet werden konnte, glaubte er einen Moment lang tatsächlich, daß er sterben müsse. Er dachte an das Geld, das er für das Mieten der Tauchausrüstung verschwendet hatte, und plötzlich fiel ihm noch viel mehr ein.

»Ich bin mein ganzes Leben lang ein Geizkragen gewesen«, sagte er zu sich selbst, »und jetzt muß ich dafür bezahlen.« In diesem Augenblick erreichte die Arbeit des autobiographischen Gedächtnisses einen Höhepunkt. Sämtliche Ereignisse im Leben einer Person hatten sich zu einer einzigen dispositionalen Attribution verwandelt und ein singuläres Bild des Selbst ergeben.

5. Das Gedächtnis des jungen Menschen

Eine Frau, sie leidet an multipler Persönlichkeitsstörung, erzählt von der Zeit, als sie von ihren Eltern, die sie mißhandelten, in eine Kammer eingesperrt worden war: Plötzlich taucht ein »Alter ego« auf. Jetzt ist sie Jill, eine Dreijährige, und sie hat furchtbare Angst vor den Mäusen, die da bei ihr im Dunkeln sind. »Sie rannten um mich rum, und ich hatte Angst, weil sie um mich rumrannten.« Wir fühlen uns von ihrer Geschichte angesprochen, aber irgend etwas an ihrer Sprache scheint nicht zu stimmen. Es ist schwer auszumachen, aber dann merkt man, daß trotz des dünnen, hohen Stimmchens hier eine Erwachsene spricht, kein Kind. Die Aussprachefehler, die sich in der Sprache eines Dreijährigen häufen, fehlen; sie macht keine grammatischen Fehler, wie sie kleinen Kindern immer wieder unterlaufen, sagt korrekt »Mäuse« und nicht etwa »Mause« oder »Mausis« und läßt auch keine Worte aus. Dasselbe passiert in der Regel bei Menschen, auch völlig normalen, die mittels Hypnose in eine Altersregression geschickt werden. Sie empfinden wie Kinder, verhalten sich so, wie es ihrer Ansicht nach Kinder tun, erbringen aber ganz andere Leistungen als Kinder der angepeilten Altersstufe. Buchstaben krakeln sie beispielsweise vielleicht wie ein Sechsjähriges, aber bei ansonsten fehlerfreier Rechtschreibung.

Diese kuriose Erinnerungsmixtur von Vergangenheit und Gegenwart wirft eine spannende Frage auf: Ist es möglich, mittels einer entsprechenden Technik – Hypnose, Therapie, Gebete, Drogen oder etwas in der Art – zurückzugehen und das »Kind, das man war« wiederzuentdecken? Zahlreiche Autoren von Selbsthilfe-Ratgebern glauben daran. In seinem Bestseller

Homecoming: Reclaiming and Championing Your Inner Child emp-fiehlt John Bradshaw eine meditative Reise zurück zu den frühe-sten Lebensphasen. »Sehen Sie, was für ein wunderschönes Kind Sie waren ... Hören Sie Ihre Stimme, wie sie gurrt, weint, lacht ... Stellen Sie sich vor, Sie könnten Ihr knuddeliges kleines Selbst in die Arme nehmen ... Wer ist sonst noch da? ... Ihre Mami? ... Ihr Papa? ... Wie *fühlt* es sich an, in dieses Haus und in diese Gruppe von Menschen hineingeboren zu werden?« In die-ser Phase der Meditation schaut das erwachsene Selbst auf das kindliche Selbst. Im nächsten Schritt werden Subjekt und Ob-jekt vertauscht. »Jetzt stellen Sie sich vor, daß Sie dieses kostbare kleine Wesen sind, das seinen Blick aus all diesem nach außen wendet ... Schauen Sie zu Ihrem erwachsenen Du empor.« Mit den Augen des Babys, das Sie einst waren, können Sie sich die Entwicklungswunden ansehen, die Sie im ersten Lebensjahr erlit-ten haben. Sie können Ihrem erwachsenen Selbst sagen, wonach Sie sich zu jener Zeit gesehnt, was Sie aber niemals bekommen haben. Von solchen schmerzlichen Erfahrungen des Kindes kön-nen Sie sich weiter erholen, indem Sie Ihrem erwachsenen Selbst einen Brief schreiben. Tun Sie dies mit Ihrer nicht dominanten Hand (Ihrer linken, wenn Sie Rechtshänder sind, und umge-kehrt). Das wird Ihnen helfen, sich mehr wie ein Kind zu fühlen:

Lieber Hans,

ich will, daß Du kommst und mich holst.
Ich will, daß ich jemandem wichtig bin.
Ich will nicht mehr allein sein.

In Liebe,
Dein kleiner Hans

Die Meditation ist gelungen und die Kindheitserinnerungen sind repariert, wenn das erwachsene Selbst antwortet: »Willkom-men auf der Welt, ich habe auf Dich gewartet ... Ich werde Dich niemals verlassen, unter keinen Umständen ... Gott hat Dir zu-gelächelt, als Du geboren wurdest.«

Einige Therapeuten sind davon überzeugt, daß wir im Gedächtnis bis in die allerersten Lebensmonate zurückgehen und uns so leicht von einem Vorfall nach dem anderen erholen können. Ein Psychiater behauptet sogar, daß einige seiner Patienten ihre eigene Empfängnis wiedererlebt haben. Er selbst erinnert sich daran: Die Eizelle öffnete sich sanft und hieß die Samenzelle in ihrem Inneren willkommen, als wären die beiden füreinander bestimmt gewesen. Er erinnert sich auch an seine Reise den Eileiter hinab, besonders daran, daß er an mehreren Stellen eine Pause einlegte und die weitere Zellteilung zurückhielt, bevor er beschloß, seinen Weg ins Leben zu machen. Die Reise endete damit, daß er sich selbst der Gebärmutterschleimhaut seiner Mutter implantierte.

Um nicht ins Hintertreffen zu geraten, behauptet der Psychiater Brian Weiss, er habe seinen Patienten Erinnerungen an ein früheres Leben entlockt. Unter Hypnose erinnerte sich eine Frau von 28 Jahren, die unter Migräne und Kieferschmerzen litt, an eine frühere Existenz, die sie in einer Höhle in Griechenland verbrachte. Sie starb, als ein Krieger ihr seinen Speer ins Gesicht stieß, was genau denselben Schmerz hervorrief, unter dem sie in der Gegenwart litt. Ein Mann Ende Dreißig kam zu Weiss, weil er oft vor Eifersucht tobte, wenn er glaubte, daß seine Freundin mit anderen Männern flirtete. In die hypnotische Regression geschickt, entdeckte er, daß er sie in einer ganzen Reihe von früheren Leben schon wegen Untreue umgebracht hatte. Menschen mit Rückenschmerzen erinnern sich unter Hypnose daran, daß ihnen in mittelalterlichen Schlachten Lanzen in den Rücken gestoßen wurden; fettsüchtige Menschen finden heraus, daß sie in einem Konzentrationslager an Hunger starben. Viele von Weiss' Patienten sind der Ansicht, daß ihre Symptome sich nach dem Wiederfinden solcher uralter Erinnerungen gebessert haben. All diese Gedächtnisspuren, ob sie nun bis in die Kindheit, bis zur Empfängnis oder bis in ein früheres Leben zurückreichen, berichten von sagenumwobenen Orten, an denen das Selbst seinen Anfang nahm. Sie sind das Werk des Mythenschöpfers, nicht das des Archivwächters. Wie der Mythos in diesem Zusammenhang entsteht – es geschieht bei uns allen auf die gleiche Weise –, ist Gegenstand späterer Kapitel. Vorläufig wollen wir uns auf etwas anderes konzentrieren. Wir wollen der Entwicklung des autobiographischen Gedächtnisses vom Beginn des Lebens bis zu seinem Ende folgen. Danach werden wir sagen können, ob wir wirklich zurückkreisen und nicht nur den Gehalt, sondern auch die Perspektive einer früheren Lebensphase wieder wahrnehmen können. Darauf kommt es ja im wesentlichen beim »Wiederfinden« an – mit den Augen und, wirklich, mit dem Ich eines Kindes zu sehen.

Erst seit kurzem betrachten die Psychologie und ihre Nachbardisziplinen Dinge wie das Gedächtnis unter dem Gesichtspunkt der gesamten Lebensspanne. Und sogar seit noch kürzerer Zeit erst gibt es ein Interesse an den erzählerischen Aspekten, die ein wesentliches Merkmal jenes Gedächtnistyps sind, den wir den narrativen nennen. Dabei schält sich ein recht einfaches Bild heraus. Im Lauf unseres Lebens wechseln wir mehrfach unsere »Denkkappe« (wie Daniel Düsentrieb gelegentlich eine verwendet), und alles, was von der einen Kappe nicht auf die andere übertragen werden kann, geht dabei verloren. Einige Theoretiker sprechen von solch einem Wechsel, als würde ein Computer neu programmiert – Daten hinein, andere hinaus –, ich hingegen denke lieber an einen kleineren Fluß, der in einen großen mündet. Wenn so etwas passiert, wird das Wasser, das er mit sich führt, Teil eines neuen Wasserlaufs. Als Erwachsene tragen wir noch immer die Inhalte früherer Phasen in uns, jedoch können wir genausowenig stromaufwärts schwimmen und wieder in einen Nebenfluß gelangen, wie wir den Lauf des Lebens selbst umkehren können.

Das Säuglingsalter:
Ein Strom wird geboren

Wann im Leben setzt das Gedächtnis ein und wo? Nicht im Eileiter, weder bei der Empfängnis noch ein paar Tage später, wenn das befruchtete Ei zur Gebärmutter weiterwandert. An diesem Punkt unserer Entwicklung haben sich noch keine Neuronen gebildet, die solche Ereignisse aufzeichnen könnten. Doch gegen Ende der Schwangerschaft liegen die Dinge schon anders: Das auditive System ist dann weit genug entwickelt, um die Schallwellen wahrnehmen zu können, die die Flüssigkeit durchdringen, welche den Fötus umgibt. Sie klingen gar nicht so gedämpft, wie man glauben mag. Mit Mikrophonen, die man an entsprechender Stelle im Leib plaziert, läßt sich der Klang von Stimmen durch den Herzschlag der Mutter hindurch so gut aufnehmen, daß man zwischen Männern und Frauen unterscheiden kann.

Doch wie stellt man fest, ob ein Fötus sich an die Töne, die er hört, *erinnert*? Die Entwicklungspsychologen Anthony De-Casper und Melanie Spence ließen werdende Mütter während der letzten sechs Wochen ihrer Schwangerschaft ihren ungeborenen Babys zweimal täglich einen Text vorlesen. Die Passage war immer dieselbe: ein dreiminütiger Auszug aus Dr. Seuss' Erzählung *The Cat in the Hat*. Als die Babys drei Tage alt waren, steckte man ihnen einen Schnuller in den Mund, der mit einem Tonbandgerät verbunden war. Wenn sie heftig daran saugten, wurde eine Bandaufnahme von der vertrauten Geschichte abgespielt, saugten sie nur schwach, wurde ein anderes Band dargeboten, auf dem ihre Mutter eine ihnen unbekannte Geschichte vorlas. Die Babys schienen die Klangmuster der vertrauten Geschichte wiederzuerkennen. Jedenfalls saugten sie so, daß das Band weiterlief, was Neugeborene, denen pränatal keine Geschichte vorgelesen worden war, nicht taten.

Solche Experimente und auch Untersuchungen an zu früh geborenen Babys haben gezeigt, daß Menschen bereits mit einer rudimentären Form des Erinnerungsvermögens auf die Welt kommen. Es gibt mehrere Möglichkeiten, wie Psychologen das bei Neugeborenen erkennen können. Nach nicht mehr als zwölf Stunden direktem Kontakt mit ihren Müttern saugen sie heftiger an einem Nuckel, um vom Tonband die Stimme ihrer Mutter und nicht die einer fremden Frau zu hören. (Oder sie nuckeln langsamer, wenn es die Urheber des Experiments so eingerichtet haben.) Binnen zwei Wochen nach der Geburt können Babys ihre Mutter auch am Geruch erkennen, wenigstens dann, wenn sie in engem Kontakt zu ihrer Haut standen. Wenn man in ihrem Bettchen neben ihrer einen Wange ein Gazekissen plaziert, das die Mutter für eine Weile im BH oder unter dem Arm getragen hat, und neben die andere Wange eines, das eine andere Frau getragen hat, wenden sich Babys, die die Brust bekommen, in der Regel dem Kissen mit dem Geruch ihrer Mutter zu. Flaschengefütterte Babys, die nicht so engen Hautkontakt erfahren, tun das nicht.

Neugeborene können sich auch visuelle Eindrücke merken – Schachbrettmuster beispielsweise –, und sie brauchen auch nicht lang, um etwas visuell wiederzuerkennen, was sie durch Berührung wahrgenommen haben. Diese Übertragung zwischen den Sinneswahrnehmungen ist ziemlich erstaunlich. Man hat drei Wochen alten Babys die Augen verbunden und ihnen einen Sauger mit einer ganz bestimmten Form gegeben, den sie noch nie zuvor gesehen oder gespürt haben. Wenn sie eine Weile daran genuckelt haben, nehmen die Forscher ihn weg, entfernen die Augenbinde und legen den Nuckel neben einen anderen Sauger, der für die Kleinen völlig neu ist. Die Babys betrachten den Sauger, an dem sie gerade genuckelt haben, viel länger. Es sieht so aus, als würden sie aus der haptischen Wahrnehmung die Form des Saugers genügend abstrahieren können, um ihn bei der visuellen Wahrnehmung wiedererkennen zu können – was auf jeder Altersstufe eine ziemliche Leistung ist.

Aber es kommt noch besser. Mit zwei Monaten können Babys Situationen gut genug erkennen, um gezielt auf sie zu reagieren. Bei einer Versuchsreihe wird über dem Bett des Babys ein Mobile befestigt, von dem ein Band herabhängt. Bindet man das andere Ende des Bandes dem Baby um die Fessel, findet es rasch heraus, daß es mit heftigen Tritten die Figuren in Bewegung versetzen kann. Zweimonatige merken sich den Zusammenhang ein paar Tage lang, Dreimonatige eine Woche; sobald man ihnen das Band wieder um die Fessel legt, freuen sie sich und fangen an zu treten. Die Erinnerungen dieser Babys hängen allerdings sehr stark vom Kontext ab, viel mehr noch als die der Taucher, die sich an das, was sie unter Wasser auswendig gelernt hatten, unter

Wasser auch besser erinnerten. Wenn man die Babys in ein anderes Bett legt oder dasselbe anders ausstattet oder wenn ein paar Figuren an dem Mobile ausgewechselt werden, scheint ihre Merkfähigkeit fast vollständig zum Erliegen zu kommen. Anscheinend sind sie nicht in der Lage, irrelevante Stimuli zu ignorieren. Wenn die Kinder sechs oder sieben Monate alt sind, beginnen unterschiedliche Eindrücke eine bleibende Wirkung zu hinterlassen. Statt Fremde so anzulächeln wie Familienmitglieder, fühlen sich Babys in ihrer Gegenwart nun zunehmend unwohl und fangen vielleicht sogar an zu weinen. Mit der Fähigkeit, ein vertrautes Gesicht von einem unbekannten zu unterscheiden, wird einer dauerhaften Bindung an Mutter und Vater der Boden bereitet. Mit zehn Monaten bilden die für das Wiedererkennen relevanten Erinnerungen bereits eine Hierarchie. Nachdem man Babys dieses Alters vierzehn verschiedene Gesichter jeweils fünf Sekunden lang gezeigt hatte, verhielten sie sich angesichts eines Mittelwert-Gesichts, das aus den vierzehn anderen abgeleitet war, so, als wäre es ihnen vertraut, obwohl sie es nie zuvor gesehen hatten. Das zusammengesetzte Gesicht schauten sie sich kürzere Zeit an als ein neues, wie es typischerweise auch dann der Fall ist, wenn sie jemanden ansehen, an den sie gewöhnt sind. In einem Experiment mit schematischen Zeichnungen konnten zehn Monate alte Kinder sich ein zusammengesetztes Tier besser merken als die ursprünglichen acht, von denen es einen Mittelwert darstellte. Sogar noch jüngere Kinder können allgemeingültige Erinnerungen bilden, wenn die Stimuli einfach genug sind.

All diese frühkindlichen Erinnerungen sind jedoch noch nicht autobiographisch. Dafür müssen Kinder erst fähig sein, Ereignisse auch wieder aus dem Gedächtnis abzurufen und sie nicht nur gegebenenfalls wiederzuerkennen. Sie müssen auch in der Lage sein, sie in Worte zu kleiden und zu einem Selbst in Bezug zu setzen. Die Fähigkeit, etwas im Gedächtnis zu behalten, scheint sich zuerst zu entwickeln: Dürftige Anzeichen dafür gibt es im Alter von sechs Monaten, viel deutlichere mit neun Monaten. Legt man ein Spielzeug vor ein fünfmonatiges Kind und bedeckt es dann mit einem Tuch, wird es jedes Interesse daran verlieren. Ein siebenmonatiges wird jedoch unter dem Tuch danach suchen – wenigstens solange es nicht allzulange warten muß, bis es das tun darf. Eindeutig ist die Merkfähigkeit dann vorhanden, wenn ein Kind jemanden nachahmt, die Person aber schon mit der betreffenden Handlung aufgehört hat. Einer Untersuchung zufolge können neun Monate alte Kinder dies noch nach einer Unterbrechung von 24 Stunden, vierzehn Monate alte noch nach einer Woche.

Der Test, der mit den vierzehnmonatigen Babys durchgeführt wurde, ist ein gutes Beispiel dafür, wie streng solche Untersuchungen gehandhabt werden. Alle Babys wurden von ihrer Mutter ins Labor gebracht und saßen auf ihrem Schoß gegenüber dem Wissenschaftler, der das Experiment durchführte. Vor ihnen war ein kleiner Tisch. Unter seinem Sitz holte der Wissenschaftler ein halbes Dutzend Spielsachen hervor, eine nach der anderen, machte etwas Bestimmtes damit und wiederholte seine Handlung noch zweimal. Eins der Spielzeuge war eine Schachtel mit einem durchscheinenden orangefarbenen Deckel. Der Wissenschaftler stellte sie auf den Tisch, beugte sich vor und berührte die Schachtel mit seiner Stirn. Dadurch ging im Inneren eine Lampe an, die den orangefarbenen Deckel leuchten ließ. Als die Babys eine Woche später wieder ins Labor gebracht wurden, beugten sich acht von zwölf vor, um den Deckel der Schachtel mit ihrer Stirn zu berühren. Von den 24 Babys in zwei Kontrollgruppen, die diese Vorführung nicht bekommen hatten, machte kein einziges eine ähnliche Bewegung. Da die Kinder in der Experimentalgruppe bei ihrem ersten Besuch die Spielsachen nicht berühren durften, müssen sie sich gemerkt haben, was man ihnen *gezeigt* hatte, nicht (wie in dem Experiment mit dem Mobile und dem Band) was sie *getan* hatten. Als Prüfstein für das Imitationsverhalten und als Beweis für die Merkfähigkeit war dieser Test von solider Aussagekraft.

Doch neben dieser Merkfähigkeit braucht man für ein autobiographisches Gedächtnis noch etwas anderes – einen Sinn für das Selbst. Babys werden ohne Selbst geboren. Sie kennen keines der beiden *Ich*, weder das Selbst als Subjekt noch das Selbst als Objekt. Das subjektive *Ich* entwickelt sich als erstes. Anfangs haben Kleinkinder keine Vorstellung, wo ihr Körper aufhört und wo die Welt beginnt, keinen Begriff von sich selbst als autonomes Individuum, das etwas bewirken kann. Nach und nach aber lernen sie die Regeln der Welt, den Zusammenhang zwischen ihren Handlungen »hier drin« und dem, was »da draußen« passiert. Sie bewegen »hier drin« die Muskeln und entdecken, daß etwas »da draußen« geschieht – eine Berührung, eine Stimme, ein Mund voll warmer Milch, Mobilefiguren, die zu tanzen beginnen. Sensationen gibt es aber auch »da draußen« von ganz allein, ohne daß ihrerseits eine entsprechende Aktion stattgefunden hätte. Dies gibt Babys den entscheidenden Hinweis. Allmählich unterscheiden sie zwischen dem Inneren und dem Äußeren und ziehen einen Trennstrich zwischen dem *Ich* und dem Rest der Welt. Das Selbst als Subjekt entsteht. Wann wird die Linie gezogen, das Selbst geboren? Genau kann man das unmöglich sagen, weil der Prozeß so allmählich verläuft; der Fahrplan scheint aber parallel dem der Merkfähigkeit zu sein: Einiges deutet auf ein Alter von sechs Monaten hin, viel mehr Anzeichen gibt es mit neun.

Für den traditionellen Nachweis, daß ein Baby sein Ich auch externalisieren kann, also sein Selbst als Objekt ausgebildet hat, braucht man nur ein wenig Rouge. Bei diesem Experiment nimmt die Mutter ein Tuch mit etwas Rouge darauf und wischt ihrem Baby über die Nase, so daß ein roter Fleck bleibt, der dem Baby nicht bewußt ist. Dann setzt die Mutter ihr Kind vor einen großen, auf dem Boden stehenden Spiegel. Solange sie noch kein Jahr alt sind, scheinen Babys unfähig zu sein, die rote Nase im Spiegel mit sich selbst in Verbindung zu bringen. Wenn das Abbild sie interessiert, betasten sie den Spiegel, als handele es sich um ein anderes Kind. Mit fünfzehn Monaten jedoch geht einigen wenigen Babys auf, daß es ihre Nase ist, die einen roten Fleck hat, und sie greifen nicht nach dem Spiegel, sondern ins eigene Gesicht. Mit zwei Jahren verhalten sich rund drei Viertel aller getesteten Babys so. Sie wissen jetzt, wer das ist, den sie da im Spiegel sehen. Sie können sich auch ein Video von sich selbst anschauen und sagen »Das ist Clare« oder »Das bin ich«. Dasselbe gelingt ihnen auch mit den Bildern in einem Fotoalbum.

Obwohl sie noch weit davon entfernt sind, sich in einem *mentalen* Spiegel zu sehen, haben sie doch schon ein *Ich,* das sich selbst als *Objekt* wahrnehmen kann.

Was Menschen sich alles während ihrer Kindheit merken können, sollte nicht den Blick darauf verstellen, was sie alles vergessen. Viele Arten von Ereignissen, die sie in nur wenigen Jahren erfassen werden, schreiben sich dem Gedächtnis zunächst noch nicht ein. Und Erinnerungen, die dennoch gebildet werden, haben nicht lange Bestand; das Leben währt erst so kurz, daß sie nie die »Gegenwart« zu verlassen scheinen, um Teil der »Vergangenheit« zu werden. Viele Tiere sind genauso vergeßlich wie wir. Das Gehirn von Ratten ist bei Geburt noch unreif, und sie können sich in ihren ersten Tagen kaum etwas merken, während Meerschweinchen mit ihrem gut ausgebildeten Gehirn sofort viel behalten können. Wir Menschen sind bei Geburt bekanntlich sehr unreif. Unsere Gehirne haben schon sämtliche Nervenzellen, die sie jemals besitzen werden, aber auf diese Zellen wartet noch eine Menge Arbeit. Sie müssen erst noch mit einer fettigen Isolierung namens Myelin überzogen werden, und die meisten von ihnen müssen noch mit den anderen verknüpft werden. All das dauert im Hippocampus besonders lang, der für die langfristige Etablierung eines autobiographischen Gedächtnisses so entscheidend ist. Der Hippocampus ist wahrscheinlich erst im Alter von vier oder fünf Jahren in voller Funktion.

Doch schon lange bevor der Hippocampus zur extensiven Langzeitspeicherung bereitsteht, bringt eine andere biologische Entwicklung die infantile Phase zum Abschluß. In der zweiten Hälfte des zweiten Lebensjahrs scheint ein »Sprach-Schalter« im Gehirn umgelegt zu werden. Damit ist die Periode des »Nicht-Sprechens« beendet, was die wörtliche Übersetzung des lateinischen Wortes *infans* ist. Zwar haben die »Sprachlosen« zuvor schon einzelne Worte benutzt, jetzt aber fangen sie an, eigene Wortkombinationen zu bilden: »Papa Schuhe«, »Milch alle weg«, »Kätzchen schön«, »Auto Straße«, »viele schmutzig«. Solche Kombinationen markieren den Beginn des wahrhaft menschlichen Sprechens. (Einige Tiere benutzen Äquivalente vereinzelter Worte, kennen aber keine grammatischen Regeln, um diese zusammenzufügen.) Jetzt explodiert die Sprachentwicklung, und alles, was die Babys sich merken, wird bald von Worten durchtränkt sein.

Kindheit: In den Strom der Sprache

Auto kaputt.
Die – Emmy kann nicht in das Auto.
Ins grüne Auto gehen.
Nein.
Emmy geht ins Auto.
Kaputt.
Kaputt. Ihr Auto kaputt,
also gehen Mama und Papa in ihr Auto,
Emmy Papa gehen in das Auto,
Emmy Papa Mama gehen in das Auto, kaputt.
Pa ... Pa Au ... Ihr, ihr Auto kaputt.

Die Sprecherin heißt Emily, ist 21 Monate alt und in ihrer Sprachentwicklung schon ziemlich weit fortgeschritten. Sie hat die Angewohnheit, vor dem Einschlafen in ihrem Bettchen noch mit sich selbst zu sprechen, und ihre Eltern haben gerade damit angefangen, ihre Selbstgespräche aufzunehmen. Soeben sind sie aus dem Zimmer gegangen, und das Tonbandgerät ist eingeschaltet:

Also geht mein Papa in Treffen, in, in das, in das Auto.
Also tut Emmy die [Kreise] in den, [w-] in den Weg.
Papa hält, in den [Kreisen] da drüben,
Emmy tut sie darüber,
also Auto kaputt,
Auto [Name]
Auto kaputt, also müssen fahren in dem grünen Auto,
das – dann, grünes Auto kaputt,
also schlafen gehen.

Das ist die wunderbare Momentaufnahme einer Erinnerung, die soeben in die Sprache eingeflossen ist. Zwei Monate zuvor wurde gerade eines der beiden Autos, die Emilys Familie besaß, repariert, und sie mußte mit einem anderen in den Kindergarten gebracht werden. Jetzt spricht sie über den Vorfall und stellt eine Beziehung zu sich selbst her. Hat sie das Ereignis ursprünglich ohne Mithilfe der Sprache gespeichert und erst später die Worte erworben, um darüber zu sprechen? Wir wissen es nicht, aber es ist bekannt, daß es zu so etwas kommt. Es ist genauso möglich, daß Emilys Eltern einige Zeit später über die Reparatur gesprochen haben und daß sie jetzt nur Stücke aus deren Gespräch reproduziert. Was auch immer die persönlichen und sozialen Mechanismen gewesen sein mögen, die das Ereignis bewahrten, Emily kann sich jetzt erinnern: »Auto kaputt«. Ihr Selbstgespräch über den Zwischenfall ist gelegentlich widersprüchlich und unzusammenhängend. Manchmal ist es das grüne Auto, welches kaputt ist, manchmal nicht. Anderes drängt sich zwischen das Hauptthema – die Hinweise auf Kreise zum Beispiel. Ihr Bericht hat kein Zeitmaß, dafür aber jede Menge Wiederholungen und Umformulierungen. Emilys Worte hängen als Erzählung noch nicht zusammen, aber es ist klar, was sie meint.

Emilys Eltern halfen der Entwicklungspsychologin Katherine Nelson bei ihren Forschungen über das Gedächtnis der frühen Kindheit. Nelson war über dieses Monolog-Häppchen höchst erfreut, doch auch von einem anderen war sie begeistert. Emily produzierte es etwa zur gleichen Zeit, im Alter von 21 Monaten also:

Mormor sagt nein,
also warum meine Kinder schlafen gehen, meine,
Mormor sagt Nacht, müssen schlafen gehen,
also warum, oh, also warum meine K- müssen schlafen gehen.
Ich kann nicht schlafen.

In diesem Abschnitt versucht Emily herauszufinden, wie das mit den Schlaf- und Wachphasen in ihrem Leben ist, was normalerweise passiert und was bei einer besonderen Gelegenheit geschieht. (Mormor, ihre Großmutter, bringt sie oft ins Bett.) Emily arbeitet an einem Skript ähnlich dem, das Erwachsene für Restaurantbesuche haben. Seine Form ist noch embryonal, das Skript läßt aber erkennen, daß Emily auf mehr als einer Ebene der Gedächtnishierarchie operiert. In ihrem ersten Jahr konnte sie sowohl Allgemeingültiges wie Spezifisches wiedererkennen, und jetzt erweist sie sich als fähig, sowohl Allgemeingültiges wie Spezifisches sich ins Gedächtnis zu rufen.

In dem Maß, wie Emilys bereits verblüffender Wortschatz wuchs, erweiterte sich auch ihr Gedächtnis für Skripts. Gerade drei Monate nachdem sie damit angefangen hatte, die Regeln fürs Schlafen und Wachsein auszuarbeiten, konnte sie schon einen ganzen Tagesablauf in die richtige Reihenfolge bringen, wenn auch einige Details noch nicht ganz korrekt waren. Nur zwei hatte sie verwechselt:

Ich kann nicht in den Keller mit Schlafanzug an. Ich schlafe mit Schlafanzug. Prima schlafen mit Schlafanzug. Nachts mir nur große Mädchenhosen angezogen. Aber am Morgen wir ziehen Schlafanzug an ... Aber, und am Morgen stehen auf ... Aus dem Zimmer ... Aber nachmittags mich aufwecken und spielen ... Spielen mit Mama, Papa.

Mit zwei Jahren und acht Monaten hat Emily, ehe sie Donnerstag abend einschlief, ihren normalen freitäglichen Tagesablauf antizipiert. Der folgende Auszug, für sich allein schon erstaunlich, umfaßt nur die erste Tageshälfte, und er ist völlig korrekt:

Morgen, wenn wir aus dem Bett aufwachen, zuerst ich und Papa und Mama, du, essen Frühstück ... Essen Frühstück, wie wir's immer machen, dann gehen wir s-p-i-e-l-e-n, und dann wenn Papa kommt, kommt Karl rüber, und dann spielen wir eine Zeit, und dann Karl und Emily fahren beide im Auto mit jemand, und wir fahren zum Kindergarten, und wenn wir dort ankommen, gehen wir alle aus dem Auto, gehen in den Kindergarten, und Papa gibt uns Bussis, geht dann und sagt dann, und dann sagen wir tschüs, dann geht er zur Arbeit, und wir spielen im Kindergarten, wär' das nicht gut?

Die Skripts im Geist eines Kindes zeigen, daß am Lebensanfang das Gedächtnis sich mehr um die Zukunft kümmert als um die Vergangenheit. Kinder wollen irgendwie vorwegnehmen, was passieren wird, suchen nach Möglichkeiten, es vorherzusehen und es unter ihre Kontrolle zu bekommen. Also achten sie auf Gesetzmäßigkeiten bei den Mahlzeiten, beim Schlafengehen, beim Baden, bei Fahrten zum Kindergarten oder zum Arzt. Sie lernen, was man bei McDonalds macht (einen Big Mac bestellen, ihn bezahlen und ihn essen) oder auf einer Geburtstagsparty (Geschenke überreichen, »Happy Birthday« singen, Kuchen und Eis essen und spielen). Die Skripts werden ihre Erinnerungen ausgestalten und gelegentlich Verzerrungen hineinbringen, genau wie es bei Erwachsenen geschieht. Wenn Kinder die Erinnerung an eine bestimmte Geburtstagsparty wiederfinden, fügen sie vielleicht etwas hinzu, das sich gar nicht ereignet hat (der Geburtstagskuchen fiel bei einem anderen Fest zu Boden), und lassen andere Dinge aus, die stattgefunden haben (das Ringewerfen zum Beispiel).

Emily war der normalen Sprach- und Skriptentwicklung weit voraus. Mit zwei Jahren und acht Monaten rasselte sie das Skript für einen typischen Freitag mit über fünfzig Elementen in der richtigen Reihenfolge herunter. Vier bis acht Elemente sind bei Dreijährigen die Norm. Doch unabhängig vom individuellen Tempo werden Länge und Komplexität der Skripts mit der Zeit zunehmen, wie diese Beispiele vom Plätzchenbacken illustrieren:

Nun, man bäckt sie und ißt sie.

Ein dreijähriges Kind

Meine Mama macht Schokoladenstückchen in die Plätzchen. Dann steckste sie in'n Ofen ... Dann nehmen wir sie raus, stellen sie auf den Tisch und essen sie.

Ein vierjähriges Kind

Dazu kommen drei Tassen Butter ... Dazu drei Stück Butter ... Zwei Tassen Zucker, eine Tasse Mehl. Durcheinanderrühren ... Kneten. Leg's auf ein Blech, schieb's in den Ofen. Back's ... Stell auf dreißig. Nimm's raus, und es sind Plätzchen.

Ein sechsjähriges Kind

Zuerst brauchst du eine Schüssel, eine Schüssel, und du brauchst ungefähr zwei Eier und Schokoladenstückchen und einen Schneebesen! Und dann mußt du die Eier aufschlagen und sie in eine Schüssel tun, und du mußt die Stückchen nehmen und das zusammenmischen. Und du stellst es für fünf oder zehn Minuten in den Ofen, und dann hast du Plätzchen. Dann kannst du sie essen!

Ein achtjähriges Kind

In ihren Bettgesprächen erwähnte Emily kaum einzigartige Ereignisse wie etwa Weihnachten oder die Geburt ihres kleineren Bruders, sie ging vielmehr ihre routinemäßigen Verrichtungen immer wieder durch. Dieses für die meisten Kinder typische Verhalten ist ein faszinierendes Phänomen. In den allerersten Phasen der Gedächtnisentwicklung konzentrieren sich die Kleinen auf Kosten des Besonderen auf das Allgemeingültige. Es ist einfach so wichtig, die Regeln des Lebens kennenzulernen. Eine Zweijährige, die gerade die Abfolge von Essen-Baden-Schlafengehen gelernt hatte, war eines Abends voll Kummer, als diese Routine in Unordnung gebracht wurde. Sie wurde vor dem Essen gebadet und glaubte, daß sie nichts zu essen bekommen würde. Wenn die Skripts sich erst einmal stabilisiert haben, können die Kinder ihren Ablauf überwachen und auch Veränderungen akzeptieren. Emilys frühe Erinnerung an das kaputte Familienauto ist ein Beispiel dafür. Sie rätselte in der Tat an einer Variation herum: Warum fahren wir nicht mit dem Auto, mit dem wir normalerweise fahren? In gewisser Weise werden Skripts dann zu Haken, an denen Kinder ihre Erinnerungen an besondere Ereignisse aufhängen. Sie helfen ihnen, solche Vorkommnisse zu verstehen, und stellen den Hintergrund dar, vor dem sich einzigartige Ereignisse wie etwa ein Besuch im Zoo abheben. Ohne den Rahmen allgemeingültiger Erinnerungen könnten wir keine spezifischen haben.

Wenn die Sprache erst einmal eingeschaltet ist, was normalerweise im Alter von zwei Jahren geschieht, läßt auch der Erzählschalter nicht mehr lang auf sich warten. Den Worten auf dem Fuß folgen erste Versuche, die Komponenten eines Ereignisses in die chronologische Reihenfolge zu bringen. Tatsächlich geht vermutlich ein instinktives Gespür für Ordnung der Sprache voraus. In jedem Fall eignen sich Kinder das, was Emily tat, ziemlich rasch an: Sie beginnen von der Vergangenheit und von der Zukunft zu sprechen. In der ersten Hälfte des dritten Lebensjahrs tun sie das typischerweise in Gesprächen mit den Eltern, bei denen sie eigentlich lernen, wie man sich an etwas erinnert, wie man erzählt, was man erinnert. In der zweiten Hälfte desselben Jahres hängen sie dann nicht mehr so sehr von den Eltern ab. Mit drei können viele Kinder ganz allein Erzählungen hervorbringen. Sich frei erfundene Geschichten auszudenken fällt ihnen noch schwer, und sie haben noch mehrere Jahre lang Schwierigkeiten damit; tatsächliche Ereignisse aus ihrem Leben können sie aber weitergeben. Einige Monate vor ihrem dritten Geburtstag war Emily mit ihrer Mutter einkaufen gewesen und hatte sie dazu überredet, ihr eine Puppe zu kaufen. Später berichtete sie darüber:

> Wir haben ein Baby gekauft ... weil ... daß, nun, weil ... als sie, nun, wir dachten, es sei für Weihnachten, aber als wir in den L-l-laden gingen, hatten wir keine Jacken an, aber ich sah so ein Püppchen, und ich rief meine Mutter und sagte: »Ich will eins von den Püppchen.« Als wir also mit dem Laden fertig waren, gingen wir rüber zu den Püppchen, und sie kaufte mir eins.

Diese kurze Zusammenfassung baut sich zu einem Höhepunkt auf (»Ich rief meine Mutter und sagte: ›Ich will eins von den Püppchen.‹«), der dann aufgelöst wird. Viel typischer für Geschichten von Drei- und Vierjährigen ist aber eine Sprunghaftigkeit, bei der die Erzählung vom einen zum anderen Ereignis wechselt, wobei oft bestimmte Teile weggelassen werden, die der Zuhörer durch Nachfragen herausfinden muß. Die folgende Wiedergabe eines Verkehrsunfalls stammt von einem Mädchen von drei Jahren und acht Monaten, das auf die Fragen eines Interviewers antwortete. Sie springt vom gebrochenen Arm ihrer Schwester zu dem Klaps, den sie selbst bekam, dann zurück zu dem gebrochenen Arm, der in dem einen Moment die Hauptsache ist, im nächsten nicht und so weiter:

Mädchen: Meine Schwester hat, sie hatte [einen Gips getragen]. Sie hat sich den Arm gebrochen, als sie in das Moped da fiel. Sie hat sich den Arm gebrochen. Sie hat, sie ist zum Arzt gegangen, und ich, mein Papa hat mir eine gehauen, und ich ...
Interviewer: Was hat dein Papa getan?
Mädchen: Mir eine runtergehauen.
Interviewer: Eine runtergehauen?
Mädchen: Ja, und sie mußte zum Doktor gehen, um einen Gips zu bekommen. Sie mußte dahin, ihn zu bekommen, mußte ihn wieder wegkriegen und, und dann ist er nicht mehr gebrochen.
Interviewer: Und dann ist er nicht mehr gebrochen?
Mädchen: Nein. Sie hat ihn noch ab. Sie kann nicht mehr spielen ... Sie kann nicht spielen wir, sie kann spielen anderen jetzt auch.
Interviewer: Oh, gut ...
Mädchen: Mmh, sie hat Gips an. Als sie zu Hause war, als sie zurückkam und sie, und sie, und sie musse zurück und den Gips abnehmen.

Obwohl es zwischen individuellen Kindern große Unterschiede gibt, liegt der Beginn des autobiographischen Gedächtnisses normalerweise zwischen drei und vier Jahren. Alle Voraussetzungen sind vorhanden. Ein Selbst ist seit dem Ende des Kleinkindalters präsent, und jetzt hat es schon eine vage Ahnung, daß seine Gedanken privat und für andere nicht zu durchschauen sind. Es existiert auch schon eine einfache Hierarchie, die sowohl allgemeine wie spezifische Erinnerungen umfaßt. Mit drei oder vier Jahren ist die Hierarchie schon so weit von Sprache durchdrungen, daß die Kinder ihre Erinnerungen in eine einfache Erzählung kleiden können. Ihr autobiographisches Gedächtnis wird in den folgenden Jahren noch bedeutende Umwandlungen durchmachen, doch bereits auf dieser Altersstufe sind alle Komponenten da.

Damit Erinnerungen als autobiographisch gelten können, ist noch etwas weiteres vonnöten: Sie müssen ein Leben lang behalten werden können – oder wenigstens bis zu dem Alter, in dem man seine Lebensgeschichte zusammenzubauen beginnt. Denn definitionsgemäß handelt es sich bei der Autobiographie ja um die Geschichte eines Lebens. Keine von Emilys Erinnerungen, obwohl für sich sehr bemerkenswert, genügen diesem letzten Kriterium. Obwohl einige von ihnen ein paar Monate erhalten bleiben, wird keine bis zu Emilys siebtem Geburtstag überleben, jedenfalls nicht so, daß Wissenschaftler sie wieder hervorlocken könnten. Die meisten Erwachsenen gleichen in dieser Hinsicht Emily. Sie können sich an Dinge oder Ereignisse aus der Zeit, ehe sie drei oder vier waren, nicht erinnern, ein Phänomen, das auch infantile oder manchmal Kindheitsamnesie genannt wird.

Nach dem vierten Geburtstag nehmen bei Kindern das Gedächtnis wie ihre Fähigkeit, Geschichten zu erzählen, kontinuierlich zu. Carole Peterson und Allyssa McCabe haben über tausend mündliche Erzählungen von annähernd hundert Kindern untersucht und herausgefunden, daß Fünfjährige in chronologischer Hinsicht zwar schon selbstsicherer werden, aber die meisten ihrer Erzählungen abbrechen, bevor sie aufgelöst sind. Mit sechs haben sie ein Verständnis für Höhepunkt und Auflösung entwickelt und passen ihre Geschichten dem an. Auch können sie dem Zuhörer jetzt viel besser eine Orientierung über das Wer, Was, Wo und Wann geben. Zwischen fünf und sieben nimmt der Anteil von »vollständigen Episoden motivierten Verhaltens« in den Erzählungen der Kinder drastisch zu.

Bei den Kindern, die Peterson und McCabe untersucht hatten, handelte es sich durchweg um weiße. Die Forscherin Sarah

Michaels verglich weiße Mittelschichtkinder und schwarze Arbeiterkinder in der Vorschule, die während der Pausen Erfahrungen austauschten; sie bemerkte, daß die typischen Erzählstrukturen, die sie anwandten, sich unterschieden. Die weißen Kinder erzählten kurze, in sich stimmige Geschichten, bei denen Anfang, Mitte und Ende klar auszumachen waren. Schwarze Schüler tendierten hingegen dazu, Anekdoten, die thematisch miteinander zu tun hatten, nebeneinanderzustellen; ihre Geschichten waren länger, und die Zeiten, Orte und Hauptpersonen wechselten. Die Lehrer erkannten die weiße Erzählstruktur an, nicht aber die schwarze und steuerten die Schüler in Richtung der ersteren. Michaels beobachtete also, wie die Schulen einer dominanten Kultur dahin tendieren, die unterschiedlichen Erzähltraditionen, die in sie einfließen, zu kanalisieren.

Während der gesamten Schulzeit wird das Gedächtnis der Kinder von dem Erzählstil geprägt, der von ihrer Kultur favorisiert wird. Ihren Erfahrungen werden die Zeichen und Bedeutungen ebendieser Kultur aufgepfropft. Wenn die Kinder lesen und schreiben lernen, entdecken sie neue Mechanismen und neue Modelle für Erinnerungen. Sie lernen, historische wie mythische Ereignisse in die zeitliche Ordnung des Kalenders zu bringen und ihre eigenen Erinnerungen daran festzumachen. Als ein Erstkläßler einmal seine Mutter fragte »Was ist April?«, korrigierte sie ihn »Du meinst, *wann* ist April?«

»Nein«, insistierte er, »*was* ist April?« September, so erklärte er, war Schulanfang, Oktober war Halloween, November war Erntedankfest, Dezember war Weihnachten, Januar war Wieder-zur-Schule-gehen, Februar war Valentinstag, März war St. Patrick's Day. Was also war April? Muß Ostern sein, meinte seine Mutter. Dieses Beispiel soll nur andeuten, was geschieht, wenn ein junges Gedächtnis vom Kollektivgedächtnis einer Kultur mitgerissen wird, egal ob es national, ethnisch, religiös oder eine Kombination von diesen dreien ist.

Wie genau sind die Erinnerungen von Kindern? Diese Frage ist von entscheidender Bedeutung, denn immer mehr junge Menschen müssen als Zeugen über heimliche Verbrechen, oft sexueller Natur, aussagen, die Erwachsene an ihnen begangen haben. Während ich an diesem Text schreibe, verfolgen unsere Lokalzeitungen zwei unterschiedliche Fälle; Kinder im Alter zwischen drei und elf Jahren behaupten, sie seien von ihrem Sonntagsschullehrer sexuell bedrängt worden. In einem der beiden Fälle wurden viele der Anklagepunkte von der Richterin fallengelassen, weil sie Kinder im Vorschulalter nicht als Zeugen vor Gericht zuließ. Im anderen Fall bekannte der alleinige Ankläger, ein älterer Junge, schließlich, daß er sich seine Geschichte nur ausgedacht hatte, weil er sich über den Lehrer geärgert hatte und sich mehr Aufmerksamkeit von seiten seiner Mutter wünschte. Dies zeigt das Spektrum der Extreme, in dem unsere Rechtsprechung arbeiten muß.

In jüngster Zeit hat es eine Flut von Forschungsberichten über Kinder als Augenzeugen gegeben. Obwohl die Wissenschaft uns niemals sagen können wird, was in einem Einzelfall wirklich passiert ist, zeichnen sich im großen und ganzen doch gemeinsame Tendenzen ab. Zunächst scheint das Gedächtnis von Kindern auf traumatische Erfahrungen in einzigartiger Weise zu reagieren. Wenn Erwachsene Katastrophen wie Wirbelstürme, Flugzeugabstürze, Feuer – in einem Fall sogar den Einsturz eines Hotels – überleben, zeigen sich bei ihnen oft bemerkenswerte Lücken im Gedächtnis. Entweder besteht bei ihnen hinsichtlich des Unglücks eine teilweise oder vollständige Amnesie, oder sie müssen, ohne daß sie das wollen, zwanghaft immer wieder daran denken: zuviel oder zuwenig Erinnerungen. Auch Kinder leiden unter den Folgen solcher Katastrophen emotional, ihre Erinnerungen daran scheinen aber dadurch nicht beeinträchtigt. Bei Kindern, die beispielsweise von einem Blitz getroffen wurden oder eine besonders traumatische Entführung überstanden, zeigten sich keine Probleme mit dem Gedächtnis. Selbst Kinder unter drei Jahren, die nicht in der Lage waren, ihre Erinnerungen an traumatische Erfahrungen zu verbalisieren, haben Teile davon im Spiel neu inszeniert. Alle Anzeichen sprachen dafür, daß sie sich an die Vorgänge erinnern konnten. Bei Kindern scheinen jedoch *chronische* traumatische Erfahrungen, keine Einzelfälle, dazu zu führen, daß es zu Schäden am Gedächtnis wie beispielsweise Dissoziationen kommt.

Mit der Genauigkeit ist es hingegen etwas anders. Als zweites zeichnete sich bei der erwähnten Untersuchung ab, daß Vorschulkinder in der Regel leichter zu beeinflussen sind als ältere oder Erwachsene und deswegen als Zeugen weniger verläßlich sind. Ein Grund dafür ist, daß es für sie schwerer ist, eine Gedächtnisspur bis zu ihrem Ursprung zurückzuverfolgen, so daß sie zum Beispiel behaupten, sich an nie gesehene Dinge zu erinnern, von denen sie in Wirklichkeit nur gehört haben. Das Gefühl eines privaten Selbst ist bei ihnen nur rudimentär entwickelt, also fällt es ihnen schwer zu glauben, daß sie irgend etwas wissen, das ein Erwachsener, der sie befragt, nicht genauso gut weiß. Auch wirkt sich bei ihnen die Art und Weise, wie sie befragt werden, stärker aus als bei älteren Kindern. Kürzlich wurden Drei- und Vierjährige interviewt, die in einer Klinik Spritzen bekommen hatten – ein Erlebnis, bei dem sie ein wenig, aber nicht allzusehr unter Streß gestanden hatten. Die Hälfte wurde von einem warmherzigen, sie ermutigenden Interviewer befragt, der ihnen Saft und Plätzchen gab, die andere Hälfte von einem, der Distanz wahrte und auch nicht lächelte. Allen wurden Fragen gestellt wie etwa »Sie hat dich am Po angefaßt, nicht wahr?« oder »Wie oft hat sie dir einen Kuß gegeben?« Bei den drei- bis vierjährigen Kindern, die von dem einschüchternden Interviewer befragt wurden, waren die Antworten doppelt so oft falsch wie bei jenen, zu denen der andere Interviewer eine positive Beziehung aufgebaut hatte. Ältere Kinder im Alter von fünf bis sieben waren durch die Art und Weise der Befragung nicht zu beeinflussen. Im allgemeinen wußten sie genau, daß sie weder geküßt noch geschlagen worden waren, daß sie nicht ausgezogen worden waren und daß niemand sie am Po berührt hatte. Damit jüngere Kinder sich genauso verhielten, mußten alle Bedingungen ideal sein.

Als drittes kam bei der Untersuchung heraus, daß kleine Kinder eher zu Auslassungsfehlern neigen, wenn man sie das erste Mal nach sensiblen Ereignissen befragt, als zu Übertragungsfehlern. Ihre Berichte sind nicht so sehr falsch als vielmehr unvollständig. In einer wissenschaftlichen Untersuchung wurde Vorschulkindern von einem Interviewer gesagt, daß es ungezogen sei, wenn Erwachsene sie küßten, solange sie unbekleidet sind. Dann wurden sie gefragt, ob sie jemals jemand geküßt habe, als sie gebadet wurden. Natürlich sagten sie nein, obwohl das nicht der Wahrheit entsprach – ein Auslassungsfehler. Um kleine Kinder dazu zu kriegen, daß sie in ihren Erzählungen etwas berichten, was sie anderenfalls weglassen würden, muß man sehr spezifische Fragen stellen. Doch dieses präzise Nachhaken wirft ein bereits bekanntes Problem auf: Es verstärkt das Risiko, daß falsche Erinnerungen implantiert und damit falsche Anschuldigungen produziert werden – Übertragungsfehler. Und Kinder sind für solche Beeinflussungen noch viel empfänglicher als Erwachsene.

Als viertes geht aus zeitgenössischen Forschungen hervor, daß wiederholte Befragungen von Kindern – wie auch von Erwachsenen – mehr Gelegenheit für Spekulationen geben, wenn die Interviewten wirklich keine Antwort wissen. In einem Fall von Kindesmißbrauch stellen viele Menschen Fragen – Familienangehörige, Polizisten, Krankenschwestern, Sozialarbeiter, Psychologen, Anwälte und vielleicht noch andere. Einige von ihnen werden schockiert sein, andere wütend, und wieder andere verfolgen ein festes Ziel, was sie dazu motiviert, bewußt oder unbewußt die Erinnerungen des Kindes zu beeinflussen. Wenn Kinder als Reaktion darauf zu spekulieren beginnen, wird das wiederholte Erzählen ihrer Geschichte ihnen Vertrauen in das, was sie sagen, einflößen, ähnlich wie das bei Erwachsenen der Fall ist. Wenn sie schließlich Monate oder Jahre später nach dem behaupteten Vorfall im Zeugenstand stehen, wird dieses Selbstvertrauen auf die Geschworenen ziemlich überzeugend wirken, selbst wenn es nicht auf Fakten gegründet ist. Damit man von Kindern Berichte bekommt, die der Wahrheit entsprechen, werden dieselben Maßnahmen empfohlen wie bei Erwachsenen: Von Anfang an müssen die Befragungen so angelegt sein, daß die Kinder weder eingeschüchtert noch suggestiv beeinflußt werden. Bei jedem Interview muß das Kind ermutigt werden, seine Geschichte in freier Form zu erzählen, ohne daß es unterbrochen wird; erst dann darf nach Einzelheiten gefragt werden. Das Problem ist nur, daß es sehr schwierig ist, solche idealen Interviewbedingungen über den langen Zeitraum von einem vermuteten Vorfall bis zu einem Prozeß beizubehalten. Und Menschen, die sich an Kindern vergehen, sind sich dieser Schwierigkeiten sehr wohl bewußt. Oft haben sie es gerade deswegen auf die jüngsten Kinder abgesehen, weil ihre Zeugenaussagen vor Gericht nicht anerkannt werden.

Wenn Kinder älter werden, sind sie als Zeugen nicht mehr so leicht zu beeinflussen, weil ihr autobiographisches Gedächtnis unabhängiger von den Erwachsenen wird, die es ursprünglich mittels der Sprache geformt haben. Kinder lernen nicht nur, was man alles mit Erinnerungen anfangen kann – verstehen, was in einer seltsamen neuen Welt vor sich geht, sich in eine Familie und in eine Kultur einfügen, das bekommen, was man will (»Aber du hast es versprochen, weißt du noch?«) –, sie lernen auch, daß man die Wahrheit sagen soll. All diese Entwicklungen finden statt, während das Selbst an der Spitze des autobiographischen Gedächtnissystems in seinen beiden Formen als Subjekt und Objekt auf ganz neue Weise etabliert wird. Schauen wir uns an, wie das vor sich geht.

Wenn beide Ich zusammengehen

Im Alter von fünf Jahren hat das Gehirn schon neunzig Prozent der Größe eines Erwachsenen erreicht, während der Körper mit rund vierzig Prozent im Vergleich dazu noch weit zurückliegt. Der Hippocampus, der für die Speicherung von Langzeiterinnerungen von entscheidender Bedeutung ist, hat seine Arbeit in vollem Umfang aufgenommen. Diese neurologischen Entwicklungen bereiten kognitiven Veränderungen den Weg, die so dramatisch sind, daß Theoretiker wie Jean Piaget meinten, damit würde gleichsam eine neue »Denkkappe« produziert, eine qualitativ völlig veränderte Sicht der Welt. Andere stimmten dem nicht zu: Es handele sich noch immer um dieselbe *Art* von »Denkkappe« oder Denkweise, sie sei nur größer und habe jetzt »mehr Kapazität für die Informationsverarbeitung«. Doch wie immer man es auch betrachten mag (ich neige der Ansicht zu, daß es sich um eine neue Denkweise handelt), die Veränderungen sind als Tatsache unbestritten. Quer durch viele Kulturen, vielleicht alle, läßt sich übereinstimmend beobachten, daß Kinder im Alter zwischen fünf und sieben Jahren Verantwortungen zu übernehmen beginnen, die denen der Erwachsenen gleichen. Man traut ihnen jetzt zu, Botschaften durch das Hügelland von einem Dorf zum anderen zu bringen oder allein zum Kaufmann zu gehen und kleinere Besorgungen zu erledigen. Allmählich können sie sich selbst etwas zu essen machen und auf kleinere Kinder aufpassen. Man überträgt ihnen die Verantwortung für das Vieh, das sie über weite Entfernungen begleiten, hüten und aus den Feldern heraushalten. Sie gehen zur Schule. Im englischen Rechtssystem geht man davon aus, daß Kinder mit sieben Jahren hinreichend zwischen erlaubt und verboten unterscheiden und deswegen eines Verbrechens angeklagt werden können. Das katholische Kirchenrecht geht von der gleichen zeitlichen Zäsur aus: Mit sieben beginnt das »Alter der Einsicht«, mit dem die Kinder der Sünde fähig werden und damit zur Beichte verpflichtet sind.

Die mentalen Veränderungen, die Kinder in die Lage versetzen, neue Verantwortung zu übernehmen, lassen sich mit einem der berühmten »Erhaltungsexperimente« von Jean Piaget illustrieren. Wenn man eine Flüssigkeit aus einem niedrigen, weiten Glas in ein hohes, schmales umgießt, glauben Kinder im Vorschulalter, daß die Menge der Flüssigkeit sich plötzlich erhöht. Warum? »Es reicht höher«, meinen die Kinder und zeigen auf den Wasserstand im Glas. Wenn man dann die Flüssigkeit in das niedrige, weite Glas zurückgießt, meinen die Kinder, daß die Menge abgenommen habe. Warum? »Es steht niedriger.« Vorschulkindern geht nicht auf, daß die Flüssigkeitsmenge gleichbleibt – »erhalten« bleibt –, weil sie sich auf die Höhe des Flüssigkeitsspiegels konzentrieren und die damit korrespondierende Veränderung des Glasdurchmessers nicht bemerken. Ältere Kinder können *sowohl* die Höhe *als auch* die Breite, also zwei Dimensionen zugleich, im Auge behalten. Es ist ihnen klar, daß unabhängig von der Form des Gefäßes die Flüssigkeitsmenge identisch bleibt.

Die Befähigung, zwei Aspekte einer Situation zugleich im Griff zu haben, verändert im Leben der Kinder viel. Drei- und Vierjährige unterscheiden nicht zwischen ihren eigenen Emotionen (ein Aspekt) und den Gefühlen eines anderen (ein zweiter Aspekt). Wenn ein Kind dieses Alters Zahnschmerzen hat und man es fragt, ob es weh tut, sagt es vielleicht: »Ja, spürst du das nicht?« Kinder dieser Entwicklungsstufe glauben, daß das, was sie selbst traurig macht, ebenjene Dinge sind, die auch Erwachsene bedrücken – etwa, nicht aufbleiben und die Lieblingssendung im Fernsehen anschauen zu können. Älteren Kindern geht auf, daß die Gefühle eines anderen sich von ihren eigenen unterscheiden, daß zwei verschiedene emotionale Zustände neben- oder miteinander existieren können. Ich kann traurig sein, und du kannst gleichzeitig wütend sein. Auch zwei unterschiedliche kognitive Perspektiven können nebeneinander bestehen. Als ich einmal eine Fünfeinhalbjährige fragte, ob sie Geschwister habe, antwortete sie: »Ich habe eine Schwester, Stephanie.« »Hat Stephanie eine Schwester?« fragte ich. »Nee.« Ein anderes Mädchen hatte einen Bruder namens Brendan, der neun Fische, zwei Hamster und eine Katze besaß – aber keine Schwestern. Diese Kinder konnten sich selbst nicht aus der Perspektive eines anderen betrachten. Ältere Kinder tun das. Ihnen ist klar, daß sie für jemanden eine Schwester sein können, der für sie ein Bruder ist. Das neue Denkvermögen, dank dessen die Kinder zwei Perspektiven zur gleichen Zeit berücksichtigen können, macht sie auch zu besseren Geschichtenerzählern, denn sie können jetzt ihre eigenen Reaktionen *und* zugleich die Reaktionen ihrer Zuhörer im Blick behalten. Das hat für das Selbst an der Spitze des autobiographischen Gedächtnissystems erhebliche Konsequenzen. Der Entwicklungspsychologin Susan Harter zufolge sind Sechsjährige typischerweise noch nicht zur Selbstwahrnehmung fähig. Obwohl sie Fotos von sich selbst schon wiedererkennen, seit sie zwei Jahre alt sind, kann in mentaler Hinsicht ihr subjektives *Ich* noch nicht das objektive *Ich* sehen. Sie können sich selbst noch nicht in der Weise wahrnehmen, wie es andere tun. Doch wenn sie dann die Fähigkeit erwerben, die Perspektive eines anderen einzunehmen, lernen sie, sich so zu sehen, wie es ein anderer tun würde:

»Für meinen Bruder bin ich ein Bruder.« Sie entdecken, daß andere in einzigartiger Weise emotional auf sie reagieren, und beginnen das objektive *Ich* so zu betrachten, wie es die anderen sehen. Das Selbst als ein Beobachtungsobjekt für andere wird nun zu einem Beobachtungsobjekt für sie selbst.

Man könnte sagen, daß das Selbst als Subjekt in dem Moment das Selbst als Objekt zu beobachten beginnt, wenn Kinder die Fähigkeit zur Selbstkritik entwickeln. In der ersten Klasse, im Alter von sechs Jahren, können Kinder bei anderen Fehler entdecken, noch nicht aber bei sich selbst. Drei Jahre später, mit neun, können sie sich dann auch selbst kritisieren. Bis dahin haben sie andere Kinder nur dahingehend kontrolliert, daß keines sie übervorteilte, daß keines mehr Geburtstagsgeschenke oder ein größeres Stück Kuchen abbekam. Jetzt aber stellen sie Vergleiche mit anderen zum Zweck der Selbsteinschätzung her. Sie merken, daß sie besser lesen können als ihre Mitschüler, schneller Aufgaben lösen, Bälle weiter werfen oder schneller laufen können. Wenn sie ihre Leistungen mit denen anderer messen, gehen sie reichlich hart mit sich ins Gericht und werfen mit Bemerkungen um sich wie etwa: »Was bin ich vielleicht blöd!«

Als Harter Kinder fragte, was die Worte »sich schämen« und »stolz sein« bedeuteten, erhaschte sie einen weiteren Blick auf das im Werden befindliche Selbst als Objekt. Im Alter zwischen fünf und sieben Jahren konzentrierten sich Kinder darauf, wie andere auf sie stolz sein oder sich ihrer schämen könnten. »Meine Mami schämte sich für mich, weil ich etwas getan hab', was ich nicht durfte«, sagten sie beispielsweise, oder auch: »Vati war stolz auf mich, weil ich den Müll rausgetragen hab'.« Die Perspektive eines anderen war ihnen bewußt, aber sie hatten sie noch nicht internalisiert. Mit acht Jahren reagierten sie schon anders. »Wenn du Milch über einen anderen kippst, schämst *du dich* am nächsten Tag dafür«, oder: »Wenn du eine Prüfung bestehst oder etwas Gutes tust, bist du stolz *auf dich*«. Zunächst sieht man, welche Sicht ein anderer von einem hat, und erst dann sieht man sich selbst.

Während Kinder die externe Perspektive internalisieren, beginnen sie auch mit dem, was Beobachter von außen tun: Sie machen dispositionale Attributionen. Bis zu diesem Zeitpunkt beschreiben sie sich selbst anhand von körperlichen Charakteristika: Sie sind groß oder klein, schwarz oder weiß, Junge oder Mädchen, fünf oder sechs Jahre alt. Sie können schnell laufen oder nicht so schnell wie andere. Mit neun Jahren aber gehen sie unter die Oberfläche und sagen vielleicht, daß sie schüchtern oder freundlich sind, faul oder fleißig, laut oder ruhig, schneller die Geduld verlieren als andere oder nicht. Und sie erkennen diese internen Züge als etwas Beständiges, genau wie ihnen jetzt klar ist, daß die Flüssigkeitsmenge in Gläsern verschiedener Größe gleichbleibt. Fünf Jahre zuvor waren sie sich noch nicht einmal sicher, daß ihr Geschlecht immer dasselbe bleiben würde; sie glaubten vielleicht sogar, daß Kinder sich in Tiere verwandeln könnten. Für Neunjährige kann jedoch sogar so etwas Abstraktes wie Ehrlichkeit eine Konstante sein, eine dauerhafte Disposition, die Teil der eigenen Persönlichkeit ist.

Was sich im zweiten Lebensjahr vor einem tatsächlichen Spiegel abspielte, wiederholt sich also im neunten oder zehnten vor einem mentalen Spiegel. Das Selbst als Subjekt beginnt das Selbst als Objekt wahrzunehmen. Faszinierend ist die Frage, ob in diesem Alter einige Erinnerungen in eine außerkörperliche Perspektive überwechseln; entsprechende Untersuchungen wurden allerdings noch nicht angestellt. Ungeklärte Details wie dieses sollten jedoch nicht davon ablenken, daß dieser wichtige Entwicklungssprung für das autobiographische Gedächtnis von umfassender Bedeutung ist. Dank des mentalen Spiegels ist das Selbst jetzt in der Lage, sich zu interpretieren. Es ist nicht mehr weit davon entfernt, zum ersten Mal die eigene Lebensgeschichte abfassen zu können.

Heranwachsen: Der Strom weitet sich zur Lebensgeschichte

Ich schaue mir gerade ein kleines Büchlein mit dem Titel *Meine Geschichte* an. Es ist nur vier Seiten lang und von Hand mit Füller und Tinte geschrieben. Der Umschlag des Buches besteht aus dickem, grünem Papier, das mit der Zeit verblaßt ist. Der Titel ist mit schwarzem Malstift darauf geschrieben, genau wie die geschnörkelten Linien auf dem Rücken, die das Buch wohl wie eines aus der Reihe *Harvard Classic* aussehen lassen sollen. Vorn auf dem Umschlag prangt ein Bild des Autors, eines fröhlich aussehenden Jungen von ungefähr zwölf Jahren mit gescheiteltem Haar, Hemd und Krawatte – noch deutet nichts auf den Beginn der Pubertät hin. *Meine Geschichte* wurde vor über vierzig Jahren als Schularbeit geschrieben, und der Junge auf dem Foto bin ich.

Es ist interessant, einen Blick zurück auf diesen Autor an der Schwelle zur Jugend zu werfen. Seite 1: Einleitung und Geburt, der Umzug in unsere neue Wohnung, die Geburt meiner jüngeren Schwester. Ich fand es »scheußlich«, daß es ein Mädchen war. (Entschuldige, Mary.) Seite 2: Schulanfang. Als ich in die fünfte Klasse kam, so ist der Geschichte zu entnehmen, fühlte ich mich, als blickte ich von oben auf die Welt herab. »Na ja, schließlich war ich ja auch schon in der ersten Klasse ganz oben.« (Architektonisch betrachtet, stimmte das in der St.-Margaret-Mary's-Schule auch, also habe ich hier wohl versucht, witzig zu sein.) Dann, um mich bei den Nonnen einzuschmeicheln, folgen ein paar Zeilen darüber, wie ich firmiert und Ministrant wurde. Auf Seite 3 kommt endlich das große Ereignis, auf das wir alle gewartet haben, die Geschichte vom »ersten wirklich großen Fisch, den ich gefangen habe«.

Der Fischfang macht die gesamte zweite Hälfte meiner Autobiographie aus. Zunächst werden Ort und Zeit der Handlung vorgestellt. Wir machen Sommerferien; mein Vater, meine ältere Schwester und ich angeln Blaufelchen; ich bin im Boot fast eingeschlafen. Da spüre ich plötzlich einen Ruck in meiner Schnur. Kurz darauf reißt der »Prachtbursche« beinahe meine Angelrute in Stücke, doch ich schaffe es, ihn aus dem Wasser zu holen. Es ist ein Hecht, aber (und das ist der Höhepunkt) ist er auch groß genug, um ihn behalten zu können? Man blättert die Seite um, und ... ja, gerade so eben, und das war's dann, lieber Leser, das ist das Ende von *Meine Geschichte*.

Als ich zwölf Jahre alt war, stellte eine Minute aus meinem Leben die Hälfte meiner »Autobiographie« dar. Natürlich konnte ich mir gegen Ende der Kindheit kaum vorstellen, was eine Autobiographie ist. Die Geschichte meines Lebens bestand in der Hauptsache aus einer einzelnen Geschichte *aus* meinem Leben.

Wer jemals mit einem Boot einen Fluß hinabgefahren ist, kann nachvollziehen, was in den folgenden Jahren mit meinem Geist geschah. Auf einem Fluß kann man im Wald um eine Biegung paddeln, ohne zu wissen, was unmittelbar dahinter liegt. Plötzlich weitet sich der Blick: Man fährt in einen See. Zu beiden Seiten weichen die Ufer zurück, und vor einem liegen längere und weitere Ausblicke, als man sich je hat vorstellen können. In der Adoleszenz gehen dramatische kognitive Veränderungen in einem vor; weil aber noch soviel anderes im Leben geschieht, bemerkt man sie kaum.

Auch andere Menschen nehmen sie nicht wahr. Erst wenn der Wandel nahezu abgeschlossen ist, schauen sie einen an und bemerken, daß es da im Innern etwas Neues gibt; sie sagen, man habe an »Tiefe« gewonnen. Das ist der Blick von außen. Von innen betrachtet, wird die »Tiefe« zur »Höhe«: Man scheint aus der Luft auf sein Leben zu blicken, nicht vom Boden aus. Man hat jetzt einen Standpunkt gewonnen, von dem aus man erkennen kann, wie die unterschiedlichen Episoden des Lebens miteinander verknüpft sind, wie Geschichten *aus* einem Leben zur Geschichte *des* Lebens werden. Man kann sagen: »So sind die Dinge nicht; sie sind mir nur so erschienen.« Mit der neuen Denkweise der Adoleszenz werden wir alle zu potentiellen Biographen des Selbst – eines Selbst mit einem Anfang, einer Mitte und einem Ende.

Was steckt hinter dieser neuen Denkweise? Viele Psychologen glauben, daß sie mit einer gesteigerten Kapazität zur Informationsverarbeitung zu tun hat – mit mehr Arbeitsspeicher, wenn man so will. Heranwachsende können viel schneller als Kinder Wissen aus dem Gedächtnis hervorholen und es mit anderem Wissen vergleichen. Relevante Informationen kommen ihnen so rasch in den Sinn, daß ihnen mehr mentale Energie zum Umverteilen zu Verfügung steht. Ihr Denken ist raffinierter, weil sie den anstehenden Aufgaben zusätzliche Aufmerksamkeit schenken können, ähnlich wie ein Personalcomputer mit zwei Megabyte Arbeitsspeicher einem mit nur einem Megabyte haushoch überlegen ist.

Die Erweiterung ihrer mentalen Fähigkeiten befreit die Heranwachsenden vom Konkreten und erlaubt ihnen, eine abstrakte Welt des Möglichen zu erforschen. Psychologen können diese Veränderungen mit einem einfachen Experiment nachweisen, bei dem Poker-Chips in verschiedenen Farben zum Einsatz kommen. Zu Beginn sagt beispielsweise eine Psychologin dem jungen Menschen ihr gegenüber, daß sie über die Poker-Chips verschiedene Dinge sagen wird und der Heranwachsende entscheiden soll, ob die Aussagen wahr oder falsch sind oder ob es keine Möglichkeit gibt, dies festzustellen. Dann nimmt die Psychologin einen Chip, verbirgt ihn in der Hand, so daß der Heranwachsende ihn nicht sehen kann, und sagt: »Der Chip in meiner Hand ist rot, *oder* er ist nicht rot.« Zehnjährige starren auf die geschlossene Faust und sagen, daß sie es nicht wissen. Heranwachsende aber sagen: »Richtig.« Sie wissen, daß die Frage nichts damit zu tun hat, ob der Chip zu sehen ist, sondern sich ganz allein um die Logik der Aussage dreht. Dann verbirgt die Psychologin einen anderen Chip in ihrer Hand und sagt: »Der Chip in meiner Hand ist rot, *und* er ist nicht rot.« Zehnjährige konzentrieren sich weiterhin auf das, was sie sehen, und meinen: »Ich kann es nicht sagen.« Heranwachsende aber reagieren wiederum auf die nicht sichtbare Logik der Aussage und sagen: »Falsch«.

Jüngere Kinder stehen bei diesem Experiment auf dem festen Boden der Realität und sehen, was da *ist*. Heranwachsende schwingen sich ins Reich des Hypothetischen empor und erkennen, was *sein könnte*. Dank ihrer neu erworbenen Fähigkeit, über das Mögliche nachzudenken, öffnet sich für Teenager die Tür zur Welt der Ideale. Sie sind zum ersten Mal in jemanden »verknallt«, schreiben irgendeinem unerreichbaren Geliebten ideale Schönheit, Intelligenz und Leidenschaft zu. Sie träumen von idealen Eltern, bei denen es sich in der Regel um ein Kompositum dessen handelt, was sie an den Eltern ihrer Freunde mögen; und ihnen geht auf, wie unzulänglich ihre eigenen Mütter und Väter bei diesem Vergleich wirken. Eltern, die bislang immer so mächtig, gütig, ja sogar perfekt waren, scheinen plötzlich nicht mehr richtig gehen, sprechen, sich anziehen oder anständig essen zu können. Heranwachsende träumen auch von einer perfekten Welt, einer ohne Hunger, Krieg und Ungerechtigkeiten, und sagen von derjenigen, in der sie leben: »So müßte das doch nicht sein.«

Auch *sie selbst* müßten so nicht sein. Mit ihrer neu erworbenen Fähigkeit, Möglichkeiten abzuwägen, können Teenager fragen: »Was, wenn *ich* anders wäre?« Sie wenden sich jetzt der wichtigsten psychischen Aufgabe der Adoleszenz zu, die darin besteht, eine Identität auszubilden. Die Frage »Wer bin ich?« beantworten wir meist, indem wir bestimmte Eigenschaften auflisten. Doch sie kann genausogut mit einer Geschichte beantwortet werden, mit der Geschichte eines Lebens.

Einer meiner Studenten hat einmal stundenlang einen Jungen aus der zweiten Klasse der High-School interviewt, um Stück für Stück dessen Lebensgeschichte zusammenzusetzen. Das *Ich* dieser Geschichte – wenigstens das, welches ein Fünfzehnjähriger der Welt bieten wollte – war sowohl ein wüster Kerl wie ein galanter Ritter. Seine Geschichte war ein Lobgesang auf beide Aspekte, eine von Stufe zu Stufe sich steigernde Litanei seiner Heldentaten. Als ganz kleiner Junge hatte er mit einem Freund einmal ein dickes Mädchen zusammengeschlagen, weil sie immer die erste im Baumhaus war. Im Kindergarten hatten er und ein anderer Freund immer Jason Myers gezwungen, ihnen seine Brezeln abzugeben. In der ersten Klasse meldete er sich immer, weil er auf die Toilette mußte. Der Lehrer wollte ihn zum Arzt schicken, damit seine Blase untersucht würde, doch seine Mutter wußte es besser. In der zweiten Klasse mußte er zur Rektorin, weil er vor Denise Scott geschrien hatte, jemand habe ihm in die Eier getreten. Er schaffte es sogar, das vor der Rektorin zu wiederholen – und ihr zu zeigen, wo seine Eier waren. In der dritten Klasse stahl er die Sterne, die die Lehrerin als Belohnung verteilte, und versuchte sie gegen Süßigkeiten einzutauschen. Die meisten Schüler tauschten immer fünf oder sechs Sterne auf einmal, er kam mit 120 an. In der vierten Klasse legte er eine Reißzwecke mit der Spitze nach oben Mike Heston auf den Stuhl. Als Mike hochfuhr, konnte man die Reißzwecke in seinem Po stecken sehen. In der fünften Klasse mußte er zurückstecken, weil die Lehrerin seine Streiche nicht tolerieren würde. Zufällig war es seine Mutter. Doch in der sechsten Klasse war er wieder ganz der alte und wurde bestraft, weil er Jennifer Eccles Schließfach aufgebrochen hatte. In der siebten und achten Klasse hat er nichts als Dampf abgelassen, um jeden Preis. In der neunten Klasse riskierte er noch mehr. Er begann Kautabak zu stehlen und in Läden Schuhe und Kleidung zu klauen.

Das war der wüste Kerl. Der galante Ritter wurde im Kindergarten geboren, wo er Denise, die erste Liebe seines Lebens, traf. Ein paar Jahre lang verehrte er sie und beschützte sie auch vor den (anderen) Schulterroristen, doch sie schenkte ihm niemals ihre Aufmerksamkeit. In der dritten Klasse schickte ihm sein Freund Ronnie eine verschlüsselte Geheimbotschaft. Sie lautete: »Ich möchte mit Angela Woodward Kinder haben.« Im folgenden Jahr begann er sich für Angela zu interessieren und machte dadurch auf sie Eindruck, daß er Mike Heston sich in die Reißzwecke setzen ließ. In der fünften Klasse, ein Jahr bevor er ihr Schließfach aufbrach, hatte er eine längere Beziehung mit Jennifer Eccles, obwohl sie niemals miteinander sprachen. Die ganze Angelegenheit spielte sich über einen gemeinsamen Freund ab, der ihn regelmäßig fragte, ob er sie noch mochte, und sie, ob sie ihn noch mochte. In der siebten Klasse, am 14. Januar 1987, an einem eisigen Mittwochabend im Schneetreiben, küßte er hinter der Schule Linda Jones. Am Ende desselben Jahres trennten sie sich. Als er den Brief erhielt, mit dem sie ihn fallenließ, »da machte es ›Peng!‹, ich hätte ins Kloster gehen können!«

Die Namen in dieser Realversion der Fernsehserie The Wonder Years sind verändert worden, aber die Sache ist klar. Zu Beginn der Adoleszenz dienen autobiographische Erinnerungen weiterhin einem sozialen Zweck – hier unterhalten sie den Zuhörer –, aber allmählich nehmen sie sich auch einer persönlichen Aufgabe an. Sie beginnen, die Frage »Wer bin ich?« mit der Beschreibung einer Identität zu beantworten. Die dieses Fünfzehnjährigen war für die öffentliche Zurschaustellung gemacht.

Doch die Identität hat auch ihre private Seite. Frühe Geschichten des Selbst, wie man sie etwa in den Tagebüchern Heranwachsender findet, enthalten oft mythische Elemente, die der Psychologe David Elkind die »Persönliche Fabel« nennt. Bei der Persönlichen Fabel handelt es sich um eine positive Illusion, die die Überzeugung der jungen Person widerspiegelt, daß ihre Erfahrungen von universeller Gültigkeit sind. Noch niemand hat je die Welt so wahrgenommen wie sie. Niemand hat gesehen oder getan, was sie gesehen oder getan hat. Niemand ist so zur Größe oder zur Tragik bestimmt wie sie. Wenn sie liebt, dann liebt sie mit allem, was sie hat – und wenn ihre Liebe nicht erwidert wird, ist sie vernichtet. Wie könnte irgend jemand, vor allem ein Vater oder eine Mutter, das verstehen? Doch bei aller Melodramatik ist die Persönliche Fabel ein Vorspiel der ernsthaften Identitätsbildung. Sie repräsentiert den Impuls, einzigartig sein zu wollen, und sagt dem jungen Menschen, wie anders, wie besonders er ist. Zwar steckt die Geschichte noch voller Phantastereien, spätere Versionen werden jedoch immer realistischer.

Diese reiferen Versionen bekommen auch einen Hintergrund von Glaubensüberzeugungen und Wertvorstellungen, das, was der Psychologe Dan McAdams als den »ideologischen Kontext« beschreibt. Im Alter zwischen fünfzehn und neunzehn Jahren, sagt er, sind wir vor allem damit beschäftigt, Antworten auf die fundamentalen Fragen zu finden, was richtig und was falsch ist, wie sich die Beziehungen zwischen Menschen gestalten, ob es einen Gott gibt. Wir wollen unsere Ideologie vermessen. Während dieser Zeit kann man geradezu beobachten, wie der ideologische Kontext ins Kinderzimmer einzieht: Nach und nach verschwinden die Bilder von Rockstars, Fernsehgrößen und Sportidolen von den Wänden und weichen abstrakten Symbolen des Guten und des Bösen, Plakaten mit Slogans wie »Lebe deinen Traum« oder »Mache dein Glück«, sogar Gedichten und längeren philosophischen Abhandlungen. Allmählich verändert sich das intime Umfeld des jungen Lebens.

Der ideologische Kontext einer Autobiographie stellt dem autobiographischen Gedächtnissystem höhere Bedeutungsebenen zur Verfügung. In früheren Jahren begriffen die Kinder soziale Institutionen eher auf den unteren Ebenen. Das »Gesetz«

war für sie der Polizist oder der Richter, dessen Aufgabe es ist, zu bestrafen. Die »Regierung« war der Präsident oder der Bürgermeister oder Bauwerke und Autobahnen. »Bildung« war der Lehrer, »Religion« der Pfarrer. Gegen Ende der Adoleszenz denken junge Menschen jedoch abstrakt über soziale Institutionen. Sie verstehen die Gesetze und Konventionen, die eine Gesellschaft zusammenhalten, und wissen die Hoffnungen und Ideale, die sie verkörpern, zu schätzen. Moralisch und religiös können sie Ansichten vertreten, die ihre eigenen, nicht die ihrer Eltern sind. Dadurch bilden sie eine neue Beziehung zu der Gesellschaft aus, die sie als ihre eigene identifizieren.

Beim jungen Erwachsenen wird die Persönliche Fabel zu dem, was der Entwicklungspsychologe Daniel Levinson den »Traum« nennt. Es ist eine realistischere Vision von uns selbst in der Erwachsenenwelt. Ein junger Mann sieht sich vielleicht als großer Künstler oder Spitzensportler, als erfolgreicher Geschäftsmann oder handwerklicher Könner – als eine Art Held, der herausragende Leistungen erbringt und dem man besondere Ehre erweist. Möglicherweise sieht er sich auch als Familienvater oder als höchst respektiertes Mitglied seiner Gemeinde. Der Traum einer jungen Frau ist heute wahrscheinlich eher »zweigleisig« und räumt den widerstreitenden Erfordernissen von Beruf und Familie gleichen Raum ein. Nicht jeder, der ins Erwachsenenalter eintritt, hat Levinson zufolge einen Traum, aber diejenigen, die einen solchen artikulieren, werden mit ihrem Leben im allgemeinen besser fertig als die anderen. Der Traum bringt unsere Identität zum Ausdruck und sorgt für die Energie, die wir für die Ausführung unserer Pläne brauchen; zugleich aber befähigt er uns, emotional uns von der Familie, aus der wir kommen, zu trennen. Dank des Traums können wir sagen: »Das ist mein Leben, nicht das meiner Eltern.«

Im breiteren Gedächtnisstrom der Adoleszenz setzen wir zum ersten Mal unsere Erinnerungen zusammen, und dies ist zugleich der Zeitpunkt, zu dem wir uns selbst zum ersten Mal zusammensetzen. Die integrierten Erinnerungen geben uns eine Identität – das Gefühl persönlicher Stabilität über die Zeit hinweg, ein *Ich*, das sich treu bleibt. Wenn unsere Teenagerjahre vorüber sind, ist unser autobiographisches Gedächtnissystem so groß wie das eines Erwachsenen. Es verfügt über alle Ebenen, die das erwachsene hat, und über das *Ich*, das an seiner Spitze steht und in aller Tiefe und Breite über sich selbst nachdenkt. Der Gehalt des Systems wird sich im Lauf der Jahre ändern, manchmal sogar drastisch, und damit wechselt auch seine Zeitperspektive; seine grundlegenden Strukturen werden sich jedoch nicht mehr weiterentwickeln. Was immer in der Zukunft als *Meine Geschichte* geschrieben wird, es wird eine echte Autobiographie sein, nicht Geschichten *aus* einem Leben, sondern die Geschichten *des* Lebens.

Das Kind des Erwachsenen

Kehren wir zur Ausgangsfrage dieses Kapitels zurück. Wenn das autobiographische Gedächtnissystem erst einmal voll ausgebildet ist, kann es dann noch immer die Perspektive eines Kindes einnehmen? Kann es das Kind, das es einmal war, wiederfinden?

Menschen mit multiplen Persönlichkeitsstörungen – abgekürzt MPD – gewinnen das Kind in ihrem Innern in sehr überzeugender Weise zurück. Dieses Kind ist vielleicht nur eine von mehreren verborgenen Persönlichkeiten – oder »Alter egos« –, die von Zeit zu Zeit an die Oberfläche kommen, mit unterschiedlichen Stimmen sprechen, unterschiedliche Gehirnstromkurven aufweisen, verschiedene Brillen brauchen, deren Urin chemisch anders zusammengesetzt ist und die auf ein und dasselbe Medikament unterschiedlich reagieren. Trotz solcher überzeugender Anzeichen, daß dies alles echt ist, wirft das Phänomen der multiplen Persönlichkeitsstörung eine quälende Frage auf: Die Störung rührt von einem Mißbrauch in der Kindheit her, doch verborgene Persönlichkeiten lassen sich bei Kindern kaum finden. Sie zeigen sich vielmehr erst im Erwachsenenalter. Kürzlich wurden im Rahmen einer Umfrage bei sämtlichen Schweizer Psychiatern Daten erhoben, die sehr bezeichnend sind. Das Durchschnittsalter aller Patienten, die in der Schweiz wegen multipler Persönlichkeitsstörungen behandelt werden, liegt bei 38 Jahren; die Bandbreite reicht von vierzehn bis 74.

Doch die Altersfrage ist nur Teil eines größeren Rätsels. 39 Prozent der in der Schweizer Studie befragten Psychiater hatten von multiplen Persönlichkeitsstörungen *noch niemals gehört!* Und zwar aus dem einfachen Grund, daß dazu keine Notwendigkeit bestand: Außerhalb Nordamerikas ist das Krankheitsbild äußerst selten, ja so gut wie nicht existent. Die Geschichte der MPD als Krankheit ist ebenfalls sehr verworren. Obwohl schon zu Beginn des 19. Jahrhunderts von vereinzelten Fällen berichtet wurde, wurde die MPD als Krankheitsbild erst 1875 anerkannt, und zwar in Frankreich, wo sie »gespaltene Persönlichkeit« genannt wurde. In den folgenden Jahrzehnten interessierte man sich mal mehr, mal weniger dafür. Der nächste aufsehenerregende Fall war dann erst wieder »Eve«, deren Geschichte in den Vereinigten Staaten zunächst als Buch, dann als Film popularisiert wurde. Eve hielt man jedoch für einen Einzelfall. Als im Jahr 1968 die American Psychiatric Association (APA) die zweite Ausgabe ihrer Klassifizierung der Geisteskrankheiten, das sogenannte DSM-II, veröffentlichte, wurden multiple Persönlichkeitsstörungen nicht berücksichtigt. 1973 wurde dann der Fall von »Sybil« bekannt, der ebenfalls als Buch wie als Film veröffentlicht wurde. Das Interesse an MPD schoß steil nach oben. 1980 wurden multiple Persönlichkeitsstörungen im DSM-III, der dritten Ausgabe der APA-Klassifizierung, anerkannt. 1982 wurden Zahlen veröffentlicht, die den Eindruck nahelegten, daß es sich um eine »Epidemie« handele. Sechs Jahre später versuchte man darauf zu reagieren, indem man die Fachzeitschrift *Dissociation* auf den Markt brachte.

Diese wechselvolle Geschichte hat manche zu der Argumentation verleitet, das Phänomen, daß mehrere Persönlichkeiten ein und dasselbe Individuum bewohnen, existiere gar nicht, vielmehr sei es eine Erfindung von Klienten und Therapeuten. Skeptikern fiel auf, daß die Anzahl der Persönlichkeiten, die man in ein und derselben Person entdeckte, stetig zu wachsen schien. Die Therapeuten multiplizierten sozusagen die Multiplen immer weiter, so daß heute schließlich Fälle von über hundert Alter egos in einem einzigen Individuum berichtet werden. Und die Patienten scheinen immer schneller von der einen Persönlichkeit zu einer anderen wechseln zu können; sie springen so behende zwischen ihnen hin und her, wie sie mit der Fernbedienung die TV-Kanäle wechseln.

Es ist klar, daß verborgene Persönlichkeiten durch Suggestion implantiert werden können. »Wie viele seid ihr da drin?« könnte ein Therapeut beispielsweise fragen. »Ich möchte, daß ihr alle zuhört, obwohl ihr euch noch nicht vorgestellt habt.« Genauso scheint es im Fall von Kenneth Bianchi gewesen zu sein, dem »Hillside Strangler« von Kalifornien, der im Verlauf einer Hypnose ein Alter ego offenbarte:

> *Hypnotiseur:* Ich habe mich ein wenig mit Ken unterhalten, aber ich glaube, daß es vielleicht noch einen weiteren Teil von Ken gibt, mit dem ich noch nicht gesprochen habe, einen weiteren Teil, der sich vielleicht als etwas verschieden von dem Teil empfindet, mit dem ich gesprochen habe ... Würdest du, der andere Teil, zu mir sprechen wollen, indem du sagst »Ich bin da«?

Bianchi antwortete: »Ja«, und der Hypnotiseur hakte nach:

> *Hypnotiseur:* Teil, bist du dasselbe wie Ken, oder unterscheidest du dich in irgendeiner Weise?
> *Bianchi:* Ich bin nicht er.
> *Hypnotiseur:* Du bist nicht er? Wer bist du? Hast du einen Namen?
> *Bianchi:* Steve. Du kannst mich Steve nennen.

Steve sagte weiter, daß er es gewesen sei, der die Frau ermordet hatte, wegen deren Tod Ken vor Gericht stand. Sein Hypnotiseur war der Überzeugung, daß es sich hier um einen wirklichen Fall multipler Persönlichkeit handle, andere Spezialisten widersprachen dem aber. Einer glaubte, Bianchi täusche dies vielmehr vor, um seine Haut zu retten. Ein anderer meinte, es handle sich tatsächlich um etwas Unbewußtes, das aber erst kürzlich erschaffen worden sei, vermutlich während der Hypnose. Bianchi wurde schließlich des Mordes für schuldig befunden.

Welchen Vorteil eine MPD auch immer einem Patienten und welche Anerkennung sie auch immer einem Therapeuten bringen mag, bei dem Leiden, das dazu führt, handelt es sich um etwas ganz Reales. In so gut wie allen Fällen ist es ein physisches, sexuelles oder emotionales Trauma in der Kindheit. Schreckliche, nicht zu kontrollierende Attacken auf die eigene Existenz führen Versuche, von den Höllenqualen Abstand zu gewinnen, bis ins Extrem. Wissenschaftlich bezeichnet man dies als »Dissoziation«. Eine Frau berichtete: Als sie elf Jahre alt war, pflegte sie bewußt eine Gefühllosigkeit in ihren Händen herbeizuführen, um den Schmerz zu vermeiden, den ihr inzestuöser Stiefvater ihr zufügte. Sie erinnerte sich, daß sie »ihm geradewegs in die Augen blickte und den Atem anhielt, damit sie dieses Mal nicht schreien würde, und sich selbst einredete, daß sie ihre Hand nicht spürte«. So bewußt wird eine Dissoziation selten herbeigeführt, aber genau so wird sie real empfunden.

Warum aber zeigt sich eine Dissoziation bei Kindern nicht in Form einer multiplen Persönlichkeit? Ein Grund dafür ist, wie wir gesehen haben, daß das Gedächtnis von Kindern auf Traumata in anderer Weise reagiert als das von Erwachsenen. Es ist auch möglich – wenn auch nicht sehr wahrscheinlich –, daß einige Kinder tatsächlich verborgene Persönlichkeiten haben und daß die Therapeuten nur noch keine Mittel und Wege kennen, sie zu entdecken. Wahrscheinlicher ist, daß traumatisierte Kinder noch nicht mit MPD-Vorbildern in den Medien konfrontiert wurden und noch nicht gelernt haben, die Dissoziation auf diese Weise zu kanalisieren. (Wir wissen heute, daß die berühmte »Sybil« jede Menge über MPD gelesen hatte, ehe sie bei ihr diagnostiziert wurde.) Ich persönlich glaube, daß dabei noch etwas anderes geschieht: Im Geist eines Kindes kann vielleicht ein dissoziiertes Element vor dem Alter, in dem die Identität geschaffen wird, einfach noch kein Eigenleben entfalten. Und diese Zeit ist die Adoleszenz. Unfähig, eine einzige Identität mit einer einzigen Stimme auszubilden, erschaffen sich Leidende im Teenager- und Erwachsenenalter viele Identitäten mit vielen Stimmen.

Die daraus resultierende Konstruktion ist eindeutig kulturabhängig, doch es muß sich dabei nicht notwendigerweise um eine Täuschung handeln. Die körperlichen Veränderungen, die mit dem Auftauchen eines Alter ego einhergehen, sind ganz real. Doch wenn in einem 33 Jahre alten Erwachsenen plötzlich ein dreijähriges Kind auftaucht, können wir nicht davon ausgehen, daß das Kind sich dreißig Jahre lang versteckt hatte. Es ist vielleicht gerade letzte Woche erst geboren worden.

Die Zeitfaktoren, die bei der Konstruktion multipler Persönlichkeiten eine Rolle spielen, werfen ein Licht auf die umfassendere Frage des »Kindes da drin«. Wird dieses Kind – oder irgendein anderes, früheres Selbst – im Gedächtnis entdeckt? Oder wird es neu erschaffen? Datiert es aus der Kindheit oder aus dem Erwachsenenalter? Um diese Fragen zu beantworten, sollten wir die Erinnerungen, die Erwachsene an die Kindheit haben, mit jenen vergleichen, von denen Kinder berichten. Enthalten die Erinnerungen von Erwachsenen visuelle Perspektiven, die Kindern unmöglich sind? Gibt es Anachronismen, etwa die Stimme und den Blick späterer Entwicklungsstufen, die der Erinnerung an frühere aufgepfropft werden? Gibt es ein Sprach- oder Geschichtenverständnis, das viel zu weit entwickelt ist? Unumstößliche Gesetzmäßigkeiten lassen sich kaum finden, einiges aber deutet die allgemeine Richtung an.

Fangen wir mit Erinnerungen an, die angeblich weiter zurückreichen als die Kindheit, weiter als die Geburt, weiter sogar als die Zeugung. Welchen Reim sollen wir uns auf Erinnerungen aus einem früheren Leben machen? Zu solchen kommt es meistens dann, wenn Menschen, die an Reinkarnation glauben, unter Hypnose stehen. Ihre Erinnerungen sind reich an Details, werfen aber eine Menge logischer Probleme auf. Beispielsweise behaupten zu viele Individuen, in der Vergangenheit eine Berühmtheit gewesen zu sein und kein gewöhnlicher Durchschnittsmensch. Ja, zu viele behaupten, ein und dieselbe Berühmtheit gewesen zu sein. Die Person, an die sie Erinnerungen haben, ist normalerweise von derselben Rasse wie sie selbst, solange ihnen niemand den Hinweis gegeben hat, daß ein Durcheinander verschiedener Rassen damals üblich war. Mehr noch, diese Menschen können sich nicht an Dinge erinnern, die sie in ihrem früheren Leben hätten wissen müssen. Dinge, die jeder zu dieser Zeit und an diesem Ort gewußt hätte, beispielsweise, wer der Regent ihres Landes war und ob das Land Krieg führte. Es ist nicht schwierig, Erinnerungen an ein früheres Leben als unglaubwürdig zu entlarven, wobei nicht geleugnet werden soll, daß einige Menschen dazu gebracht wurden, wahrhaftig an sie zu glauben.

Erinnerungen an die Zeit im Mutterleib sind gleichermaßen suspekt. Bei der Geburt hat der Mensch nur eine ganz primitive Art von Wiedererkennungs-Gedächtnis, die weit von der Gedächtnisleistung entfernt ist, die bei pränatalen Erinnerungen vorausgesetzt werden müßte. Auch die Möglichkeit, daß man sich an Ereignisse aus dem ersten halben Lebensjahr nach der Geburt erinnern kann, sollten wir ausschließen. Wenn Babys bis zum Alter von sechs Monaten keinerlei Anzeichen für echtes Erinnern (im Gegensatz zum Wiedererkennen) zeigen, warum sollten dann Erwachsene im nachhinein diese Fähigkeit entwickeln? Ich bin ein paar Menschen begegnet, die behaupten, sie könnten sich daran erinnern, wie sie als Neugeborene aus dem Krankenhaus nach Hause gebracht oder als kleines Baby von einem Verwandten zum nächsten weitergereicht wurden. Dabei handelt es sich um visuelle Erinnerungen, aber an diesen Erinnerungen stimmt etwas nicht. Das Baby in der Erinnerung nimmt es als selbstverständlich hin, daß es etwas anderes ist als die Erwachsenen, die es im Arm halten. In der Regel erkennt es die Gesichter seiner Mutter und seines Vaters und sogar die einiger Verwandter. In den Erinnerungen Erwachsener an die ersten sechs Lebensmonate sind das erinnernde und das erinnerte Selbst so gut wie immer zu alt für die fragliche Erinnerung. Das *Ich* wird einer fortgeschritteneren Entwicklungsstufe entnommen und in der Zeit zurückprojiziert.

Es fällt auch nicht schwer, bei Erinnerungen an spätere Kindheitsjahre einiges zu entdecken, was nicht stimmen kann. Es kann dabei zu außerkörperlichen Perspektiven kommen, die der ursprünglichen Erfahrung nicht zu eigen waren. Möglicherweise ist die Augenhöhe des Betrachters viel zu hoch für ein

Kind, das gerade herumzukrabbeln begonnen hat. Vielleicht tut das Kind etwas, was es erst Jahre später tun konnte; beispielsweise kann es der Unterhaltung von Erwachsenen folgen oder, in einigen Fällen, überhaupt schon Sprache verstehen. Für schlaglichtartige Erinnerungen an historische Ereignisse ist dies geradezu typisch. »Meine früheste Erinnerung ist die an den Tag, an dem Präsident Kennedy erschossen wurde«, berichtete eine junge Frau. »Ich war erst achtzehn Monate alt, aber ich weiß noch, wie meine Mutter sagte: ›Oh, mein Gott, der Präsident ist erschossen worden!‹ Schmerz und Entsetzen lagen in ihrer Stimme.« Was an dieser Erinnerung nicht stimmt, liegt auf der Hand: Die Worte von Erwachsenen und ihre Gefühle zu verstehen, Begriffe wie »Präsident« zu begreifen und die historische Bedeutung zu würdigen – all das ist anachronistisch. Denn es liegt weit jenseits der Fähigkeit eines achtzehn Monate alten Kindes. Einst glaubte ich, ich könnte mich daran erinnern, wie ich im Radio vom japanischen Angriff auf Pearl Harbor gehört hatte. Deutlich sah ich mich selbst, wie ich auf dem Vordersitz eines Autos, das über die Brücke in Evanston, Illinois, fuhr, bei jemandem auf dem Schoß saß. Doch dann rechnete ich zurück, daß ich zu diesem Zeitpunkt erst zwanzig Monate alt war, und begann Fragen zu stellen. Heute führe ich diese Erinnerung auf Kryptomnesie zurück: Vermutlich habe ich von dem Vorfall erst in höherem Alter gehört, mir ein Bild davon in meinem Geist gemacht und dann vergessen, daß die Episode mir nur erzählt worden war.

Die glaubwürdigsten Erinnerungen eines Erwachsenen an seine Kindheit, die mir jemals untergekommen sind, sind die des russischen Gedächtniswunders Shereshevskii, welche etwa in der Mitte seines Lebens von dem Psychologen Alexander Luria aufgezeichnet wurden. Im folgenden Beispiel beschreibt Shereshevskii eine frühe Wahrnehmung seiner Mutter:

> Vor der Zeit, als ich sie zu erkennen begann, war es einfach nur ein Gefühl – »Das ist gut.« Keine Gestalt, kein Gesicht, nur etwas, das sich über mich beugt und von dem Gutes kommen würde ... Meine Mutter zu sehen war wie etwas durch das Objektiv einer Kamera anzupeilen. Zunächst

kann man überhaupt nichts erkennen, bloß einen runden, wolkigen Fleck ... Dann taucht ein Gesicht auf, dann werden dessen Züge schärfer.

Meine Mutter nimmt mich hoch. Ihre Hände kann ich nicht sehen. Ich habe nur so ein Gefühl, daß, nachdem dieser Schleiereffekt aufgetaucht ist, etwas mit mir passieren wird. Man nimmt mich hoch. Jetzt kann ich ihre Hände sehen. Ich spüre etwas, das angenehm und unangenehm zugleich ist ... Es muß so gewesen sein, daß man mich abwischte, man machte es irgendwie grob, und es fühlte sich nicht gut an ... Etwas erschreckt mich, ich schreie, und der Klang meines eigenen Weinens läßt mich nur noch heftiger schreien ... Selbst damals wußte ich, daß es nach »diesem« Gefühl Lärm geben würde, dann Stille. Unmittelbar danach konnte ich ein Pendeln spüren, ein Hin- und Herschaukeln ...

Aus etwas späterer Zeit beschreibt Shereshevskii die Erfahrung, das Bett naß zu machen:

Zunächst ein angenehmes Gefühl, ein Gefühl der Wärme, dann der Kälte, dann etwas, das sich nicht sonderlich gut anfühlt, es brennt. Ich fange an zu weinen ... Man bestrafte mich nicht ... Ich erinnere mich an einen Vorfall – ich schlief damals im Bett bei meiner Mutter, aber ich hatte schon gelernt, wie man herausklettert. Ich erinnere mich, wie meine Mutter auf einen Fleck auf dem Bett deutet. Ich kann ihre Stimme hören. Wahrscheinlich konnte ich damals erst krabbeln ...

Natürlich gibt es keine Möglichkeit, die Details dieser Erinnerungen zu überprüfen. Ihre *Qualität* macht sie aber zu etwas Besonderem. Jahre später – und von Shereshevskiis Fall ziemlich unbeeinflußt – beschrieb der Wissenschaftler Daniel Stern ein inneres Erleben der Kindheit, das Shereshevskiis Beschreibungen erstaunlich ähnlich war. Die verblüffendste Parallele war die Synästhesie, jene sensorische Mixtur, bei der Geräusche, Geschmack, Tastempfindungen und Berührungen noch nicht voneinander zu unterscheiden sind. Shereshevskii erinnerte sich an etwas, das er für eine Pockenimpfung hielt: »Ich sehe eine Menge Nebel, dann viele Farben. Ich weiß, das bedeutet, daß es ein Geräusch gab, wahrscheinlich eine Unterhaltung oder ähnliches.« Babys, behauptete Stern, sehen die Welt genau auf diese Weise. Sie nehmen Sonnenflecken wahr, die sie wie ein Magnet anziehen, Gitterstäbe an einer Wiege, die in Harmonie singen, Hunger, der sich wie ein näher kommender Sturm anhört, Milch, die wie Wasser ein Feuer kühlt. In der diffusen Welt der frühen Kindheit sind »Erinnerungen« noch nicht von allem anderen getrennt. Ein Bild aus der Vergangenheit lebt in der Gegenwart einfach eine andere Art von Leben.

Was Shereshevskii aus seiner frühesten Kindheit wußte, scheint vom Strom der Sprache überholt worden zu sein. Oder, besser ausgedrückt, es scheint inmitten dieses Stroms seinen besonderen Charakter beibehalten zu haben, als wäre es ein Stück eingekapselte Zeit, das auf seiner Oberfläche dahintreibt. Wir, die wir nicht wie Shereshevskii sind, stellen fest, daß unsere frühesten Erinnerungen ihre Charakteristika verlieren, wenn sie erst einmal von Sprache durchtränkt sind. Winzige Fragmente mögen überleben – Gerüche, ein Geschmack, Töne, körperliche Empfindungen –, aber sie gehen in etwas Größerem und Späterem auf. Andere Erinnerungen an die frühe Kindheit gibt es nicht. Natürlich gibt es aus diesen unseren ersten Lebensjahren mancherlei Einflüsse – das Temperament, mit dem wir geboren wurden, Narben, die Krankheiten oder Unfälle hinterlassen haben, die Prägungen des sozialen Umfelds unserer Familie –, aber es wäre falsch, all diese Einflüsse Erinnerungen zu nennen.

In dem Film *Guck mal, wer da spricht* leiht der Schauspieler Bruce Willis [beziehungsweise Thomas Gottschalk in der deutschen Fassung] zum Vergnügen der Zuschauer seine Stimme einem Fötus und später einem Baby in den verschiedenen Stadien seiner Entwicklung. Der Fötus sagt beispielsweise: »He, du da, bring uns mal ein bißchen Apfelsaft runter«; und bald darauf trinkt die werdende Mutter Apfelsaft. Sekunden nach seiner Geburt schreit das Baby: »Hilfe! Hilfe! Steck mich wieder

rein! Mensch, laß meinen Kopf los und steck mich wieder rein!«
Der Arzt gehorcht natürlich nicht. Während das Baby älter wird,
erweist es sich als ein Witzbold, der klüger ist als die Erwachsenen, die sich um es kümmern. Der Film erhebt dabei nicht den
Anspruch, daß es so etwas geben könnte: Die Kindheit wird eindeutig aus der Sicht eines Erwachsenen wahrgenommen. Deswegen ist das Ganze so witzig. Zugleich läßt es sich gut als
Metapher dafür benutzen, was geschieht, wenn Erwachsene sich
an ihre Kindheit erinnern. Nicht bei allen diesen Erinnerungen
müssen wir nachsehen, wer da spricht: In 99 Prozent aller Fälle
ist es der Erwachsene.

Bei Erinnerungen an die frühe Kindheit lohnt es sich, nicht
nur nachzuschauen, wer da spricht, sondern auch, wer die Geschichte erzählt. Bei einer Untersuchung, die die Entwicklungspsychologin Allyssa McCabe mit Kollegen durchführte, dachten
sich nur zwölf Prozent der vierjährigen Kinder klassische Geschichten aus, die sich bis zu einem Höhepunkt aufbauten und
dann aufgelöst wurden. Bei einer ähnlichen Untersuchung, die
an Erwachsenen durchgeführt wurde, welche auf ihre frühesten
Kindheitsjahre zurückblickten, taten das über fünfzig Prozent.
Auch Heranwachsende projizierten in ihre frühe Kindheit ein
Verständnis für die unterschiedlichen Betrachtungsweisen, das
sie zu jener Zeit noch gar nicht hatten. Im folgenden Beispiel erinnert sich einer von ihnen an die Gedanken und Gefühle einer
ganzen Familie:

Ich kann mich an ein Weihnachtsfest erinnern, als wir nicht
viel Geld hatten. Und ich weiß noch, wie sehr ich mir einen
Weihnachtsbaum wünschte. Und meine Eltern waren wirklich außer sich, daß sie keinen Baum haben würden. Und
dann kam mein Papa herein und versuchte so durch die Tür
zu gehen, als hätte er einen riesigen Baum auf dem Rücken,
und dabei hatte er nur dieses winzige Bäumchen, aber alle
waren so glücklich, wissen Sie. Es kommt darauf an, was
man sich dabei denkt. Ich kann mich an jeden einzelnen erinnern, wissen Sie, wie sie ihn aufzogen und so. Ja, meine
Mutter drehte fast durch. Sie dachte, er würde, wissen Sie,

er würde Weihnachten verulken, wissen Sie, so etwas nach Hause zu bringen, wo wir doch alle einen großen Baum wollten, aber wir waren alle mit dem Baum, den wir bekommen hatten, sehr glücklich.

Der Vater tat so als ob und versuchte das Beste aus der Situation zu machen, die Kinder zogen ihn auf und liebten den Baum, die Mutter drehte fast durch – und all das zur selben Zeit. Ein Heranwachsender weiß, daß man ein und dieselbe Situation aus verschiedenen Blickwinkeln betrachten kann, nicht aber ein kleines Kind. McCabes Untersuchungen haben gezeigt, daß bei Erinnerungen von Erwachsenen an Vorfälle aus ihrer Kindheit die narrative Struktur die des Erwachsenen ist, nicht die des Kindes. Eine »Stimme der Erfahrung« blendet sich in die Wiedergabe ein. Manchmal wird spezifisch auf den Altersunterschied zwischen damals und jetzt Bezug genommen, manchmal ist man sich einer veränderten physischen Perspektive bewußt. Wenn wir erst einmal gelernt haben, Ereignisse in ihrer chronologischen Reihenfolge zu erzählen, Höhepunkte und Lösungen in unsere Geschichten einzubauen, verschiedene Perspektiven einzunehmen, dann können wir dies nicht mehr *nicht* tun – solange wir natürlich nicht absichtlich versuchen, Kinder zu imitieren. Wir haben einfach vergessen, aus welcher Perspektive wir früher Geschichten erzählten.

Die Experimente Jean Piagets zeigen ebensogut wie alles andere, was mir bekannt ist, wie schwierig, wenn nicht unmöglich es ist, den Blickwinkel eines Kindes wieder einzunehmen. Wann immer ich meinen Studenten zum ersten Mal davon erzähle, sind sie erstaunt. Man gießt eine Flüssigkeit aus einem niedrigen, weiten Glas in ein hohes, schmales, und das Kind glaubt wirklich, die Flüssigkeit sei mehr geworden? Es ist wie eine Offenbarung. Doch warum? Vor nicht allzu langer Zeit glaubten jene Studenten selbst noch genau das, was die Kinder in dem Experiment annehmen. Die Studenten haben ihren früheren Blickwinkel einfach verloren. Daß wir unser früheres *Ich* vergessen, das ist es, was die Welt des Kindes immer so unverbraucht erscheinen läßt. In der Frühzeit des Fernsehens war genau dies der Punkt, der den Reiz von Art Linklatters Interviews mit Kindern ausmachte. Das ist es, was uns an den von Kindern erschaffenen Kunstwerken so anzieht. Und aus diesem Grund haben wir die ganze Disziplin der Kinderpsychologie: Weil wir nicht in der Lage sind, uns an das zu erinnern, was wir einst als Kinder dachten, erforschen wir die Kindheit, als wäre sie jungfräuliches Land.

Erwachsenen fällt es leichter, die Welt mit den Augen des Heranwachsenden, besonders gegen Ende der Adoleszenz, zu sehen als mit jenen des Kindes. Schließlich arbeiten beide mit demselben autobiographischen Gedächtnissystem. Ziemlich leicht kann ich wieder eine Verbindung zu den Gefühlen herstellen, die ich in der High-School hatte, zu der Innerlichkeit, der Liebe zur Einsamkeit, zu der Faszination, die die Psychiatrie auf mich ausübte. Einige dieser Empfindungen scheinen so frisch, daß ich sie noch heute haben könnte. Aber es fällt mir viel schwerer, die »Innenansicht« zu erreichen, die ich hatte, als mir noch die Denkweise des Kindes zu eigen war.

Wenn wir sagen, daß unsere Erinnerungen an die Kindheit von der Sicht des Erwachsenen geprägt sind, heißt das nicht, daß die Ereignisse, die sie abbilden, nicht geschehen sind. Es bedeutet auch nicht, daß diese Erinnerungen nebensächlich sind. Ganz und gar nicht. Gerade der Abstand zu frühen Erinnerungen macht die Gegenwart des Mythos aus, beschwört die Art von Wahrheit, von der er berichtet. Genauso verhält es sich mit dem Mysterium des pränatalen Lebens. Doch in diesem und dem nächsten Kapitel wollen wir den Wächter der Archive zu seinem Recht kommen lassen, zur Skepsis anhalten und strengste Maßstäbe an das Beweismaterial anlegen. Die Zeit des Mythenmachers kommt später, wenn wir unsere Reise durch die Stadien des Lebens beendet haben werden.

6. Das Gedächtnis des Erwachsenen

In den ersten zwei Jahrzehnten unseres Lebens eignen wir uns die mentalen Mittel an, die wir brauchen, um unsere Geschichte schreiben zu können. In den darauffolgenden Jahren sind es nicht länger die Mittel, die sich verändern, sondern die Geschichten, die wir erzählen. Unser Erwachsenenalter durchmessen wir wie Künstler, indem wir ständig das Selbstporträt übermalen, das wir erstmals in der Adoleszenz anlegten. In früheren Jahrhunderten haben Maler sich buchstäblich so verhalten. Wenn ihnen nicht mehr gefiel, was die Leinwand zeigte, übermalten sie – beispielsweise – einen Baum mit einer Frauenfigur, eine Wasserfläche mit trockenem Land. Manchmal legten sie über einer alten Komposition eine vollkommen neue an. »Pentimenti«, »Reuezüge«, nennt man jene Spuren, die zeigen, daß die Maler bedauerten, was sie zuvor erschaffen hatten. Wenn ihre Arbeit getan war, wirkte das neue Porträt ganz wie ein Original. Es sah so aus, als sei es schon immer dagewesen, das einzige auf dieser Leinwand.

Das Gedächtnis überkommt die Reue, wenn sich der Lauf unseres Lebens im Erwachsenenalter ändert. Einige Entwicklungspsychologen halten diese Veränderungen für in hohem Maße vorhersagbar. Daniel Levinson glaubte beispielsweise, daß jeder solche Veränderungen im Alter zwischen 17 und 22, 28 und 33 sowie 40 und 45 Jahren durchmache. Die dritte dieser Phasen sei die stürmischste, was unter anderem auf die Tatsache zurückzuführen sei, daß unser Leben dann halb vorüber ist und sich vielleicht nicht so entwickelt hat, wie wir es uns vorgestellt hatten. Levinson sprach in diesem Zusammenhang von der *midlife transition*, die als *midlife crisis* populär wurde. Andere Forscher vermuten, daß nicht allein Männer sich in diesem Lebensalter mit Schwierigkeiten konfrontiert sehen. Bei rund einhundert Frauen, die zum ersten Mal während ihrer College-Zeit untersucht worden waren, stellte sich, als sie mit Anfang Vierzig abermals befragt wurden, heraus, daß auch sie sich in einer Umwälzungsphase befanden. Noch einmal zehn Jahre später waren sie sich ihrer selbst wieder sicherer, hatten mehr Selbstvertrauen und waren entscheidungsfreudiger. Ihr Leben hatte sich wieder stabilisiert.

Forschungsergebnisse wie diese legen die Vermutung nahe, daß der Lebenslauf einem genormten Fahrplan folgt. Andere Sozialwissenschaftler betonen hingegen, wie wichtig jene nicht in eine Norm zu pressenden Ereignisse sind, die das Leben so unvorhersehbar machen. Es sind diejenigen Vorkommnisse, die wir nicht unter Kontrolle haben und die wir auch nicht antizipieren können: ein Krieg, eine Wirtschaftsflaute, eine Naturkatastrophe, eine Fabrikschließung, eine Verletzung, ein Lebenspartner, der uns verläßt. Auch Gutes ereignet sich ohne Vorankündigung: Zufällig begegnet man einem Menschen, der den Lauf des eigenen Lebens verändert, man stolpert über eine selten gute Gelegenheit, Geschäfte zu machen, man gewinnt im Lotto. Ein Forscher, der die Auswirkungen solcher Veränderungen untersuchte, ist zu dem Schluß gekommen, daß nur einer von zehn Menschen eine echte *midlife crisis* durchläuft.

Ob sie nun vorhersagbar sind oder nicht, die Veränderungen in unserem Leben führen dazu, daß sich auch unsere Erinnerungen wandeln. Soziologen ist es einmal gelungen, über 300 Männer und Frauen wieder ausfindig zu machen, deren Leben in jungen Jahren so gestört war, daß sie in einer heilpädagogischen Kinderklinik behandelt werden mußten. Diejenigen, die noch immer in Schwierigkeiten steckten, tendierten dieser Untersuchung zufolge dahin, sich an ihre früheren emotionalen Probleme zu erinnern, während die anderen, die nun ein ausgeglichenes Leben führten, kaum in der Lage waren, sie sich ins Gedächtnis zu rufen. Wie Pentimenti-Künstler hatten sie eine Lebensgeschichte über die andere gemalt.

Nichts ist bezeichnender dafür, wie gründlich eine alte Geschichte vergessen wird, wenn sie erst einmal übermalt ist, als die Art und Weise, wie Menschen das Wort »immer« gebrauchen. Zum ersten Mal fiel mir das auf, als ich Abschriften von Interviews aufarbeitete, die ich durchgeführt hatte. Während der eigentlichen Interviews war mir das Wort noch nicht einmal aufgefallen, als ich aber die schriftliche Form dessen, was die Menschen mir gesagt hatten, durchsah, tauchte es plötzlich überall auf. Ja, ich mußte es ständig durchstreichen. Alte wie junge Menschen, reiche wie arme, gebildete wie ungebildete, Individuen mit allen erdenklichen ethnischen Hintergründen und Lebensläufen: immer sagten die Menschen »immer«.

Was steckte hinter diesem Hauch von Ewigkeit? In den meisten Fällen eine allgemeingültige Erinnerung. »Immer« sollte ausdrücken, was man »regelmäßig« tat oder zu tun »pflegte«. Meine Schwiegermutter jammerte immer über ihr schweres Leben, unsere Familie holte sich immer den Weihnachtsbaum selbst aus dem Wald, die Enkel kleckerten immer mit dem Essen bei Tisch und so weiter. »Niemals« lautete die gelegentliche Kehrseite solcher Regelmäßigkeiten, wie beispielsweise in der Aussage: »Mein Vater hat immer versprochen, mit uns nach dem Kino in ein Restaurant zu gehen, aber niemals hat er sein Versprechen gehalten.« Manchmal stammten die allgemeingültigen Erinnerungen hinter dem »immer« aus einer weiter oben, dichter am Selbst angesiedelten Ebene in der Hierarchie: »Mir ist immer vorgeworfen worden, was meine Schwester tat.« Gelegentlich fand ich Beweise dafür, daß »immer« in Wirklichkeit nur für wenige Male stand; dann wußte ich, daß der Mythenmacher einen Gedächtnisinhalt geschaffen hatte, der dem Selbst besonders nahe sein sollte (in den Sommerferien sind wir immer zu der Insel geschwommen) oder der ihm entgegengesetzt sein sollte (die vielen Male, bei denen du mich immer betrogen hast).

Oft reichte die hinter »immer« stehende allgemeingültige Erinnerung bis in die Gegenwart. Sie bezeichnete eine unangenehme Situation, die schon viel zu lange bestand, wie im Fall von Abendschülern, die das Gefühl haben, sie müßten bis in alle Ewigkeit die Schulbank drücken. Oder sie bezog sich auf eine durchgehende Disposition des Selbst, auf die Art und Weise, wie das subjektive *Ich* das objektive sah: »Ich habe immer mein Leben geplant«, sagte eine ältere Frau. Wenn Forscher Gelegenheit haben, die Richtigkeit solcher Aussagen zu überprüfen, finden sie heraus, daß die Belege unzureichend sind. Sie warnen, daß es sehr schwierig ist, sich daran zu erinnern, wie wir einst die Welt sahen, die genauen Aufzeichnungen dessen, was wir einst zu glauben pflegten, wiederzufinden – sogar als Erwachsene. In der Regel gehen wir in die Irre, weil wir unsere gegenwärtige Denkweise zurückprojizieren. Im Jahr 1973 wurden bei einer Untersuchung Leute befragt, was sie von Spenden für einen guten Zweck, sozialem Engagement oder Strafen für Haschischmißbrauch hielten. 1982 wurden ihnen dieselben Fragen wieder gestellt, und man bat sie auch, sich zu erinnern, was sie neun Jahre zuvor dazu gesagt hatten. Das, was sie aus dem Jahr 1973 erinnerten, lag ihrer Haltung des Jahres 1982 näher als ihrer tatsächlichen Einstellung von 1973. Bei einer anderen Untersuchung wurden Menschen 1972 nach ihrer politischen Einstellung befragt – ob sie eher den Republikanern, den Demokraten oder den Unabhängigen zugeneigt seien; 1976 wurden sie abermals interviewt und diesmal auch gebeten, sich zu erinnern, was sie zum früheren Zeitpunkt gesagt hätten. Von jenen, die in den vier Jahren dazwischen ihre Einstellung in Wirklichkeit geändert hatten, behaupteten 91 Prozent, daß sich diese *nicht* geändert hätte! In ihrer Erinnerung waren sie »immer« Republikaner, Demokraten oder Unabhängige gewesen.

Auf denselben Effekt stieß man im Rahmen von Untersuchungen, bei denen Menschen nach ihrem Einkommensniveau, nach Drogenmißbrauch, nach charakterlichen Eigenschaften und sogar nach der Stärke ihrer Kopfschmerzen befragt wurden. In Übereinstimmung mit dem zuvor diskutierten Konservativismus (dem »Ich-habe-es-ja-schon-immer-gewußt«-Effekt) verändern wir die Vergangenheit, damit sie besser zur Gegenwart paßt. Der Psychologe Michael Ross sagt, wir gingen immer von einer Kontinuität aus, wenn wir unsere persönliche Geschichte rekonstruieren. Wenn wir jetzt dieser Ansicht sind, müssen wir es auch damals so gehalten haben. Oder, wie der Entwicklungspsychologe George Vaillant es ausdrückte: Wenn die Raupe erst einmal zum Schmetterling geworden ist, erinnert er sich nicht mehr daran, einmal eine Raupe gewesen zu sein. Er erinnert sich, ein kleiner Schmetterling gewesen zu sein.

Vaillants Bild weist auf den wichtigsten Gebrauch hin, den wir vom Wort »immer« machen. Manchmal ändert sich unser Leben so dramatisch, daß wir zu anderen zu werden scheinen. Ein neues Selbst bildet sich heraus, und dem »immer« kommt die bedeutende Aufgabe zu, diesem seine Wurzeln zu geben. Diese Funktion ging mir zum ersten Mal auf, als ich Beschreibungen von Zeitspannen analysierte, die länger zu dauern schienen, als sie tatsächlich waren. Die Menschen, die sich erinnerten, sagten noch nicht einfach »immer«, kamen dem aber schon nahe. Ihre Beschreibungen kreisten um die Empfindung, sich in einem neuen Lebensarrangement oder einer neuen Beziehung wohl zu fühlen. »Wir haben unser Haus erst vor fünf Jahren gekauft, und doch scheint es uns, als würden wir schon zwanzig Jahre hier leben.« »Mir kommt es vor, als würde ich meinen Freund schon seit Jahren kennen, dabei habe ich ihn erst vor sechs Monaten kennengelernt. Wir haben viel miteinander gesprochen, und für mich ist es einfach so, als würde ich ihn schon ewig kennen.« Als meine Adoptivtochter My-Linh im Alter von drei Jahren mit dem Flugzeug aus Vietnam ankam, konnte sie kein Wort Englisch. Ein paar Jahre später schaute sie sich ein Foto von ihrer Ankunft an und dachte sich eine kleine Geschichte aus. Darin steigt sie aus dem Flugzeug und sagt: »Hallo, Mama, hallo, Papa. Jetzt bleibe ich für immer bei euch.«

In solchen Fällen ist leicht zu sehen, wie wichtig das »immer« ist. Das Gefühl, etwas sei zeitlos, drückt eine mythische Wahrheit aus, die unser Selbstgefühl und unseren Platz hier auf dieser Erde betrifft. Wir gleichen jenen zahlreichen Pazifikvölkern, die im Lauf ihrer Geschichte von einer Insel zur nächsten gezogen sind. Ohne die Segnungen schriftlicher Aufzeichnungen sind viele dieser Völker nach drei oder vier Generationen zu der Ansicht gelangt, daß ihre Vorfahren von ebenjener Insel stammen, auf der sie nun leben. Wir leben hier so unveränderlich, sagt ihr kollektives Gedächtnis, wie Sonne und Mond am Himmel stehen. Wenn im Verlauf unseres Lebens ein neues

Selbst sich bildet, wollen wir ihm zu ebendieser Dauerhaftigkeit verhelfen. Also beginnen wir zu glauben, daß es schon immer da war; vielleicht hat es nur in tiefem Schlaf gelegen und darauf gewartet, geweckt zu werden. Auf unheimliche Weise scheint das neue Selbst das alte zu sein.

Eine Frau von 45 Jahren, die sich gerade mit gutem Erfolg aus ihrer Alkoholabhängigkeit befreite, erzählte mir, daß es selbst in ihren schlimmsten Zeiten Phasen der Nüchternheit gegeben habe. Sie schaute zurück und sah, daß es die ganze Zeit ein besseres Selbst gegeben hatte:

> Als ich immer kränker wurde, sagte etwas in mir, du kannst es schaffen. Etwas sagte mir, daß Alkoholiker keine schlechten Menschen sind. Ich erinnere mich daran, daß mein Großvater trank und fluchte, aber er war kein schlechter Mensch. Er grübelte viel und war verantwortungsbewußt. Ein Teil von mir sagte, daß ich zwar nicht der bestmögliche Mensch bin, wenn ich getrunken habe, daß ich aber kein schlechter Mensch bin.

»Ich war ein Stück Kohle, aber in meinem Inneren hatte ich einen Diamanten«, sagte eine andere Frau, die auf ein sehr bewegtes Leben zurückblickte. Nachdem sie aufs College zurückgekehrt war, entdeckte sie ein neues Selbst, und ihr ging auf, wie intelligent sie war – wie intelligent sie in der Tat die ganze Zeit gewesen war. »Bücher habe ich immer gemocht«, sagte sie. Von ihrer neuen Insel aus konnte sie einen frischen, unverbrauchten Blick auf die Welt werfen. Sie kam zu der Überzeugung, daß ihr die ganze Zeit eine besondere Gabe zu eigen gewesen sei, ein »Sammlerpotential«:

> Aus jedem Buch, sogar Schund, habe ich etwas mitgenommen. Ich habe gelernt, wie man ein Wort buchstabiert, und ich habe neue Wörter kennengelernt. Ich vergrößerte mein Vokabular oder fand heraus, daß es einen Ort namens Capri gibt. Lange Zeit beschäftigten mich Fragen wie: Was ist der Sinn des Lebens? Warum bin ich hier? Wenn das alles so

schrecklich ist, warum kann ich dann nicht verrecken? Ob Sie's glauben oder nicht, auch in jenen Jahren habe ich Material gesammelt.

Dem neuen Selbst Kontinuität und Permanenz aufzubauen ist nicht allein Aufgabe des Mythenmachers. Einige von uns lassen auch den Archivwächter arbeiten, wenn sie merken, daß es externe Aufzeichnungen gibt, die man durchforsten kann. Die folgende Aussage stammt von einem 35jährigen Homosexuellen, der vor acht Jahren sein *coming out* hatte:

> Unten habe ich eine Schülerzeitung. Ich habe sie erst vor ein paar Jahren wiedergefunden. Ein paar Einzelheiten hatte ich vergessen, dennoch erinnere ich mich daran, daß ich geschrieben hatte: »Ich glaube, ich bin homosexuell.« Es findet sich da diese scheußliche Geschichte, wie ich mit Mary ein Rendezvous hatte und es an der Zeit war, daß ich wenigstens meinen Arm um sie legte; ich strengte mich wahnsinnig an, weil man das ja schließlich zu tun hatte. In Wirklichkeit war ich total in einen Freund namens Robert verknallt. Mit dem habe ich jede freie Minute verbracht, und das habe ich in der Zeitung beschrieben.
>
> Als ich im letzten Frühjahr zu Hause war, habe ich mein altes High-School-Album wieder aufgestöbert, und zwei Eintragungen darin haben mich gepackt. Die eine war von der Lehrerin, die mir am nächsten stand. Sie schrieb: »Es hat mich angerührt, wieviel Wert Du auf Deine drei Freundschaften legst. Ich glaube, es deutet an, was für ein Mensch Du bist.« Das ist zweideutig, denn schließlich waren das alles Jungenfreundschaften. Ich denke, sie wußte etwas, was sie nicht sagte. Der andere Kommentar stammte von Robert, der mir eine längere Passage hineinschrieb, zu der auch etwas gehörte wie: »Es ist gut, Dir so nahe zu sein und all die Zeit mit Dir zu verbringen. Ich habe das Gefühl, ich kenne Dich wie ein Buch von vorn bis hinten, nur daß die meisten Seiten leer sind.«

Er war »immer« homosexuell gewesen, und jetzt hatte er den externen Beweis dafür. Dies ist so ein Fall, wo die Realgeschichte dem Mythos beispringt, um eine neue Identität zu etablieren.

Doch noch mehr muß mit den Erinnerungen geschehen, wenn wir ein neues Selbst ausbilden. Das alte muß so weit wie möglich abgestoßen werden – übermalt werden, wenn Sie so wollen. Manches an dieser Distanzierung erreicht man durch Rückverlagerung, indem man die Erinnerungen an das alte Selbst so aussehen läßt, als stammten sie aus Zeiten, die »tausend Jahre« oder ein »Leben lang« her sind, oder sogar »aus einem anderen Leben«. »Das war ich«? fragten mehrere Veteranen des Vietnamkriegs, als sie Fotos von sich selbst in Uniform sahen. Doch auch ohne Rückverlagerung schaffen wir die nötige Distanz, indem wir den Gegensatz zwischen damals und heute betonen. Vor ein paar Jahren verglich ich eine Gruppe von fünfzig jungen Erwachsenen, die katholisch erzogen und ihrer Kirche treu geblieben waren, mit einer gut dazu passenden Stichprobe von fünfzig anderen, die ihren Glauben abgelegt hatten. Beide Gruppen hatten volle sechzehn Jahre kirchlicher Erziehung genossen, vom Kindergarten bis zum College. Als ich sie bat, sich das Ende ihrer Kindheit ins Gedächtnis zu rufen und sich zu erinnern, wie wichtig es für sie zu jener Zeit gewesen war, katholisch zu sein, stieß ich auf einen Widerspruch. Für diejenigen, die aus der Kirche *ausgetreten* waren, hatte es mehr bedeutet als für jene, die noch *in* der Kirche waren. Erstere hatten den Unterschied zwischen damals und heute vergrößert. Die anderen, die ihre religiöse Identität bewahrt hatten, ließen in ihrer Selbsteinschätzung eher Kontinuität erkennen.

Wenn man das Gedächtnis erforscht, scheinen Kontraste seltener als Kontinuitäten zu sein. Wenn es zu Kontrasten kommt, gibt es bei den sich erinnernden Menschen normalerweise klare Anzeichen, daß sie heute anders sind. Damals waren sie Soldaten, heute sind sie Zivilisten, damals Katholiken, heute Exkatholiken. Oder, wie es im Fall einer faszinierenden Untersuchung von Michael Ross und seinen Kollegen war, damals menstruierten sie, heute befinden sie sich zwischen zwei Perioden: Ross hatte Frauen gebeten, in einem Tagebuch festzuhalten, wieviel Schmerzen sie während der Menstruation litten, und sich zwei Wochen später das Ausmaß des Schmerzes wieder ins Gedächtnis zu rufen. Bei denjenigen, die besonders stark litten, zeigte sich der Kontrasteffekt: Wenn sie wieder beschwerdefrei waren, überbewerteten sie den vorangegangenen Schmerzpegel.

Ähnliche Effekte zeigten sich bei Menschen, die an Selbsthilfe-Programmen teilnahmen, die in Aussicht stellten, daß man am Ende des Kurses ein anderer Mensch sein werde. Bei einem Schmerzbewältigungs-Kurs mußten die Teilnehmer zu Beginn der Behandlung das Ausmaß ihrer Beschwerden bewerten. Am Ende des Kurses, nachdem sie sich verändert haben *sollten*, stuften sie ihren anfänglichen Schmerzpegel höher ein. Dasselbe zeigte sich bei einer Untersuchung, bei der es um ein Selbsthilfe-Programm ging, das die Lernfähigkeit zu verbessern versprach. Am Ende schätzten die Teilnehmer zu negativ ein, wie ihre Fähigkeiten zu Anfang gewesen waren. Solche Effekte sind darauf zurückzuführen, daß die Teilnehmer glauben, sie müßten sich im Verlauf eines Selbsthilfe-Kurses verändern.

Wir glauben auch, daß wir uns zum Guten oder zum Schlechteren einfach dadurch verändern, daß wir älter werden. Bei einer Langzeituntersuchung wurden die persönlichen Einstellungen von Menschen im Alter von zwanzig und 45 Jahren bewertet. Die Einstellungen blieben über den Zeitraum von 25 Jahren hinweg ziemlich stabil, doch mit 45 glaubten die Menschen, daß sie mit zwanzig schlechter angepaßt gewesen seien, als sie es tatsächlich waren. Das war der Kontrasteffekt: Ich bin jetzt 25 Jahre älter, also muß ich reifer sein. Bei einer anderen Untersuchung bewerteten die Befragten im Alter von 67 Jahren ihre Gesundheit wie ihr Gedächtnis mit 38 als besser als eine Vergleichsgruppe von tatsächlichen 38jährigen. Hier verschob der Kontrasteffekt die Verhältnisse in umgekehrter Richtung: Ich bin viel älter, also muß es mir jetzt schlechter gehen.

Kontinuitäts- und Kontrasteffekte sind unvermeidlich, wenn Erwachsene Teile ihrer Lebensgeschichte neu übermalen. Ab und zu, wenn auch sehr selten, kann noch etwas anderes geschehen. Wenn Ölfarben altern, werden sie manchmal durchscheinend. Dann schimmern die alten Farben und Konturen, die einst völlig übermalt waren, wieder durch: Ein Baum zeichnet sich im Kleid einer Frau ab, das ihn einst verbarg; ein Boot taucht auf trockenem Land auf. Auch im Gedächtnis dringen alte Vorstellungen gelegentlich bis ins Bewußtsein vor. Wenn man beispielsweise ein Haus besucht, in dem man jahrzehntelang nicht gewesen war, kann man für ein paar Augenblicke sich wirklich daran erinnern, wie man zu der Zeit dachte, als man dort lebte, wie man sein Leben bewältigte, worüber man sich hauptsächlich Sorgen machte. Man öffnet eine Zeitkapsel wie jene, die Shereshevskii sich aus seiner frühesten Kindheit bewahrt zu haben schien. Die Empfindung wird nicht von Dauer sein, und der Gehalt der Zeitkapsel wird sich mit Sicherheit verändern, wenn er wieder an die frische Luft kommt, doch für einen kurzen Moment wird man sich so sehen, wie man einst war – man wird im Innern jemanden wiederentdecken.

Der Erinnerungsberg in der Mitte des Lebens

Bei der Vorstellung, seine Lebensgeschichte auf eine Leinwand zu malen, handelt es sich natürlich um eine Metapher; einmal wurde sie aber bei einer wissenschaftlichen Untersuchung ganz wörtlich genommen. Susan Whitbourne und Dale Dannefer ließen Erwachsene verschiedenen Alters ihr Leben »zeichnen«. Die Versuchspersonen nahmen ein leeres Blatt Papier, legten es quer vor sich hin und zeichneten eine Linie, die die Höhen und Tiefen repräsentierte, die sie durchlebt hatten. Dann teilten sie die Linie in verschiedene Segmente ein, die Lebensphasen darstellten – Grundschule, High-School, Marine, Familie und so weiter. Whitbourne und Dannefer maßen, wie breit die einzelnen Segmente waren, und teilten dies durch die Anzahl der Jahre, die der jeweilige Abschnitt repräsentierte. Welche Lebensphase nahm im Verhältnis den meisten Raum ein? Bei Menschen unter vierzig betrug die Wahrscheinlichkeit 50:50, daß es der gegenwärtige Lebensabschnitt war. Bei Menschen über vierzig verschob sich das Verhältnis erheblich. Die Periode, der sie den meisten Raum gaben, lag mit größerer Wahrscheinlichkeit in der Vergangenheit. Menschen beider Altersstufen zeigten dieselbe temporale Verteilung von Erinnerungen, als ein Jahr später eine Folgeuntersuchung durchgeführt wurde – sofern es in ihrem Leben keine bedeutenden Veränderungen gegeben hatte. In diesem Fall nahm die Gegenwart mehr Raum ein.

Obwohl von begrenzter Aussagekraft, spricht diese Untersuchung ein interessantes Problem hinsichtlich des autobiographischen Gedächtnisses an: An welchen unserer Lebensabschnitte erinnern wir uns am besten? Unmöglich können wir uns an alles erinnern, was uns jemals widerfahren ist, an jede Stunde eines jeden Tages eines jeden Jahres. Wenn wir also an unser Leben als Ganzes denken, welchen Phasen wenden sich unsere Gedanken dann instinktiv zu?

Whitbournes und Dannefers Methode der gezeichneten Lebenslinie legt die Vermutung nahe, daß die Antwort vom gegenwärtigen Alter desjenigen, der sich erinnert, abhängt. Dasselbe gilt für einen anderen Ansatz, der als die Stichwort-Methode bekannt ist. Sie ist über einhundert Jahre alt und geht auf Sir Francis Galton zurück, der eher dadurch bekannt wurde, daß er in die statistische Analyse umwälzende Neuerungen einführte und sich obsessiv damit beschäftigte, Meßverfahren für Charaktereigenschaften zu entwickeln. Galtons Erinnerungstechnik ist der freien Assoziation Freuds verwandt. Den Versuchspersonen wird ein Stichwort genannt – *Fenster* beispielsweise. Dann berichten sie, welche Erinnerungen das Wort auslöst. Nachdem mehrere Dutzend Stichworte präsentiert wurden, gehen die Versuchspersonen ihre Antworten durch und datieren jeden erinnerten Vorfall so genau wie möglich. Sie können das selbst ausprobieren. Übliche Stichworte sind *Straße, Schachtel, Münze, Blume, Spiel, Berg, Bild, Sturm, Fahrkarte* und *Hof*.

Wenn man die auf diese Weise datierten Erinnerungen von mehreren Menschen zusammenfaßt und einen Durchschnitt bildet, taucht ein interessantes Muster auf. Der Wissenschaftler David Rubin hat die Ergebnisse von einem halben Dutzend solcher Untersuchungen zusammengetragen und herausgefunden, daß 21jährige einen sehr hohen Anteil von Erinnerungen aus jüngster Zeit haben, aber relativ wenige aus einer fernen Vergangenheit. Bei 33jährigen ist es nicht viel anders, wenn man die Tatsache berücksichtigt, daß sie auf ein Lebensjahrzehnt mehr zurückblicken. Im großen und ganzen entsprechen die Antworten beider Altersgruppen der normalen »Vergessenskurve«. Diese Kurve gleicht einem Skihang für erstklassige Abfahrtsläufer. Die meisten unserer Erinnerungen rühren aus der jüngsten Zeit her, vor allem aus den letzten paar Tagen. Dann nehmen die Gedächtnisinhalte steil ab, bis ein Punkt erreicht wird, an dem das Vergessen nachläßt und gradueller wird: Das meiste dessen, was wir noch verlieren werden, ist schon verschwunden. An diesem Punkt schwenkt die Vergessenskurve in eine sanfte Neigung um, die uns bis ins Alter von drei oder vier Jahren zurückführt, wo wir an den Steilabbruch der Kindheitsamnesie kommen.

Die Vergessenskurve sieht bei allen Altersgruppen ähnlich aus, doch nur in der zweiten Lebenshälfte taucht noch etwas anderes auf: Versuchspersonen von Mitte Fünfzig und Mitte Siebzig (die einzigen weiteren Altersgruppen, für die solche Daten zur Verfügung stehen), die auf dieselben Stichworte antworteten wie jüngere Personen, berichten von einer unverhältnismäßig hohen Anzahl von Erinnerungen aus ihren jungen Jahren, speziell aus dem zweiten und dritten Lebensjahrzehnt. Dieser Gedächtnis-Bonus bildet am Fuß der Vergessenskurve unmittelbar vor dem Steilabsturz der infantilen Amnesie einen zusätzlichen Hügel. Rubin nannte ihn den »Reminiszenz-Berg«, um anzudeuten, daß er über das normale Erinnern hinausgeht.

Die Stichwort-Methode zur Aufschlüsselung von autobiographischen Erinnerungen mag ein wenig künstlich erscheinen, und es kommt auch sehr darauf an, wie man die Versuchsreihe anlegt, ich bin jedoch zu dem Schluß gekommen, daß die Ergebnisse auf eine überraschend große Zahl von Menschen, die ihre Lebensgeschichte erzählten, zutreffen. Bei einigen von ihnen umfaßt der Erinnerungsberg sogar Erfahrungen aus dem ersten Lebensjahrzehnt. Sie reichen bis ins Alter zwischen fünf und sieben Jahren zurück, aus dem sich im Gedächtnis Erwachsener zum ersten Mal nicht nur isolierte Fragmente, sondern eine Kette kontinuierlicher Episoden finden läßt.

Warum häuft das Gedächtnis in der Mitte des Lebens Erinnerungen aus unseren jungen Jahren an? Ein Grund mag sein, daß die im Gedächtnis gespeicherte Informationsmenge immer weiter wächst, was eine Verdichtung notwendig macht. Diese Verdichtung scheint dem sogenannten Reihenpositions-Effekt zu unterliegen: Wir erinnern uns an das, was in einer Abfolge von Ereignissen zuerst und zuletzt passierte, und vergessen, was in der Mitte war. Lesen Sie die folgenden zehn Nonsens-Silben laut und in der angegebenen Reihenfolge vor. Machen Sie das nur einmal, aber langsam: GAZ, YAT, FEX, WAB, NIF, SIZ, BOQ, PAZ, RUK, KIB. Jetzt wiederholen Sie die Liste aus dem Gedächtnis und überprüfen, ob die Silben, an die Sie sich erinnern, womöglich vom Anfang und vom Ende der Liste stammen. Die normale, um den Reminiszenz-Berg erweiterte Vergessenskurve zeigt denselben Reihenpositions-Effekt. Die Jahre, an die sich Menschen in der Mitte des Lebens am besten erinnern, sind die zu Beginn ihres Lebens und die, die gerade vergangen sind. Die dazwischen werden in einen Topf geworfen. Als Wissenschaftler College-Studenten um Beispiele für autobiographische Erinnerungen aus den zurückliegenden ein, zwei Jahren baten, stellten sie fest, daß eine große Zahl davon vom Ende der Schuljahre stammte, eine kleinere vom Anfang und die allerwenigsten aus der Mitte. Innerhalb eines jeden Schuljahres gab es eine Vergessenskurve mit einem Erinnerungsberg.

Die Jahre, die den Reminiszenz-Berg in unserer Lebensspanne ausmachen, sind zugleich diejenigen, in denen sich Neuartiges konzentrierte. Es ist die Zeit unseres ersten Flirts, unserer ersten Arbeitsstelle, unserer ersten sexuellen Erlebnisse, der ersten eigenen Wohnung, des ersten Kindes und so weiter. Physisch, emotional und intellektuell sind wir in Bewegung – wir verlassen das Zuhause und seine Umgebung, erproben neue Rollen und Beziehungen und bilden nach und nach unsere Identität aus. Wir nehmen Neues, Erstmaliges nicht allein im Überfluß wahr, wir verarbeiten es auch mit ständig wechselnden »Denkkappen«. Und das, was die Spitze des Reminiszenz-Bergs bildet, haben wir zum ersten Mal mit dem Gedächtnissystem eines Erwachsenen verarbeitet. Jungfräuliche Erfahrungen mit jungfräulichen Augen gesehen: diese machtvolle Kombination hinterläßt im Gedächtnis einen bleibenden Eindruck. Viele der Erfahrungen, die wir erstmals machen, erweisen sich auch als folgenreich, was die Lebhaftigkeit, mit der wir uns an sie erinnern, verstärkt. Forscher, die die Autobiographien von 49 berühmten Psychologen nach »autobiographisch folgenreichen Erfahrungen« durchforsteten, fanden heraus, daß der überwiegende Teil davon aus der Zeit zwischen dem achtzehnten und dem 35. Lebensjahr stammte. In rund zwei Dritteln aller dieser Fälle handelte es sich um allgemeingültige Erinnerungen (»Daß ich keine Familie gegründet hatte, so wurde mir klar, gab mir die Freiheit, sich bietende Chancen wahrzunehmen«) und bei rund einem Drittel um spezifische Episoden (»Über meinen formellen Wechsel ans Teachers' College ... wurde in einem ganz bestimmten Augenblick während meines zweiten Jahres in New York ›entschieden‹). Unabhängig jedoch von ihrer Ebene in der Gedächtnishierarchie stammten die meisten Erinnerungen an folgenschwere Erlebnisse aus dem zweiten und der ersten Hälfte des dritten Lebensjahrzehnts. Das ist ein bißchen später als der typische Reminiszenz-Berg, aber immerhin schauten die untersuchten Psychologen auf eine Karriere zurück, die zu begründen lange Zeit in Anspruch genommen hatte.

Noch etwas ist am Erinnerungsberg bemerkenswert – die faszinierende Spekulation, daß es sich dabei um diejenige Lebensperiode handelt, in der wichtige historische Ereignisse ihre größte Wirkung entfalten. Als Soziologen im Jahr 1985 bundesweit zufällig ausgewählte erwachsene Amerikaner baten, ein oder zwei »Ereignisse oder Veränderungen von nationaler oder weltweiter Bedeutung« zu benennen, die sich in den hinter ihnen liegenden fünfzig Lebensjahren ereignet hatten, bezogen sich die meisten Antworten auf Daten aus der späten Jugendzeit und dem frühen Erwachsenenalter. Ältere Amerikaner nannten den Zweiten Weltkrieg, jüngere den Vietnamkrieg. (Junge Männer sind es, die im Krieg kämpfen müssen.) Andere Befragte erwähnten die Bürgerrechtsbewegung, die Ermordung von John

F. Kennedy oder die Weltwirtschaftskrise. Unabhängig davon, welches historische Ereignis genannt wurde, stammte es mit hoher Wahrscheinlichkeit aus dem Erinnerungsberg der betreffenden Person.

Wenn wir um die Dreißig sind, haben die meisten von uns die Erfahrungen gemacht, auf die es im Leben ankommt; und wenn wir fünfzig sind, beginnen wir, auch ihre langfristigen Konsequenzen zu erkennen. Mehrere Untersuchungen haben gezeigt, daß wir in der Mitte unseres Lebens nachdenklicher werden. Wir fangen an, uns zu fragen, warum unser Leben sich so entwickelt hat, wie es ist – warum wir an diesem Ort wohnen, in diesem Beruf arbeiten, unser Leben mit diesen Menschen teilen, erfolgreich oder zum Scheitern verurteilt sind. Welche autobiographisch folgenschwere Erfahrungen haben wir gemacht, und wie sind wir mit ihnen umgegangen? Wenn wir unseren Reminiszenz-Berg anhäufen, rückt unser Gedächtnis diejenigen Jahre in den Vordergrund, die die meisten Antworten enthalten.

Im Alter von siebzig Jahren trägt ein weiterer Faktor zur Anhäufung von Erinnerungen bei: Es wird uns bewußt, daß wir die letzten lebenden Zeugen einer bestimmten historischen Epoche oder einer im Schwinden begriffenen Lebensweise sind. Auch anderen geht dies auf, und ihre Neugier und ihr Ansinnen, dies festzuhalten, stimuliert unser Gedächtnis. »Erzähl mal, wie das war, als du jung warst, Opa.« Wie lebte es sich, als es noch kein Fernsehen gab, noch kein Radio, noch keine Antibiotika? Wie war das damals, als man noch tatsächlich zu einem Meister in die Lehre gegeben werden konnte, als man in Quarantäne gesteckt wurde, wenn man krank war, als Hochzeiten von den Eltern arrangiert wurden? Gelehrte wollen die *oral history* aller möglichen Ereignisse aufzeichnen – umfassende Wanderungsbewegungen, Wirtschaftskrisen, politische Revolutionen, Naturkatastrophen, Völkermorde –, und sie müssen ihre Aufzeichnungen abgeschlossen haben, bevor die letzten Überlebenden der Vorgänge gestorben sind. Die historische Epoche, an die nur die älteste noch lebende Generation sich erinnern kann, ist natürlich in ihrem Reminiszenz-Berg verzeichnet. Druck von innen wie von außen richtet das Spotlight auf jene Jahre.

Selbstverständlich gibt es dabei zeitliche Varianten. Einige Erinnerungsberge liegen früher, andere später. Einige umfassen mehr Jahre als andere. Mir schwant, daß eines Tages, wenn ich schließlich auf die Konturen meines Lebens zurückblicken werde, die Mitte meines vierten Lebensjahrzehnts eine zweite Spitze von Erinnerungen bilden wird. In dieser Zeit hat sich für mich viel verändert, und das war, nicht zufällig, auch die Zeit, in der ich schließlich die Geschichte der weißen Handschuhe »hörte«. Doch unabhängig von all diesen Unterschieden wird jeder von uns wenigstens eine Phase seines Lebens besonders lebhaft im Gedächtnis haben. Die Jahre, an die wir uns am besten erinnern, sagen eine Menge darüber aus, wer wir sind und warum unser Leben sich so und nicht anders entwickelt hat.

Im Alter:
Das Leben passiert Revue

Ein 66jähriger Mann, den ich vor einigen Jahren interviewte – ich werde ihn Chris Vitullo nennen –, ließ den Reminiszenz-Berg besonders deutlich erkennen. Im Lauf eines Monats erzählte Chris mir die Geschichte seines Lebens. Wir trafen uns einmal die Woche, er bestand darauf, mich zu bewirten, und dann schaltete ich endlich das Tonbandgerät ein. Chris sprach ausführlich über die Geschichten, die seine Mutter ihm als Kind erzählt hatte, über die Lehre, in die er mit sieben Jahren bei einem alten Friseur namens Antonio gesteckt wurde, über seine Reise, allein, nach Amerika im Alter von dreizehn Jahren. Als er Mutter und Vater am Pier zurückließ, »hatte ich einen Kloß im Hals, der so groß wie eine Faust war«. An jede Einzelheit dieser Reise konnte er sich erinnern: Die fremden Sprachen, das ungewohnte Essen, wie das Schiff krängte, so daß er auf der einen Seite das Meer sehen konnte, auf der anderen nicht. Dann machte jemand am Horizont die Freiheitsstatue aus. »La Libertà! Viva la Libertà!« Von New York fuhr Chris zwei Tage lang mit der Eisenbahn nach St. Louis, stieg am falschen Bahnhof aus und lief dann geradewegs, welch ein unglaublicher Zufall, vor die

Haustür seiner Schwester. An all dies erinnerte sich Chris bis in jede Kleinigkeit. Mehrere Jahre nach seiner Ankunft in St. Louis zog er nach Detroit, wo er zusammen mit einem Freund ein Friseurgeschäft eröffnete. Sein Vater und seine Mutter kamen aus Sizilien, um eine Hochzeit mit einem Mädchen namens Gloria zu arrangieren, und als er 21 war, war der weitere Verlauf seines Erwachsenenlebens festgelegt. Chris sprühte vor Energie, als er diese Ereignisse beschrieb. Doch als er auf seine Ehe mit Gloria zu sprechen kam, geriet sein Redefluß ins Stocken.

> Nachdem wir geheiratet hatten, waren wir im großen und ganzen glücklich, ausgenommen nur, daß man die Dinge, Krankheiten und anderes, eben nehmen muß, wie sie sind. 45 Jahre haben wir zusammengelebt, Gloria und ich. Ja, 45 Jahre waren es. Wir haben viel Gutes zusammen erlebt und auch viel Schlechtes. Wir arbeiteten, wir bezahlten pünktlich unsere Rechnungen, und wir konnten uns anständige Kleidung leisten. Wir kauften ein Haus, wir bezahlten das Haus, wir hatten ein bißchen Geld übrig, wann immer es unserem Herrgott gefiel, und all das machten wir ehrlich und im festen Glauben, und wir kamen an den Punkt, daß Gloria, wenn Gott nicht gewollt hätte, daß sie von uns ging, daß Gloria und ich dann vielleicht noch heute zusammen wären. Aber so ist das Leben nun einmal, und wir müssen es nehmen, wie es kommt.

Nachdem er stundenlang bei seinen ersten 21 Lebensjahren verweilt hatte, verwandte Chris nur ein oder zwei Minuten auf seine nächsten 45 Jahre. In späteren Interviews konnte ich mehr über Chris' Ehe mit Gloria und ihren Tod zehn Jahre vor meinen Gesprächen mit ihm herausfinden, aber es bedurfte mancher Fragen und vielen Nachhakens. Chris war durchaus bereit, über diese Zeit zu sprechen; das Problem war nur, daß sein Gedächtnis ein halbes Jahrhundert zu einem einzigen Ganzen verdichtet hatte, wobei viele Einzelheiten dem Vergessen anheimgefallen waren. Woran Chris sich am besten und mit dem größten Vergnügen erinnern konnte, das waren seine Lebensjahre zwischen sechs und 21 – vor allem seine Zeit als Teenager. Hier erhob sich sein Erinnerungsberg.

Chris' Geschichte illustriert auch, welchem Hauptzweck das autobiographische Gedächtnis im Alter dient. Bestimmte Erinnerungen, die man am Ende des Lebens hat, werden »instrumentell« genannt; sie handeln davon, wie man in der Vergangenheit Pläne verfolgte, wie man Probleme löste, wie man Ziele erreichte. Solcherart waren auch Chris' Erinnerungen an seine Zeit als Lebensmittelhändler während des Zweiten Weltkriegs:

Ich mußte ziemlich viel herumlavieren. Ich kam an Sachen, die kaum zu bekommen waren. Von meilenweit her kamen die Leute zu mir. Wenn sie Zwiebeln brauchten, hatte ich vielleicht drei-, vierhundert Sack Zwiebeln im Hinterzimmer. Die Bauern verkauften Kartoffeln nicht für drei Dollar je hundert Pfund, sondern für zehn. Ich kaufte sie für zehn Dollar, und ich verkaufte sie auch für zehn. Meinen kleinen Laden baute ich zu einem richtigen Markt aus, fast zu einem Supermarkt. Vierzehn Rinderhälften verkaufte ich pro Woche. Hunderte von Schweinekeulen verkaufte ich. Ich beschäftigte drei Metzger. Wir schufteten bis zum Umfallen, aber ich konnte genug Geld verdienen, um ein Haus zu erwerben und zu kaufen, was immer Gloria oder meine Mutter brauchten.

Instrumentelle Erinnerungen werden dazu benutzt, sich die eigene Kompetenz in der Gegenwart zu bestätigen. Über die Art und Weise, wie er die Weltwirtschaftskrise überstand, sagte einmal ein älterer Mensch: »Was ich damals gelernt habe, hat mir wirklich geholfen, mit meiner Altersrente zurechtzukommen.« Als sie die mündlichen Reminiszenzen von 171 älteren Versuchspersonen untersuchten, fanden die Psychologen Paul Wong und Lisa Watt heraus, daß jene, die instrumentelle Erinnerungen hatten, so gut wie in allen Fällen als »erfolgreiche« Alte gelten konnten. So gut wie alle lebten in eigenen Häusern und nicht in Altersheimen, kamen weit besser mit ihrem Leben zurecht als andere und waren auch gesundheitlich in guter Verfassung. Sie wußten, daß sie ihr Leben noch bewältigen konnten. Ihre Erinnerungen sagten ihnen de facto: »Ich bin kompetent gewesen, und ich bin es noch immer.«

Eine andere Art von Erinnerungen bezeichnen Wong und Watt als »transmissiv«. Sie dienen dazu, anderen das eigene kulturelle Erbe oder die eigene Lebenserfahrung weiterzugeben oder wichtige historische Ereignisse zu bezeugen. Oft haben sie die Form einer Einweisung in die Werte einer vergangenen Epoche. Über die jüngeren Menschen, die Chris im Lauf seines Lebens begegneten, sagte er:

> Immer wenn ich mit ihnen ins Gespräch komme, erzähle ich ihnen etwas über den Gehorsam. Ich sage ihnen, daß sie ihrem Vater und ihrer Mutter gehorchen müssen. Den alten Vorstellungen nach war Gehorsam etwas, was man einfach haben mußte. Die Menschen hörten auf die Älteren. Ich erzähle ihnen von den Zehn Geboten. »Liebe Deinen Nächsten.« ... Wenn man das nicht begriffen hat und glaubt, daß man auch anders zurechtkommt, dann, glaube ich, liegt man falsch.

Der vielleicht wichtigste Erinnerungstyp im späten Erwachsenenalter zielt jedoch auf innere Veränderung ab. Als Produkt einer »Lebensrevision« dient er der Funktion, in Anbetracht des nahenden Endes sein Leben in Ordnung zu bringen. Menschen, die solche Erinnerungen haben, wollen sich rückversichern, daß ihr Leben notwendigerweise so verlaufen mußte, und sich mit dem versöhnen, was geschehen ist. Wie Chris entdeckte, muß man sich damit abfinden, daß man bestimmte Wege nicht eingeschlagen hat:

> Als junger Mann spürte ich viele Male tief in meinem Herzen, daß ich etwas anderes tun könnte, als nur Friseur zu sein. Ich spürte, daß ich etwas Besseres machen könnte, aber ich zögerte, es in Angriff zu nehmen. Ehe ich sprang, wollte ich die Entfernung abschätzen. Ich wollte sichergehen, daß alles klappen würde, und dieses Zögern ... Manchmal muß

man eine Gelegenheit eben beim Schopf ergreifen. Aber ich bin dennoch glücklich. Mir fehlt es an nichts. Ich könnte eine Menge Geld gebrauchen, aber Geld ist nicht alles. Wenn man Geld hat, glaube ich, sind auch immer gleich ein paar Kerle da, die sagen: »Schau, wenn du noch ein paar hunderttausend Dollar hättest, dann könntest du vielleicht bessere Geschäfte machen. Warum sollten wir dir die nicht geben und deine stillen Teilhaber werden?«

Der Psychiater Robert Butler hat den Begriff der »Lebensrevision« zum ersten Mal 1963 definiert, als er ihn als »natürlichen« und »universellen« Prozeß bezeichnete. Bei der Lebensrevision handelt es sich um einen Reminiszenz-Berg, zu dem noch etwas anderes hinzutritt – eine letzte Gelegenheit, etwas zu reparieren und umzuwandeln. In Charles Dickens' Erzählung *Ein Weihnachtslied in Prosa* trifft Ebenezer Scrooge die Geister der vergangenen, gegenwärtigen und zukünftigen Weihnachtsfeste (das ist die Reminiszenz), und er wird in seinem Innersten verwandelt (das ist das, was noch hinzukommt). In Lew Tolstois *Der Tod des Iwan Iljitsch* verändert sich die Hauptperson ebenfalls am Ende ihrer Lebensrückschau. Iwan, ein vorübergehend kranker Mann mittleren Alters, blickt auf sein Leben zurück und sieht es in völlig neuem Licht. »Was, wenn mein ganzes Leben eigentlich falsch gewesen ist?« fragt er sich. Angesichts der wenigen Zeit, die ihm noch bleibt, versucht er richtigzustellen, was er kann.

Im Lauf einer Lebensrevision nehmen einige Menschen möglicherweise das Urteil ihres Schöpfers vorweg und verspüren das Bedürfnis, daß ihnen ihre Sünden vergeben werden mögen. Andere entdecken vielleicht verborgene Wahrheiten – eine tiefsitzende Ablehnung, die sie gegenüber einem Partner empfanden, eine Liebe, die vor einem halben Jahrhundert nicht ausgelebt werden durfte, eine Affäre, die sich während ihrer ganzen Ehe hinzog. In der Mitte seiner Lebensgeschichte offenbarte ein alter Mann einmal einem meiner Studenten, daß er ein Gebäude in Brand gesteckt und unbeabsichtigt damit jemanden getötet hatte. Voller Reue wollte er sich der Polizei stellen, doch als er die Stufen zum Revier hinaufging, änderte er seine Meinung. Statt sein Leben im Gefängnis zu verschwenden, so beschloß er, wollte er es nutzen, um anderen Gutes zu tun. Er wurde niemals gefaßt, und erst am Ende seines Lebens enthüllte er, was ihn motiviert hatte, eine Karriere im Dienst des Gemeinwohls einzuschlagen. Und er wählte für diese Offenbarung einen, der ihm so gut wie fremd war.

Die Lebensrevision kann vielerlei Gestalt haben, kann in Worte gekleidet werden oder auch nicht. An einem Silvesterabend rief ein Mann von achtzig Jahren eine vierzigjährige Frau an, die einst für ihn gearbeitet hatte. Sie hatten sich mehr als fünfzehn Jahre lang nicht gesehen, und er fragte sie, ob sie ihn besuchen wolle. Als sie im folgenden August kam, stellte sich heraus, daß er an einem Lungenleiden litt. Er sprach nur flüsternd und mußte häufig eine Pause machen, um wieder Luft zu bekommen. Er zeigte ihr sein elegantes Haus und sein ganzes Grundstück. Er offenbarte ihr sein Privatleben – den Keller und die Waschküche, die Toiletten, sogar die Schubladen seines Kleiderschranks. Bei jedem Halt gab es eine Geschichte zu erzählen. Als sie sich schließlich gemeinsam hinsetzten, ließ er sie – indirekt, aber eindeutig – wissen, daß er niemals mit seiner Frau intim gewesen war, daß er wirklich überhaupt nie mit einer Frau intim war. Dann streckte er seine Hand nach ihr aus und berührte sie an der Brust. Sie ließ es zu. Dann ließ er seine Hand sinken, als sei etwas zu Ende gebracht worden.

Ein Professor der Sozialwissenschaften beschrieb einmal eine andere Art von Lebensrevision, die eines 86jährigen Amerikaners mexikanischer Herkunft. Dieser Mr. Garcia war Witwer, hatte keine Kinder und nur wenige Freunde und war ans Haus gefesselt, weil ihm wegen Diabetes ein Bein amputiert worden war. Ein Sozialarbeits-Praktikant besuchte ihn jede Woche und nahm seine Lebensgeschichte auf Band auf. Mr. Garcia erzählte sie mit viel Enthusiasmus. Uralte Erinnerungen tauchten wieder auf, und bei einem Besuch sprach er mit großer Bewegung von einem Vorfall, der sich ereignet hatte, als er acht Jahre alt war. Er war mit seiner Mutter und seiner kleinen Schwester zu einem großen *mercado*, einem Markt, in einer mexikanischen Stadt gegangen. Seine Mutter sagte ihm, daß er nicht die Hand seiner

Schwester loslassen solle, aber irgendwie verloren sie sich in der Menschenmenge. Nach Tagen der Suche kam seine Familie schließlich zu dem Schluß, daß die Schwester entführt worden war. Sein ganzes Leben lang trug Mr. Garcia die Schuld mit sich herum, die er dadurch auf sich geladen hatte, daß er seine Schwester verloren hatte.

Bei einem späteren Besuch erzählte Mr. Garcia dem Praktikanten, daß er unerwarteten Besuch bekommen hatte. Seine verlorengegangene Schwester war ihm in einer Vision erschienen. Sie trug ihm auf, sich auf den Tod vorzubereiten, in dem die beiden schließlich wieder miteinander vereint würden. Nachdem er gesehen hatte, daß seine Schwester ihm nicht zürnte, veränderte sich Mr. Garcia grundlegend. Die Bürde der Schuld war von seinen Erinnerungen genommen. Bereitwillig machte er sein Testament, brachte seine Angelegenheiten in Ordnung und legte sogar den Anzug bereit, in dem er beerdigt werden wollte.

Wenn eine Lebensrevision erfolgreich abgeschlossen ist, verleiht sie einem Leben den Anschein der Integrität, der Kohärenz, der Vollständigkeit. Es geht einem auf, daß man aus den gegebenen Umständen das Beste gemacht hat, daß man, wenn nichts sonst, wenigstens überlebt hat. Die Forscher Wong und Watt stellten fest, daß Erinnerungen, die die Kennzeichen der Integrität trugen, eher für die gesunden, ausgeglichenen älteren Menschen charakteristisch waren, die sie die »erfolgreichen Alten« nannten. Und ein thailändischer Forscher fand heraus, daß solche Erinnerungen bei älteren Menschen in Thailand (die alle Buddhisten sind) mit dem Gefühl der Befriedigung über das eigene Leben gepaart waren – und daß es entsprechenden Menschen in den Vereinigten Staaten ganz genauso geht.

Das Gefühl einer befriedigenden Lebensrevision kann dadurch verstärkt werden, daß man sein Leben als Teil eines größeren Dramas sieht, als Variante einer archetypischen Geschichte. Möglicherweise schafft man es, seinen Platz in der Geschichte zu finden. Anfang der achtziger Jahre wurden im Rahmen eines faszinierenden Projekts im Staat Washington 400 Menschen in verschiedene Landes- und Stadtbibliotheken eingeladen. Ihr Altersspektrum erstreckte sich von 29 bis 92 Jahre, obwohl die meisten im Rentenalter waren, und alle hatten sie den Wunsch, ihre Lebensgeschichte niederzuschreiben. Jede Woche trafen sie sich mit einem Seminarleiter und lernten die offizielle Geschichtsschreibung kennen, die mit ihrem Leben parallel lief. Diese Menschen entdeckten, daß sie Teil des 20. Jahrhunderts waren, der Übergänge vom Land in die Stadt, des Aufstiegs ihrer Nation zur Weltmacht, Teil des Kampfes um die Beendigung der Rassentrennung. Von Kindern der Weltwirtschaftskrise waren sie zu Rentnern im Überfluß geworden, von Präriebauern zu Jet-Touristen. Mit dieser neuen Perspektive organisierten die Gruppen Wanderausstellungen mit Fotos und Geschichten, ein Videoprogramm und ein Theaterstück, das sogar professionell auf die Bühne gebracht wurde. Sie produzierten auch 110 Autobiographien, die jetzt nebeneinander auf den Bibliotheksregalen stehen, auf denselben, die auch die offiziellen, von Historikern geschriebenen Berichte enthalten.

Eine der Autobiographien trägt den Titel *From Valdres to Moos Jaw*. Es ist die Geschichte einer Familie, die ihren Weg aus einem ärmlichen Dorf in Norwegen in eine Stadt in Kanada findet. Die Autorin, Ann Theberge, erinnert sich an den Tag, an dem ihr Vater die Heimat verließ, um das Angebot, Land in den westlichen Ebenen Kanadas zu kaufen, zu nutzen. Sie war acht, man schrieb das Jahr 1910, das Jahr des Halleyschen Kometen. »Mit der Welt geht es zu Ende«, reagierte das verarmte Dorf ihrem Bericht zufolge auf das Schauspiel. »Die Menschen versammelten sich und beteten um Gnade.« Zwei Jahre später waren sie, ihre Mutter und zwei kleinere Geschwister wieder mit ihrem Vater vereint – in einer aus Soden errichteten Hütte inmitten riesiger Hügel voller Büffelgras, siebzig Meilen von Moos Jaw in Saskatchewan entfernt. Anns junges Leben war voller Entbehrungen. Sie mußte ihr Zuhause mit vierzehn Jahren verlassen und bei einer anderen Familie für Kost, Logis und fünfzig Cent im Monat mithelfen. Doch sie und ihre Familie überlebten, und Jahre später kehrte sie zurück und besuchte ihren alternden Vater. Er fühlte sich schuldig, daß er ihr kein besseres Leben hatte bieten können, doch sie sagte ihm, daß er »großartig und tapfer« gehandelt habe, als er seine Familie aus der Armut in ein Land voller Chancen führte.

Nicht alle Lebensrevisionen gelangen jedoch an ein so gutes Ende. Manchmal ist das, was unter dem Strich herauskommt, von gemischten Gefühlen begleitet, manchmal kann es sogar zum Selbstmord führen. In jedem Leben gibt es Ereignisse, die niemals mehr rückgängig gemacht werden können, ganz egal, wie sehr wir sie in unserem Geist immer wieder durcharbeiten. Es gibt Schädigungen, die nicht repariert, schmerzliche Empfindungen, die nicht gelindert werden können. Wenn aufbricht, was nicht zu reparieren ist, können Depressionen die Folge sein, Schuldgefühle, Zorn, Panik oder besessenes Grübeln, eine andere Art, am Ende des Lebens sich zu erinnern. Auch Chris Vitullo widerfuhr dies. Jahre nachdem er seine Frau verloren hatte, kapselte er sich in dem Haus ab, in dem sie gelebt hatten.

> Ich hätte den Verstand verlieren können, weil ich immer wieder an dieselben Dinge dachte. Wenn es dazu kommt, daß man immer und immer wieder dasselbe denkt und das, woran man denkt, einfach nicht vergessen kann, dann kommt man über einen Verlust wie den von Gloria nicht hinweg ...
> Sie können sich nicht vorstellen, wie die paar Dinge mein ganzes Leben durcheinanderbrachten. Ich kann noch nicht einmal erklären, wie schlimm das war, aber jedesmal habe ich genau in dem Moment, wo ich mich hinlegte, das Bild wieder vor mir gesehen.

Sein Leben Revue passieren zu lassen ist nicht auf das Alter beschränkt. Weil der Tod allzeit gegenwärtig ist, kann er jeden Augenblick die Erinnerungen aufrütteln. Bei mehreren Untersuchungen von Menschen, die einer plötzlichen, lebensbedrohenden Gefahr ausgesetzt waren, berichtete etwa ein Drittel, daß ihnen »Panoramaerinnerungen« widerfahren seien. In einem einzigen Augenblick sahen sie ihr gesamtes Leben an sich vorüberziehen. Ein Sechzehnjähriger fuhr mit seinem Motorrad eine schlecht beleuchtete Straße entlang, als plötzlich ein steckengebliebener Wagen vor ihm stand. Er hatte keine Zeit zu reagieren:

> Auf einmal sah ich das Gute und das Schlechte in meinem Leben. Szenen blitzten wie Dias in rascher Folge vor meinen Augen auf. Sie setzten damit ein, als ich ungefähr zwei Jahre alt war. Es ist komisch, aber ich erinnerte mich, daß ich eine Schüssel Frühstücksflocken auf meinen Kopf ausgeleert bekam. Ich dachte daran, daß ich Schläge bekam, als ich einmal ein schlechtes Zeugnis mit nach Hause brachte. Ich erinnerte mich an Höhepunkte: Wie ich das erste Mal ein Mädchen küßte, wie ich zum ersten Mal betrunken war und ähnliche Sachen. Bei jedem Mal hatte ich dasselbe Gefühl wie damals. Es war, als würde ich es wiedererleben. Jedesmal sah ich zunächst mich in dem Bild, dann löste ich mich davon. Wie jemand, der dasitzt und Fotos von sich selbst in einem Familienalbum anschaut...
> ... Zu dem Zeitpunkt dachte ich in keiner Weise daran, warum diese Szenen in meinem Geist aufblitzten; doch als ich versuchte, nach dem Unfall herauszufinden, wo ich war, kam mir der Gedanke, daß ich vielleicht gestorben und in den Himmel gekommen war und daß dies eine Art Gericht über mein Leben oder so etwas war.

Panoramaerinnerungen entfalten eine ganz eigene Kraft. Von gewöhnlichen unterscheiden sie sich durch das Tempo, mit dem sie vorüberziehen, und durch die Bandbreite, die in ihnen eingefangen ist. Die Zeit scheint in ihnen stillzustehen. Manchmal kehren Gerüche und Geschmacksempfindungen der frühen Kindheit zurück. Manchmal öffnet sich ein Blick in die Zukunft, wenn Menschen sich vorstellen, wie ihre Freunde und Familien die Nachricht von ihrem Tod empfangen. Und manchmal sehen sich die Menschen selbst in einer Außenperspektive, als wären sie Schauspieler auf einer Bühne.

Heutzutage beschäftigt sich eine ganze Armee von Helfern und Heilern, oft im Rahmen der Sozialarbeit, therapeutisch mit den Lebensrevisionen älterer Menschen. Mit Fragen oder Musik stimulieren sie ihre Klienten und lassen sie Geschichten schreiben, Bilder malen oder anderweitig mit den evozierten Erinnerungen spielen. Lebensrevisionen sind also möglicherweise nicht so »natürlich«, wie Butler ursprünglich vermutete. Auch sind sie nicht so universell. Bei vielen Untersuchungen fanden sich keine Anzeichen dafür, nur bei einigen, und es ist alles andere als gesichert, daß eine erfolgreiche Bewältigung zu einer besseren Lebensanpassung führt. Wenn die Ergebnisse einer Untersuchung verallgemeinert werden können, stehen die Chancen ungefähr 2:5, daß man niemals sein Leben Revue passieren lassen wird. Wenn doch, wird es wahrscheinlich geschehen, ehe man das Alter von achtzig Jahren erreicht. Nur fünf Prozent der bei dieser Untersuchung befragten Menschen waren jenseits dieses Alters, als sie eine solche Revision durchliefen. Im extrem hohen Alter ist die Nähe des Todes nicht länger der Auslöser.

Trotz dieser Befunde wird der Begriff »Lebensrevision« in den kommenden Jahren möglicherweise denselben Rang wie die *midlife crisis* einnehmen und sich so sehr vergegenständlichen, daß vermutlich jeder eine erlebt hat oder, schlimmer noch, daß jeder eine erleben *sollte*. Ähnlich wie die Menschen heute so gut wie jedes Dilemma, vor dem sie mit vierzig stehen, auf ihre *midlife crisis* zurückführen, werden sie, wenn sie sechzig oder siebzig sind, alles auf ihre Lebensrevision schieben. Wir Psychologen wissen, wie wir interne Vorgänge ausfindig machen, die möglicherweise nur für einen Teil der Bevölkerung charakteristisch sind, und sie dann zu etwas ummodeln, was auf alle zutrifft. Wir sind jedoch dabei mit Blindheit geschlagen, wir vergessen, wie vielfältig die autobiographischen Erinnerungen nicht nur im späteren Erwachsenenalter sind, sondern während aller Stadien des Lebens.

»Ich mache weiter«

Wenn wir älter werden, beeinträchtigen Veränderungen in unserem Gedächtnisorgan die Art und Weise, wie wir uns erinnern und wie gut. Informationen brauchen länger, bis sie das Gehirn erreichen, ihre Verarbeitung dort nimmt mehr Zeit in Anspruch, und es dauert auch länger, bis sie als Befehle wieder an die Muskeln zurückgeschickt werden. Diese Veränderungen ziehen alle möglichen physischen und mentalen Reaktionen in Mitleidenschaft. Man »sieht« einen Tennisball langsamer und reagiert nicht mehr so schnell auf ihn. Es braucht mehr Zeit, eine Erinnerung zu speichern und sie wieder hervorzuholen, wobei das Gedächtnis mehr in Mitleidenschaft gezogen ist als die Wahrnehmung. Diese Verlangsamung hat mehrere Gründe. Vermutlich spielen eine verringerte Durchblutung und damit eine reduzierte Sauerstoffmenge eine Rolle. Außerdem sinkt der Pegel von chemischen Botenstoffen, was die neuronalen Verzweigungen schwächt. Fallen einige davon aus, muß sich die Information einen längeren und langsameren Alternativweg suchen. Auch die Isolierung, die die Nervenfasern umgibt, verändert sich, was die Geschwindigkeit und die Effizienz vermindert, mit der die elektrischen Impulse weitergeleitet werden. Insgesamt sind die Auswirkungen auf das Gedächtnis nicht sehr groß, aber dennoch merklich. Ältere Menschen können sich nicht so schnell wie früher erinnern, qualitativ aber noch fast genauso gut. Und wer physisch wie intellektuell aktiv bleibt, bei dem verlangsamen sich diese Prozesse weit weniger als bei jenen, die das nicht tun.

Das Gehirn als Ganzes verliert Gewicht, wenn wir älter werden, und weiterhin sterben Nervenzellen ab, wie sie es schon das ganze Leben lang taten. Im Hippocampus, der für die Ausbildung von Langzeiterinnerungen von entscheidender Bedeutung ist, sterben in der zweiten Lebenshälfte pro Jahrzehnt rund fünf Prozent aller Zellen ab. Es scheint jedoch, zumindest eine Zeitlang, zu einer anatomischen Kompensation zu kommen. Neuronen, die man dem Hippocampus gesunder Menschen entnimmt, zeigen zwischen der Lebensmitte und dem Alter von bis zu 75 Jahren eine Zunahme ihrer Verzweigungen. Die Zahl der Neuronen nimmt also ab, dafür sind jedoch ihre Verästelungen länger und komplexer. Insgesamt wirkt sich daher der Verlust von Nervenzellen in der Praxis kaum auf das Gedächtnis aus; möglicherweise führt er dazu, daß zufällig hier und da etwas vergessen wird, viel mehr geschieht aber nicht. PET-Untersuchungen lassen erkennen, daß die Gehirne gesunder Achtzigjähriger fast so aktiv sind wie die von Zwanzigjährigen.

Mit den als Altersdemenz bekannten schweren Gedächtnisausfällen ist es etwas anderes. Bei der Hälfte bis zwei Dritteln dieser Fälle ist die Alzheimer-Krankheit daran schuld, bei der die Nervenzellen im Gehirn, besonders im Hippocampus, degenerieren. Die daraus resultierenden Plaques und Verklumpungen finden sich auch in normalen Gehirnen, allerdings in wesentlich kleinerem Ausmaß. Es gibt viele Theorien, was die Krankheit ursächlich hervorruft. An den Wänden der Gehirnblutgefäße suchen die Forscher nach einem Überschuß der einen Substanz, an den Verbindungsstellen zwischen den Neuronen nach einem Mangel einer anderen. Von ursächlicher Bedeutung sind möglicherweise auch Ansammlungen von Umweltgiften oder ein langsamer Virus, den man sich schon in der Kindheit zuzieht, der vom Immunsystem aber bis zum Alter unterdrückt wird. Es hat sich auch herausgestellt, daß einige Formen der Alzheimer-Krankheit – besonders jene, zu der es schon in der Lebensmitte kommt – auf genetische Ursprünge zurückzuführen sind. Zwei mit der Erkrankung zusammenhängende Defekte sind auf demselben Chromosom gefunden worden, das auch am Down-Syndrom beteiligt ist, und ein dritter Defekt konnte an einer weiteren Stelle identifiziert werden.

Eine andere Form der senilen Demenz wird von Blutgefäß-Verengungen hervorgerufen, die vorübergehend die Sauerstoffversorgung des Gehirns unterbrechen. Die Blockaden führen zu winzigen, manchmal unbemerkt bleibenden Schlaganfällen, und die dadurch entstandenen Schäden kumulieren sich. Im Gegensatz zu Alzheimer-Kranken zeigen die Opfer von multiplen Mini-Schlaganfällen Phasen klaren Denkens, in denen auch ihr Gedächtnis einwandfrei funktioniert. Weitere Formen von Demenz sind auf die Parkinson-Krankheit, chronischen Alkoholmißbrauch, emotionale Depressionen, Medikamentenmißbrauch oder Kombinationen von all diesen Ursachen zurückzuführen. Dennoch ist die Demenz nicht der Normalzustand des Alters. Zusammengenommen leiden an allen ihren Formen einschließlich der Alzheimer-Krankheit nur zwei Prozent der Menschen von Ende Sechzig und sechs Prozent derjenigen von Ende Siebzig. Bis zum Ende des achten Lebensjahrzehnts steigt die Rate auf 22 Prozent und auf 41 Prozent bei über Neunzigjährigen. Diese Zahlen basieren auf Untersuchungen, die in den Vereinigten Staaten, Japan, Australien, Neuseeland, Großbritannien und Schweden durchgeführt wurden.

Also stehen die Chancen nicht schlecht, daß wir zwischen siebzig und achtzig Jahren keine ernsthaften Gedächtnisdefizite erleiden. Jenseits der Achtzig nimmt die Wahrscheinlichkeit zu, doch selbst mit über neunzig beträgt sie noch keine fünfzig Prozent. Während all dieser Jahre sind wir jedoch mit Verlusten und mit der Angst vor Verlusten konfrontiert, bei der es sich in Wahrheit um die Angst vor dem Verlust des Selbst handelt, das vom autobiographischen Gedächtnissystem getragen wird. Es ist die Angst davor, so zu werden wie mein Vater, ein Mann ohne Geschichte und damit ein Mann ohne Selbst.

Im späteren Erwachsenenleben entspricht der Zustand des Selbst dem Zustand des Körpers. Solange die Menschen gesund sind und noch Kraft haben, nimmt das subjektive *Ich* das objektive als jugendlich wahr. Mit 83 schrieb der pensionierte Journalist Bruce Bliven: »Ich fühle mich nicht wie ein alter Mann, ich fühle mich wie ein junger, auf den noch etwas zukommt. Ich habe jetzt herausgefunden, was es ist: die Lebensmitte, und ich mache mir deswegen keine Sorgen.« Jahre nachdem sie in den Ruhestand gegangen sind, sehen die meisten alten Menschen sich noch immer als die Lehrer, Postbediensteten, Elektriker, Anwälte oder Krankenschwestern, die sie einst waren. Und Menschen, die jenseits der 65 noch weiterarbeiten, fühlen sich auch noch jünger als andere, die das nicht tun. Solange wir gesund bleiben, bewahren wir uns unabhängig von unserem tatsächlichen Alter ein jugendliches Selbstbild. Wir sind, was die Gerontologen die »jungen Alten« nennen.

Der Wissenschaftler Sheldon Tobin glaubt, daß es den Menschen voll bewußt ist, wenn sie eine Schwelle überschreiten und zu »alten Alten« werden. Ihr jugendliches Selbstbild geben sie auf und sagen einfach: »Jetzt fühle ich mich alt.« Sie betreiben nicht mehr soviel Introspektion wie früher, fragen nicht mehr soviel, wie es sein wird, wenn sie einmal nicht mehr da sind, sondern beschäftigen sich eher mit den praktischen Seiten des Sterbens. Werde ich Schmerzen haben? Werde ich noch Herr meiner selbst sein? Werde ich allein sein? Dieser Übergang geleitet die Älteren in den einzigartigen psychischen Zustand der letzten Lebensjahre, in denen zum letzten Mal ein neuer Gebrauch vom autobiographischen Gedächtnis gemacht wird. In Anbetracht zunehmender Verluste und der Aussicht auf den Tod wird das Gedächtnis jenseits der Achtzig und Neunzig dazu benötigt, das Selbst zu bewahren, die Bilder der Person aufrechtzuerhalten, die wir immer gewesen sind.

Tobin berichtet von einer 84jährigen Witwe, die ihm zur Behandlung überwiesen wurde: eine ganz kleine Frau, die für ihr sonniges Gemüt bekannt war, aber kürzlich ihr Augenlicht verloren hatte und darüber depressiv geworden war. Sie litt an unkontrollierbaren Weinkrämpfen. Zunächst äußerte sie aber nur ihre Besorgnis, daß sie nicht mehr in der Lage war, sich ein ordentliches Make-up aufzulegen, und sagte sonst kaum etwas. Tobin fragte sie dann nach ihren frühesten Lebenserinnerungen. Sie beschrieb, wie sie im Alter von zwei Jahren mit ihrem Vater auf einem großen weißen Pferd auf den Hauptplatz des osteuropäischen Stetl ritt, wo sie lebten. In ihrer Erinnerung hebt er sie hoch und setzt sie sich auf die Schultern, damit alle sehen können, wie hübsch sie ist. Tobin sagte ihr, daß man sie noch immer wegen ihres guten Aussehens bewundere, und sie antwortete: »Das mag stimmen, aber ich bin mir nicht sicher, daß man meine Augen sehen kann. Meine Augen waren immer das Schönste an mir.« Nicht so sehr ihre Blindheit machte ihr Kummer als vielmehr ihr Sturz vom weißen Pferd. Sie hatte Angst davor, nicht länger die schöne Frau zu sein, als die sie sich immer gekannt hatte.

Für einen Außenstehenden, besonders für einen jungen, ist es schwierig, eine gebrechliche 84jährige Frau anzusehen und sie sich als Zweijährige auf einem weißen Pferd vorzustellen. Doch das ist das objektive *Ich*, das die Frau in ihrem mentalen Spiegel sieht. Könnte sie ein Foto aus ihrer Vergangenheit betrachten, würde sie nicht sagen: »Das *war* ich«, sondern vielmehr: »Das *bin* ich, obwohl ich mich vielleicht ein wenig verändert habe.« Tobin hat festgestellt, daß junge Menschen Aussagen über sich selbst wie etwa »Mir macht es Spaß, Verantwortung zu übernehmen« gern mit Beispielen aus der Gegenwart untermauern: »Gerade eben habe ich das Sommerfest von meinem Verein organisiert.« Ältere Menschen ziehen dazu jedoch genauso die Vergangenheit heran. Wenn sie für sich in Anspruch nehmen, gern Verantwortung zu übernehmen, unterstreichen sie das nicht nur, indem sie sagen »Wenn meine Kinder zu Besuch kommen, sage ich, was zu tun ist«, sondern auch, indem sie sich erinnern: »Wir besaßen ein kleines Juweliergeschäft, das ich geführt habe.« Für eine Achtzigjährige ist das Selbst als Objekt die Zweijährige, die der Augenstern ihres Vaters ist, die Fünfzehnjährige, von der die Jungen träumen, die dreißigjährige Mutter dreier Kinder, die fünfzigjährige Großmutter und die siebzigjährige Witwe – all dies zur gleichen Zeit. Dem autobiographischen Gedächtnis fällt die Aufgabe zu, all diese Identitäten am Leben zu erhalten, und es bewältigt dies, indem es die unteren Ebenen der Gedächtnishierarchie nach den lebhaften, symbolischen Ereignissen durchforstet, die die Identitäten konkret werden lassen.

Über mehrere Jahre hinweg hat der Sozialwissenschaftler Austin Lyman mit älteren Navajo-Indianern, die die kalten Wintermonate in einer Pflegeeinrichtung verbrachten, Gedächtnisarbeit in Gruppen durchgeführt. Bei jeder Sitzung diskutierten die Teilnehmer ein Thema aus der Vergangenheit und schrieben dann ein Gedicht darüber. Jeder steuerte mindestens eine Zeile des Gedichts bei. Die Strophen wurden in Notizbüchern festgehalten und so zum Diskussionsgegenstand zwischen den alten Menschen, ihren Familien und den Mitarbeitern der Pflegeeinrichtung. Im folgenden ein Auszug aus solch einem Gedicht über das Schafehüten, eine Fähigkeit, die die meisten Teilnehmer als Kinder erlernt hatten:

Ich habe früher schon überlebt.
Ich kann es jetzt wieder schaffen.
Ich habe schon manches durchgemacht.
Ich kann es noch mal schaffen.

Mit Unwettern, Bären, Wölfen und Weißen wurde ich fertig.
Ich kann auch mit dem Alter fertig werden.
Wie schlimm es auch kam, ich ging noch immer mit den Schafen hinaus.
Ich mache weiter, egal wie alt ich bin.

Wenn das Lebensende näher rückt, ist das Selbst, das erstmals in der frühen Kindheit auftauchte, vor die Aufgabe gestellt, das Bild des *alten Ich* gegen ein Bild des *alterslosen Ich* auszutauschen. »Ich bin eine Person«, betonte eine Frau. »Ich bin keine alte Person, weil vieles an mir einfach nicht alt ist – unabhängig von meinen Jahren und den körperlichen Problemen, die ich habe. Was immer ich bin, es hat nichts mit dem Alter zu tun.« Ein außerordentlich starkes Gefühl der Kontinuität kann durch Erinnern hervorgerufen werden, eine außergewöhnliche Selbstvergewisserung. Wenn die Verluste zum Lebensende hin zunehmen, müssen wir die verbliebenen Erinnerungen hegen und pflegen, um unser altersloses Selbst zu bewahren, um bis zu unserem allerletzten Atemzug sagen zu können: »Ich bin noch immer ich« – noch immer dasselbe Selbst, das einst am Anfang stand.

7. »Am Anfang ...«

Als Psychologe habe ich mich schon immer für Träume interessiert. Erschreckend, behaglich, amüsant: wie auch immer ihre Stimmung sein mag, sie vermitteln ein solches Gefühl der Unmittelbarkeit, daß es oft ein Schock ist, wenn man erwacht und in die wirkliche Welt zurückkehrt. Und erst die Wahrheiten, die man in ihnen entdeckt ... Ich erinnere mich an Träume aus ferner Vergangenheit, die ich niemals missen möchte, also erzähle ich sie mir und dem wichtigsten Mitmenschen in meinem Leben immer wieder. Manchmal überlege ich, ob ich die Geschichte meiner inneren Reise dadurch erzählen könnte, daß ich mich auf die Träume beziehe, zu denen es an den Wendepunkten kam, Träume, die die mythischen Meilensteine meines Wegs darstellen.

Voller Respekt sehe ich auch, daß in bestimmten Fällen Träume die Zeit besser im Griff haben als bewußte Erinnerungen. In einem meiner Träume, den ich niemals vergessen möchte, stehe ich im Hinterhof des Hauses, in dem ich damals lebte. Es ist ein Holzhaus, unten weiß und oben dunkelbraun. Ich sehe es mir näher an und entdecke einen großen Raum, der die ganze Rückseite des zweiten Stocks einnimmt. Warum ist er mir früher nie aufgefallen? Dann bin ich in diesem Raum und sehe eine Wendeltreppe, die nach oben führt. Sie ist aus stabilem leichten Holz gebaut und hell lackiert. Eine dünne Staubschicht bedeckt die Stufen, und ein oder zwei der Tritte haben sich aus ihrer Verankerung gelöst, doch ansonsten ist der Raum bemerkenswert gut erhalten. Keine Fäulnis steckt im Holz, der Lack unter dem Staub ist makellos, die wenigen Reparaturen wären im Nu zu erledigen. Plötzlich geht mir auf, daß ich diesen Raum dreizehn Jahre lang nicht betreten hatte. Ich steige langsam die Stufen empor und finde mich in einem Kirchturm wieder. Oben in seiner Spitze angekommen, schaue ich durch ein Glasfenster und habe einen so weiten und höchst willkommenen Ausblick, daß ich weiß, ich muß hierher zurückkehren.

Heute wie damals ist mir die Bedeutung des Traums völlig klar und auch die des großen Raums, der dort »immer« gewesen war. Aber warum die dreizehn Jahre? Während ich diese Sätze niederschreibe, hege ich den Verdacht, daß sich hinsichtlich der Zahl ein Irrtum eingeschlichen hat; als ich jedoch den Traum tatsächlich hatte – ich muß damals zwischen 35 und vierzig gewesen sein –, verblüffte mich, wie exakt die Zahl, welche auch immer, zutraf. Ich rechnete zurück, und mir ging auf, daß es genau *so* viele Jahre her war, daß ich ein kirchliches Seminar verlassen und in eine sehr weltliche Universität eingetreten war. In den auf diesen Wechsel folgenden Jahren hatte ich, ohne sie ganz zu zerstören, eine spirituelle Seite meiner Persönlichkeit abgekapselt, und jetzt rief ein Traum sie zurück. Die Genauigkeit der Datierung läßt mich noch heute staunen. Die Chronologie zählt nicht gerade zu den starken Seiten des autobiographischen Gedächtnisses; wieviel mehr müßte das auf Träume zutreffen! Und doch haben wir hier einen Fall, in dem ein Traum mit der Präzision eines Taschenrechners funktionierte. »Ich habe in meinem Leben Träume gehabt, die mich niemals mehr verlassen und die mein Denken verändert haben«, sagt Miss Catherine in Emily Brontës *Wuthering Heights*. »Sie haben mich ganz durchdrungen wie Wein das Wasser und die Farbe meines Geistes verändert.« Solche Erfahrungen bezeichne ich als Lebenszeit-Träume: Sie sind außergewöhnlich, sie handeln von Mustern und Übergängen im Leben, und man vergißt sie niemals. Sie sind vielleicht nicht mit der Lebensgeschichte verknüpft, könnten es aber sein – und sollten es meiner Ansicht nach. Ich meine nicht einfach Träume aus längst vergangenen Zeiten wie beispielsweise die Außerirdischen mit den glühenden Augen, die in der Kindheit an das Schlafzimmerfenster klopften, oder die Mumien, die einen um das Haus jagten. Das sind keine Lebenszeit-Träume, jedenfalls nicht, solang sie nicht *über* das Leben als Ganzes oder wenigstens einen wichtigen Teil davon etwas aussagen. Träume, die man als Erwachsener immer wieder hat, zeigen oft diese Eigenschaft. Während ihres zweiten Lebensjahrzehnts träumte eine Frau wiederholt, daß sie sich in einem Jugenderziehungsheim verlaufen hatte: »Ich suchte nach einem Weg aus dem Heim heraus, konnte aber nie einen Ausgang finden. Ich fühlte mich wie eine Ratte in einem Labyrinth, die nie das Ziel fand.« Eine Frau Mitte Siebzig träumte immer wieder, daß sie sich in einem Haus mit vielen Klavieren befand: »Ich spaziere immer in einen riesigen Raum, in dem ein wunderschöner großer Flügel steht. Niemals sehe ich dort einen anderen Menschen. Ich scheine dort zu wohnen, habe aber keine Ahnung, warum.«

Lebenszeit-Träume handeln nicht nur von den Hauptphasen des Lebens, sondern auch von den Übergängen dazwischen. Eine Frau erinnert sich, daß sie kurz vor der Geburt ihres jetzt zehn Jahre alten Sohnes von einem kleinen nackten Baby träumte, das zu ihr sagte: »Mami, ich bin ein Junge. Mein Name ist Michael. Bitte hab mich lieb.« Auch der Tod eines geliebten Mitmenschen ist häufig Thema solcher Träume. Als Teenager träumte eine Afrikanerin, daß ihr Vater bei einem Verkehrsunfall sterben würde. Schreiend erwachte sie und überredete ihn, am nächsten Tag nicht zur Arbeit zu gehen. Sie erinnert sich noch heute an den Traum, weil er geradezu prophetisch war: An genau diesem Tag starben zwölf Menschen bei einem Verkehrsunfall, in den auch das Fahrzeug verwickelt war, in welchem ihr Vater gesessen hätte. Eine andere Frau träumte mit zwanzig von ihrem Vater: »Er schien mir etwas sagen zu wollen, aber ich verstand ihn nicht. Er griff nach mir, aber unsere Arme reichten nicht weit genug, daß unsere Finger sich hätten berühren können.« Am folgenden Mittag wurde ihr mitgeteilt, daß ihr Vater in jener Nacht gestorben war. Andere Menschen bekommen in Träumen Botschaften von geliebten Mitmenschen übermittelt, die bereits verstorben sind. Oft helfen die Dahingegangenen ihnen, über ihre Trauer hinwegzukommen, indem sie ihnen erzählen, daß mit ihnen alles in Ordnung ist.

An Träume kann man sich oft aus demselben Grund bis zum Lebensende erinnern wie an lebhafte Episoden: Sie können einzigartig gewesen sein, folgenreich (sie erwiesen sich als prophetisch), von starken Emotionen begleitet oder von symbolischer Qualität. Sie immer wieder durchzuspielen, das heißt, sie anderen zu erzählen, hält sie nicht nur frisch, sondern sorgt auch dafür, daß sie an mehr als nur einer Stelle gespeichert sind. Manche Menschen mögen meinen, daß solche Träume in ihrer Autobiographie nichts zu suchen haben, weil sie zuviel zu erkennen geben, weil sie sich zu leicht fehlinterpretieren lassen oder weil sie möglicherweise zu seltsam sind. Wenn in den Träumen aber ein erweiterter Bewußtseinszustand oder ein innerer Wandel zum Ausdruck kommt, dann gehören sie sicherlich dazu.

Genauso faszinierend wie die Rolle, die unsere nächtlichen Träume in unseren täglichen Geschichten spielen, ist eine andere Kategorie des geistigen Lebens. Bei ihr handelt es sich um Realitätsfragmente aus unseren frühesten Jahren, um jene Erinnerungsscherben, die unmittelbar vor dem Steilabsturz der infantilen Amnesie kommen. Was ist das allererste, an das Sie sich erinnern können? Eine Elfjährige antwortete mir auf diese Frage einmal, es sei ein »bedupptes« Kleid, das ihre Mutter sie zu tragen gezwungen hatte – und das damit verbundene Gefühl der Peinlichkeit. Ein kräftiger junger Mann von zwanzig Jahren erzählte, es sei ein Krankenhausaufenthalt, bei dem er voller Angst darauf wartete, daß die Schwester ihm eine Spritze gab. Ein Mann Anfang Fünfzig erinnerte sich, daß er versuchte, den Buchstaben »A« in ein rotes Notizbuch zu schreiben, und seine Mutter fragte, ob er es richtig gemacht habe. Und ein Mann Mitte Sechzig wußte noch, daß er gerade achtzehn Monate alt war, als er bis zur Vorderkante der Veranda lief, wo er dann von seiner Mutter geschnappt und zurückgerissen wurde. Ich habe über tausend früheste Erinnerungen gesammelt, und so gut wie alle werden als wirklichkeitsnah erlebt, als Werk des Archivwächters. »Spezialeffekte« sind bei ihnen nicht auszumachen (was Freud die Traumarbeit nannte), man fliegt nicht durch die Lüfte, keine Objekte verwandeln sich vor den Augen, es gibt keine grotesken Verzerrungen, die erkennen ließen, daß es sich dabei nur um eine Phantasie handelt. Obwohl diese Dinge auf der Grenze zwischen Erinnerung und Traum liegen, bezeichnen wir sie eindeutig als das eine und nicht als das andere.

Vor einigen Jahren haben meine Frau und ich mit einer Gruppe Rentnern einen interessanten Versuch durchgeführt. Wir baten alle, die sich an etwas aus ihren ersten zehn Lebensjahren erinnern konnten, aufzustehen. Wir erwarteten, daß so gut wie jeder der Anwesenden sich erheben würde, und so war es auch, alles in allem standen da etwa vierzig Menschen. Dann baten wir alle, die sich an etwas aus ihren ersten neun Lebensjahren erinnerten, stehen zu bleiben. Niemand setzte sich. Dann sollten die stehen bleiben, die eine Erinnerung aus den ersten acht Jahren hatten. Den ersten sieben. Sechs. Als wir bis zu den ersten fünf Lebensjahren gekommen waren, saßen einige der Teilnehmer, die meisten aber noch nicht. Die Mehrheit konnte sich an Dinge erinnern, die in die ersten vier oder drei Lebensjahre zurückreichten. Als wir darum baten, daß nur noch die stehen bleiben sollten, die sich an etwas aus den ersten beiden Jahren erinnern konnten, war nur noch eine Handvoll übrig. Und ganze drei blieben stehen, als wir nach Erinnerungen aus dem ersten Jahr fragten.

Die Teilnehmer dieser Arbeitsgruppe kannten und mochten sich, doch diesen drei Leuten schlug doch viel Skepsis entgegen. Wie konnte sich jemand so weit zurückerinnern? Es dauerte nicht lang, bis jemand die Frage stellte: »Also gut, worum handelt es sich dabei?« Einer der drei, die noch standen, ein Mann, sagte, er wisse noch, daß er von seiner Mutter in einer Straßenbahn die Brust bekommen habe. Als zweite berichtete eine Frau, sie könne sich erinnern, wie ihr die Windeln gewechselt wurden und mehrere Menschen dabei zusahen. Der dritte, wieder ein Mann, sagte, daß seine früheste Erinnerung in seine ersten beiden Lebens*monate* zurückreichte, daß er aber keiner Menschenseele sagen würde, worum es sich dabei handele. Bei jeder dieser Geschichten gab es tosendes Gelächter, freundliches Gelächter natürlich, in das sich jedoch einige Pfiffe und höhnische Bemerkungen mischten. Bei den drei Betroffenen regte sich Widerstand. Sie glaubten fest daran, daß sich ihre Erinnerungen bis jenseits des ersten Geburtstags zurückerstreckten, und niemand würde sie durch Spott oder Argumente davon abbringen können. Sie waren stolz auf das Alter wie auf die Genauigkeit ihrer frühesten Lebenserinnerungen.

Was in dieser Arbeitsgruppe geschah, ist typisch für das, was auch die Wissenschaft uns sagt. Unabhängig vom gegenwärtigen Alter berichten die meisten Menschen, daß ihre frühesten Erinnerungen aus dem dritten oder vierten Lebensjahr stammen, der Zeit, zu der alle Komponenten des autobiographischen Gedächtnissystems schließlich ausgebildet sind. Frauen nennen im allgemeinen einen noch etwas früheren Zeitpunkt als Männer, die Differenz beträgt im Durchschnitt einige Monate, und der Grund dafür mag sein, daß sich die Reifung des Gehirns und der Spracherwerb bei Mädchen etwas schneller vollzieht. Mehreren Untersuchungen zufolge reichen auch bei Menschen mit einem hohen Intelligenzquotienten die Kindheitserinnerungen weiter zurück. Vielleicht erwacht das autobiographische Gedächtnissystem bei intellektuell begabten Menschen früher als bei den meisten anderen; vielleicht interessieren sie sich auch als Erwachsene mehr für ihr Gedächtnis, also ergründen sie es länger, gründlicher und effizienter. Das Alter der frühesten Erinnerung hängt auch von ihrem Inhalt ab. Bei einer kürzlich an College-Studenten durchgeführten Untersuchung waren Krankenhausaufenthalte und die Geburt eines Geschwisterchens Dinge, die man aus dem zweiten Lebensjahr erinnerte, während Todesfälle und Umzüge in eine neue Wohnung erst im dritten Lebensjahr dem Gedächtnis eingepflanzt wurden. Bei all diesen Erlebnissen handelt es sich um Durchschnittswerte, das heißt, daß es im Einzelfall eine große Bandbreite von Variationen gibt. Es wird also immer ein paar Menschen geben, die der Überzeugung sind, daß ihre frühesten Erinnerungen ins erste Lebensjahr zurückreichen.

Was sind ihre typischen Inhalte? Bei zwei Untersuchungen wurden Menschen der Altersspanne zwischen Teenager und achtzig Jahren befragt; ihnen zufolge handelt es sich bei den frühen Erinnerungen in den meisten Fällen um traumatische Erlebnisse (beispielsweise ein Unfall in der Kindheit), um einschneidende Veränderungen (beispielsweise der Umzug in eine neue Wohnung oder die Geburt eines Geschwisterkinds) und um ganz Triviales (beispielsweise ein besonderes Geschenk bekommen zu haben oder in bestimmter Weise gekleidet worden zu sein). Einige Forscher berichten, daß frühe Erinnerungen überwiegend visueller Natur seien, und mehrere weisen darauf hin, daß solche Erinnerungen häufiger als andere von einem günstigen Blickwinkel außerhalb des Körpers gesehen werden. Weder ein bestimmter Persönlichkeitstyp (beispielsweise introvertiert oder extrovertiert) noch ein bestimmter Episodentyp (etwa positiv oder negativ, gefühlsbetont oder nicht) scheint übereinstimmend mit einer außerkörperlich erfahrenen Erinnerung assoziiert zu sein. Auch spielt es keine Rolle, ob man eventuell ein Foto vom fraglichen Ereignis gesehen hat. Es scheint einzig und allein darauf anzukommen, wie alt die Erinnerung ist. Die Mehrheit unserer autobiographischen Gedächtnisinhalte wechselt niemals in eine außerkörperliche Perspektive, die wenigen jedoch, bei denen dies der Fall ist, zählen aller Wahrscheinlichkeit nach zu unseren frühesten. Obwohl nur spärliche Daten zur Verfügung stehen, zeigen sie an, daß vermutlich fünfzig Prozent aller Menschen wenigstens eine Erinnerung dieses Typs haben.

Soweit die Fragen, die die Wissenschaft beantworten kann. Es gibt andere, bei denen ihr das nicht gelingt. Hat sich der in Ihrer ersten Erinnerung porträtierte Vorfall tatsächlich ereignet, und hat er sich so ereignet, wie Sie ihn im Gedächtnis haben? Sie werden externe Aufzeichnungen oder das Gedächtnis anderer Menschen hinzuziehen müssen, um diese Frage zu beantworten. Denn hinsichtlich der Gedächtnisleistung kann uns die Wissenschaft nur mitteilen, daß die Lebhaftigkeit einer Erinnerung nichts mit ihrer Wahrhaftigkeit zu tun hat. Auch können keinerlei Forschungen, seien sie wissenschaftlich oder persönlich, Ihnen sagen, ob Sie sich an das Fragliche direkt erinnern (an Ihre ursprüngliche Wahrnehmung) oder indirekt (an ein Foto des Ereignisses oder an die Erzählungen von anderen). Es trifft nicht zu, daß eine außerkörperliche Perspektive darauf hindeutet, daß einem von dem Vorfall nur erzählt worden ist und daß ein normaler, interner Blickwinkel ein Beweis für das Gegenteil ist.

Und dann stellt sich noch die immerwährende Frage der

Kryptomnesie. Eine junge Frau beschrieb mir einmal ihre erste Erinnerung, die davon handelte, wie sie am Strand saß und mit einem Sandeimer spielte. Sie erinnerte sich an die Vögel, die warme Sonne, einen Eimer und viel Sand, den man auf die Schippe nehmen und herumwerfen konnte – alles Bestandteile eines allgemeingültigen »Strand«-Skripts. Es war ihr aber auch noch etwas ganz Besonderes im Gedächtnis geblieben: eine ältere Cousine, die in einem Badeanzug mit roten Tupfen umherlief. Als sie ihrer Tante davon erzählte, waren beide sehr erstaunt. Die Cousine hatte tatsächlich einen Badeanzug mit roten Tupfen besessen, und zwar zu einem Zeitpunkt, anhand dessen die Erinnerung der jungen Frau datiert werden konnte: Sie war erst acht oder neun Monate alt, als sie an jenem Strand saß. Bei einem ähnlichen Fall erinnerte sich eine ältere Frau daran, daß sie als sehr kleines Mädchen einmal in einem Schlafzimmer mit einer Doppeltür war. Als sie ihren älteren Bruder deswegen befragte, bestätigte dieser, daß es in einer Wohnung der Familie tatsächlich ein Schlafzimmer mit einer Doppeltür gegeben habe und die Familie aus dieser Wohnung ausgezogen war, als die Frau erst zwei Jahre alt war. Die Erinnerung schien also sowohl sehr alt wie authentisch zu sein. Doch selbst wenn unverwechselbare Einzelheiten wie rote Tupfen oder Doppeltüren von Außenstehenden bestätigt werden, können wir nicht die Möglichkeit von Kryptomnesie ausschließen. Beiden Frauen können diese Details auch erzählt worden sein, und sie können vergessen haben, daß sie nur davon gehört haben.

Der Archivwächter ist es, der die historische Wahrhaftigkeit unserer frühesten Erinnerungen hinterfragt; solange man aber nicht vor Gericht aussagen oder einen Familienstreit beilegen muß, kommt es auf die Fragen des Wächters kaum an. Vielmehr ist es die *Bedeutung* unserer frühesten Erinnerungen, die eine Rolle dabei spielt, was das Selbst, wie es gegenwärtig verfaßt ist, in ihnen sieht. Was zählt, ist das Werk des Mythenmachers.

Ganz deutlich ist dies zu erkennen, wenn zwei verschiedene Menschen, die sich an das gleiche erinnern, ihre eigenen Bedeutungen in ein und dasselbe Bild einbringen. Eine von Chris Vitullos frühesten Erinnerungen hatte damit zu tun, daß er im

Alter von etwa vier Jahren zwei Silberdollar von seinem Vater bekam. An seine Kindheit hatte er viele ähnliche Erinnerungen, wie er Reichtümer fand, verborgene Schätze hob, zu essen bekam, die Quellen der Lebenskraft sich ihm öffneten. Chris' früheste Erinnerungen kreisten um ein archetypisches Thema in seinem mythischen Leben. Etwas zu essen finden, Schätze entdecken: Märchen sind voller vergleichbarer Bilder. Auch handeln gelegentlich Träume davon, etwa derjenige von einem Haus mit einem verborgenen Raum, der einen spirituellen Schatz birgt. Die Nahrung, die solche Geschichten und Träume uns geben, ist von den gleichen Gefühlen begleitet wie die beiden Silberdollar in Chris' Erinnerungen an seinen Vater.

Nehmen wir einen anderen Silberdollar, der für eine Frau wichtig ist, die nur halb so alt ist wie Chris. Sie erinnert sich, daß ihr Vater sie an ihrem vierten Geburtstag in die Küche trug und ihr nicht nur irgendeinen Silberdollar gab, sondern genau denjenigen, den er bekommen hatte, als er während des Zweiten Weltkriegs in Europa kämpfte. Sie weiß noch genau, wie die Münze glänzte und wie schwer sie war, größer als ihre Handfläche. Sie erinnert sich, wie nahe sie sich ihrem Vater in diesem Moment fühlte, wie stolz sie war, wie geehrt sie sich fühlte, wie sie sich als etwas Besonderes empfand. Dann kommt die Bedeutung, die *sie* in das Bild einbringt und die sich so sehr von Chris' unterscheidet: »Ich wollte mein Leben immer so meistern, daß ich diese Münze auch verdient hätte.« Was dieser Frau in ihrem Leben zugestoßen war, ließ in ihrer Erinnerung den Silberdollar besonders schwer werden: weniger eine nahrhafte Quelle als vielmehr eine nicht zu bewältigende Aufgabe. Trotz all ihrer Anstrengungen, ihren Vater stolz auf sie zu machen, haben sich die beiden auseinandergelebt.

Vergleichen wir die folgenden Erinnerungen, als Baby im Kinderwagen zu liegen. In der ersten liegt das Baby auf seinem Rücken, ist »einfach nur ein Baby«, und Leute schauen es an. In der zweiten langweilt sich das Baby, ist ruhelos und will heraus. In der dritten weint das Baby ununterbrochen, aber niemand kommt ihm zu Hilfe. Die erste stammt von einem Mann, dessen Therapeut berichtet, er sei passiv, strebe nach Anerkennung und wolle immer im Mittelpunkt der Aufmerksamkeit stehen. Von der zweiten berichtete eine Nonne, die sich von ihrer Ausbildung zu sehr eingeschränkt fühlte und sich auf Gebiete wie den Hörfunkjournalismus vorwagte. Die dritte stammt von einer Alkoholikerin, die sich den größten Teil ihres Lebens hilflos und verlassen gefühlt hat. Zwar interessieren wir uns für das Alter und den Wahrheitsgehalt unserer frühen Erinnerungen, was aber wirklich zählt, ist die Bedeutung, die wir hineinlegen. Und wenn man sich diese Bedeutung genau anschaut, wenn man solche Erinnerungen fast so angeht, als wären sie Träume, entdeckt man etwas Außergewöhnliches: Es wird einem klar, daß selbst diese Erinnerungen, die aus dem Säuglingsalter und der Kindheit stammen, in Wirklichkeit vom ganzen Leben eines Menschen handeln.

Die Zeit früher Erinnerungen

Freud ging die frühesten Erinnerungen seiner Patienten genauso an wie alle anderen. Zunächst und vor allem waren sie Maskierungen, hinter denen sich Konflikte in ferner Vergangenheit verbargen. Freud bezeichnete solche Maskierungen als Deckerinnerungen, denn er glaubte, daß sie mehr verbargen als enthüllten. Als eins seiner Lieblingsbeispiele zitierte er gern die Lebenserinnerungen von Johann Wolfgang von Goethe. Schon jenseits der Sechzig, beschrieb Goethe die Umstände seiner Geburt im Jahr 1749 und wandte sich dann der ersten Episode zu, an die er sich tatsächlich erinnern konnte. Er war vielleicht etwas jünger als vier Jahre und spielte im Vorderteil seines Hauses mit einem Spielzeuggeschirr. Ein Stück davon warf er aus dem Fenster, und als es auf die Straße schlug, klatschte er vor Freude in die Hände. Dies amüsierte drei Jungen auf der Straße so sehr, daß sie ihn ermutigten, es noch einmal zu tun. So geschah es, und bald flog das ganz Steingutsortiment aus dem Fenster, wo es auf dem Pflaster in Stücke sprang. Die Jungen stachelten ihn weiter an, also ging der kleine Johann Wolfgang in die Küche, holte jeden Teller, den er erreichen konnte, und warf ihn auf die

Straße. Schließlich machte irgend jemand alldem ein Ende, aber da war der Schaden schon nicht mehr gutzumachen. Statt jeder Menge zerbrochenen Steinguts, schrieb Goethe, hatte er jetzt eine wunderbare Geschichte.

Freud sah in dieser Erinnerung keine tiefere Bedeutung, bis ein 27jähriger Patient ihm von einer beinahe identischen Erinnerung aus demselben Alter berichtete. Der junge Mann, der als Kind krank gewesen war, beschrieb seine frühesten Jahre als ein Paradies unendlicher Liebe und Zuneigung seitens seiner Mutter; dann wurde ein Bruder geboren, und er mußte sie mit ihm teilen. Er wurde überaus eifersüchtig und versuchte sogar, das Baby in seiner Wiege umzubringen – zu der gleichen Zeit, als er auch das Geschirr aus dem Haus warf. Freud durchforstete Goethes Leben gründlicher und kam zu dem Schluß, daß für ihn – wie für Freuds Patienten – das Hinauswerfen des Steinguts ein symbolischer Akt war. Beide Männer wollten einen Neuankömmling hinauswerfen, um sich die ungeteilte Aufmerksamkeit ihrer Mutter zu erhalten. In Goethes Fall war die Geschirrepisode eine Deckerinnerung, hinter der sich eine beunruhigendere Erinnerung verbarg.

Da ich es bei meiner Arbeit eher mit Erinnerungen von Menschen zu tun habe, die sich nicht in einer Therapie befinden, bin ich nicht so vielen Maskierungen begegnet wie Freud. Typischer ist eher die Direktheit einer Frau Ende Fünfzig, die sich ebenfalls an die Geburt eines Bruders erinnerte. »Wirf ihn auf den Müll!« waren ihre Worte gewesen. Kein Konflikt, kein Bedauern und ganz bestimmt keine Deckerinnerung. Doch mehr als nur die Frage der Maskierung unterscheidet mein Denken von jenem Freuds. Es ist eine Frage, selbst wenn dies als etwas seltsame Formulierung erscheinen mag, der *Zeit*. Von welcher Zeit handeln die frühen Erinnerungen? Für Freud war es im allgemeinen die Vergangenheit: Ihre Bedeutung lag in der Kindheit. Für mich aber, wie für die meisten heutigen Gedächtnisforscher, ist es in der Regel die Gegenwart: Ihre Bedeutung liegt im Erwachsenenalter oder auf welcher Altersstufe sich derjenige, der sich erinnert, auch immer befinden mag. Um es genauer zu umreißen: der Bezugszeitpunkt früher Erinnerungen ist in

Wahrheit die Gegenwart. Sie sagen: »Ich bin schon immer ...«
und nicht: »Ich war ...« Eine Frau beginnt ihre Autobiographie
mit der Eröffnungsszene, wie sie verloren und voller Angst
durch hohes Gras irrt; und in ihrer ganzen Lebensgeschichte
finden sich kritische Momente, in denen sie sich klein, vernach-
lässigt und angsterfüllt fühlt und nicht weiß, wohin sie sich
wenden soll. Sie *hat schon immer* solch schreckliche Episoden erlebt. Eine andere Frau erinnert sich als frühestes daran, wie sie
auf dem Schoß eines väterlichen Mannes sitzt und nach seiner
Pfeife greift. Hier hat die freudsche Deckerinnerung geradezu
Lehrbuchcharakter: Ihr ganzes Leben lang hat sie sexuelle Beziehungen zu weit älteren Männern in einer Beschützerrolle gesucht, und sie tut es bis heute. Auch die Memoiren berühmter
Menschen sind in dieser Hinsicht interessant. Dwight D. Eisen-
howers erste Erinnerung handelte davon, daß er von einem ag-
gressiven Gänserich erschreckt wurde und ihn dann mit einem
Besenstil verfolgte. »Das alles war mir eine ziemlich gute
Lehre«, schrieb er, »weil ich so schnell lernte, niemals mit einem
Gegner zu verhandeln, es sei denn aus einer Position der
Stärke.« Golda Meir erinnert sich als frühestes daran, daß ihr
Vater den Eingang ihres Hauses gegen ein Pogrom verbarrika-
dierte, zu dem es dann nicht kam: »Ich hatte ein Gefühl, das mir
noch viele Male in meinem Leben widerfahren sollte – die
Angst, die Frustration, das Bewußtsein, anders zu sein, und die
tiefsitzende, instinktive Überzeugung, daß man das Gesetz des
Handelns persönlich in die Hand nehmen mußte, wenn man
überleben wollte.« Die frühesten Erinnerungen von Seymour
Papert, dem Schöpfer der LOGO-Computersprache für Kinder, drehen sich um Räder und um das Lösen mechanischer
Probleme; Albert Einstein erinnerte sich daran, daß er als kleiner Junge einen Magnetkompaß bekam und in heiliger Scheu
bestaunte, wie die Nadel immer nach Norden wies. Erinnerungen, die ihre Bedeutung nur in der Vergangenheit haben, sind
tot. Um zu leben, müssen sie von einer Vergangenheit handeln,
die in die Gegenwart führt.

Unter anderem weisen uns auch die Gene den Weg aus der
Vergangenheit in die Gegenwart, und möglicherweise wirken

sie sich auf unsere früheren Erinnerungen aus. Natürlich nicht darauf, *was* in der Vergangenheit geschehen ist, sondern *wie* wir uns daran erinnern. Ihr Einfluß wurde bei einer Untersuchung von mehr als 500 schwedischen Zwillingspaaren demonstriert, deren Durchschnittsalter 59 Jahre betrug. Die eineiigen Zwillinge, so kam bei der Untersuchung heraus, hatten ähnlichere Erinnerungen an die familiäre Umwelt ihrer Kindheit, besonders an ihre Wärme oder Kälte, als die zweieiigen. Dies traf nicht nur auf Zwillinge zu, die im selben Haushalt aufwuchsen, sondern auch auf jene, die schon in jungen Jahren getrennt worden waren. Bei letzterem kommt man ins Grübeln: Obwohl sie in verschiedenen Familien von verschiedenen Eltern aufgezogen wurden, hatten eineiige Zwillinge überraschend ähnliche Erinnerungen an die Familienverhältnisse von über fünfzig Jahren zuvor! Ob wir uns an unsere Kindheit durch die rosarote Brille erinnern, scheint zum Teil an den Stupsern zu liegen, die uns unsere Gene ein Leben lang verabreichen.

Wenn wir von der jüngsten Vergangenheit erzählen, sprechen wir – grammatisch ausgedrückt – im Perfekt, in der vollendeten Gegenwart; manchmal liegt dabei die Betonung auf der Gegenwart, darauf, wer ich heute bin und wie mein Leben jetzt verläuft. Ich interviewte einmal einen Mann von 53 Jahren, der fürchterliche Angst vor einem zweiten, tödlichen Herzanfall hatte. Er berichtete, daß seine früheste Erinnerung die an den Tod seiner Großmutter sei. Vor allem wußte er noch genau, daß der Hund der Familie, der bei ihr auf dem Bett gelegen hatte, in dem Moment heruntersprang, als sie starb. Ein anderer Mann jedoch, ebenfalls 53, konnte sich als frühestes an Geburten erinnern: An kleine Küken, die herumscharrten und dann wieder in die Brutöfen liefen, die ihnen Wärme spendeten. Eines Sonntags krabbelte er unter den Brutofen und schlief in der wohligen Wärme ein. Als er erwachte, krabbelten überall auf ihm junge Küken herum. Während er von dieser Erinnerung berichtete, zerrte ein Kind im Krabbelalter an seinem Ärmel, ein zweites saß in einem Kinderstuhl, und ein Baby schlief in seinem Schoß. Er hatte eine Familie durchgebracht, war geschieden, hatte wieder geheiratet und eine zweite gegründet.

Es gibt ein paar beeindruckende Untersuchungen, die frühe Gedächtnisinhalte zu gegenwärtigen Lebensverhältnissen in Beziehung setzen. Man hat dabei beispielsweise herausgefunden, daß College-Studenten in verschiedenen Phasen ihrer Identitätsbildung dahin tendieren, frühe Erinnerungen zu haben, die genau zu der Phase passen, in der sie sich gerade befinden, daß Erwachsene, die ängstlich oder deprimiert sind oder sich nicht länger im Griff haben, sich an Ereignisse erinnern, die zu ihrer gegenwärtigen Befindlichkeit passen, und daß es bei Alkoholikern nicht anders ist. Auf der Basis der frühen Erinnerungen kann man den gemeingefährlichen Verwirrten im allgemeinen von dem harmlosen Gesunden unterscheiden. Die Psychologen Sharon Davidow und Arnold Bruhn konnten eindeutig zwischen den Erinnerungen junger Delinquenten und denen nicht straffällig Gewordener unterscheiden. Abgesehen von Differenzen, die auf der Hand liegen (Delinquenten erinnerten sich daran, daß sie schwere Regelverstöße begingen, Feuer legten und so weiter), hatten die Delinquenten viel mehr frühe Erinnerungen an Verletzungen und Krankheiten, an Eltern, die ihnen nicht helfen konnten oder ihnen tatsächlich Verletzungen zufügten, und daran, in unangenehmen Situation allein gelassen worden zu sein. In ihren Erinnerungen sahen sie sich als schwach und verletzlich – als Opfer. Die nicht straffällig gewordenen Männer erinnerten sich im Gegensatz dazu an angemessene Zuwendung und Schutz, eher an Erfolg als an Versagen, an Situationen, in denen ihnen das Alleinsein nicht unangenehm war. In 89 Prozent aller Fälle hatten die Psychologen richtig getippt. Mit ihren Forschungen untermauerten Davidow und Bruhn andere Untersuchungen, die zeigten, daß ausgeglichene Individuen angenehmere Erinnerungen haben als jene, die therapeutische Hilfe suchen. Das erinnert mich an eine alte Frau, deren erste Erinnerung von »schwachsinnigen« Unterhaltungskünstlern handelte. Es stellte sich heraus, daß sie selbst im Begriff war, ihren Verstand zu verlieren.

Wenn unsere frühesten Erinnerungen von der Gegenwart handeln und von der Vergangenheit, die zu ihr hingeführt hat, was passiert dann mit ihnen, wenn sich die Gegenwart verändert? Gerontologen haben einmal alte Menschen untersucht, die in ein Pflegeheim eingeliefert wurden, und zwar über einen Zeitraum von vier Monate vor bis zwei Monate nach ihrer Einlieferung. Sie stellten fest, daß die frühesten Erinnerungen dieser Menschen nach dem Wechsel häufiger von Verlusten, Verstümmelungen und Todesfällen handelten als zuvor und auch häufiger als bei einer vergleichbaren Anzahl älterer Menschen, die nicht in ein Heim gekommen waren. In der Regel kam die Verschiebung dadurch zustande, daß andere Vorfälle erinnert wurden, manchmal gab es jedoch in derselben Erinnerung Veränderungen. Eine Frau, die auf der Warteliste für ein privates Pflegeheim stand, erzählte einmal die folgende früheste Erinnerung:

> Ich erinnere mich an meine Mutter. Ihr Haar glich Bändern und fiel ihr offen auf die Schultern. Sie saß aufrecht im Bett, und auf dem Tisch daneben stand ein Glas Honig; ich erinnere mich, daß ich sie um den Honig bat. Das ist alles, was ich noch weiß – nichts davor und nichts danach. Noch immer kann ich sie im Bett sitzen sehen. Ich muß zwei Jahre alt gewesen sein, zwei oder drei. Eher zwei, denke ich.

Nach ihrer Einweisung handelte die Erinnerung nun vom Sterben:

> Ich erinnere mich, wie meine Mutter starb, wenigstens an einen Moment davon. Sie hatte Honig am Bett, und ich wollte etwas von dem Honig. Ich verstand nicht ganz, was sie sagte. Ich war fast drei Jahre alt. Das ist alles, was ich noch weiß. Selbst jetzt noch sehe ich ihr Gesicht deutlich vor mir. Zwei Zöpfe hingen ihr herab.

Veränderungen wie diese sind etwas so Selbstverständliches, daß einige Therapeuten die Arbeit mit ihren Klienten nicht für vollendet halten, solange sich deren früheste Erinnerungen nicht gewandelt haben. Jane beispielsweise war eine Neunzehnjährige, die zu Beginn ihres ersten Jahrs auf dem College wöchentlich

Beratungsstunden zu nehmen begann. Ihre Schwierigkeiten waren nicht ungewöhnlich: Probleme mit ihrer Zimmergenossin, übergroße Abhängigkeit von ihrem Freund, sie war als das »Baby« der Familie verhätschelt worden und unfähig, mit ihren älteren Geschwistern Schritt zu halten. Am Ende des Studienjahrs zeigte sie mehr Selbstvertrauen, ging mehr aus sich heraus und war weniger selbstbezogen. Auch ihre ersten Lebenserinnerungen hatten gewechselt. Die am Anfang und am Ende der Therapie gesammelten Beispiele wurden von Wissenschaftlern ausgewertet, die nicht wußten, von wem sie stammten. Sie beurteilten die zweite Beispielgruppe positiver als die erste. Einige kamen sogar zu dem Schluß, daß sie von völlig verschiedenen Menschen stammten.

Erinnerungen können für die Gegenwart relevant gestaltet werden, weil sie Freiräume aufweisen. Ein Bedeutungszusammenhang kann ausgelöscht und dafür ein anderer eingesetzt werden. Meine eigene früheste Lebenserinnerung reicht in die Zeit zurück, als ich drei oder vier Jahre alt war und meine Familie die Wohnung besichtigte, in die wir schließlich einzogen. Es war die, in der ich dann aufwuchs. In meiner Erinnerung sitze ich im Eßzimmer auf der einen Fensterbank, meine ältere Schwester auf der anderen. Unsere Knie haben wir bis ans Kinn hochgezogen. Ich schaue sie an und sage zu ihr: »Das ist mein Fenster, und das ist dein Fenster.«

Die erste Bedeutung, die ich meines Wissens in dieser Erinnerung sah, wurde durch ihre außerkörperliche Perspektive erleichtert. Mein Hauptaugenmerk lag auf dem Fensterrahmen. Ich mochte die Art und Weise, wie er mich einrahmte, er definierte, wer ich war und wer nicht. Später habe ich einen kleinen Text darüber geschrieben, wie ich aus jenem Fenster schaue und die Passanten draußen ihren Lebensweg gehen sehe. Heute erblicke ich in der Erinnerung den Wunsch, mich irgendwo einzunisten, einen ganz bestimmten Platz zu finden, der für immer mir gehören wird. Meine Frau sieht jedoch etwas anderes darin. Als Lebensgefährtin und als Klinikerin, die sie nun einmal ist, meint sie, daß ich eine Beziehung immer dominieren wollte. Ich sage meiner Schwester, was Sache ist und wem welches Territorium gehört. Ich verteidige mich, ich sage dir (oder meiner Schwester) niemals, was Sache ist. Ich dominiere nicht. Ich drücke nur aus, was gegenwärtig Realität ist.

»Typisch!« sagt sie, und so geht es weiter.

Und es geht wirklich weiter. Das Symbol des Fensters lebt fort, weil ich eine Bedeutung nach der anderen darin einfließen lassen kann und weil auch andere dies tun können. Die Freiräume in unseren frühesten, ja in all unseren Erinnerungen erlauben es uns, sie in die Gegenwart mitzunehmen, wo wir Gebrauch von ihnen machen können.

Wo Ich anfing

Von allen Psychologen, die von Kindheitserinnerungen gefesselt waren, hat keiner mehr Wert auf die chronologisch früheste gelegt als Alfred Adler. Für ihn bedeutete *die* erste Erinnerung viel mehr als die anderen frühen. *Die* erste, so meinte er, ist der »subjektive Ausgangspunkt eines Menschen, der Beginn der Autobiographie, die er sich gemacht hat«. Weil die Erinnerung länger überlebt hat als jede andere, ist es diejenige, die die fundamentale Bedeutung des Lebens eines Menschen erkennen läßt. Seine eigene erste Erinnerung ist ein gutes Beispiel dafür. Adler erinnerte sich, wie er als kleiner Junge von Krankheit gefesselt auf einer Bank saß und seinem Bruder beim Spielen zusah. Dieser kleine Junge wurde als Erwachsener zu einem Psychoanalytiker, der den Ausdruck »Minderwertigkeitskomplex« prägte und eine ganze Theorie der Persönlichkeit darauf aufbaute.

Heute stimmen nur noch wenige Psychologen Adlers starker Betonung *der* frühesten Erinnerung zu. Einer der Gründe dafür ist, daß es oft schwerfällt, sie chronologisch genau zu datieren. Es ist, als wollte man fragen, welcher Sonnenstrahl an einem bestimmten Morgen als erster die Dunkelheit durchbrach. Bei einer an High-School-Studenten durchgeführten Befragung berichteten über vierzig Prozent von einer ersten Erinnerung, die sich von jener, die sie gerade drei Monate zuvor angegeben hatten, unterschied und auch anders zu datieren war. Doch obwohl sich Kindheitserinnerungen ständig verändern, bestätigen die meisten Psychologen, die damit arbeiten, daß es sich bei ihnen um »subjektive Ausgangspunkte« handelt, die die Grundlage für die Bedeutung bilden, die wir unserem Leben beimessen. Sie sind die ersten in einer Reihe von selbstdefinierenden Episoden am unteren Ende unserer Gedächtnishierarchie.

Der subjektive Ausgangspunkt, den unsere frühesten Erinnerungen bilden, gleicht den Schöpfungsgeschichten, die die Menschen schon immer über den Ursprung der Erde erzählt haben. In einigen dieser Geschichten entwickelte sich die Erde aus einer Mutter, die sich selbst opferte, damit wir uns von ihrem Körper nähren konnten. In anderen wurde unsere Welt von Vater Himmel und Mutter Erde gezeugt, entsprang einem kosmischen Ei, wurde von einer Schildkröte gebildet, die wie eine Insel aus dem Meer auftauchte, oder durch das Wort einer planvoll vorgehenden Gottheit geschaffen. Die Mythen variieren, eines aber ist ihnen gemeinsam: Sie repräsentieren die Anstrengungen der Menschen, festzulegen, was ihre Identität ist, wo sie hingehören und wie sie leben sollten. »Wir sind, was wir sind«, sagen die Schöpfungsmythen, »weil wir dort und auf diese Weise entstanden sind.« Indem sie zum Ausdruck bringen, was sich zu Beginn unseres bewußten Lebens zugetragen hat, leisten unsere frühesten Erinnerungen etwas Ähnliches. Sie benennen den Ort, von dem wir unseren Ausgang nahmen – keinen geographischen Ort, sondern einen, der allein in den Nischen unseres Geistes existiert. Es ist ein mythischer Ort, an dem wir geliebt oder gehaßt werden, verlorengehen oder sicher sind, zu Opfern werden oder nicht, fähig oder unfähig sind. An diesem Ort nähren die Silberdollar, oder sie stellen einen vor nicht zu bewältigende Aufgaben, an diesem Ort wird der Kinderwagen zum Himmel oder zum Gefängnis.

Wenn Sie selbst über Ihre frühesten Erinnerungen nachdenken, müssen Sie darauf achten, daß das Gedächtnis die Tendenz hat, entweder einen Kontrast oder eine Kontinuität herzustellen. Möglicherweise haben Sie Ihren mythischen Ursprungsort verlassen, oder Sie halten sich noch immer an ihm auf. Wenn Ihre erste Erinnerung negativer Natur ist, bedeutet ein Kontrast, daß

Sie ein Handicap überwunden haben, daß Sie Ihren Eltern das Gegenteil bewiesen haben, daß Sie vom Bettler zum Boß geworden oder auf andere Weise über sich hinausgewachsen sind. Ein alter Mann erinnert sich als frühestes an seinen ersten Schultag im Jahr 1926: »Meine Mutter überließ mich der fürsorglichen Obhut von Mrs. Grady und ging nach Hause. Ich heulte mir die Augen aus. Mrs. Grady nahm mich an der Hand und führte mich vor die Klasse, setzte mich auf einen hohen Stuhl, stülpte mir eine Narrenkappe auf den Kopf und sagte: ›Jetzt hast du Grund zum Heulen.‹« Doch der Narr blieb kein Narr. Er brauchte lange, diesen Fehlstart zu überwinden, aber er schaffte es schließlich und machte mit 73 Jahren seinen College-Abschluß. (Schreiben Sie sich das hinter die Ohren, Mrs. Grady, wo immer Sie jetzt sind.)

Wenn unsere frühesten Lebenserinnerungen positiver Natur sind, bedeutet ein Kontrast, daß uns das Glück verlassen hat, daß wir unsere Unschuld verloren haben, betrogen wurden, unsere Ziele nicht erreicht haben und ähnliches. Wir sind aus dem Garten Eden vertrieben worden, in dem wir mit Vater oder Mutter eins waren. »Ich denke nicht, daß ich mich ihm jemals näher gefühlt habe«, sagte die Frau, deren Vater ihr an ihrem vierten Geburtstag einen Silberdollar gab. Sie beschrieb den Moment, in dem sie ihn erhielt, einen Moment, von dem an es stetig bergab ging. Für einen Mann Mitte Vierzig war der Garten Eden das einzige Mal, als er seinen Vater sah. In seiner frühesten Lebenserinnerung ist er ein kleiner Junge, der krank im Bett liegt, aber weder Schmerzen hat noch traurig ist. Statt dessen ist er aufgeregt, weil er seinen Vater sehen wird. Mehr noch, er wird ihn berühren, ihn spüren, riechen – und mit ihm in seinem großen, schwarzglänzenden Plymouth zum Krankenhaus fahren. Alles, was in der Kindheit dieses Mannes darauf folgte, war Verrat an jener Erinnerung. Im Sommer waren die anderen Kinder mit ihren Vätern draußen und polierten das Auto oder machten mit ihnen eine Spritztour. Sein Vater war verschwunden. Als er zwölf war, fragte er seinen Vater, ob er jeden Samstag in die Werkstatt kommen dürfe, wo dieser arbeitete, um etwas zu lernen. Sein Vater sagte: »Um Himmels willen, nein, du kannst nicht kommen. Du redest zuviel. Du stellst zu viele Fragen.« Der Junge schwor, daß er kein Wort sagen würde, aber sein Vater meinte: »Komm bloß niemals wieder.« Es erscheint wie eine Ironie, ist aber nichts Ungewöhnliches, daß die erste Erinnerung dieses Mannes einen mythischen Ort definiert, an dem er mit seinem Vater vereint war und von dem er vertrieben wurde.

Eine Frau von 44 Jahren kann sich als erstes daran erinnern, wie sie hinter einer Glastür steht und mit ansieht, daß ihre Mutter im Zorn davongeht:

> Sie öffnete die Tür und schloß sie wieder hinter sich und ließ mich hinter den kleinen Glasscheiben stehen, durch die ich heraussah und einfach heulte. Mir zerriß es das Herz, weil meine Mutter mich verließ. Sie ging die Straße hinunter, bis ich sie nicht mehr sah. Ich kann den Gehsteig noch vor mir sehen, den sie hinuntergegangen ist, die Risse in seinem Belag. Das machte wirklich bleibenden Eindruck auf mich. Das war etwa wie: »Du tust, was ich sage, oder ich verlasse dich.«

In dieser Geschichte verstößt die Mutter das Kind nicht, es ist vielmehr wie ein tiefer Sturz, die Ursünde. Die Mutter verschwindet einfach und nimmt den Garten Eden mit sich. Der Effekt ist jedoch derselbe. Es hat viele Jahre gedauert, bis die Tochter merkte, daß ihr Leben nicht an demselben mythischen Ort enden müßte, wo es begann. Sie muß keine Angst davor haben, daß Menschen einfach von ihr fortgehen, wenn sie ihnen nicht zu Gefallen ist.

Kindheitserinnerungen an eine Trennung von einem Elternteil sind von besonderer Bitterkeit. Die Angst, die sich in ihnen ausdrückt, kann man förmlich spüren:

> Ich saß im Auto meiner Eltern auf dem Rücksitz, mein Vater fuhr, und meine Mutter saß vorn neben ihm. Wir drei fuhren von einem Besuch bei meinen Großeltern nach Hause. Ich war einfach wie betäubt vor Angst, daß sie anhal-

ten und mich für immer mitten auf diesem großen Acker zurücklassen würden.

Und auch die Einsamkeit:

> Es war ein schöner, sonniger Frühlingstag. Ich hielt mich im Hof auf. Ein kühler Wind kam auf, und ich legte mich auf den Boden. Die kalte Luft schien einfach über mich hinweg-zuwehen, während ich die Wärme der Sonne und des Bo-dens in mich aufnahm. Ich hatte lange Zeit so dagelegen und in den Himmel geschaut, als mich auf einmal das Ge-fühl überwältigte, daß ich ganz allein war – vollkommen allein auf der Welt; erschrocken und fast in Panik versuchte ich, wieder zu irgend jemand Kontakt herzustellen.

Bitter ist es auch, Erinnerungen zu hören oder zu lesen, in denen für etwas, was ein Erwachsener falsch gemacht hatte, dem Kind die Schuld gegeben wird. Eine Frau erinnert sich beispielsweise daran, daß ihr Vater sie »zufällig« fallen ließ, als sie noch ein Baby war – und daß sie dann angebrüllt wurde, als wäre es ihre Schuld gewesen. Genauso kann man auch die Situation definieren, die oft in Erinnerungen an sexuellen Mißbrauch vorliegt.

Andererseits empfinden viele angesichts ihrer frühesten Er-innerungen auch eine Kontinuität, seien sie nun ein Garten Eden oder eher ein Höllenort. Ein Mann erinnert sich, wie er starr vor Angst oben auf einer Art Gerüst steht und nach seinem Vater schreit. Es schien eine Ewigkeit zu dauern, bis sein Vater in seiner Polizeiuniform angerannt kam – hellblaues Hemd, mari-neblaue Hose und Mütze. »Er trug mich bis nach Hause und sagte: ›Es wird ja alles gut.‹« Die Arme seines Vaters waren ein Ort der Geborgenheit, und heute ist dieser Mann selbst ein Poli-zist, der anderen Leuten hilft und ihnen sagt: »Es wird ja alles gut.« Meine eigene erste Erinnerung handelt ebenfalls von einem Ort der Geborgenheit – von *meinem* Ort, versteht sich –, und ich verbinde Gefühle der Sicherheit und der Behaglichkeit damit. Andere haben nicht dieses Glück. Sie verspüren ange-sichts negativer Erinnerungen eine Kontinuität, in ihrem ganzen

Leben tauchen immer wieder die Themen des Verlassenseins und der Einsamkeit auf. »Meine ersten Erinnerungen sind nicht gut, haben nichts mit Glück oder Freude zu tun, und darauf führe ich es zurück, daß ich nicht fähig bin, den Menschen, die ich liebe, zu vertrauen«, sagt eine Frau, die im Alter von zweieinhalb Jahren Opfer eines sexuellen Mißbrauchs wurde. »Zu leicht breche ich zusammen, wenn ich etwas als Zurückweisung empfinde.« Eine andere Frau erinnert sich an das undeutliche Bild eines toten Spatzes in ihrem Hinterhof. »Seit jenem Tag«, sagt sie, »habe ich eine Angst vor dem Alleinsein ausgebildet, vor Gewalt, davor, anderen weh zu tun, ja vor allem Unvertrauten.« Wenn sich im Leben der Menschen das Thema ihrer frühesten Erinnerung immer wiederholt, haben sie oft das Gefühl, daß die Erinnerung ihren heutigen Zustand *verursachte*. Sie hat die Art und Weise, wie sie in der Gegenwart leben, »herbeigeführt« oder »vorherbestimmt«. Sie hat einen »bleibenden Eindruck« hinterlassen, sie hat mich zu dem »gemacht«, was ich bin.

Nur sehr selten trifft dies zu. Wenn ein Mensch eine Körperbehinderung hat, die von einem Unfall herrührt, den er als Kind erlitt, dann mag dieser Unfall gut das Früheste sein, woran er sich erinnern kann. Genauso kann ein Mensch aufgrund früherer Belästigungen noch immer Schwierigkeiten mit sexuellen Beziehungen haben. Meist jedoch ist es keine einzelne Episode, die die Person prägt, zu der wir werden. Eine Frau wird nicht unterwürfig, »weil« ihre Mutter sie ein einziges Mal weinend hinter einer Glastür stehenließ. Sie entwickelt diese Haltung, weil während ihrer gesamten Kindheit ihre Mutter ihr immer zu verstehen gab: »Tu, was ich dir sage, oder ich verlasse dich.« In 99 Prozent aller Fälle ist es nicht ein einziger Vorfall, der das gesamte Leben »bestimmt«. Doch oft genug symbolisiert ein einziger Vorfall zu Anfang alles, was dafür ausschlaggebend ist.

»Zum ersten Mal ...«

Es gibt andere Anfänge, die dieselbe mythische Funktion erfüllen wie unsere frühesten Erinnerungen, indem sie die Themen
unserer Geschichten und die Aspekte festlegen, unter denen sich
unser Selbst entwickelt. Es sind die signifikanten »ersten Male«
im Leben, die sich meist in unserem Reminiszenz-Berg finden
lassen. Es beginnt mit ihnen in der Kindheit:

> Zum ersten Mal habe ich mir selbst die Schuhe zugebunden.
> Da war ich fünf Jahre alt. Wir waren zu Hause, und mein
> Bruder zeigte mir, wie es geht.

> Als ich zum ersten Mal ein Streichholz anzündete, war ich
> mit einer Gruppe von Kindern aus der Nachbarschaft zu-
> sammen. Sie meinten, ich würde mich nicht trauen, und da
> habe ich es gemacht.

> Zum ersten Mal habe ich die Nacht bei einem Freund ver-
> bracht. Ich war unglaublich aufgeregt. Dennoch habe ich
> meine Eltern so sehr vermißt, daß mich das krank machte
> und ich nach Hause mußte.

> Zum ersten Mal bin ich vor Publikum aufgetreten. Es war
> eine Tanzdarbietung. Ich weiß noch, daß ich so schreckliche
> Angst hatte, daß ich meinte, mir wird schlecht.

Im Jugendalter sind es andere Erinnerungen:

> Zum ersten Mal habe ich mir ein Magazin mit unanständi-
> gen Bildern angesehen. Zu meiner großen Überraschung
> fand ich es in unserem Keller. Ich war sprachlos und gleich-
> zeitig sehr nervös, weil ich wußte, daß man das nicht tut.

> Zum ersten Mal bekam ich einen richtigen Kuß. Ich mochte
> diesen Jungen, er fragte mich, ob er mich nach Hause brin-

gen dürfte, und auf dem Heimweg hielt er an, legte seine Arme um mich und küßte mich. Ich war ganz verlegen, erschrocken und gleichzeitig sehr aufgeregt.

Zum ersten Mal bekam ich Ärger mit der Polizei. Ich war mit ein paar älteren Freunden zusammen, wir tranken Bier. Wir parkten in einer Wohnsiedlung, und die Polizisten fuhren vorüber, also duckten wir uns. Sie sahen uns und filzten uns, jagten uns einen Schrecken ein und ließen uns dann in Ruhe.

Zum ersten Mal habe ich ein Auto gesteuert. Mein Vater hat mich in den hintersten Winkel unseres Landes mitgenommen. Es hatte eine Knüppelschaltung, und ich bekam den ersten Gang nicht heraus. Mein Vater war wütend.

Zum ersten Mal allein war ich in unserem Schlafsaal im Internat. Meine Eltern hatten mich hergebracht und befanden sich schon wieder auf dem Rückweg. Meine Zimmergenossen waren alle noch nicht eingetroffen, und zum ersten Mal in meinem Leben war ich ganz allein.

Zu Beginn des Erwachsenenlebens verändern sie sich abermals:

Zum ersten Mal sagte mein Verlobter zu mir: »Ich liebe dich.« Nach einem wunderbaren Abendessen waren wir in ein kleines Pub gegangen, um noch etwas zu trinken. Als er es gesagt hatte, brach ich in Tränen aus, und wir mußten gehen. Alle schauten uns so seltsam an und dachten, er hätte mir irgendwie weh getan.

Zum ersten Mal zog ich meinen Dienstrevolver. Aufgrund meiner Unerfahrenheit entsicherte ich ihn aus Versehen, und beinahe hätte ich abgedrückt. Noch Minuten später, als alles vorüber war, zitterte ich.

Zum ersten Mal hielt ich meine Tochter auf dem Arm. Es kam mir wie ein Wunder vor. Ich war erschrocken, glücklich, überwältigt, fasziniert und verwirrt von der Frage, wie mein Leben nun verlaufen würde. Alle möglichen Dinge gingen mir gleichzeitig durch den Kopf. Ich empfand eine große Ehrfurcht.

Zum ersten Mal hatte ich Streit mit meinem Mann. Es war schrecklich, weil wir sonst nie im Zorn laut werden.

Mein erstes Kind hatte seinen ersten Tag im Kindergarten. Weil ich selbst schlimme Erinnerungen daran hatte, glaubte ich, er würde nicht hingehen wollen. Doch er betrat den Kindergarten, ohne sich auch nur umzusehen oder zum Abschied zu winken. Die Tränen standen mir in den Augen, als ich mich umwandte und nach Hause ging.

Im mittleren und späteren Erwachsenenleben werden die erstmaligen Ereignisse seltener:

Zum ersten Mal betrat ich als Student ein College-Klassenzimmer – mit vierzig Jahren.

Meine erste Auslandsreise. Ich war frisch geschieden und meinte, daß ich einmal rausmüßte. Meine Kinder waren groß genug, so daß ich sie allein lassen konnte, und folglich buchte ich mit einer Freundin eine Europareise. Wir waren fast drei Wochen unterwegs, und es war phantastisch.

Zum ersten Mal nahm ich meine erste Enkelin in die Arme.

Zum ersten – und einzigen – Mal hatte mein Mann eine Bypass-Operation. Ich hatte Todesängste!

Einige der »ersten Male«, die besonders erinnerungswürdig sind, können aus jeder Lebensphase stammen:

Zum ersten Mal erlebte ich bewußt einen Sonnenaufgang.

Es war bei dem Ferienhäuschen meiner Großmutter, ich war mit den Fischern draußen auf dem See.

Zum ersten Mal sah ich einen Menschen vor meinen Augen sterben.

Zum ersten Mal vernahm ich Gottes Botschaft und verstand.

Zum ersten Mal wurde mir klar, warum ich so bin, wie ich bin.

Zum ersten Mal habe ich mein Leben selbst in die Hand genommen.

Zum ersten Mal fragte mich jemand nach meiner frühesten Erinnerung. Mir fiel nichts ein.

Weil Erinnerungen an unsere erstmaligen Erfahrungen weniger weit zurückliegen und daher weniger vieldeutig sind als unsere frühesten Erinnerungen, ist ihr mythischer Gehalt vielleicht geringer. Dennoch können sie von Bedeutungssträngen durchzogen sein, die weit in die Hierarchie darüber hinaufreichen. Nehmen wir Erinnerungen an die erste Fahrradfahrt. Eine junge Frau erzählte mir, daß sie die ihre auf dem Fahrrad ihres Bruders unternahm, einem rostigen, alten Zweirad, einem Billigprodukt, »wie alles, was ich bekam«. Auch das Fahrrad einer anderen jungen Frau war ein ganz normales Billigprodukt, doch sie dachte ganz anders darüber. Für sie stellte das Fahrrad einen Wert dar, etwas, was zu Beginn der Fahrt ihrem Bruder gehörte, am Ende ihr. Ein Familienerbstück, das sie sich verdient hatte. Die Eltern wirken in solchen Erinnerungen an erste Fahrradfahrten manchmal wie Magneten, die die Gefühle aus der Gegenwart wie aus der Vergangenheit an sich ziehen. Scheuen sie, in der Erinnerung, davor zurück, das Kind allein losfahren zu lassen? Oder treten sie zurück und sagen: »Jetzt kannst du es allein, Kind«? Laufen sie ein Stück weit ermutigend mit? Wollen sie nicht loslassen? Helfen sie anschieben, oder bringen sie das Kind gar zu Fall? Wie war das mit Ihren Eltern in Ihrem Leben?

Der erste Schultag stellt einen weiteren Anfang dar, der selbstdefinierende Erinnerungen hervorbringt. Eine Frau weiß noch, daß sie sich in die Hosen machte, weil sie nicht wußte, wo die Toilette war, und die Lehrerin ihr nicht zuhören wollte. Eine andere mußte die Klasse wieder verlassen, weil ihre Mutter krank geworden war, in der Schule angerufen und sie nach Hause kommen lassen hatte. Weil sie sich um ihre Mutter kümmern mußte, die an multipler Sklerose litt, verpaßte dieses Mädchen auch später noch in der Schule so viel, daß sie weder lesen noch schreiben lernte, bis sie ein Teenager war. Heute sorgt sie für ihre neunzigjährigen Großeltern, und manchmal fühlt sie sich so allein, daß sie Selbstmord begehen möchte. Ihre Lebensgeschichte ist eine kontinuierliche Fortschreibung ihres ersten Schultags.

Erinnerungen an »erste Male« aus späterer Lebenszeit können ebenfalls selbstdefinierend sein. »Irgendwie fühlte es sich gut an«, sagte eine 45jährige Alkoholikerin über ihren ersten Drink, einen Schuß Kognak in einem Glas Canada Dry. Sie war damals sechzehn. »Ich dachte, Mensch, das ist gut. Ich fragte mich, wie es wohl mit einem zweiten wäre. Eines Tages würde ich soviel davon bekommen, wie ich haben wollte.« Ein Forscher hat nachgewiesen, daß weit mehr Alkoholiker als Nichtalkoholiker sich an ihren ersten Drink erinnern können. Er ist ihnen jederzeit und in leuchtenden Details gegenwärtig. Und sie betrachten diese Episode als eine der signifikantesten in ihrem Leben. Die Erinnerung an jenen Drink ist ein »erstes Mal«, das für viele weitere steht. Es ist eine Schöpfungsgeschichte, die eine gegenwärtige Identität unterstreicht: Ich bin Alkoholiker.

Zur Identität gehört nicht nur die Frage, wer wir sind, sondern auch, wer wir nicht sind, und manchmal ist es möglich, auf beide in Erinnerungen an ein erstes Mal Antworten zu finden. Ein homosexueller Mann weiß noch, wie er zum ersten Mal Sex mit seiner Frau hatte: »Ich ging zu Bett, und sie folgte mir. Ich mußte mich zur Wand drehen und mir die Decke über den Kopf ziehen und war entschlossen, sie einfach vollständig zu ignorieren. Einfach so, ganz rigide. Sie brach in Tränen aus.« Er erinnert sich auch an sein erstes sexuelles Erlebnis mit einem Mann: »Ich war in Ekstase. Ich war in ihn verliebt. Ich schrieb ihm täglich Briefe und sagte ihm, wir würden bis in alle Ewigkeit zusammenbleiben, sagte ihm, daß alles, was meine Ehe hätte ausmachen sollen, hier in dieser Beziehung zu finden war.« Die erste dieser selbstdefinierenden Erinnerungen stellt den Kontrast zu seiner gegenwärtigen Identität her und sagt ihm, wer er nicht ist. Die zweite bietet die Kontinuität und sagt ihm, wer er ist.

Wie diese Beispiele zeigen, rührt die Kraft erstmaliger Erlebnisse nicht immer von einer retrospektiven Mythenbildung her. Wenn es zu neuartigen Erfahrungen kommt, bewirken sie das, was die Psychologen den Primat-Effekt nennen – eine geistige Einstellung, die uns für spätere Erfahrungen derselben Art sensibilisiert. Eine angsterfüllte Einführung in das Sexualleben bringt uns davon ab, eine liebevolle bewirkt das Gegenteil. Eine Frau erinnert sich an ihren ersten Besuch in einer neuen Kirchengemeinde:

Es schien, als wäre die gesamte Gemeinde gekommen, um mich zu begrüßen. Niemals zuvor habe ich in meinem Leben etwas Ähnliches erlebt. Die Leute waren so freundlich und warmherzig und halfen mir so viel, und sie hatten einen solchen Gemeinschaftsgeist, daß ich den Wunsch verspürte, zu ihnen zu gehören. Damit begann mein Engagement.

An seine Aufnahme in die Marine hatte ein Mann ganz entgegengesetzte Erinnerungen; sie war kaum freundlich und warmherzig, aber auch sie sensibilisierte ihn für das, was folgen sollte. Die Gruppe von Marinerekruten, zu der er gehörte, kam an einem eiskalten Wintertag um drei Uhr morgens in der Kaserne an. Nach ein paar Stunden Schlaf begann ihr erster Tag beim Militär:

Alle mußten sich in Reih und Glied aufstellen, und man gab uns einen Pappkarton und sagte uns: »So, jetzt tut ihr all eure persönlichen Sachen in diesen Karton, eure ganze Kleidung, alles.« Wir gehorchten. Man steht da herum, wie der Herr einen schuf, und, ich meine, es war eiskalt, und dann steht man Schlange, ein Kerl mißt deinen Kopf und schreibt darauf, welche Hutgröße du hast. Dann messen sie deine Brust, deine Taille, deinen Schritt, deine Füße. Wenn das endlich vorüber ist, denkst du, verdammt noch mal, wann krieg' ich endlich etwas anzuziehen? Es gibt kein Mittagessen, kein Abendessen, keinen Kaffee, rein gar nichts. Dann mußt du da zwischen die zwei Tische treten, und sie schrubben deine beiden Arme und fangen einfach an, dir ihre Nadeln reinzustechen. In der nächsten Stunde kannst du noch nicht einmal deine Arme über den Kopf heben. Dann gehst du, ziehst deinen Drillich an und kriegst etwas zu futtern. Es ist ein Wunder, daß nicht alle an Lungenentzündung gestorben sind, so bitterkalt war es.

Auch die »letzten Male« können für eine Lebensgeschichte wichtig werden. Wenn Menschen den Ausdruck »zum letzten Mal« verwenden, heißt das nicht unbedingt, daß es sich um das allerletzte Mal handeln muß, es kann auch nur das bislang letzte Mal bedeuten. Möglicherweise erinnern sie sich dabei an einen Entschluß, den sie bei dieser Gelegenheit faßten. »Als ich zum letzten Mal betrunken war, machte ich mich vollkommen lächerlich, und seither habe ich keinen Schluck mehr angerührt.« Doch das »letzte Mal« weist auch darauf hin, daß eine Lebensphase abgeschlossen ist.

Als ich mich zum letzten Mal zu Halloween verkleidete, stieß ich überall auf Ablehnung. »Bist du nicht zu alt dafür?«

Zum letzten Mal besuchte ich meinen Freund in North Carolina. Als ich ins Flugzeug stieg, ging mir auf, daß wir nicht länger Freunde aus den College-Tagen waren.

Zum letzten Mal spielte ich Baseball. Wegen meiner Verletzung war das ein schlimmes Erlebnis. Ich konnte den Ball einfach nicht mehr fest genug werfen. Ich warf einen Floater und wußte, es ist vorbei.

Zum letzten Mal sah ich mein Haus, in dem ich 25 Jahre lang gelebt und meine Familie durchgebracht hatte. Das Haus brannte in der Folge bis auf die Grundmauern nieder, und ich sah es nie wieder. Einige meiner schönsten Erinnerungen waren mit jenem Haus verbunden.

Zum letzten Mal ging ich vor meiner Pensionierung zur Arbeit. Alle waren so nett. Auf meinem Schreibtisch stand ein Blumenstrauß von der Buchhaltung, und in der Kantine wartete eine Überraschung auf mich, man überreichte mir eine Uhr (die ich niemals getragen habe) und andere Geschenke, die ich auspacken durfte.

Die »letzten Male« haben auch mit Verlust, Trennung und Tod zu tun, was mit ein Grund sein mag, warum wir weniger gern daran denken:

Zum letzten Mal sah ich meine beste Freundin, als wir aus California weggingen. Sie stand in der Einfahrt und sah uns hinterher. Noch Stunden danach weinte ich.

Zum letzten Mal sah ich meinen Vater in seinem Krankenhausbett, als er halb im Koma lag. Obwohl er nicht sprechen konnte, sagte ich ihm auf Wiedersehen und erzählte ihm, daß ich ihn liebhätte. Er drückte sanft meine Hand. Am Tag darauf starb er.

Als ich meinen Großvater zum letzten Mal lebend sah, war er zu Hause. Er hatte sein Augenlicht verloren, und als wir in sein Zimmer traten, war ich unfähig, irgend etwas zu sagen, so daß er niemals erfahren hat, daß ich da war. Ein paar Tage darauf starb er im Krankenhaus.

Zum letzten Mal sah ich meinen Mann lebend. Wir sagten,

wir würden uns etwa gegen sechs treffen. Bei einem Herzanfall um eins fiel er tot um, aber ich wußte nichts davon, bis ich abends nach Hause kam. Es war schrecklich, weil ich keine Gelegenheit mehr hatte, mich von ihm zu verabschieden.

Unter den lebhaft erinnerten Episoden unseres Lebens sind die erstmaligen Erlebnisse erheblich häufiger als die letztmaligen. Dafür mag es mehrere Gründe geben. »Letzte Male« sind oft von Trauer und Schmerz begleitet, so daß wir lieber nicht länger dabei verweilen. Auch stellt sich das Problem, daß die Etikettierung nicht so einfach ist: Wir wissen, wann ein erstes Mal ein erstes Mal *ist*, doch wir sind uns nicht sicher, ob ein letztes Mal wirklich das allerletzte Mal sein wird, also denken wir oft nicht als ein solches daran. Manchmal sind die letztmaligen Ereignisse auch in einem ersten Mal verschüttet. Der erste Tag allein in einem Internatsschlafsaal markiert nicht nur den Beginn einer neuen Lebensphase, sondern schließt zugleich eine alte ab. Die meisten Übergänge im Leben weisen dieselbe Verquickung von Ende und Anfang auf.

Im religiösen Leben kehren die Menschen mental immer wieder zu ihren Ursprüngen zurück. Juden tun dies während des Passahfests, Christen zu Weihnachten, Moslems im Verlauf ihrer Pilgerfahrt in jene Stadt, in der ihr Prophet zum ersten Mal seine Botschaft empfing. In einer alljährlichen Zeremonie vollziehen die Männer des australischen Arunta-Stammes die Reise ihres göttlichen Ahnen nach. Sie fasten, tragen keine Waffen und vermeiden den Kontakt mit Frauen und Mitgliedern anderer Stämme. Sie machen an all den Stellen halt, an denen auch ihr Urahn sich aufhielt, und wiederholen die Gesten, die er machte. Sie werden zu seinen Zeitgenossen, zu Augenzeugen ihrer eigenen Schöpfung. Wir können diese Gedächtnisfeiern als »Rückkehr zu den Anfängen« bezeichnen, doch darin würde sich ein lineares Zeitverständnis spiegeln, die Vorstellung von einer Zeit, die einen Anfang, eine Mitte und ein Ende hat, von einer Zeit, die in irgendeine Richtung geht. Wenn die Zeit jedoch zyklisch ist, wie viele Menschen auf dieser Erde glauben, dann kehren wir nicht zu den Anfängen zurück, vielmehr kehren die Anfänge zu uns zurück. Am Ende eines jeden Jahres stürzt die Welt ins Chaos zurück, und abermals wird ein neues Jahr erschaffen. Indem sie symbolisch an der Zerstörung und Wiedergeburt des Kosmos teilhaben, werden die Menschen selbst neu geboren.

Bei vielen Heilzeremonien läßt sich ein ähnlicher Verlauf beobachten. Bei den Nakhi im südwestlichen China beginnt das therapeutische Ritual damit, daß man in eine Präexistenz regrediert, »in eine Zeit, als die Himmel, als Sonne, Mond, Sterne, Planeten und das Land noch nicht aufgetaucht waren, als noch nichts entstanden war«. Dann folgt ein wohlgeordneter Schöpfungsbericht, das Böse erscheint, und schließlich taucht der erste Heiler auf. »Solange nicht seine Herkunft enthüllt ist«, wird in dem Ritual gesagt, »sollte man nicht darüber sprechen.« Im autobiographischen Gedächtnis kehren wir dadurch zu den grundlegenden Ereignissen unseres Lebens zurück, daß wir Geburtstage und Jubiläen feiern. Doch die Anfänge kehren auch von selbst zu uns zurück. Der Spaß am Liebesvollzug weckt Erinnerungen daran, wie schön es beim ersten Mal war – eine Erfahrung der Kontinuität. Ein Kampf in der Gegenwart ruft etwas vom Anfang ins Gedächtnis zurück, das zerbrochen oder verraten war – eine Erfahrung des Kontrasts. Wir durchforsten unser Gedächtnis nicht allein auf der Suche nach Ursprungsmythen, die uns unsere gegenwärtige Verfassung erklären, wir suchen auch eine Möglichkeit, den Kontakt mit ihnen wiederherzustellen. Wenn die Erinnerung sehr schmerzlich ist, verspüren wir vielleicht das Bedürfnis, zurückzugehen und sie zu reparieren. Ein »erstes Mal« zurechtzurücken – mythisch stimmig zu machen – ist von so großer Kraft, daß viele psychotherapeutische Methoden diesen Ansatz verfolgen.

Den eigenen Ursprungsmythos wählen

Ist es möglich, sich die erste Erinnerung eines Menschen anzuschauen und ihm zu sagen, was sie bedeutet? Wenn man mir diese Frage stellt, antworte ich mit Nein, sofern ich nicht mit dem Betreffenden ein langes Gespräch führen kann. Und selbst dann wäre nicht ich derjenige, der am Ende sagt, was die Erinnerung bedeutet. Der Betreffende selbst wird es mir schließlich erzählen. Ich kann nur die Themen von Erinnerungen aufgreifen und darauf hinweisen, wie häufig sie vorkommen. Ich kann beobachten, ob ein Silberdollar Nahrung spendet oder eine Bürde ist, ob ein Baby in einem Kinderwagen einfach nur daliegt oder weint oder herauszukommen versucht. Ich kann herausstreichen, daß eine banale Erinnerung wie beispielsweise die an einen toten Spatz viel mehr Bedeutung haben kann als eine dramatische wie etwa, in die Notaufnahme eines Krankenhauses eingeliefert zu werden. Warum letzteres im Gedächtnis bleibt, erklärt sich von allein; beim ersteren ist das nicht der Fall. Meinen Studenten pflege ich als schriftliche Aufgabe die Frage zu stellen, ob sie einen Zusammenhang zwischen ihrer ersten Erinnerung und dem Rest ihrer Lebensgeschichte sehen können. Einige sagen, das sei ihnen nicht möglich, die meisten kommen jedoch auf eine plausible Interpretation. War die Bedeutung schon die ganze Zeit vorhanden, oder haben sie sich diese hier und jetzt ausgedacht? Das macht keinen großen Unterschied, denn das Selbst, das die »schon vorhandene« Bedeutung schuf, ist dasselbe Selbst, das sie sich »hier und jetzt« zurechtgezimmert hat. Manchmal erkenne ich einen unbewußten Zusammenhang, den die Studenten nicht sehen, eine Metapher, deren sie sich vielleicht bedienen, ohne es zu wissen. Es ist jedoch unmöglich, eine einzige frühe Erinnerung zu einer gesamten Lebensgeschichte in Beziehung zu setzen, solange man keine gründlichen Kenntnisse der beiden Elemente hat, mit denen man umgeht.

Sie, die Sie sowohl Ihre Erinnerungen wie Ihr Leben kennen, werden also Ihre eigenen Verbindungen herstellen müssen. Wenn Sie das tun, denken Sie über das Wort »erste« nach. Während »erste« die älteste Erinnerung, die Sie haben, meinen kann, kann es auch diejenige bezeichnen, der man das Primat zuschreibt. Und diese Vorrangstellung ist es, die zählt. Kein Psychologe, der mit frühen Erinnerungen arbeitet, bedient sich nur derjenigen, die chronologisch die erste ist. Psychologen arbeiten mit einem ganzen Bündel von frühen Erinnerungen und suchen nach derjenigen, die die wichtigste ist. Welche Ihrer frühen Erinnerungen drückt alles auf einmal aus? Welches Kindheitserlebnis ist zur gleichen Zeit in mythischer Hinsicht prophetisch *und* in historischer akkurat? *Das* ist Ihre erste Erinnerung.

Ich habe so eine Ahnung, aber nur eine Ahnung, daß die beiden Bedeutungen des Wortes »erste« miteinander verschmelzen, wenn wir uns dem Lebensende nähern. Die wichtigste Erinnerung ist diejenige, die wir kanonisch als den Anfang festlegen. Von ihr haben wir das Gefühl, daß sie am weitesten in der Zeit zurückreicht *und* diejenige ist, der der erste Platz gebührt. Im Verlauf der Jahre kann Ihr autobiographisches Gedächtnis das Ereignis, das Ihnen am meisten bedeutet, allmählich an diese Stelle rutschen lassen – so wird aus einem der ersten *das* erste. Wenn das aber so ist, bedeutet es, daß man noch immer das Leben selbst in die Hand nehmen kann. Während man seine Lebensgeschichte zu Ende gehen sieht, kann man ihren Anfang bewußt zurechtlegen. Sie haben die Wahl, welches Ihr wichtigster Ursprungsmythos ist. Sie können die Geschichte erschaffen, wie die Person, die Sie sind, ihren Anfang nahm.

8. Das vergeistigte Gedächtnis

Interessantes ereignet sich, wenn man erst einmal angefangen hat, auf den Mythenmacher im Gedächtnis zu hören, wenn man erst einmal gelernt hat, seine Stimme von jener des Archivwächters zu unterscheiden. Selbst wenn es möglich wäre, will man dann gar nicht mehr die Gedächtnisinhalte von ihren Verzerrungen bereinigen. Vielmehr sucht man zu ergründen, was bestimmte Verzerrungen bedeuten, zu welchen tieferen Wahrheiten sie führen. Die Gedanken wenden sich wieder der Frage zu, *wo* das Gedächtnis ist. Man beginnt es schließlich in einem größeren, kollektiven Kontext zu sehen. Man wird sich des immensen Ökosystems bewußt, in dem die Erinnerungen einzelner Menschen sich bewegen. Man verspürt das Leben – und den Geist –, das der Mythos dem Gedächtnis einhaucht. Und man beginnt zu verstehen, warum das flüchtige Bild eines Paars weißer Handschuhe soviel Macht über ein einzelnes Leben haben kann.

Doch zuvor muß man die Stimme erst einmal wahrnehmen. Hören wir einen Mann von siebzig Jahren, der an den Beginn seines Lebens zurückdenkt: »Wissen Sie, früher war das so, daß die Nahrung von der Mutter vorgekaut und wie bei den Vögeln von Mund zu Mund weitergegeben wurde. Heute macht man das nicht mehr, aber zu meiner Zeit war es noch so. Ich habe die Vorstellung im Kopf, daß vielleicht meine Schwestern und meine Mutter die Dinge gekaut und sie dann mir in den Mund gesteckt haben.« In diesem Beispiel vernimmt man den Mythos in einer Vorstellung von der Kindheit, aber dies ist nicht die einzige Lebensphase, in der er zu finden ist. Eine alte Frau erinnerte sich an ihre Jugend in Rußland vor der Revolution von 1917:

»Bei uns herrschte vollkommene Zufriedenheit. Wir lebten nach den Traditionen und verspürten kein Leid und keine Enttäuschung. Alles war glücklich, wir waren fröhlich, und wir hatten alle Freiheit, die wir brauchten.« Und eine andere alte Frau erinnert sich an ihr Erwachsenenalter, speziell an eine Ehe, die sie im Alter von über fünfzig Jahren eingegangen war: »Ich habe daran nur die allerschönsten, innigsten Gedanken ... Nichts, rein gar nichts könnte ich mir vorstellen, das unsere Ehe noch wunderbarer für mich hätte machen können.«

Die Stimme des Mythenmachers ist nicht allein in dem zu vernehmen, *was* die Leute sagen, sondern auch in der Art und Weise, *wie* sie es sagen. Sarkis Hashoian war kein besonders religiöser Mann, als er jedoch seine Flucht vor dem Massaker an den Armeniern im Jahr 1915 beschrieb, kam er an einen Punkt, an dem er vor Ehrfurcht verstummte. Er beschrieb, wie seine Mutter ihre eigene Tochter, Sarks Schwester, ertränkte. Das Mädchen war aufgrund von Masern erblindet und hatte nur noch wenige Tage zu leben. »Meine Mutter nahm sie, ging ungefähr so tief ins Wasser und ließ sie los. Meine Schwester tauchte jedoch wieder auf und sagte: ›Ma-Ma, was habe ich dir getan? Du ertränkst mich ja.‹ Meine Mutter ging zurück, nahm sie hoch, und ›ihr Fleisch kam über mich‹; also konnte sie nichts machen. Sie nahm sie wieder mit hinaus und ließ sie abermals fallen. Meine Schwester tauchte wieder auf, und das war es dann.« Sarkis hat mir diese Geschichte zweimal erzählt, und jedesmal sprach er die Worte des Mädchens in derselben ruhigen, besonnenen Weise: »Ma-Ma, was habe ich dir getan?« In diesem für ihn heiligen Moment wiederholte er die Worte fast wie ein Sakrament.

Der Gerontologe Sheldon Tobin und seine Kollegen haben versucht, den mythischen Gehalt von Erinnerungen zu quantifizieren. Ihre Bewertungsskala umfaßte fünf Punkte: Einen Punkt (kein mythischer Gehalt) vergaben sie für Bemerkungen wie »Meine Mutter hat mich in viele Konzerte mitgenommen«, drei (ein mittlerer mythischer Gehalt) für »Mutter war eine gute Hausfrau, sehr penibel, für ihre Kinder hat sie alles getan« und fünf Punkte (ein hoher Gehalt) für »Mutter war die wundervollste Frau der Welt, alle liebten sie«. Auch negative Erinnerungen wurden so bewertet. Sie reichten von »Mutter war ein mäkeliger Mensch; es war schwer, mit ihr auszukommen« (kein Mythos) bis »Ich hatte eine Mutter, die war der egoistischste Mensch der Welt« (ein hoher mythischer Gehalt). Mythen fanden sich nicht allein in Erinnerungen an Menschen, sondern auch in solchen an Ereignisse: »Ich erinnere mich an ein Weihnachten – mein Vater kam nach Hause und hatte jedem von uns Kindern eine Orange mitgebracht. Wir hielten sie für das Wunderbarste, was es auf der Welt gibt.« Sogar das ganze Leben konnte mythische Qualität annehmen: »Lausig! In jeder Hinsicht lausig. Nie habe ich etwas gehabt.«

Als die Forschergruppe um Tobin Aussagen von mittelalten und von älteren Menschen miteinander verglich, stellte sie fest, daß die Älteren Erinnerungen mit einem höheren mythischen Gehalt hatten. Sie neigten eher dazu, ihre Eltern und Gatten zu verherrlichen, sie als Gestalten von kulturellem Symbolwert zu beschreiben (»ein guter Familienvater« oder »eine gute Hausfrau«), ihre frühesten Erinnerungen dramatisch zu überhöhen, ja ihr gesamtes Leben zu dramatisieren. Beide Altersgruppen bestanden überwiegend aus Frauen von jüdisch-städtischer Herkunft. Die mittelalte Gruppe war zwischen 44 und 55, die ältere von 65 bis 103 Jahre alt. Die letzteren waren geistig rege und litten an keinen Krankheiten, die ihre geistigen Fähigkeiten in größerem Umfang eingeschränkt hätten. Diese Gruppe war also offensichtlich fest umrissen, mit ihren Erinnerungen war dies jedoch keineswegs der Fall.

Im Alter scheint der Archivwächter seinen Zugriff auf die Realität zu lockern. Im Gegensatz zum Beginn des Lebens werden Erinnerungen dann nicht mehr dazu gebraucht, Karten zu entwickeln, anhand deren man seinen Weg in die Welt findet. Es gibt nicht mehr viel, was es noch zu entdecken gilt. Es ist auch nicht länger nötig, sich seiner Illusionen zu entledigen, um mit dem Alltag zurechtzukommen, wie es der Fall sein kann, wenn man gerade eben herangewachsen ist. Wenn man alt wird, sind auch viele der Menschen, die im Lauf des Lebens wichtig waren, bereits verstorben, und man muß sich nicht länger ein realistisches Bild von ihnen bewahren. Ist die Mutter erst einmal von einem gegangen, kann man die täglichen Auseinandersetzungen mit ihr vergessen und sie als »die wundervollste Frau der Welt« im Gedächtnis behalten. Wenn der Gatte verschieden ist, kann man ihm seine Fehler vergeben und sich auf die Insel der »allerschönsten, innigsten Gedanken« zurückziehen. Wenn man am Ende des Lebens die Erinnerungen nicht mehr dazu braucht, die Wirklichkeit zu bewältigen, können sie der Stoff werden, aus dem die Träume sind.

Der Mythos hilft, angesichts der Verluste und der schwindenden Kräfte das Selbst zu bewahren. Ein 81jähriger Mann, der kürzlich in ein Pflegeheim gekommen war, brüstete sich weiterhin damit, daß er sechzig Jahre zuvor in der Armee seinen Sergeant zusammengeschlagen hatte. »Und bei Gott, ich könnte es wieder tun, wenn ich wollte!« Der rebellische Held vergangener Tage versetzte ihn in die Lage, auch noch in der Gegenwart etwas zu sagen zu haben: »Es gibt mich noch, und das solltet ihr nicht vergessen!« Der Mythos hilft dem älteren Menschen auch, die Identität auszuarbeiten, die er der Nachwelt hinterlassen will. Eine Frau, der es gesundheitlich immer schlechter ging, wollte anderen als warmherzige, liebevolle Person im Gedächtnis bleiben; sie fing an, jedes Telefongespräch mit den Worten »Ich liebe dich« zu beenden und jeden zu umarmen, wenn sie sich von ihm verabschiedete. Andere bilden die Identität, die der Nachwelt erhalten bleiben soll, dadurch aus, daß sie ihre Begräbnisfeierlichkeiten planen und bestimmen, was dereinst mit ihrem Körper geschehen soll. »Ich will, daß die Leute ein Fest feiern und soviel Spaß haben, wie ich das immer gerne hatte«, sagte einer. »Ich will schlicht und einfach in der Erde vergraben werden«, sagte eine Frau, die damit ein ganz anderes Selbst-Bild zu erkennen gab. Sie erklärte: »Ich bin ein praktischer Mensch und will das schlichteste, billigste Begräbnis, das zu haben ist.« Wieder andere machen Aussagen über ihre Identität, indem sie verfügen, daß ihre Organe medizinischen Zwekken zur Verfügung gestellt werden oder daß ihre Asche an einem bestimmten Ort verbleiben soll. Oder sie bestimmen in einem Testament, wer die Dinge bekommen soll, die ihnen etwas bedeuten – Fotoalben, Briefe,

Juwelen, die Familienbibel, eine Briefmarkensammlung. All diese Maßnahmen zielen darauf ab, festzulegen, für wen der Sterbende sich hält und wie er den anderen im Gedächtnis bleiben möchte.

Die Behauptung, daß die Erinnerungen im späteren Erwachsenenleben mythischer werden, muß zwar noch durch weitere Forschungen belegt werden, doch ich habe das Gefühl, daß hierin eine tiefere Wahrheit liegt. Es ist nicht so, daß junge Menschen nicht mythisch denken; der Mythos ist nur nicht in ihren Erinnerungen konzentriert. Höchstwahrscheinlich liegt sein Schwerpunkt in ihren Zukunftsvisionen, in dem, was wir weiter vorne in diesem Buch ihre persönlichen Fabeln und Träume genannt haben. Es ist auch nicht so, daß der alte Mensch sich einfach Illusionen und Erinnerungsverzerrungen hingibt. In Sheldon Tobins Untersuchung waren die älteren Menschen, die bereitwilligst ihre Eltern idealisierten (oder sie zu grausamen Unholden machten), durchaus in der Lage, ihre lebenden Töchter, die sie pflegten, bemerkenswert genau wahrzunehmen, genauer auch, als umgekehrt die Töchter das mit ihnen taten. Die Töchter stellten die Verbindung zum Leben dar, und mit solchen Verbindungen geht man sehr realistisch um. Alte Menschen fühlen sich oft freier als solche, die noch mitten im Leben stehen, und können daher unbekümmerter von ihrem Leben erzählen. Sie sorgen sich nicht mehr so sehr darum, was andere von ihnen denken könnten. Am Mythos ist nichts Falsches, und wenn ich davon spreche, daß Erinnerungen mythisch werden, meine ich damit nicht, daß sie weniger wahr werden.

Ich will damit sagen, daß das Gute und das Böse im Leben eines Menschen in unmißverständliche Kategorien eingeteilt werden, die so klar voneinander unterschieden sind wie Himmel und Hölle. Ich meine damit, daß das Selbst angesichts der Verluste gehegt und gepflegt wird, daß ihm in Erwartung einer kommenden Leere ein Gefühl von »immer« beigegeben wird. Ich meine auch – und hier müssen wir uns des gesamten Ökosystems des Gedächtnisses bewußt sein –, daß unsere Lebenserinnerungen und unsere Identitäten auf einen letzten Übergang ins kollektive Leben vorbereitet werden.

Das Gedächtnis einer Familie

Unsere individuellen – und scheinbar privaten – Erinnerungen sind in Wirklichkeit unser Leben lang Teil eines kollektiven Lebens, und zwar viel mehr, als wir uns vergegenwärtigen. Mir ist das klargeworden, als ich den Weg der weißen Handschuhe meines Großvaters nachvollzog und herausfand, daß sie nicht nur in den Gedächtnismaschinen existierten, sondern auch im Kopf mehrerer Menschen. Während unseres gesamten Lebens teilen wir Erinnerungen mit den Menschen, die um uns sind, und manchmal reparieren wir sie im Verlauf dieses Prozesses. Die Familien, Nachbarschaften und Nationen, die uns umfassen, haben alle ihre eigenen Gedächtnisse, die über das eines Individuum weit hinausgehen. Dasselbe gilt für das Gedächtnis der riesigen kulturellen Errungenschaften, die wir Kunst, Wissenschaft und Religion nennen. Wir wachsen im Kontext eines kollektiven Gedächtnisses auf, und ein Leben lang zehren wir davon genauso, wie wir dazu beitragen.

Familiengeschichten sind die vielleicht spannendsten kollektiven Erinnerungen von allen. Sie handeln von den Vorfahren, die als erste in das Land kamen, von Begegnungen mit Geistern und Gespenstern, vom Krieg, der an die Haustür klopfte, von Schabernack und Kapriolen, von Hochzeiten und Ferien. Die Menschen lieben solche Geschichten einfach: »Deinen Vater habe ich bei einem *blind date* kennengelernt. Ich wollte es nicht glauben, als ich den pinkfarbenen Cadillac sah!« Es wird in ihnen gekämpft, getrunken und betrogen: »Deine Tante hat sich absichtlich von meinem Freund schwängern lassen und ihn gezwungen, sie zu heiraten. Das Baby starb dann später.« Es geht um verpaßte Gelegenheiten, um Trauer, um Auswege aus Todesgefahr – und manchmal darum, daß es keinen Ausweg mehr gab. Die Geschichten einer Familie können für einen Außenstehenden völlig unzugänglich sein, und selbst jenen, die damit aufwuchsen, mögen sie so körperlos wie Luft erscheinen. Viel mehr jedoch als die Bilder an der Wand lassen sie das Wesen und den Geist der Familie erkennen.

Das kollektive Gedächtnis einer Familie sagt, wer sie ist, wie es mit ihr anfing und worin ihre Hoffnungen bestehen. Die Geschichten darin nähren die Vorstellung, daß »wir« etwas Besonderes sind, daß wir Überlebende darstellen, daß wir mit der Geschichte verbunden sind. Die Geschichten definieren unsere Wesenszüge, indem sie uns sagen, daß wir ein praktisch veranlagter, ein sturer, ein intelligenter oder ein geplagter Haufen sind. Unsere Kinder lernen aus diesen Geschichten, wie die Welt funktioniert und was von ihr zu erwarten ist. Sie greifen dabei unsere ethnischen, religiösen und sozialen Wertvorstellungen auf.

Die deutlichsten Familienerinnerungen sind vielleicht die frühesten, diejenigen, die von den entferntesten Vorfahren handeln, von den Ereignissen, mit denen »am Anfang« die Familie gegründet wurde. Für mich ist es immer sehr interessant, nach solchen Erinnerungen zu fragen. In der Kategorie der ältesten Vorfahren habe ich Helden gefunden, die oft Teil der Geschichte waren – ein Großvater, der ein begnadeter Reiter der polnischen Kavallerie war, ein Urgroßvater, der als Pelzjäger ganz auf sich allein gestellt und im Einklang mit der Natur am Detroit River lebte, eine Urur ... großtante, viele Generationen zurück, die im Zuge der Hexenprozesse von Salem gehängt wurde. Ich kenne eine Frau, die stolz darauf ist, daß der Mensch an der Wurzel ihres Familienstammbaums lieber auf seinen Grundbesitz verzichtete, als im Siebenjährigen Krieg zu kämpfen. Eine andere behauptet, sie sei mit General George McClellan verwandt, einem General des Amerikanischen Bürgerkriegs. McClellan schob immer wieder einen Angriff auf die Konföderierten hinaus, und ihre Familie sagt, aus diesem Grund seien sie alle so große Zauderer.

Ich finde es ebenfalls sehr interessant, nach der ältesten noch existierenden Familienanekdote zu forschen. In meinem Teil der Welt fördert man dabei oft Erzählungen zutage, deren Gegenstand die dramatische Einwanderung nach Amerika ist. Die Geschichten handeln vom Leben in der früheren Heimat und von der Passage in die neue. In einer davon besucht ein kleines russisches Mädchen jedes Jahr zu Chanukka, dem jüdischen Lichter-

270

fest, ihre ältere Schwester. Obwohl sie alle arm sind, bewirtet ihre Schwester sie stilvoll, gießt ihr Tee aus dem Samowar ein und schenkt ihr warme Handschuhe. Die Moral der ersten Familienerinnerung: Wenn nur die jungen Leute von heute, denen alles gegeben wird, wüßten, wie man seinerseits gibt. Geschichten von der Schiffspassage nach Amerika vermitteln die Familienbotschaft, daß unser Überleben alles andere als sicher war. Der Urgroßvater fiel um ein Haar von dem Schiff, das ihn in dieses Land brachte; wenn nicht jemand ihn wieder über die Reling aufs Deck gezogen hätte, wären wir heute alle nicht hier. Auf derselben Reise erkrankte sein neugeborener Bruder – dein Urgroßonkel –, starb und wurde für das Seebegräbnis vorbereitet. Als seine Mutter darum bat, ihn ein letztes Mal in den Armen halten zu dürfen, sah sie seine Augen blinzeln. Er war überhaupt nicht tot, ja er wurde schließlich über neunzig Jahre alt. Vorfahren, die knapp dem Tod entrannen, sagen einem, daß man das Überleben im Blut hat und daß man selbst letztlich ebenfalls überleben wird – ein Thema, das stark in Geschichten von Sklavenfamilien wie beispielsweise Alex Haleys *Roots* zum Tragen kommt.

In einigen dieser amerikanischen Einwanderergeschichten wird festgehalten, daß wir zuerst hier waren, weil wir entweder zu den ursprünglichen europäischen Siedlern zählten oder weil irgendwelche Ahnen von uns sich amerikanische Ureinwohner zur Frau oder zum Mann nahmen. Ob es sich dabei um eine »wilde und unzivilisierte Frau« handelte, wie in einem Familienmythos, oder um einen auf sich allein gestellten Pelzjäger, wie oben erwähnt, man ist stolz auf den Umstand, eine solche Person im Familienstammbaum zu haben. Das finde ich faszinierend: Obwohl wir eine Immigrantenfamilie sind, eröffnet sich hier eine Möglichkeit, daß wir uns dennoch als ursprüngliche Amerikaner sehen.

Oft thematisiert die früheste Erinnerung einer Familie – genau wie bei einem Individuum – etwas, was sehr lange Bestand hat. Es erklärt, warum wir das sind, was wir sind – warum wir diesen Namen haben und keinen anderen, warum die eine Hälfte der Familie aus Protestanten besteht, die andere aus Katholiken. »Der Alkoholismus zieht sich durch meine ganze Familie«, berichtet ein Mann Ende Zwanzig. Die älteste ihm bekannte Geschichte handelt von einem alkoholabhängigen Urgroßvater, der einst seine Frau mit einem Messer aus dem Haus jagte. »Wir sind ein bißchen unkonventionell und legen großen Wert auf unsere Unabhängigkeit«, erzählte mir eine Frau Mitte Sechzig. Ihre Familie verehrt einen draufgängerischen Ahnen, den ältesten bekannten Vorfahren, der als Zwölfjähriger vor Gericht ging und sich selbst für unehelich erklären ließ, damit er den Lohn, den er mit seiner Arbeit verdiente, nicht seinem Vater aushändigen mußte. In meiner Familie hat die älteste Erinnerung mit dem Großvater zu tun, mit dem ich mich so stark identifiziere. Als er ein Kind war, verbat ihm sein Vater das Schlittschuhlaufen, doch eines Tags zog er trotzdem los und brach ins Eis ein. Er schaffte es, wieder aus dem Wasser zu kommen, und lief nach Hause, doch als er vor der Tür ankam, war er immer noch ganz steif, »überall an ihm hingen die Eiszapfen«. Sein Vater war äußerst besorgt um ihn. Er trocknete ihn ab, wärmte ihn im Bett auf und fragte ihn dann, wie es ihm gehe. Erst als der Junge antwortete, es gehe ihm gut, gab ihm sein Vater »das, was ihm zustand«, weil er nicht gehorcht hatte.

Auf diese Geschichte stieß ich zufällig, als ich in den auf Band aufgezeichneten Erinnerungen meines Vaters herumstöberte; es ist das einzige, was ich von meinem Urgroßvater weiß. Und doch spricht mich die Kombination von Zuneigung und Disziplin in dieser frühesten unserer Familienerinnerungen ganz unmittelbar an. Sie ist genau das, was ich von meinem Vater erfahren habe, meine Söhne bei mir und was deren Kinder, da bin ich sicher, von ihnen erfahren werden. Die älteste noch existierende Kotre-Geschichte erzählt von einer väterlichen Tradition, die es in meiner Familie schon »immer« gegeben hat. Und jetzt weiß ich auch, auf welche mythische Urzeugung die Tradition zurückgeht.

Ein anderer Typ von kollektiven Erinnerungen der Familie definiert, wer ihre einzelnen Mitglieder sind. Es sind die Geschichten vom Anfang, die Ihnen Ihre Familie *über Sie selbst* erzählt – insbesondere über die Umstände Ihrer Geburt oder über die Zeit Ihres Lebens, die für Sie in Ihre Kindheitsamnesie fällt. »Bevor du kamst, hatten wir die Hoffnung, jemals ein Kind zu haben, eigentlich bereits aufgegeben.« Eine Botschaft, die mit aller Macht das Willkommen ausdrückt und so ganz anders ist als die, nach der man der »Unfall« der Familie war, und wieder anders als jene, die einem mitteilt, daß man adoptiert wurde, und genau das Gegenteil der Erkenntnis, daß einem über die eigene Abstammung Lügen erzählt wurden. Geschichten aus der Zeit, »an die du dich nicht mehr erinnern kannst«, haben oft reinen Unterhaltungscharakter. Als dein Vater dir das erste Mal die Windeln wechselte, so beginnt die Litanei, hast du ihm direkt ins Gesicht gemacht. Als dein Onkel bei dir einmal den Babysitter spielte, hast du so sehr geschrien, daß er sich schwor, *niemals* eigene Kinder zu haben. Bei seiner Hochzeit haben wir ihn daran erinnert. Mit anderthalb Jahren wolltest du deiner Mutter in den Schoß springen, bist statt dessen aber auf das Querbrett an der Couch aufgeschlagen. Du hattest eine Platzwunde am Kopf, die mit dreizehn Stichen genäht werden mußte. Als du zwei warst, hast du dir zum ersten Mal allein Frühstück gemacht. Alle schliefen noch, und so bist du auf die Küchenzeile geklettert, hast den Ofen voll aufgedreht, ein paar Eier aufgeschlagen und währenddessen eine halbe Packung Vitaminpillen geschluckt. Als du drei warst – weißt du das nicht mehr? –, hast du immer auf der Couch gestanden, nach dem Schwanz vom Hund gegriffen und versucht, ihn dir um den Bauch zu binden. Du hast auch gesagt, du wolltest zum Mittagessen ein Motorrad. Mit vier hast du eine Sandschaufel genommen und sie deinem Bruder, der in der Hängematte schlief, auf den Kopf geschlagen. Du hättest ihn umgebracht, wenn deine Mutter nicht dazwischengefahren wäre. Im selben Jahr hat dein Vater dir aus Versehen einen Ziegel auf den Kopf fallen lassen, als er den Vorbau mauerte – deswegen bist du heute so doof.

All die eben erwähnten Beispiele stammen von realen Menschen, wenn auch glücklicherweise nicht nur von einem. Voll der Leidenschaften zementieren sie die Bande der Intimität. Andere Familiengeschichten dieses Typs sind weit ernster zu nehmen. Sie unterstreichen, wie bedroht das Leben ist und wie prekär das Überleben – ein Thema, welches in der mythischen Fundgrube der Familie nicht gerade selten ist:

> Mir wurde erzählt, daß ich nach meiner Geburt im Krankenhaus beinahe gestorben wäre, weil ich so große Probleme hatte, Luft zu bekommen. Sie behielten mich zur Beobachtung da. Als ich dann nach Hause kam, lief ich blau an, weil ich nicht richtig atmen konnte. Meine Luftwege waren blockiert.

> Mutter erzählte mir, daß ich Tag und Nacht weinte. Nichts half. Die Ärzte sagten ihr, daß ich nicht überleben würde. Falsch!

> Meine Mutter erzählte mir, daß ich, als ich noch sehr klein war, zwei oder drei Jahre, an einen Korb Erdbeeren gekommen war und fast ein Kilo davon gegessen hatte. Zufällig war ich aber allergisch darauf, und in derselben Nacht schwoll mein Gesicht an, und meine Augen quollen zu. Damals wußte man noch sehr wenig über Allergien, und meine Eltern waren überzeugt, daß meine Augen zubleiben würden. Glücklicherweise dauerte es nur ein paar Tage, bis ich wieder normal war, aber sie hatten einen ziemlichen Schock weg.

> Die Familiengeschichte handelt davon, daß ich beinahe einmal ertrank, als ich in den Clear Lake hinauswatete. Meine Mutter hatte mit ansehen müssen, wie ihr Bruder ertrank, und als mir beinahe dasselbe passierte, stand sie am Ufer und war einfach zu gelähmt, um zu reagieren. Meine Tante rannte vollbekleidet ins Wasser und rettete mich.

In wieder anderen Berichten, wie man als Kind gewesen ist, identifiziert sich die Familie mit einem und unterstreicht die Wesenszüge, die sie in der Person wiedererkennt, die man heute ist. Ihre eigenen frühesten Erinnerungen enthüllen, was *Sie* über sich denken; jene Geschichten zeigen, was *die anderen* denken:

Als ich noch in der Wiege lag, so erzählten mir meine Eltern, habe ich mich selbst immer in den Schlaf gestrampelt. Ich lag auf den Bauch und habe mit den Beinen hin und her gestrampelt. »Trommler« haben sie mich genannt, nach dem Bambi-Film ... Ich glaube, diese Geschichte ist wahr, weil mir das Stillsitzen heute noch schwerfällt. Noch heute strample ich mit den Füßen oder wackle mit meinen Knien hin und her.

Man erzählte mir, als Baby, mit knapp zwei Jahren, sei ich durch die Küche und das angrenzende Wohnzimmer gerast, wenn man mich in mein Laufstühlchen setzte. Wenn meine Familie mich anfeuerte, steigerte ich mein Tempo. Abrupt machte ich in jeder Ecke halt, hob meinen Stuhl an, drehte ihn um und nahm meinen Lauf wieder auf. Wenn ich an die Treppe kam, hielt ich unmittelbar davor an, wandte meinen Stuhl in die Gegenrichtung und machte mit der Rennerei weiter ... Ich glaube, meine Mutter erzählte mir, daß ich schon als ganz kleines Kind sehr beweglich war und gut laufen konnte.

Meine Großmutter erzählte mir, daß ich mir im Alter von zwei Jahren für meine Familie das Schauspiel »Ich und Mama« ausgedacht hatte. Sie berichtete, ich hätte beide Charaktere so eindrucksvoll dargeboten, daß es für sie wirklich glaubwürdig war ... Mir öffnete es die Augen dafür, wie ich wirklich im Leben bin.

Als ich vier Jahre alt war, habe ich mich einmal selbst im Badezimmer eingeschlossen. Meine Mutter rief die Feuerwehr. Der Feuerwehrhauptmann kam vorbei und überredete mich, die Tür aufzuschließen ... Ich glaube, man erzählte mir die Geschichte, um mir wieder einmal zu beweisen, wie stur ich war.

In einer faszinierenden Untersuchung von Familienerinnerungen kommt die Journalistin Elizabeth Stone zu dem Schluß, daß

Männer und Frauen in der Regel verschiedene Geschichten über ihre Anfänge zu hören bekommen. Männer hören eher Geschichten von »Prachtburschen«, die ihnen sagen, daß sie etwas Besonderes, sogar Geheiligtes sind:

> Ich kam nach zwei Brüdern, die nach ihrer Geburt gestorben waren – im Abstand von zehn Jahren. Also wurde meine Geburt mit Spannung erwartet. Sie wissen schon – »wieder könnte das Baby sterben« ... Ich war der einzige, der in einem Krankenhaus zur Welt kam, und davon wurde viel Aufhebens gemacht. Es war etwa so, als sei ich derjenige, dem die Rolle des Modernen zufiel; ich war derjenige, der von den Erfahrungen in Amerika profitierte. Die Botschaft war: »Du bist etwas Besonderes, du bist einzigartig, du wirst in Amerika dein Glück machen.« Ich wußte, daß aus mir etwas Großes werden würde.

Männer bekommen auch eher zu hören, daß sie kleine Teufel waren:

> Meine Mutter hatte mich zum Lebensmittelhändler mitgenommen, und wir trafen einen älteren Mann, den sie kannte. »Ei, ei, was ein süßer kleiner Junge«, sagte er und tätschelte meinen Kopf. Meine Mutter sagte: »Aaron, sag dem netten Mann guten Tag.« Ich sagte aber nicht guten Tag. Statt dessen machte ich eine Faust und knallte ihm fest eine rein. Das Problem war, daß sich meine Faust etwa auf der Höhe seines Unterleibs befand.

Frauen erfahren hingegen eher, daß sie ruhig, gehorsam und »gut« gewesen seien – so »gut« sogar, daß man sie leicht aus dem Blick verlieren konnte. Mehr als eine hörte von einem Vorfall, bei dem sie einfach irgendwo vergessen wurde:

> Ich war ein sehr braves Kind, und während ich heranwuchs, herrschte die Meinung vor, daß Kinder viel frische Luft brauchten. Man stellte mich im Wagen für zwei Stunden

nach draußen, dann brachte man mich zum Essen hinein und stellte mich für weitere zwei Stunden raus. Ich war ein so gutes Kind, daß sie mich einmal vergessen haben. Bis um zehn Uhr nachts ließen sie mich draußen stehen.

Schon als Kind konnte ich auf mich selbst aufpassen. Das hat mir jedenfalls meine Mutter erzählt. Sie sagt, daß sie eines Nachmittags eine ihrer Freundinnen besuchen ging. Und sie erzählt weiter: »Ich ging mit vier Kindern dahin, und mit drei Kindern kam ich heim. Du hast dich so sehr mit dir selbst beschäftigt und so gut auf dich selbst aufgepaßt – irgendwo in einer Ecke hast du dich ganz mit dir selbst beschäftigt, und ich habe dich einfach vergessen. Ich kam nach Hause, und erst nach einer ganzen Weile bemerkte ich, daß ich dich nicht dabeihatte, also ging ich zurück, um dich zu holen, aber dir ging es gut.«

Die Geschlechterunterschiede, die Stone herausgefunden hat, stimmen mit den historischen Realitäten überein. Im allgemeinen wird Jungen der Vorzug gegeben, sie sind »heilig«, während man über Mädchen aufgrund ihres Geschlechts verfügen kann. Für Stones Befunde gibt es auch eine biologische Grundlage: Kleine Mädchen sind im Durchschnitt tatsächlich ruhiger als kleine Jungen, die eher dazu neigen, sich weniger unter Kontrolle zu haben und aktiver wie aggressiver zu sein. Doch solche historischen und biologischen Hintergründe sollten nicht den Blick dafür verstellen, daß man diese Geschichten heranwachsenden Kindern *erzählt*, und zwischen der Botschaft, man sei etwas Besonderes, und der anderen, daß man vergessen worden sei, besteht ein riesiger Unterschied.

Eltern haben vielerlei Gründe, ihren Kindern Geschichten über sie selbst zu erzählen. Abgesehen vom Unterhaltungswert können sie lenken, leiten und warnen. Einer der Männer in Elizabeth Stones Untersuchung erinnerte sich an eine Geschichte, mittels deren er gewarnt wurde: Seine Familie war zu einem Umzug gegangen und hatte sich buchstäblich einen Platz in der vordersten Reihe der Menge erkämpft. Doch als sie schließlich da ankamen, weigerte er sich, die Augen aufzumachen, weil er solche Angst hatte. Die Ermahnung? Sei zäh: Jungs dürfen keine Angst haben. Entscheidend ist, *wie* eine Geschichte erzählt wird. In der einen Familie mag eine Geschichte, wie einmal voller Panik ein verlorengegangenes Kind gesucht wurde, zum Ausdruck bringen, daß das Mädchen etwas Besonderes ist; in einer anderen kann damit gesagt werden, daß es auf sie zunächst einmal gar nicht so sehr ankam.

Den Kindern andererseits gefällt es vielleicht, etwas über sich in Erfahrung zu bringen, was sie nicht wußten. Doch sie schrecken vielleicht auch davor zurück, wenn sie älter werden und merken, was in einigen dieser Geschichten passiert. Eine von Stones Frauen bekam von ihrer Mutter erzählt, daß sie schon mit einem Jahr nicht mehr in die Hosen machte und mit zweieinhalb ganz allein zum Bäcker gehen und ein Brot kaufen konnte. Als Erwachsene ärgerte sie sich über die Willfährigkeit, die jene Berichte von ihrer Folgsamkeit und ihrem Verantwortungsbewußtsein in ihr nährten, und für sie bestand die einzige Möglichkeit, böse zu sein, darin, sich in Geisteskrankheit zu flüchten. Einige junge Erwachsene haben mir erzählt, daß sie die Art und Weise, wie die Familiengeschichten sie definieren, einfach nicht akzeptieren:

Man sagte mir, ich sei eine Schallplatte mit einem Sprung. Es machte mich ziemlich traurig. Ich war ein aufgewecktes Kind, das immer herausfinden mußte, was es mit den Dingen auf sich hatte. Ich glaube, es war falsch, ein Kind nur deswegen zu hänseln, weil es viel redete.

Meine Mutter erzählte mir, ich sei verhätschelt worden und hätte immer viel Aufmerksamkeit von den älteren Kindern bekommen. Ich mußte lachen, denn ich kann mich nicht daran erinnern, verhätschelt worden zu sein, und ganz bestimmt habe ich mich nie so gefühlt. Meinen jüngeren Bruder habe ich immer als verhätschelt betrachtet.

Meine Brüder erzählten mir, daß ich immer geweint hätte.

278

Ich sagte ihnen, daß ich vielleicht nicht soviel geweint hätte, wenn sie mich ab und zu in den Arm genommen hätten. Mit ihren Geschichten definierten sie mich als die Heulsuse, die ihnen auf die Nerven ging. Ich glaube noch immer, daß mein einer Bruder, wenn er gekonnt hätte, mich bei der ersten Gelegenheit losgeworden wäre.

Ist es möglich, daß die Geschichten, die man uns über uns selbst erzählt, schließlich zu unseren eigenen Erinnerungen werden? Ja, vor allem, wenn wir die Moral der Geschichte akzeptieren. Daß Menschen, die in eine neue Gruppe kommen, Erinnerungen von der Art zu haben beginnen, wie sie diese Gruppe befürwortet, ist vollkommen normal. Sind diese Erinnerungen falsch? Nicht notwendigerweise. Aus welcher Mischung von Fakten und Fiktionen sie auch immer bestehen mögen, sie sind Werkzeuge, mittels deren die Identität eines Individuums der einer Gruppe aufgepfropft wird. Sie sind der Kitt, der ein Kind an seine Familie bindet, einen Spieler an seine Mannschaft, einen Patienten an eine Therapiegruppe, einen Gläubigen an seine Religion, einen Staatsbürger an seine Nation. *Ich* werde dadurch einer von *ihnen.* Ein als Junge adoptierter Mann erinnert sich daran, daß sein Urgroßvater ihm beim Baseball-Spielen zusah, obwohl der alte Mann schon gestorben war, als er geboren wurde. Die Erinnerungen des jungen Mannes sind offensichtlich falsch, doch sie lassen eine tiefere Wahrheit erkennen: Wieviel Wert er darauf legt, seiner Familie anzugehören.

Gelegentlich ergibt sich die Notwendigkeit, solche gründlich geknüpften Bande wieder zu lösen, das *Ich* davon zu trennen, wie meine Familie mich definiert, zu wissen, an was ich mich – im Gegensatz zu dem, was mir erzählt wurde – selbst erinnere. Menschen mit Leerstellen in ihren Lebenserinnerungen suchen manchmal verzweifelt nach einer direkten Erinnerung an Ereignisse, von denen man ihnen erzählt hat, und sie verlangen nach Beweisen für die Authentizität einer Erinnerung, wenn sie sich einstellt. Eine Frau schrieb mir einmal, daß ihre Schwester als Kind vergewaltigt worden war, sich aber an den Vorfall nicht in der Weise erinnert, daß er ihr selbst widerfahren ist. Sie glaubte, es sei ihrer Schwester passiert, der Verfasserin des Briefes. Eine andere Frau hatte eine frühe Erinnerung daran, daß sie einmal beinahe ertrunken wäre, und erfuhr später, daß der Unfall nicht ihr, sondern ihrer Schwester widerfahren war. Wessen Erinnerungen sind das nun? Unglücklicherweise gibt es dafür keinen Lackmustest, nichts, das sich blau verfärbt, wenn eine Erinnerung in einem selbst ihren Ursprung hat, und rosa, wenn sie von jemand anderem herrührt. In der Familie fließen meine Erinnerungen in deine ein, und deine sickern in meine, und nach einiger Zeit ist es unmöglich, die Quellen auseinanderzuhalten.

Meistens kommt es darauf auch gar nicht an, und gelegentlich gewinnt eine Erinnerung gerade aus der Verschmelzung des Individuellen mit dem Kollektiven eine große Kraft. Ein Mann jüdischer Herkunft, Mitte Fünfzig, erinnert sich als frühestes daran, daß sein Vater sich über ihn warf, um ihn vor Maschinengewehrfeuer zu schützen. Der Mann ist sich nicht sicher, ob diese Erinnerung echt und ob sie wirklich seine erste ist, auch kann er die Möglichkeit nicht ausschließen, daß es sich dabei nur um ein Bild handelt, das er aus den Erzählungen anderer gewonnen hat. Doch unabhängig von seinem Status hat dieses mentale Bild all die Überzeugungskraft dessen, was »am Anfang« passierte.

Bemerkenswert an dieser individuellen Erinnerung ist, wie sehr sie mit dem kollektiven Gedächtnis verwachsen ist. Der geschilderte Vorfall müßte sich zu Beginn des Zweiten Weltkriegs ereignet haben, als der Mann im Alter von drei oder vier Jahren mit seiner Familie vor den Nazis floh. Als er fünf war, hatte es seine Familie geschafft, sicher nach Amerika zu kommen, und man begann, sich die Geschichte ihrer Rettung jährlich zum Passahfest zu erzählen. Sie war jetzt Teil der ritualisierten Familienerinnerungen und wiederum mit einer noch umfassenderen kollektiven Erinnerung verbunden, derjenigen an den Auszug der Juden aus Ägypten. Genau zu der Zeit, als sein autobiographisches Gedächtnis sich ausbildete, lebte ein kleiner Junge in dem Gefühl, daß ein schützender Vater über ihm war. Seine Erinnerungen stammten aus eigener Erfahrung, aus den Geschichten, die man sich in seiner Familie erzählte, und aus der Geschichte seiner Kultur. Wie hätte er zwischen diesen Quellen unterscheiden können? Und warum hätte er dies tun sollen, wo doch ihre Synergie von so großer Kraft war?

In historischer Hinsicht habe ich mich oft gefragt, wie lange es überhaupt schon die Vorstellung eines privaten Gedächtnisses gibt. Haben die frühen Menschen, die in kleinen Gruppen zusammenlebten, in denen jeder mit dem anderen vertraut war, sich überhaupt solche Gedanken gemacht? Und wie kommen die Kinder des 20. Jahrhunderts in ihrem Leben darauf? Gehen sie davon aus, daß ihre Erinnerungen auch von den anderen gesehen werden (und so im Grunde kollektiv sind) oder daß sie den anderen verborgen bleiben (und damit individuell sind)? In diesem Abschnitt habe ich die kollektive Seite des autobiographischen Gedächtnisses betont, aber vielleicht ist das ganz überflüssig. Es könnte etwas ganz Natürliches sein: der Zustand, in dem sich unser aller Gedächtnis am Anfang befand.

In die Luft

Wie gelangen die autobiographischen Erinnerungen eines Individuums in die einer Familie? Einen möglichen Weg wollen wir dadurch erörtern, daß wir uns anschauen, was geschieht, wenn ein Mensch stirbt. Damit greifen wir wieder das Thema auf, wie eine Identität für die Nachwelt präpariert wird, nur daß wir es jetzt aus der Perspektive der Hinterbliebenen tun. An diesem Punkt bekommt die Geschichte ein paar zusätzliche Kehren und Wendungen, weil die Weiterlebenden den Verstorbenen nicht immer so gesehen haben wie er sich selbst. Auch handelt es sich bei den Hinterbliebenen ja um mehrere Menschen, die wahrscheinlich widersprüchliche Erinnerungen an den Verstorbenen haben. Und diese Erinnerungen werden sich im Lauf der Zeit ändern.

Die Mythenbildung der Nachwelt setzt oft schon vor dem Tod eines Vorfahren ein. Die Nachkommen machen ihn möglicherweise zu einer »lebenden Legende« oder zu einer »Legende seiner Zeit«. Ich kenne eine junge Frau, die so über ihre Urgroßmutter denkt, eine Immigrantin aus Polen, die noch immer nur gebrochen Englisch spricht. »Sie weiß Dinge«, sagt die Urenkelin. »Lillian weiß, wer sterben wird, und spricht mit den Geistern der Toten.« Einmal bat Lillian ihren Gatten, nicht zur Arbeit zu gehen, wußte aber nicht, warum sie dieses Ansinnen stellte. Als sie sich am selben Nachmittag zu einem Nickerchen hinlegte, erschien ihr in einer Vision ihr Vater. Er war aus seinem Schlafzimmer gekommen, wo er krank im Bett lag, und hatte Kniebundhosen an, wie sie kleine Jungen tragen. Seine Erscheinung wurde als Vorahnung des Todes gedeutet, und das sollte sich als richtig herausstellen. Lillians Urenkelin ist nicht abergläubisch, kann sich jedoch die Kräfte, über die ihre Ahnin verfügt, nicht erklären. »Sie erzählt diese Geschichte so, daß nichts Mysteriöses daran ist. Sie sagt das so, als wäre es etwas, das sie lediglich ein klein bißchen anders als der Rest der Familie macht. Sie kann noch viele weitere Geschichten von Familienmitgliedern erzählen, die sie zum Zeitpunkt ihres Todes besuchten. Sie berichtet von prophetischen Träumen und Eingebungen, die sich fast immer als richtig herausstellten. Ihre Brüder und Schwestern sagen: ›Lillian weiß Dinge.‹ Meine Großmutter bezeichnet es als eine Gabe. Meine Mutter interessiert sich nicht dafür. Ich denke, Lillian hat mir diese Gabe vererbt.« Hier identifiziert sich ein Mensch über vier Generationen hinweg mit einer Figur, die zu einem Mythos wird. Die Familiengeschichten über diese Person bestätigen die Identität einer jungen Frau, die ihrerseits »Dinge weiß« und ihre Gabe als Psychologin nutzen will.

Wenn ein Mensch dann tatsächlich stirbt, wird sich die Mythenbildung aller Wahrscheinlichkeit nach verstärken. Eine Nonne Anfang Fünfzig erzählte mir von dem Tag, an dem ihre Mutter starb. Sie war zu dieser Zeit acht Jahre alt, und ihr Vater hatte sie nicht zur Schule gehen lassen, weil der Tod ihrer Mutter unmittelbar bevorstand. Die Nonne erinnert sich, daß sie vor dem Haus mit einem Ball spielte und von Zeit zu Zeit hineinging, um von der Krankenschwester zu erfahren, wie es stand. Als sie wieder einmal nachfragte, sagte ihr die Schwester, daß ihre Mutter gerade von ihnen gegangen sei:

Ich fragte: »Kann ich sie sehen?« Sie antwortete: »In Ordnung« und führte mich ins Schlafzimmer. Ein Laken war meiner Mutter über den Kopf gezogen. Ich wartete am Fußende des Bettes und schaute hoch zu einem Bild der heiligen Theresa, das dort an der Wand hing. Die Schwester zog das Laken weg, und ich schaute meine Mutter an und dann wieder das Bild. Da war tatsächlich eine Ähnlichkeit festzustellen! Die Schwester sagte zu mir: »Findest du, daß deine Mami dem Bild ähnlich sieht?« Ich antwortete: »Ja«, und sie sagte: »So ist es.« Was immer das zu bedeuten hatte, ich weiß es nicht, nur, daß es ein schönes Bild war und daß sie eine schöne Frau war. Als sie starb, war sie nicht von Krankheit entstellt.

Wie sehr sich auch immer Vergangenheit und Gegenwart darin mischen mögen, diese 45 Jahre alte Erinnerung enthält mehrere mythische Elemente. Die Mutter ist nicht nur zu einer Schönheit geworden, sondern wird auch mit einer Heiligen in Verbindung gebracht, die einer umfassenderen Kultur angehört. Wenn das kleine Mädchen in der Erinnerung emporblickt, kann man beinahe sehen, wie sich das Wesen ihrer Mutter zum Bild hin erhebt. Anschaulich ist hier eine Sublimierung symbolisiert, eine Identität, die in die Luft gehoben und transformiert wird. Es ist eine vergeistigte Erinnerung – in der Schwebe gehalten, damit die Überlebenden sie atmen können.

Eine 21jährige Frau, die ihren Vater zwei Jahre zuvor verloren hatte, beschrieb, was ich mit diesem »Atmen« meine. Was geschah, als sie seinen Leichnam anstarrte, würden Psychologen als »Identifikation«, »Inkorporierung« oder »Introjektion« beschreiben; die junge Frau selbst bediente sich einer einzigartigen Metapher. Für mich sind all diese Ausdrücke das Äquivalent des Atmens:

In dieser folgenschweren Nacht war mein Vater im Wohnzimmer aufgebahrt, und ich konnte nicht schlafen. Ich wußte nicht, was ich tun sollte, also stand ich auf und wusch mir die Haare. Meine Schwester schlief. Ich ging hinaus, und da stand der Sarg. Ich hielt Abstand. Ich saß einfach da und sagte: »Nun, du hast jetzt gute Beziehungen, also tu etwas. Gib mir Zeichen. Mach all diese Wunderdinge.« Dann sagte ich mir: »Ich bin wirklich blöd! Ich sitze da und spreche mit diesem toten Körper.« Also lief ich in das andere Zimmer, legte mich hin und lief dann wieder hinüber, und jedesmal ging ich dichter heran, bis ich schließlich einfach dasaß und sagte: »Nun, du weißt, daß du auf mich aufpassen wirst.« Und ich hatte diese großartige Vision, daß er mir für den Rest meines Lebens über die rechte Schulter schauen würde. Ich dachte: »In Ordnung, man paßt auf mich auf.« Und das machte vieles leichter ...

Seither sind unglaubliche Dinge passiert. An der Uni schreibe ich nur noch Einsen und Zweien. Früher waren es Dreien und Vieren. Ein Haupt- und ein Nebenfach habe ich schon abgeschlossen, und ich werde in zwei Hauptfächern Examen machen. Früher bin ich vor allem davongelaufen, jetzt aber sage ich mir: »So geht das nicht, sieh den Problemen ins Auge, weil du sie bewältigen kannst. Du bist stärker als sie.« Manchmal denke ich, es ist schade, daß er meine Fortschritte nicht mehr mitbekommt. Aber das tut er ja. Er schaut mir über die Schulter, jeden Tag, jede Nacht. Ich fühle mich so sehr als Teil von ihm, so viel von ihm als Teil von mir!

Die Übertragung einer Identität von einer Generation auf die andere wird oft durch den Umstand erschwert, daß die sterbende Person möglicherweise die eine Version hinterlassen will, während die Nachwelt gern eine ganz andere bekommen möchte. Ein Enkel, der eine Skulptur seines Großvaters anfertigte, als dieser schon ein sehr alter Mann war, erklärte: »Wenn man einen anderen porträtiert, studiert man ihn sehr genau und bringt zum Ausdruck, für wen man ihn hält. Und man versucht auch, bei sich selbst herauszufinden, für wen man sich hält.« Während der langen Stunden, in denen sein Großvater ihm Modell saß, spuckte der alte Mann Gift und Galle. Es ist nicht klar, was hinter diesem Redeschwall steckte, seinem Enkel jedoch war so etwas fremd. »Er machte mich so depressiv, daß ich nicht mehr arbeiten konnte, also sagte ich ihm schließlich, daß er entweder den Mund halten oder gehen solle.« Der Großvater ging, kam jedoch wieder und blieb lang genug, damit der Enkel seine Arbeit vollenden konnte – eine Identität in Stein zu meißeln. »Opa wirkte auf mich immer wie ein Racheengel. Er hat diesen unglaublich starren Blick, und er reckt den Kopf vor wie ein Bussard, der gleich seine Beute schlagen wird, doch das alles macht er nur zu seiner Verteidigung. Er betrachtet und studiert die Umgebung, um sich selbst zu schützen, nicht um aus sich herauszugehen und tatsächlich etwas zu tun. Und das war es, was ich einfangen wollte.«

Das ist das Bild, das ein Mann im Geist eines seiner Nachkommen hinterläßt. Die Nachfolgenden sind jedoch zahlreich, und wenn man einigen von ihnen zuhört, wird klar, daß der inzwischen Verstorbene multiple Identitäten hatte, die den vielen Menschen mancherlei bedeuten können. Eine andere Frau, die ihren Vater ebenfalls im offenen Sarg liegend betrachtete, vergoß trotz der Lobreden, die sie auf ihn gehört hatte, keine Träne. Wie schade ist es, dachte sie, daß all diese Menschen ihn preisen und dabei nicht wissen, wie grausam er zu mir und den anderen war, die ihm nahestanden. Manchmal kommt es zu einem Konflikt über die Frage, welche Identität eines Verstorbenen im kollektiven Leben Bestand haben soll. Nachdem der Oberbürgermeister von San Francisco, George Moscone, hinterrücks ermordet worden war, erhob sich angesichts einer Skulptur, die man zum Gedenken an ihn in Auftrag gegeben hatte, ein Proteststurm. Die Plastik stand auf einem Podest, das von Einschußlöchern übersät war und die Umrisse einer Pistole vom Kaliber 38, Flecken, die wie Blut aussahen, sowie Graffiti zeigte. Das Gesicht hatte einen so leeren Ausdruck, daß es wie eine Maske wirkte. Moscones Frau, die Vertreter der Stadt sowie der größte Teil der Öffentlichkeit waren entrüstet. Der Soziologe David Unruh bemerkte dazu, der Künstler habe sich die Aufgabe gestellt, die Identitäten der ermordeten Figur des öffentlichen Lebens und des aalglatten Politikers zu bewahren und nicht die von anderen bevorzugten Identitäten des Familienpatriarchen, des liberalen Demokraten, des Freundes der Armen und des angesehenen Politikers.

Daß es in einem kollektiven Gedächtnis multiple Identitäten gibt, hat mir keine andere Familie je deutlicher gezeigt als die von Sarkis Hashoian. Sark, Sie werden sich erinnern, war der Mann, der 1915 dem Massaker an den Armeniern entkommen war und mir in ehrfurchtsvollen Worten vom Ertränken seiner Schwester berichtet hatte. Seine Lebensgeschichte hatte ich einige Jahre vor seinem Tod auf Band aufgenommen. Nachdem er gestorben war, verbrachte ich einige Zeit bei seiner Familie mit Erinnerungsarbeit.

»Er war so ein Mensch, der ... verschütteter Milch weint man nicht nach«, sagte seine Frau, 58. »Wir beide haben dreißig Jahre lang, Seite an Seite, zusammengearbeitet, und es ist nicht leicht für Mann und Frau, zusammenzuarbeiten. Er hatte seinen Arbeitsbereich, ich den meinen.«

Sie bezog sich auf die Wäscherei, die er betrieb. »Was war Ihr Arbeitsbereich?« fragte ich.

»Meiner war ... ich war der Boß.«

Für seine Tochter im mittleren Alter war Sark mehrere Personen zugleich gewesen. Es kam darauf an, an welche ihrer Entwicklungsphasen sie gerade dachte. Als sie ein kleines Mädchen war, stellte er den Vater dar, der nach einem Tag schwerer Arbeit müde nach Hause kam, sich auf die Couch legte und sie zuhören ließ, wie sein Magen knurrte. Als sie ein Teenager war, war er der strenge, aber humorvolle Mann, den ihre Freundinnen bewunderten. »Wann immer ich ihn um das Auto bat, um sie nach Hause zu fahren, legte er los ›Was soll der Hokuspokus?‹, und sie lachten, weil das so in etwa sein gesamtes Vokabular war.« Wenn sie daran dachte, wie sie selbst Mutter wurde, war Sark der liebevolle Großvater, der mit ihren Kindern spielte – und beim Backgammon mogelte.

Sarks Sohn, Mitte Fünfzig, erinnerte sich an den Fremden, für den er seinen Vater gehalten hatte – ein rauher Bursche, harsch und emotional distanziert. Sein Enkel, Ende Zwanzig, erinnerte sich an seinen Großvater als »den wilden Mann hinten im Laden, der die Kleidung reinigt. Opa mußte immer alles selbst machen, aber er war irgendwie neurotisch. Alles mußte in fünf Nanosekunden erledigt sein. Sonst kam er ins Schwitzen und drehte durch.« Je mehr kollektive Erinnerungen bei jener Gelegenheit flossen, um so mehr Seiten von Sarks Persönlichkeit tauchten auf. Und damit auch seine zahlreichen Rollen: Ehemann, Kollege, Vater, Großvater, älterer Mitbürger, Amerikaner.

Sarks Familie zeigte mir noch etwas anderes: Wie sich die Identitäten einer Person im Lauf der Zeit bei denen, die sich an ihn erinnern, verändern. Als seine Kinder älter geworden waren, hatte Sark ihnen von seinen Erlebnissen im Jahr 1915 erzählt, doch er zerstückelte seinen Bericht in Häppchen, die eher an Sachlektionen erinnerten: »Du sollst aufessen, iß dein Gemüse, ich mußte Gras essen, damit wärst du nicht zurechtgekommen.« Die Reaktion der Kinder war vorhersehbar: Sie lachten darüber. Doch nachdem er gestorben war, dachten seine Kinder ein wenig über seine Geschichten nach, und das Leben ihres Vaters bekam eine völlig neue Bedeutung. »Ich glaube, mein Papa war ein großartiger Mann«, sagte seine Tochter nun. »Ich will, daß meine Kinder wissen, wo sie herkommen.« Der Sohn, der ihn einst als distanziert und fremd empfand, betrachtete ihn nun als Anker und sagte: »Dieser Kerl hat diesen fürchterlichen Angriff da draußen überlebt. *Ich* werde überleben.« Sein Enkel erinnerte sich, wie er mit einem Verwandten namens Jeff an Sarks Sarg stand. Er gebrauchte die Worte: »Wenn man mit neunzehn oder zwanzig mit 160 über den Gehsteig fährt, denkt man nicht daran, daß man sterben könnte. So war auch Jeff: ›Mann, ist das alles? Da quält man sich durch ein ganzes Leben, und dann landet man am Ende in der Kiste?‹ Ich sagte: ›Dreh dich um und schau.‹ Und da war dieser ganze Raum voller Menschen – Kinder, Enkel, Dana und auch alle Kinder von Jeff. Und es war sogar von einem genetischen Standpunkt aus erstaunlich, sich vorzustellen, wie dieser eine Satz aus einem Genpool es über den Ozean geschafft hatte.« Was aus Sarks Geschichte wurde, illustriert, wie die Erinnerungen an die Verstorbenen dadurch weiterleben, daß in ihnen die entwicklungspsychologischen Bedürfnisse von Menschen in verschiedenen Phasen ihres Lebens zum Ausdruck kommen. Im Tod wurde Sark zu der Legende, die er im Leben nicht war.

Was mit der erinnerten Identität über längere Zeiträume hinweg geschieht, kann man bei historischen Gestalten wie etwa Abraham Lincoln beobachten. Lincoln wurde am 14. April 1865, einem Karfreitag, erschossen, fünf Tage nach dem offiziellen Ende des Bürgerkriegs. Der Soziologe Berry Schwartz weist darauf hin, daß Lincoln zum Zeitpunkt seines Todes als Präsident gar nicht so populär war; sechs Monate zuvor war er nur mit einer knappen Mehrheit wiedergewählt worden. Zwar empfanden viele für ihn Sympathie, doch nur wenige hielten seinen Verlust für irreparabel. Die Predigten, die am Ostersonntag in allen Nordstaaten über ihn gehalten wurden, stellten ihn als ehrlich und wohlmeinend, aber viel zu milde im Hinblick auf die Verräter der Südstaaten hin – und auch als im eigenen Interesse viel zu gütig. Einige Prediger behaupteten sogar, daß Gott die Ermordung zugelassen habe, damit ein stärkerer, entschlossenerer Mann der Konföderation die gerechte Strafe zuteil werden lasse. Gegenüber dem Tribut, den der von ihm geführte Krieg gefordert hatte, war Lincoln einfach zu unsensibel gewesen.

Die folgenden Generationen legten nach und nach diese Sicht Lincolns ab und nahmen eine andere Position ein. Die Menschen entwickelten eine gewisse Sympathie für ihn, benannten Städte, Straßen und Geschäfte nach ihm. Briefmarken mit seinem Konterfei erschienen. Die Identität, die das kollektive Gedächtnis sich zu diesem Zeitpunkt bewahrte, war die des »gewöhnlichen Mannes«. Lincoln war der hart arbeitende bodenständige Mann, der Präsident des Volkes. Man betonte, daß er aus ärmlichen Verhältnissen stammte, daß er schlicht und unprätentiös war, sogar hausbacken und unbeholfen. Er liebte es, Anekdoten zu erzählen und Witze zu machen. Zu Beginn des 20. Jahrhunderts rollte durch die Vereinigten Staaten eine Welle von egalitärem Bewußtsein, die als *Progressive Movement* bekannt wurde, und Lincoln wurde zu ihrem Symbol. Zahllose Reminiszenzen wurden von älteren Herren veröffentlicht, die ihn als junge Zeitgenossen noch miterlebt hatten. Die Titel unterstrichen, wie zugänglich er war und wie nahe er Menschen an sich heranließ: »Eine Audienz bei Lincoln«, »Intime persönliche Erinnerungen«, »Impressionen von Lincoln«, »Lincoln, wie ich ihn kannte«, »Als Junge zu Lincolns Füßen«.

1909 feierte man Lincolns hundertsten Geburtstag, und sein Konterfei wurde auf dem allergewöhnlichsten Objekt, das man sich nur vorstellen kann, abgebildet: auf dem Penny. (Es ersetzte den bis dahin üblichen Indianerkopf.) Auch ein Lincoln-Denkmal wurde in Auftrag gegeben, und seine Plazierung ließ einen bedeutenden Wandel in der Art und Weise erkennen, wie man sich an ihn erinnerte. »Den Unsterblichen darf man nicht zu nahe treten«, meinte der Kongreß. »Sein Denkmal sollte für sich alleine stehen, weit ab von den gewöhnlichen Wohnvierteln der Menschen, abseits der Geschäftigkeit und des Lärms der Stadt, isoliert, distinguiert, aber heiter.« Eine riesige Lincoln-Statue wurde hinter den Säulen der Gedenkstätte aufgestellt, gerade wie die alten Griechen Statuen ihrer Götter in säulenumstandenen Tempeln errichteten, um ihre Trennung von den weltlichen Gefilden sicherzustellen. Lincoln wurde zu etwas Neuem: zum großen Sklavenbefreier, zum Retter der nationalen Einheit, zum christusgleichen Schmerzensmann, der sich für uns geopfert hat. Zusätzlich zu dem Mann, den das Volk liebte, wurde er nun einer, den es verehrte.

Wenig wurde im Verlauf eines Jahrhunderts von Lincolns Identität weggenommen, viel jedoch hinzugefügt. Die Kombination von Einfachheit und Würde, von Vertrautheit und Distanz ließ Lincoln in der Tat zu einem machtvollen Symbol für die beständigen Aspekte der amerikanischen Psyche werden, machtvoller sogar als das Gedenken an den ersten Präsidenten des Landes, George Washington. 1865 hatte einer von Lincolns Lobrednern gefragt: »Wer wollte leugnen, daß der tote Lincoln immer noch mehr für Amerika tun kann als der lebende Lincoln?« Der Redner wußte sehr gut, daß die Erinnerung an eine Person weiterlebt, indem sie sich den Bedürfnissen veränderter Zeitläufe anpaßt.

Wenn man die Rolle des Mythos im kollektiven Gedächtnis betont, heißt das nicht, daß der Wächter der Archive müßig ist. Immer mal wieder gehen die Historiker in Reaktion auf die Bedürfnisse ihrer eigenen Zeit daran, die Helden ihrer Nation zu entmythologisieren. An Thomas Jeffersons 250. Geburtstag wurden die Amerikaner daran erinnert, daß er zwar in der Unabhängigkeitserklärung geschrieben hatte, alle Menschen seien gleich, daß er aber auch gesagt hatte, Schwarze seien Weißen unterlegen, daß er zwar öffentlich die Sklaverei anprangerte, seine eigenen Sklaven aber nie freigelassen hatte. Als man den 500. Jahrestag der »Entdeckung« Amerikas durch Kolumbus feierte, erhob sich eine ungeheure Debatte über seine Person – war er ein tapferer Held von großem Weitblick, ein habgieriger Seefahrer, der zufällig auf unentdecktes Land stieß und die Eingeborenen ausbeutete, oder ein religiöser Mystiker, der glaubte, daß die ganze Welt zum Christentum bekehrt werden müsse, bevor sie im Jahr 1656 untergehen würde? 1992 waren sich die Vereinigten Staaten nicht sicher, was für ein Mensch ihr »Entdecker« gewesen war, weil sie sich unsicher waren, wer sie selbst waren. Sollte man Kolumbus idealisieren oder verdammen?

Obwohl der Archivar also auch im kollektiven Gedächtnis tätig ist, ist der Mythos die Hauptkraft, die die Identität bewahrt. Der Mythos bringt Identitäten in eine Form, von der sich Generationen von Nachfolgern inspirieren oder abstoßen lassen können. Er schafft Helden und Heroinen, Schurken und Gaunerinnen. Abstrakter Bedeutung verhilft er zu einem konkreten Bild, klärt zwischen Gut und Böse, läßt Archetypisches in vereinzelten Vorfällen widerhallen. Und er verfügt über die Gabe, die Nachfolgenden in jeder Phase ihres Lebens ansprechen zu können.

Ein kleiner Junge sog die Identität eines Vorfahren in sich auf, als er vor gut zwanzig Jahren von dessen Rückkehr aus dem Zweiten Weltkrieg erfuhr. Sein Großonkel Louis war zu Beginn des Kriegs zu den *Marines* gegangen und hatte den größten Teil seiner Militärzeit im Pazifik verbracht. Sein Vater hatte ihn furchtbar vermißt und versucht, aus den Nachrichten und gelegentlichen Briefen die Spur seines Verbleibs zu verfolgen. An einem Frühlingstag des Jahres 1945 fuhr Louis' Vater gerade mit einer Pferdekutsche die Straße entlang, als er einen Schulbus ausmachte, der sich von ferne näherte. Als er einen Mann in

Uniform darin sitzen sah, begann er zu zittern. Der Bus hielt an, und Louis stieg aus: blitzende Mütze, Sergeantenstreifen und Orden. Ohne Vorankündigung war er nach Hause zurückgekehrt. Sein Vater sprang vom Wagen und umarmte ihn, und bald war auch der Rest der Familie um ihn versammelt. Die klassische Heimkehr des Helden in eine amerikanische Kleinstadt.

Der junge Mann, der heute die Geschichte erzählt, hörte sie von seinem Vater, der bei der Heimkehr des Großonkels selbst ein kleiner Junge war. Die Geschichte besteht aus genau den Bildern, nach denen sich ein Junge sehnt. Im Lauf der Jahre erfuhr der Junge alles, was Louis während des Kriegs getan hatte. Im entsprechenden Alter ging auch er zum Militär; und als er 1988 auf die Philippinen versetzt wurde, dachte er an seinen Großonkel, der sich durch ebendiese Dschungel gekämpft hatte. »Ich habe noch immer ein Armband, das Louis aus dem Metall eines abgeschossenen japanischen Flugzeugs gemacht und meinem Vater geschickt hatte, der damals vier oder fünf Jahre alt war.« Diese Geschichte flößte einem kleinen Jungen Stolz ein, ganz zu schweigen vom Patriotismus. Ihre Bedeutung hat sich im Lauf der Zeit nur wenig gewandelt.

Eine ganz andere Geschichte erwartete die chinesisch-amerikanische Schriftstellerin Maxine Hong Kingston, als sie in die Pubertät kam. Sie handelte von einer Tante damals in China, die mit einem Kind schwanger ging, das, wie das ganze Dorf wußte, nicht von ihrem Gatten war. In der Nacht, als die Geburt des Babys erwartet wurde, drangen maskierte Dorfbewohner in das Haus der Tante ein. Sie schlachteten die Hähne und Schweine im Hof, sogar einen Ochsen. Sie brachen ins Haus ein und schmierten Blut auf Türen und Wände. Sie fanden den Weg ins Zimmer der Tante, rissen ihr die Kleider vom Leib und zerrten ihre Handarbeit aus dem Webstuhl. In der Küche zerschlugen sie die Schüsseln, schnitten die Reissäcke auf und kippten große Gläser mit Enteneiern, eingemachtem Obst und Gemüse um, und die ganze Zeit brüllten sie: »Sau! Nichtsnutz! Sau!« In derselben Nacht gebar die Tante im Schweinestall ihr Baby, und am folgenden Morgen fand man beide am Grund des Hofbrunnens. Die Tante hatte ihr Baby getötet und Selbstmord begangen.

»Jetzt, da du zu menstruieren begonnen hast«, sagte Maxines Mutter, nachdem sie ihr im Vertrauen die Geschichte erzählt hatte, »kann das, was der Tante geschah, auch dir passieren. Mach uns keine Schande.«

Das war eine ernst zu nehmende Ermahnung für ein junges Mädchen, das im Begriff stand, eine Frau zu werden. Doch im Gegensatz zur Geschichte von Louis' Heimkehr veränderte sich ihre Bedeutung im Lauf der Jahre. Als Maxine Mitte Dreißig war, begann die Geschichte sie zu verfolgen, und sie sah sie in anderem Licht. Sie versuchte, sich den Mann vorzustellen, mit dem ihre Tante geschlafen hatte. Hatte sie ihn erwählt? Hatte er sie vergewaltigt? Vielleicht war er einer der maskierten Dorfbewohner, die die Tiere der Familie abgeschlachtet und das Haus mit Blut beschmiert hatten. Vielleicht hatte er sogar den Überfall organisiert. Maxine sah im Tod ihrer Tante eine neue Bedeutung: Sie ging nicht stumm. Nein, sie beging auf bösartige Weise Selbstmord und vergiftete das Trinkwasser der Familie mit ihrem Leichnam. Und jetzt kam es zu einer neuen Identifikation: Maxine würde zu jener Tante werden. Ihre Mutter hatte ihr aufgetragen, niemandem von dem Vorfall zu erzählen, Maxine aber würde die Geschichte aufschreiben und veröffentlichen. Sie würde die Erinnerung an ihre Tante wiederherstellen, und wenn sie selbst in einem Brunnen enden müßte. In einer Phase ihres Lebens, in der Maxine besonders empfänglich war, wurde ihre Tante zu einer Vorläuferin, die ihr »stammütterliche Hilfe« bot.

Fälle wie dieser sind es, die mir verstehen helfen, warum die weißen Handschuhe meines Großvaters solche Macht haben. Auch sie stellten die Hilfe eines Vorfahren dar, die mir zu einem Zeitpunkt in meinem Leben angeboten wurde, zu dem ich selbst besonders empfänglich war – nicht in meiner Kindheit oder meiner Jugend, sondern in der Mitte meines Lebens. Ich kann nicht zu meinem Großvater werden, aber ich kann seine Handschuhe anziehen und in meiner Familie etwas wiederherstellen, das mit ihm gestorben war. Ich kann seine Geschichte in mich aufnehmen und die Schleusen der Erinnerung öffnen. In allen unseren Familien, im Leben eines jeden von uns, gibt es einen Zeitpunkt, zu dem das autobiographische Gedächtnis einen Zyklus vollendet und an den Ort zurückkehrt, von dem es seinen Ausgang nahm. Das kollektive Gedächtnis ergießt sich über Individuen, gebiert neue Bäche, die sich in bereits gebildete Flüßchen ergießen.

Epilog
Die Werkzeugkiste

Ich verwahre sie unter der Werkbank im Keller – eine zerbeulte Werkzeugkiste aus fleckig-grauem Aluminium. Man öffnet sie von oben, spreizt die an Scharnieren aufgehängten Abteilungen auseinander und riecht altes Metall, vergammelte Korken, Gas, Öl und wer weiß was noch alles. Für mich ist es ein ureigener Geruch, keine Mischung, so elementar und unverfälscht wie der feuchter Luft oder einer Tasse heißer Schokolade. Es ist einfach der Geruch der Werkzeugkiste.

Die Kiste gehörte meinem Vater, und ich erinnere mich, daß ihre Anschaffung für ihn ein gewaltiger Fortschritt war; sie war größer als alles, was er zuvor besessen hatte. Ich brachte sie vor sechs oder sieben Jahren mit nach Hause, als es klar war, daß er nicht mehr angeln gehen würde. Für mich enthält diese Kiste viele Erinnerungen, auch an ihn. Schlauchstücke, um die Schleifen aus den Leinen zu nehmen. Ein Maßband. Kleine Schraubenzieher und -schlüssel, alte Arzneifläschchen mit Spulenteilen, Ersatzspitzen und -führungen für die Angelruten, winzige Schrauben und Muttern. Er besaß zwar nicht all die Ausrüstungen, zu denen diese Teile gepaßt hätten, aber (ich kann es förmlich in seinem Geist arbeiten hören) man kann ja nie wissen. In vergilbten Plastiktütchen stapelten sich ausgeschnittene Zeitungsartikel und Gebrauchsanleitungen, die mit den Angelleinen geliefert wurden und erklärten, wie man bestimmte Knoten knüpft – den Dreifachknoten, den Chirurgenknoten, den Blutknoten, den Nagelknoten, den Nadelknoten. In der Kiste müssen zwanzig oder dreißig verschiedene Anleitungen gewesen sein, wie man den improvisierten Ankerstich bindet. Immer wenn ich in der Kiste herumwühlte, warf ich einigen Müll hinaus, doch ein paar Jahre lang habe ich alles unverändert aufbewahrt. Ich wollte die Werkzeugkiste einfach so behalten, wie sie war, ich wollte ihn so behalten, wie er war.

Inzwischen ist mein Vater nicht mehr der, der er war. Während der Jahre, die über dem Schreiben dieses Buches vergingen, löste sich sein Gedächtnis fast vollständig auf. Meine Mutter ließ ihn in die Alzheimer-Abteilung ihrer Altenwohnanlage bringen, wo sie ein paar Minuten pro Tag nach ihm sehen konnte. Nachdem er eine Zeitlang dort war, wurde er inkontinent und mußte Windeln tragen. Das Vermögen, Menschen wiederzuerkennen, hat er gänzlich verloren. Bei einem Besuch im letzten Sommer gingen meine Schwestern und ich auf seine Station, wo wir ihn in einem Stuhl neben einer Mitpatientin schlafend fanden. Eine Betreuerin sagte meiner Mutter, daß die Frau »hinter ihm her« sei. (Immerhin, sie schliefen ja zusammen.) Meine Mutter sagte der Betreuerin, sie solle sich darum keine Sorgen machen, was ein wenig klang wie: »Sie kann ihn haben.« Ein paar Tage zuvor hatte mein Vater meine Mutter gebeten, ihn zu heiraten. Sie sagte ihm, daß sie verheiratet *waren*, und zwar seit 56 Jahren. »Ja« hat sie eigentlich nicht gesagt.

Als wir an diesem Tag durch den Park spazierten und Fotos machten, fragte meine Mutter ihn immer wieder: »Weißt du, wer diese Menschen sind?« Er sagte nein. Er deutete auf ein Flugzeug am Himmel, und er sagte irgend etwas über die Enten auf dem Teich. Er ging langsam, und wahrscheinlich wäre er gefallen, wenn wir ihn nicht untergehakt hätten. Als wir wieder auf seinem Zimmer waren, rasierte ich ihn und versuchte, ihn zu necken. Beides gefiel ihm aber nicht. Als es Zeit zu gehen war, umarmte er meine Schwestern, mich aber nicht. Sie waren Frauen, und ich war ein Mann.

Irgendwann in diesem Sommer kramte ich die Werkzeugkiste wieder hervor. Ich wußte, daß ich sie mir nicht länger erhalten konnte. Die alten bemalten, zigarrenförmigen Spinnköder meines Vaters flogen hinaus, die kleinen Metallblinker, auf denen nichts anderes stand als »Al's Goldfish« oder »Pat. Pend.«. Die Plastikwürmer flogen hinaus, schmutzige Leitschnüre, Spinner, entzweigegangene Fliegen, ein Vorfach aus Draht und all die Senker und Schwimmer, die ganz unten im mittleren Fach der Kiste lagen. Die großen und die kleinen Senkblei-Gewichte behielt ich, ich konnte sie gebrauchen. Auch drei bestimmte Köder behielt ich, weil eine Erinnerung an ihn mir sagte, daß sie gut waren. Ich habe niemals etwas damit gefangen, und, soweit ich weiß, er auch nicht. Aber dennoch erinnere ich mich an den Optimismus, mit dem er ein kleines Kind überstrahlte. Wenn er eine neue Stelle am See ausgemacht hatte, sagte er immer: »Genau hier muß einer sein.« Wie oft habe ich das gehört, und wie oft kehrten wir mit leeren Händen zurück! Doch es gehörte zum Ritual und mußte gesagt werden. Den »Johnsons's Silver Minnow«, jetzt angelaufen, habe ich aufgehoben, weil es der erste Köder war, den er mich auswerfen ließ. Auch zwei »River Runts«, weil ich meinen größten Fisch mit einem »River Runt« gefangen habe. Ebenden, der in fast völliger Dunkelheit die Wasseroberfläche durchbrach und mich zu Tode erschreckte.

Ich habe die Kiste in verschiedene Abteilungen umsortiert. In der einen Hälfte bewahre ich einen Teil seiner Werkzeuge und Ersatzteile auf. Ich werde sie niemals brauchen, aber das ist die Museumsabteilung. Daneben legte ich die Senkblei-Gewichte, in das Fach darunter die Senker. Dann fügte ich ein paar von *meinen* Sachen hinzu: ein paar Rapallas, von denen ich ein oder zwei bereits von ihm übernommen hatte, eine neue Plastikschachtel mit Spinnern und Blinkern, meine sich langsam vergrößernde Fliegensammlung. Meine Sachen sind jetzt in der Werkzeugkiste und auch die seinen, und allmählich beginne ich zu vergessen, wem was gehört. Wie meine Erinnerungen an meinen Vater.

Mittlerweile rufe ich ihn nicht mehr so oft an. Zu Erntedank war seine Stimme trocken und heiser, die Unterhaltung nur kurz. Mehrfach war er gestürzt, hatte sich das eine Mal das Knie gebrochen, das andere Mal seine Schulter geprellt. Er erholte sich davon, aber jetzt ist er den größten Teil des Tages an den Stuhl gefesselt. Meine Mutter berichtete mir, daß er die Schwestern zu beschimpfen anfing, wenn er sich nicht wohlfühlte, und daß bei einer Gelegenheit auch der Zahnarzt seinen

Teil abbekam. Als ich das letzte Mal mit ihm sprach, klang seine Stimme wie die eines kleinen Jungen, so unschuldig und sanft und zugleich verwirrt. *Seine* letzten Worte an *mich* lauteten: »Mach's gut, Papa.« Jetzt, da ich seine Werkzeugkiste ausgeräumt habe, jetzt, da ich sie verwende, kann ich ihn loslassen.

Anmerkungen

1. Wo bleiben die Erinnerungen?

S. 28: Proust, M. 1967. *Auf der Suche nach der verlorenen Zeit*. Bd. 1. Frankfurt am Main: Suhrkamp.

S. 28: Der Ausdruck »Erinnerungs-Gefäß« stammt von Casey, E. 1987. *Remembering*. Bloomington: Indiana University Press.

S. 29: »... schloß meine Augen und weinte ...«: Gilbert, A., und C. Wysocki 1987. Smell survey results. *National Geographic, 172,* 523.

S. 29: Melzack, R. 1992. Phantom limbs. *Scientific American, 226,* 4, 120–126.

S. 30: Das menschliche Gehirn als komplexeste Struktur des Universums: Fischbach, G. 1992. Mind and brain. *Scientific American, 267,* 3, 48–57.

S. 31: Neuronen feuern in kleinen Gruppen: Squire, L. 1987. *Memory and Brain*. New York: Oxford University Press.

S. 31: Zeki, S. 1992. The visual image in mind and brain. *Scientific American, 267,* 3, 68–76. (Die von Zeki beschriebene Hierarchie ist funktional, nicht unbedingt anatomisch zu verstehen.)

S. 31: Zu den Verarbeitungshierarchien bei Finken s. Fischbach, Mind and brain.

S. 32: Zur Sprachrepräsentation im Gehirn vgl. Damasio, A. und H. Damasio. 1992. Brain and language. *Scientific American, 267,* 3, 88–95.

S. 32f.: Zu den Amnesien bei Hippocampus-Schädigungen s. Squire, *Memory and Brain*. Vgl. auch Kandel, E., und R. Hawkins, 1992. The biological basis of learning and individuality. *Scientific American, 267,* 3, 78–86. Und Sacks, O. 1987. *Der Mann, der seine Frau mit einem Hut verwechselte*. Reinbek: Rowohlt.

S. 33: Zu multiplen Persönlichkeitsstörungen s. Schacter, D., und J. Kihlstrom 1989. Functional amnesia. In: Boller, F., und J. Graffman (Hgg.), *Handbook of Neuropsychology*, Bd. 3. Amsterdam: Elsevier.

S. 34: Damasio und Damasio, Brain and language.

S. 34: Kimura, D. 1992. Sex differences in the brain. *Scientific American, 267,* 3, 118–125.

S. 34: Lashley, K. 1950. In search of the engram. In: *Symposium of the Society for Experimental Biology*, Bd. 4. New York: Cambridge University Press.

S. 35: Von Robert Ransmeiers Experiment wird berichtet in: Gerard, R. 1953. What is memory? *Scientific American, 189,* 3, 118–126.

S. 35f.: Goldman-Rakic, P. 1992. Working memory and the mind. *Scientific American, 267,* 3, 110–117.

S. 36: Die Größenschätzung der Neuronen-Taschen stammt aus Squire, *Memory and Brain.*

S. 37: Spezifische anatomische Veränderungen in Gehirnen von Laborratten wurden gefunden von Greenough, W., J. Black und C. Wallace 1987. Experience and brain development. *Child Development, 58,* 539–559.

S. 37: Die Auswirkungen von Stimulation auf das Gehirn von Affen und und die daraus resultierenden komplexen Verdrahtungen werden diskutiert in Kandel und Hawkins, The biological basis of learning.

S. 37: Stimulation und Langlebigkeit von Nervenzellen: Fischbach, Mind and brain.

S. 38: In *Consciousness Explained* (Boston: Little, Brown 1991) verwendet der Philosoph Daniel C. Dennett den Ausdruck »kartesianisches Theater«, um die hypothetische Stelle zu benennen, an der die visuelle Wahrnehmung zentriert ist.

2. Ist alles »da drin«?

S. 41: Penfield, W., Consciousness, memory, and man's conditioned reflexes. In: Pribram, K. (Hg.) 1969. *On the Biology of Learning.* New York: Harcourt, Brace, and World.

S. 42: Penfield, W. 1975. *The Mystery of Mind.* Princeton: Princeton University Press.

S. 43: Penfield, W., und P. Perot 1963. The brain's record of auditory and visual experience: A final summary and discussion. *Brain, 86,* 595–696. Die hier angeführten Fälle stammen aus diesem Artikel.

S. 43: ». . . ohne daß Details verlorengingen . . .«: Penfield, Consciousness.

S. 43: Freud, S. 1930 [1974]. Das Unbehagen in der Kultur. In: *Studienausgabe,* Bd. IX. Frankfurt am Main: S. Fischer, 201.

S. 44: True, R. 1949. Experimental control in hypnotic age regression states. *Science, 110,* 583–584.

S. 44: Zur Zulässigkeit von hypnotisch aufgefrischten Erinnerungen bei Gerichtsverhandlungen in Maryland s. Scheflin, A., und J. Shapiro 1989. *Trance on Trail.* New York: Guilford Press.

S. 44f.: Stump, A. 1975. That's him – the guy who hit me! *TV Guide,* 4.–10. Okt. 32–35.

S. 45: Lamal, P. 1979. College student common beliefs about psychology. *Teaching of Psychology, 6,* 155-158. Noch mehr solche weit verbreiteten Ansichten über das Gedächtnis sind dokumentiert in Loftus, E., und G. Loftus 1980. On the permanence of stored information in the human brain. *American Psychologist, 35,* 409–420.

S. 46: Déjà-vu-Erlebnisse: Greely, A. 1974. *Ecstasy: A Way of Knowing.* Englewood Cliffs, N.J.: Prentice-Hall.

S. 47: Bartlett, F. 1932. *Remembering.* London: Cambridge University Press.

S. 47: Mann, A. 1959. *LaGuardia: A Fighter Against His Times. 1882–1933.* New York: J.B. Lippincott.

S. 48: Freud, S. 1910 [1969]. Eine Kindheitserinnerung des Leonardo da Vinci. In: *Studienausgabe,* Bd. X. Frankfurt am Main: S. Fischer, 87–159.

S. 48: Zur Permanenz s. Loftus und Loftus. Penfields Befunde wurden auch in Frage gestellt von Mahl, G., A. Rothenberg, J. Delgado und H. Hamlin 1964. Psychological responses in the human to intracerebral electrical stimulation. *Psychosomatic Medicine, 26,* 337–368.

S. 49: Zur Reproduzierbarkeit von Robert Trues Ergebnissen s. Orne, M. 1982. Eidesstattliche Erklärung gegenüber dem Staat Pennsylvania. True hatte Orne erzählt, daß die Zeitschrift *Science* bei der Veröffentlichung seines Berichts seine Fragen verkürzt wiedergegeben habe.

S. 49f.: Laurence, J.-R., und C. Perry 1983. Hypnotically created memory among highly hypnotizable subjects. *Science, 222,* 523–524.

S. 50f.: Loftus, E., und J. Palmer 1974. Reconstruction of automobile destruction: An example of the interaction between language and memory. *Journal of Verbal Learning and Behavior, 13,* 585–589.

S. 51: Loftus, E., und K. Ketcham 1991. *Witness for the Defense.* New York: St. Martin's Press.

S. 51: Weekers, J., S. Lynn, J. Green und J. Brentar 1992. Pseudomemory in hypnotized and task-motivated subjects. *Journal of Abnormal Psychology, 101,* 356–360. Alle Versuchspersonen dieser Untersuchung wurden aufgrund ihrer Hypnotisierbarkeit ausgewählt, auch wenn nicht alle hypnotisiert wurden.

S. 51: Piaget, J. 1962. *Plays, Dreams and Imitation in Childhood.* New York: Norton.

S. 51 f.: Daß Präsident Reagan sich an Fiktionales als Faktum erinnerte, wird diskutiert in Cannon, L. 1991. *President Reagan: The Role of a Lifetime.* New York: Simon & Schuster.

S. 53: Neisser, U. 1981. John Dean's memory: A case study. *Cognition, 9,* 1–22.

S. 55: Die Erinnerungen an das Aussehen eines Pennys: Nickerson, R., und M. Adams 1979. Long-term memory for a common object. *Cognitive Psychology, 11,* 287–307.

S. 56: Wiesel, T., und D. Hubel 1965. Comparison of the effects of uni-lateral and bilateral eye closure on cortical unit responses in kittens. *Journal of Neurophysiology, 28,* 1029–1040.

S. 56f.: Wiesel, T. 1982. Postnatal development of the visual cortex and the influence of environment. *Nature, 299,* 583–591. Der Artikel handelt von jungen Affen, denen die Augen zugenäht wurden.

S. 57: Godden, D., und A. Baddeley 1975. Context-dependent memory in two natural environments: On land and underwater. *British Journal of Psychology, 66,* 325–331.

S. 57: Zu den kleinen Kindern im Park und im Kindergarten s. Wilkinson, J. 1988. Context effects in children's event memory. In: Gruneberg, M., P. Morris und R. Sykes, (Hgg.), *Practical Aspects of Memory,* Bd. 1. Chichester: Wiley.

S. 58: Bower, G. 1981. Mood and memory. *American Psychologist, 36,* 129–148. Der von Bower beschriebene Effekt ist im Fall von Trunkenheit contra Nüchternheit weniger ausgeprägt als im Fall von Fröhlichkeit contra Traurigkeit. Der Grund dafür ist darin zu sehen, daß Alkohol die Erstspeicherung von Informationen im Gedächtnis beeinträchtigt.

S. 59: Bahrick, H., P. Bahrick und R. Wittlinger 1975. Fifty years of memory for names and faces: A cross-sectional approach. *Journal of Experimental Psychology: General, 104,* 54–75.

S. 59: Zu Gegenüberstellungen, bei denen die Täter gar nicht anwesend sind, vgl. Malpass, R., und P. Divine 1981. Eyewitness identification: Lineup instructions and the absence of the offender. *Journal of Applied Psychology, 66,* 345–351.

S. 59: Zum Problem der relativen Urteile bei Gegenüberstellungen s. Gonzalez, R., P. Ellsworth und M. Pembroke 1993. Response biases in lineups and showups. *Journal of Personality and Social Psychology, 64,* 525–537.

S. 60: Die Quellen für unterbrochene Erinnerungen finden sich in Fisher, R., R. Geiselman und M. Amador 1989. Field test of the cognitive interview: Enhancing the recollection of actual victims and witnesses of crime. *Journal of Applied Psychology, 74,* 722–727. S. auch Neisser, U. 1988. Time present and past. In: Gruneberg, *Practical Aspects,* Bd. 2.

S. 63: Whyte, L. 1960. *The Unconscious Before Freud.* New York: Basic Books.

S. 63: Leibniz, G. 1768 [1904]. Neue Abhandlungen über den menschlichen Verstand. In: Cassirer, E. (Hg.), *Hauptschriften.* Leipzig: F. Meiner.

S. 64: Die Schlußfolgerung, daß die Existenz unbewußter mentaler Prozesse »in der empirischen Forschung fest verankert« sei, stammt von Loftus, E. (Hg.) 1992. Science watch. *American Psychologist, 47,* 761–809.

S. 64f.: Kunst-Wilson, W., und R. Zajonc 1980. Affective discrimination of stimuli that cannot be recognized. *Science, 207,* 557–558. Die Ergebnisse dieses Experiments konnten von anderen reproduziert werden. Siehe Greenwald, A. 1992. New look 3: Unconscious cognition reclaimed. *American Psychologist, 47,* 766–779.

S. 65: Jelicic, M., A. De Roode, J. Bovill und B. Bonke. Im Druck. Unconscious learning established under anaesthesia. *Anaesthesia.*

S. 65: Zur Fähigkeit, zu »sehen«, ohne es zu wissen: Weiskrantz, L. 1986. *Blindsight.* New York: Oxford University Press.

S. 65: Zur Fähigkeit, das Haus auszusuchen, das nicht brennt: Marshall, J., und P. Halligan 1988. Blindsight and insight in visuo-spatial neglect. *Nature, 336,* 766–767.

S. 65: Hypnotisierte Blindheit: Kihlstrom, J., T. Barnhardt und D. Tataryn 1992. Implicit perception. In: Bornstein, R., und T. Pittman (Hgg.), *Perception Without Awareness.* New York: Guilford Press.

S. 65: Vorübergehende Blindheit: Kihlstrom, J. 1987. The cognitive unconscious. *Science, 237,* 1445–1452.

S. 66: Bewußtsein und elektrische Gehirnaktivität: Crick, F., und C. Koch 1992. The problem of consciousness. *Scientific American, 267,* 3, 152–159.

S. 67: Briere, J., und J. Conte 1993. Self-reported amnesia for abuse in adults molested as children. *Journal of Traumatic Stress, 6,* 21–31.

S. 67 f.: Bei dem vielgelesenen Buch über sexuellen Mißbrauch handelt es sich um Bass, E., und L. Davis 1988. *The Courage to Heal.* New York: Harper & Row.

S. 68: Das Pamphlet: Spear, J. 1992. *Can I Trust My Memory?* Center City, Minn.: Hazelden.

S. 68: Zum Problem der während einer Therapie suggerierten Erinnerungen an Mißbrauch vgl. Trott, J. 1991. The grade five syndrome. *Cornerstone, 20,* 16–18.

S. 68: Loftus, E. 1993. The reality of repressed memories. *American Psychologist, 5,* 518–537.

S. 68 f.: »Liebe Abby«: 1992. Daughter's »memory« tearing her family apart. *The Ann Arbor News,* September 14, B2 (Auszug aus der *Dear Abby*-Kolumne von Abigail Van Buren. © 1992 *Universal Press Syndicate*).

S. 69 f.: Loftus, The reality.

S. 70 f.: Paul Ingrams Fall wird beschrieben von Wright, L. 1993. Remembering Satan – Teil I und II. *The New Yorker,* 17. Mai, 60–81, und 24. Mai, 54–76.

S. 71: Ofshe, R. 1989. Coerced confessions: The logic of seemingly irrational action. *Cultic Studies Journal, 6,* 1–15.

S. 73: Orwell, G. 1949. *Nineteen Eighty-Four, A Novel.* New York: Harcourt, Brace.

S. 75: Spence, D. 1982. *Narrative Truth and Historical Truth.* New York: Norton.

S. 76: Zur Veränderung von Erinnerungen durch bloßes Beobachten s. Linton, M. 1986. Ways of searching and the contents of memory. In: Rubin, D., (Hg.), *Autobiographical Memory.* Cambridge: Cambridge University Press.

3. Wie ein Strom

S. 79: Neisser, U. 1982. *Memory Observed.* San Francisco: Freeman.

S. 79: Dr. Leydens Leistungen werden beschrieben von Conway, M. 1990. *Autobiographical Memory.* Buckingham: Open University Press.

S. 79 f.: Stratton, G. 1917. The mnemonic feat of the »Shass Pollak.« *Psychological Review, 24,* 244 – 47.

S. 80 f.: Shereshevskiis bemerkenswerte Fähigkeiten werden beschrieben von Luria, A. 1968. *The Mind of a Mnemonist.* New York: Basic Books.

S. 81: Zum Gedächtniskünstler Tomoyori vgl. Thompson, C., T. Cowan, J. Frieman und R. Mahadevan 1991. Rajan: A study of a memorist. *Journal of Memory and Language, 30,* 702 – 724.

S. 81: Marek, G. 1975. *Toscanini.* London: Vision Press.

S. 82: Die Frau mit dem fotografischen Gedächtnis wird beschrieben von Stromeyer, C. 1970. An adult eidetiker. *Psychology Today,* November, 76 – 80.

S. 84 f.: Bjork, E., und R. Bjork 1988. On the adaptive aspects of retrieval failure in autobiographical memory. In: Gruneberg, M., P. Morris und R. Sykes (Hgg.), *Practical Aspects of Memory,* Bd. 1. Chichester: Wiley.

S. 92: Linn, M., S. Fabricant und D. Linn 1988. *Healing the Eight Stages of Life.* New York: Paulist Press.

S. 94 f.: Grove, D., und B. Panzer. *Resolving Traumatic Memories.* Von Seminaren David Groves produziertes Tonband.

S. 95: Ramsey, D. 1976. *Grief Therapy.* CBS / Carousel Films.

S. 95 f.: Bradshaw, J. 1990. *Homecoming: Reclaiming and Championing Your Inner Child.* New York: Bantam Books.

S. 96: Lifton, R. J. 1961. *Thought Reform and the Psychology of Totalism.* New York: Norton.

S. 97 f.: Lam, T. 1991. Talking about rape. *Ann Arbor News,* 9. Juni, A9.

4. Das System des autobiographischen Gedächtnisses

S. 108: Linton, M. 1982. Transformations of memory in everyday life. In: Neisser U. (Hg.), *Memory Observed.* San Francisco: Freeman. Linton, M. 1986. Ways of searching and the contents of memory. In: Rubin, D. (Hg.), *Autobiographical Memory.* Cambridge: Cambridge University Press. Bei einer weiteren Untersuchung anhand von Tagebüchern hat Wagenaar festgestellt, daß das *Wann* als Anhaltspunkt für das Wiedererinnern so gut wie sinnlos ist. Siehe Wagenaar, W. 1986. My memory: A study of autobiographical memory over six years. *Cognitive Psychology, 18,* 225–252.

S. 109: Bei dem Veteran des Zweiten Weltkriegs handelt es sich um Howard Hoffman. Siehe Hoffman, A., und H. Hoffman 1990. *Archives of Memory.* Lexington: University Press of Kentucky.

S. 109: Zum Phänomen, daß man sich an die Tageszeit oder an den Wochentag eines Ereignisses besser erinnert als an den Monat oder das Jahr: Friedman, W., und A. Wilkins 1985. Scale effects in memory for the time of events. *Memory and Cognition, 13,* 168–175

S. 110: Christie, A. 1968. By the pricking of my thumbs. Zitiert in Loftus, E., und W. Marburger 1983. Since the eruption of Mt. St. Helens, has anyone beaten you up? Improving the accuracy of retrospective reports with landmark events. *Memory and Cognition, 11,* 114–120.

S. 110: Kotre, J. 1984. *Outliving the Self.* Baltimore: Johns Hopkins University Press.

S. 111: Linton, Transformations.

S. 112: Ausweitungen: Linton, Ways of searching.

S. 112: Ericsson, K., W. Chase und S. Faloon 1980. Acquisition of a memory skill. *Science, 208,* 1181–1182. (Die Zahlen wurden in Intervallen von einer Sekunde vorgelesen. Interessanterweise war derselbe Student nicht in der Lage, sich mehr als sechs Buchstaben des Alphabets gleichzeitig zu merken – er konnte sie nicht zu sinnvollen Gruppen anordnen.)

S. 113: Chase, W., und H. Simon 1973. Perception in chess. *Cognitive Psychology, 4,* 55–81.

S. 113: Brown, R., und D. McNeill 1966. The »tip of the tongue« phenomenon. *Journal of Verbal Learning and Verbal Behavior, 5,* 325–337.

S. 114: Daß Studenten sich daran »erinnern«, daß der Professor auf die Tafel deutete: Nakamura, G., A. Graesser, J. Zimmerman und J. Riha 1985. Script processing in a natural situation. *Memory and Cognition, 13,* 140–144.

S. 114: Barclay, C. 1986. Schematization of autobiographical memory. In: Rubin, *Autobiographical Memory.*

S. 116: Die Arbeiten über Depressionen und die menschlichen Gedächtnishierarchien stammen von Singer, J., und P. Salovey 1993. *The Remembered Self.* New York: The Free Press.

S. 117: Zum »Geistesblitz« im Gedächtnis: Gold, P. 1987. Sweet memories. *American Scientist, 75,* 151–155. McGaugh, J. 1990. Significance and remembrance: The role of neuromodulatory systems. *Psychological Science, 1,* 15–25. Squire, L. 1987. *Memory and Brain.* New York: Oxford University Press.

S. 117f.: Cohen, G., und D. Faulkner 1988. Life span changes in autobiographical memory. In: Gruneberg, M., P. Morris und R. Sykes (Hgg.), *Practical Aspects of Memory*, Bd. 1. Chichester: Wiley. Mit einer ganz anderen Methode als Cohen und Faulkner hat William Brewer dasselbe Verhältnis zwischen der Lebhaftigkeit und der Einzigartigkeit von Erinnerungen festgestellt. Siehe Brewer, W. 1988. Qualitative analysis of the recalls of randomly sampled autobiographical events. In: Gruneberg, *Practical Aspects,* Bd. 1.

S. 119: Linton, Ways of searching.

S. 123: Colegrove, F. 1899. Individual memories. *American Journal of Psychology, 10,* 228–255.

S. 124: Zu den lebhaften Erinnerungen an neuartige Ereignisse siehe Brown, R., und J. Kulik 1977. Flashbulb memories, *Cognition, 5,* 73–99. S. auch Neisser, U. 1982. Snapshots or benchmarks? In: Neisser, *Memory Observed.*

S. 125: Steblay, N. 1992. A meta-analytic review of the weapon focus effect. *Law and Human Behavior, 16,* 413–424.

S. 125 f.: Zur Genauigkeit stark emotionaler Erinnerungen siehe Egeth, H. 1993. What do we *not* know about eyewitness identification? *American Psychologist, 48,* 577–580.

S. 126: Zur Genauigkeit von Erinnerungen an das *Challenger*-Unglück in der Untersuchung an der Johns Hopkins University: McCloskey, M., C. Wible und N. Cohen 1988. Is there a special flashbulb-memory mechanism? *Journal of Experimental Psychology: General, 117,* 171–181. Bei einer früheren Untersuchung wurde festgestellt, daß die Erinnerungen an den Tag, als auf Präsident Reagan geschossen wurde, über einen Zeitraum von sechseinhalb Monaten hinweg ziemlich konsistent blieben. Siehe Pillemer, D. 1984. Flashbulb memories of the assassination attempt on President Reagan. *Cognition, 16,* 63–80.

S. 126: Untersuchung an der Emory University: Neisser, U., und N. Harsch 1992. Phantom flashbulbs: False recollections of hearing the news about »Challenger«. In: Winograd, E., und U. Neisser (Hgg.), *Affect and Accuracy in Recall.* Cambridge: Cambridge University Press.

S. 126 f.: Die Erinnerungen der Frau an die Geburt eines Kindes: Kotre, *Outliving the Self.*

S. 127: Neisser, U. 1981. John Dean's memory: A case study. *Cognition, 9,* 1–22.

S. 130: Singer und Salovey, *The Remembered Self.*

S. 130: Weber, S. 1990. The teacher educator's experience: cultural generativity and duality of commitment. *Curriculum Inquiry, 20,* 141–159.

S. 131: McAdams, D. 1985. *Power, Intimacy, and the Life Story.* Homewood, Ill.: Dorsey.

S. 132 f.: Lifton, R. 1961. *Thought Reform and the Psychology of Totalism.* New York: Norton.

S. 134: Hawthorne, N. 1851. *The House of the Seven Gables*. Boston: Houghton Mifflin (Neuauflage 1964).

S. 134: Hoffman und Hoffman, *Archives of Memory*. In einem viel kleineren Rahmen schätzten Zeugen eines inszenierten Verbrechens die Zeit, die es dauerte, zweieinhalbmal so lang ein wie in Wirklichkeit. Siehe Buckhout, R. 1974. Eyewitness testimony. *Scientific American*, *231*, 6, 23 – 31.

S. 135: Garofalo, J., und M. Hindelang 1977. *An Introduction to the National Crime Survey*. Washington, D.C.: U.S. Department of Justice.

S. 135: Zur zeitlichen Verschiebung von erinnerungswürdigen Ereignissen s. Brown, N., L. Rips und S. Shevell 1985. The subjective dates of natural events in very-long-term memory. *Cognitive Psychology*, *17*, 139 – 177.

S. 135 f.: Loftus und Marburger, Since the eruption.

S. 139: Zur hierarchischen Organisationsstruktur des Gehirns siehe Fischbach, G. 1992. Mind and brain. *Scientific American*, *267*, 48 – 57.

S. 140: Gazzaniga, M. 1992. *Nature's Mind*. New York: Basic Books.

S. 141 f.: Hobson, J. 1988. *The Dreaming Brain*. New York: Basic Books.

S. 142: Greenwald, A. 1980. The totalitarian ego. *American Psychologist*, *35*, 603 – 618.

S. 143: Die Geschichten darüber, wie die Verantwortung für Fehlleistungen abgelehnt wird, stammen aus dem *San Francisco Sunday Examiner and Chronicle*. 1979. 22. April, 35.

S. 143 f.: John Dean wird zitiert in Neisser, John Dean's memory.

S. 144: Gruneberg, M., und R. Sykes 1978. Knowledge and retention: The feeling of knowing and reminiscence. In M. Gruneberg, P. Morris, und R. Sykes (Hgg.), *Practical Aspects of Memory*. London: Academic Press.

S. 145: Zur Beurteilung der Authentizität von Erinnerungen im Vergleich zu phantasierten Ereignissen s. Johnson, M. 1985. The origin of memories. In: Kendall, P. (Hg.), *Advances in Cognitive-Behavioural Research and Therapy*, Bd. IV. New York: Academic Press.

S. 146: Persönlicher Mythos: McAdams, D. 1993. *The Stories We Live By*. New York: Morrow.

S. 148: Taylor, S., und J. Brown 1989. Illusion and well-being: A social-psychological perspective on mental health. *Psychological Bulletin*, *103*, 193 – 210.

S. 150: Die dispositionale Verschiebung wurde zum ersten Mal beschrieben von Moore, B., D. Sherrod, T. Liu und B. Underwood 1979. The dispositional shift in attribution over time. *Journal of Experimental Social Psychology*, *15*, 553 – 569.

S. 150: Zur dispositionalen Verschiebung in den Aufzeichnungen von College-Studenten und in den Autobiographien von Psychologen s. Peterson, C. 1980. Memory and the »dispositional shift«. *Social Psychology Quarterly*, *43*, 372 – 380.

5. Das Gedächtnis des jungen Menschen

S. 152: »Sie rannten um mich rum ...«: Chase, S. 1983. The people inside me. 20/20 (ABS-TV News) segment.

S. 152: Silverman, P., und P. Retzlaff 1986. Cognitive stage regression through hypnosis: Are earlier cognitive stages retrievable? *International Journal of Clinical and Experimental Hypnosis, 34,* 192–204.

S. 153: Bradshaw, J. 1990. *Homecoming: Reclaiming and Championing Your Inner Child.* New York: Bantam Books.

S. 154: »...von einem Vorfall nach dem anderen ...«: Janov, A. 1970. *The Primal Scream.* New York: Dell.

S. 154: Zum Psychiater, der sich an seine eigene Zeugung erinnert, s. Linn, D., S. Linn und M. Linn. *Healing the Eight Stages of Life. Stage 1: Infancy.* Tonband.

S. 154: Weiss. B. 1988. *Many Lives, Many Masters.* New York: Simon & Schuster. Weiss, B. 1992. *Through Time Into Healing.* New York: Simon & Schuster.

S. 156: DeCasper, A., und M. Spence 1986. Prenatal maternal speech influences and newborns' perception of speech sounds. *Infant Behavior and Development, 9,* 133–150.

S. 156: DeCasper, A., und W. Fifer 1980. Of human bonding: Newborns prefer their mothers' voices. *Science, 208,* 1174–1176.

S. 157: Cernoch, J., und R. Porter 1985. Recognition of maternal axillary odors by infants. *Child Development, 56,* 1593–1598.

S. 157: Schachbrettmuster: Friedman, S. 1972. Habituation and recovery of visual response in the alert human newborn. *Journal of Experimental Child Psychology, 13,* 339–349.

S. 157: Die sensorischen Verknüpfungen werden demonstriert in: Stern, D. 1990. *Diary of a Baby.* New York: Basic Books.

S. 158: Rovee-Collier, C. 1989. The joy of kicking: Memories, motives, and mobiles. In: Solomon, P., G. Goethals, C. Kelley und B. Stephens (Hgg.), *Memory.* New York: Springer-Verlag.

S. 158: Erkennen von *generischen* Gesichtern: Strauss, M. 1979. Abstraction of prototypical information by adults and 10-months-old infants. *Journal of Experimental Psychology: Human Learning and Memory, 5,* 618–632.

S. 158: *Generische* Tiere: Younger, B. 1985. The segregation of items into categories by ten-months-old infants. *Child Development, 56,* 1574–1583.

S. 158: Erinnerungen im Alter von sechs bis neun Monaten: Mandler, J. 1990. Recall and its verbal expression. In: Fivush, R., und J. Hudson (Hgg.), *Knowing and Remembering in Young Children.* Cambridge: Cambridge University Press.

S. 158 f.: Fünf Monate alte Kinder im Vergleich zu sieben Monate alten:

Fox, N., J. Kagan und S. Weiskopf 1979. The growth of memory during infancy. *Genetic Psychology Monographs, 99,* 91–130.

S. 159: Neun Monate alte Kinder im Vergleich zu vierzehn Monate alten: Meltzoff, A. 1988. Infant imitation and memory: Nine-months-olds in immediate and deferred tests. *Child Development, 59,* 217–225.

S. 159: Der Test mit vierzehn Monate alten Kindern: Meltzoff, A. 1988. Infant imitation after a 1-week delay: Long-term memory for novel acts and multiple stimuli. *Developmental Psychology, 24,* 470–476.

S. 159 f.: Über das Auftauchen des Selbst als Subjekt siehe Harter, S. 1983. Developmental perspectives on the self-system. In: Hetherington, E. (Hg.), *Handbook of Child Psychology,* Bd. 4. New York: Wiley.

S. 160 f.: Das Selbst als Objekt: Lewis, M., und J. Brooks-Gunn 1979. *Social Cognition and the Acquisition of Self.* Plenum Press.

S. 161: Junge Ratten und Meerschweinchen: Campbell, B., und X. Coulter 1976. The ontogenesis of learning and memory. In: Rosenzweig, M., und E. Bennet (Hgg.), *Neural Mechanisms of Learning and Memory.* Cambridge, Mass.: MIT Press.

S. 161: Zur Reifung des Hippocampus siehe White, S., und D. Pillemer 1979. Childhood amnesia and the development of a socially accessible memory system. In: Kihlstrom, J., und F. Evans (Hgg.), *Functional Disorders of Memory.* Hillsdale, N.J.: Erlbaum.

S. 162 ff.: Emily wird zitiert nach Nelson, K. 1988. The ontogeny of memory for real events. In: Neisser, U., und E. Winograd (Hgg.) *Remembering Reconsidered.* Cambridge: Cambridge University Press.

S. 165 f.: Die Beispiele mit dem Plätzchenbacken werden zitiert nach Nelson, K., und J. Gruendel 1986. Children's scripts. In: Nelson, K. (Hg.), *Event Knowledge.* Hillsdale, N.J.: Erlbaum.

S. 166: Der Tagesablauf eines zweijährigen Kindes wird durcheinandergebracht: Hudson, J. 1990. The emergence of autobiographical memory in mother-child conversation. In: Fivush and Hudson, *Knowing and Remembering.*

S. 167: Emily wird zitiert nach Nelson, The ontogeny.

S. 168: Das Interview mit dem Mädchen im Alter von drei Jahren und acht Monaten ist zitiert nach McCabe, A., E. Capron und C. Peterson 1991. The voice of experience: The recall of early childhood and adolescent memories by young adults. In: McCabe, A., und C. Peterson (Hgg.), *Developing Narrative Structure.* Hillsdale, N.J.: Erlbaum.

S. 168: Zur Privatheit des kindlichen Denkens s. Flavell, J., S. Shipstead und K. Croft 1978. *What Young Children Think You See When Their Eyes Are Closed.* Unveröffentlichtes Manuskript, Stanford University.

S. 169: Peterson, C., und A. McCabe 1983. *Developmental Psycholinguistics.* New York: Plenum Press.

S. 170: Michaels, S. 1991. The dismantling of narrative. In: McCabe und Peterson, *Developing Narrative Structure*.

S. 171: Traumatische Erinnerungen bei Kindern und Erwachsenen: Spiegel, D., und E Cardena 1991. Disintegrated experience: The dissociative disorders revisited. *Journal of Abnormal Psychology, 100*, 366–378.

S. 172: Goodman, G., und A. Clarke-Stewart 1991. Suggestibility in children's testimony: Implications for sexual abuse investigations. In: Doris, J. (Hg.), *The Suggestibility of Children's Recollections*. Washington, D.C.: American Psychological Association.

S. 172 f.: Auslassungsfehler: Ceci, S. 1991. Some overarching issues in the children's suggestibility debate. In: Doris, *The Suggestibility*.

S. 173: Fehlerhaftes Hinzudichten: Dent, H. 1991. Experimental studies of interviewing child witnesses. In: Doris, *The Suggestibility*.

S. 177 f.: Selbstkritik bei Neunjährigen: Harter, *Developmental perspectives*.

S. 180: Zur zunehmenden Kapazität für die Informationsverarbeitung s. Flavell, J. 1985. *Cognitive Development*. Engelwood Cliffs, N.J.: Prentice-Hall.

S. 181: Das Experiment mit den Poker-Chips: Osherson, D., und E. Markman 1975. Language and the ability to evaluate contradictions and tautologies. *Cognition, 3,* 213–226.

S. 184: Elkind, D. 1981. *Children and Adolescents.* New York: Oxford University Press.

S. 184: Dan McAdams ist zitiert nach Kotre, J., und E. Hall 1990. *Seasons of Life.* Boston: Little, Brown.

S. 185: Levinson, D. 1978. *The Seasons of a Man's Life.* New York: Knopf. Auch: Roberts, P., und P. Newton 1987. Levinsonian studies of women's adult development. *Psychology and Aging, 2,* 154–163.

S. 186 f.: Modestin, J. 1992. Multiple personality disorder in Switzerland. *American Journal of Psychiatry, 149,* 1, 88–92.

S. 187: Was die multiplen Persönlichkeitsstörungen außerhalb Nordamerikas angeht, so scheinen die Niederlande eine Ausnahme darzustellen. Bestimmte psychiatrische Einrichtungen dort berichten recht häufig von multiplen Persönlichkeitsstörungen. S. Modestin, Multiple personality.

S. 187: Die wechselvolle Geschichte der multiplen Persönlichkeitsstörung wird berichtet von Hacking, I. 1991. Two souls in one body. *Critical Inquiry, 17,* 838–867.

S. 188: Die Metapher der Fernbedienung stammt von Hacking, Two souls.

S. 188: Watkins, J. 1984. The Bianchi (L.A. Hillside Strangler) case: Sociopath or multiple personality? *International Journal of Clinical and Experimental Hypnosis, 32,* 67–101.

S. 188: Die Argumentation, daß Bianchi bewußt täuschte, steht in Orne,

M., D. Dinges und E. Orne 1984. On the differential diagnosis of multiple personality in the forensic context. *International Journal of Clinical and Experimental Hypnosis, 32,* 118–169. Die Argumentation, daß es sich um unbewußtes Phantasieren handelte, stammt von Allison, R. 1984. Difficulties diagnosing the multiple personality syndrome in a death penalty case. *International Journal of Clinical and Experimental Hypnosis, 32,* 102–117.

S. 189: Dieser Bericht über eine Dissoziation ist zitiert nach Gelinas, D. 1983. The persisting negative effects of incest. *Psychiatry, 46,* 312–332.

S. 189: Zu »Sybil« s. Sileo, C. 1993. Multiple personalities: The experts are split. *Insight,* 25. Oktober, 18–22.

S. 190 f.: Zu Erinnerungen an ein früheres Leben s. Reveen, P. 1987–88. Fantasizing under hypnosis: Some experimental evidence. *The Skeptical Inquirer, 12,* 181–183. Vgl. auch Spanos, N. 1987–88. Past-life hypnotic regression: A critical view. *The Skeptical Inquirer, 12,* 174–180.

S. 192 f.: Luria, A. 1968. *The Mind of a Mnemonist.* New York: Basic Books.

S. 193: Stern, *Diary of a Baby.*

S. 195 f.: McCabe, Capron und Peterson, The voice of experience.

6. Das Gedächtnis des Erwachsenen

S. 198: Levinson, D. 1978. *The Seasons of a Man's Life.* New York: Knopf.

S. 199: Helson, R., und P. Wink 1992. Personality change in women from the early 40s to the early 50s. *Psychology and Aging, 7,* 46–55.

S. 199: Teltsch, K. 1989. »Midlife crisis« is investigated by one who doubts it's there. *New York Times,* December 12, C3. Bei dem erwähnten Psychologen handelt es sich um Gilbert Brim.

S. 199: Erinnerungen an frühe emotionale Probleme: Robins, L. 1985. Early home environment and retrospective recall: A test for concordance between siblings with and without psychiatric disorders. *American Journal of Orthopsychiatry, 55,* 27–41.

S. 201: Einstellungsveränderungen zwischen 1973 und 1982: Markus, G. 1986. Stability and change in political attitudes: Observed, recalled and explained. *Political Behavior, 8,* 21–44.

S. 201: Veränderungen der politischen Einstellung von 1972 bis 1976: Niemi, G., R. Katz und D. Newman 1980. Reconstructing past partisanship: The failure of party identification recall questions. *American Journal of Political Science, 24,* 633–651.

S. 201: Ross, M. 1989. Relation of implicit theories to the construction of personal histories. *Psychological Review, 96,* 341–357.

S. 201 f.: Vaillant, G. 1977. *Adaptation to Life.* Boston: Little, Brown.

S. 202: Zu den Ursprungsgeschichten von Kulturen siehe Mead, M. 1978. *Culture and Commitment.* New York: Columbia University Press.

S. 203 f.: »... auch in jenen Jahren habe ich Material gesammelt ...«: Kotre, J. 1984. *Outliving the Self.* Baltimore: Johns Hopkins University Press.

S. 205: Die Untersuchung mit Katholiken und Exkatholiken: Kotre, J. 1971. *The View from the Border.* Chicago: Aldine-Atherton.

S. 205 f.: Ross, Relation of implicit theories.

S. 206: Linton, S., und L. Melin 1982. The accuracy of remembering chronic pain. *Pain, 13,* 281–285.

S. 206: Die Forschungen anhand des Programms zur Verbesserung von Lernfähigkeit werden präsentiert in Ross, Relation of implicit theories.

S. 206: Erinnerungen an persönliche Einstellungen nach 25 Jahren: Woodruff, D., und J. Birren 1972. Age changes and cohort differences in personality. *Developmental Psychology, 6,* 252–259.

S. 206: 67jährige bewerten ihr Gedächtnis im Alter von 38: McFarland, C., W. Turnbull und M. Giltrow 1988. Biased recollections in the elderly. Unveröffentlichtes Manuskript.

S. 207: Whitbourne, S., und D. Dannefer 1985. The »life drawing« as a measure of time perspective in adulthood. *International Journal of Aging and Human Development, 22,* 77–85.

S. 208 f.: Rubin, D., S. Wetzler und R. Nebes 1986. Autobiographical memory across the lifespan. In: Rubin, D. (Hg.), *Autobiographical Memory.* Cambridge: Cambridge University Press.

S. 210: Die Untersuchung mit den College-Studenten, die sich an ihre Studienjahre erinnern, wurde durchgeführt von Robinson, J. 1986. Temporal reference systems and autobiographical memory. In: Rubin, *Autobiographical Memory.*

S. 211: Mackavey, W., J. Malley und A. Stewart 1991. Remembering autobiographically consequential experiences: Content analysis of psychologists' accounts of their lives. *Psychology and Aging, 6,* 50–59.

S. 211 f.: Erinnerungen an Ereignisse von nationaler und weltweiter Bedeutung: Schuman, H., und J. Scott 1989. Generations and collective memory. *American Sociological Review, 54,* 359–381.

S. 212: Die Forschungen über zunehmendes Reflektieren im mittleren Alter werden zusammengefaßt von Cohler, B., und R. Galatzer-Levy 1990. Self, meaning, and morale across the second half of life. In: Nemiroff, R., und C. Colarusso (Hgg.), *New Dimensions in Adult Development.* New York: Basic Books.

S. 213 ff.: Die vollständige Geschichte von Chris Vitullo kann nachgelesen werden in Kotre, *Outliving the Self.*

S. 215: »... mit meiner Altersrente zurechtzukommen ...«: Wong, P., und

L. Watt 1991. What types of reminiscence are associated with successful aging? *Psychology and Aging, 6,* 272–279.

S. 217: Butler, R. 1963. The life review: An interpretation of reminiscence in the aged. *Psychiatry, 26,* 65–76.

S. 218: Zuniga, M. 1989. Mexican-American elderly and reminiscence: Interventions. *Journal of Gerontological Social Work, 14,* 61–73.

S. 219: Keawkungwal, S. 1984. *Life Satisfaction of Thai and American Elderly as Related to Psychosocial Variables.* Bei der University of Maryland eingereichte Dissertation.

S. 219f.: Das Washingtoner *Oral-history*-Projekt wird beschrieben in Manheimer, R. 1983. History on a human scale. *History News,* September, 17–22.

S. 221 f.: Noyes, R., und R. Kletti. Panoramic memory: A response to the threat of death. *Omega, 8,* 181–194. S. auch Gallup, G. 1982. *Adventures in Immortality.* New York: McGraw-Hill.

S. 223: Über die Lebensrückschau im extrem hohen Alter siehe Lieberman, M., und S. Tobin 1983. *The Experience of Old Age.* New York: Basic Books.

S. 224f.: PET-Untersuchungen an Zwanzigjährigen und Achtzigjährigen: Selkoe, D. 1992. Aging brain, aging mind. *Scientific American, 267,* 3, 134–142. PET ist die Abkürzung für Positronen-Emissions-Tomographie.

S. 225: Zu den genetischen Ursachen der Alzheimer-Krankheit s. Murrell, J., M. Farlow, B. Ghetti und M. Benson 1991. A mutation in the amyloid precursor protein associated with hereditary Alzheimer's disease. *Science, 254,* 97–99. S. auch Marx, J. 1991. Mutation identified as a possible cause of Alzheimer's disease. *Science, 251,* 867–877.

S. 226: Verhältnis von Alter und seniler Demenz: Preston, G. 1986. Dementia in elderly adults: Prevalence and institutionalization. *Journal of Gerontology, 41,* 281–287.

S. 226: Bliven wird zitiert in Cowley, M. 1980. *The View from 80.* New York: Viking Press.

S. 226: Sich jung fühlen, wenn man jenseits der 65 weiterarbeitet: Barak, B., und B. Stern 1986. Subjective age correlates: A research note. *Gerontologist, 26,* 571–578.

S. 226: Tobin, S. 1991. *Personhood in Advanced Old Age.* New York: Springer.

S. 227: Die Geschichte der 84jährigen Witwe stammt aus Tobin, S. 1991. Preservation of the self in old age. *Social Casework: The Journal of Contemporary Social Work,* November, 550–555.

S. 228: »Wir besaßen ein kleines Juweliergeschäft …«: Tobin, *Personhood.*

S. 228: Lyman, A., und M. Edwards 1989. Poetry: Life review for frail American Indian elderly. *Journal of Gerontological Social Work, 14,* 75–91.

S. 229: Eine Diskussion des alterslosen Ich steht in Kaufman, S. 1986. *The Ageless Self*. Madison: University of Wisconsin Press.

S. 229: »... es hat nichts mit dem Alter zu tun ...«: Kotre, J., und E. Hall 1990. *Seasons of Life*. Boston: Little, Brown.

7. »Am Anfang ...«

S. 231: Brontë, E. 1901. *Wuthering Heights*. New York: Knopf.

S. 235: Zu den Geschlechterunterschieden im Alter der frühesten Erinnerungen s. Pillemer, D., und S. White 1989. Childhood events recalled by children and adults. In: Reese, H. (Hg.), *Advances in Child Development and Behavior*, Bd. 21. New York: Academic Press.

S. 235: Rule, W., und G. Jarrell 1983. Intelligence and earliest memories. *Perceptual and Motor Skills, 56*, 795. Zum gleichen Thema s. Rabbitt, P., und L. McInnis 1988. Do clever old people have earlier and richer first memories? *Psychology and Aging, 3*, 338–341.

S. 235: Alter und Gehalt früher Erinnerungen: Usher, J., und U. Neisser 1993. Childhood amnesia and the beginnings of memory for four early life events. *Journal of Experimental Psychology: General, 122*, 155–165. Eine Kritik dieses Artikels findet sich in Loftus, E. 1993. Desperately seeking memories of the first few years of childhood: The reality of early memories. *Journal of Experimental Psychology: General, 122*, 274–277.

S. 235f.: Traumatische Erlebnisse, einschneidende Veränderungen und Triviales in frühen Erinnerungen: Kihlstrom, J., und J. Harackiewicz 1982. The earliest recollection: A new survey. *Journal of Personality, 50*, 134–148. S. auch Rabbitt und McInnis, Do clever old people?

S. 236: Quellen für den visuellen Gehalt früher Erinnerungen: Kihlstrom und Harackiewicz, The earliest recollection. Auch: Cohen, G., und D. Faulkner 1988. Lifespan changes in autobiographical memory. In: Gruneberg, M., P. Morris und R. Sykes (Hgg.), *Practical Aspects of Memory*, Bd. I. Chichester: Wiley. Und: Bruh, A. 1990. *Earliest Childhood memories*, Bd. I. New York: Praeger.

S. 236: Zur außerkörperlichen Perspektive in Erinnerungen siehe Kotre, K. 1990. The external observer in autobiographical memories. Unveröffentlichte Magisterarbeit an der University of Michigan. Und: Nigro, G., und U. Neisser 1983. Point of view in personal memories. *Cognitive Psychology, 15*, 467–482.

S. 239f.: Die Geschichte von Goethe findet sich in Freud, S. 1917 [1969]. Eine Kindheitserinnerung aus »Dichtung und Wahrheit«. In: *Studienausgabe, Bd. X*. Frankfurt am Main: S. Fischer. Als Freud 1910 die früheste Erinnerung von Leonardo da Vinci analysierte, sagte er, daß Erinnerungen verändert und sogar verfälscht werden könnten, um aktuelle Bedürfnisse zu befriedigen. Er kam zu dem Schluß, daß Leonardos Erinnerung an einen Geier, der auf seinem Bett saß, in Wirklichkeit eine Phantasie des Erwachsenen war, die auf die Kindheit übertragen wurde. Obwohl er sich also der Gegenwärtigkeit von Erinnerungen bewußt war, nahm Freud in der Regel grundsätzlich an, daß die Bedeutung von Erinnerungen in der Vergangenheit liege.

S. 241: Eisenhower, D. 1967. *Stories I Tell to Friends.* New York: Doubleday.

S. 241: Meir, G. 1975. *My Life.* New York: G. P. Putnam's Sons.

S. 241: Die Beispiele von Papert und Einstein stammen aus Huyghe, P. 1985. Voices, glances, flashbacks: Our first memories. *Psychology Today,* September, 48–52.

S. 242: Plomin, R., G. McClearn, N. Pedersen, J. Nesselroade und C. Bergman 1988. Genetic influence on childhood family environment perceived retrospectively from the last half of the life span. *Developmental Psychology, 24,* 738–745.

S. 243: Zahlreiche Untersuchungen, die den Gehalt früher Erinnerungen auf die gegenwärtigen Lebensumstände beziehen, werden zitiert in Kotre, K. 1994. Autobiographical memory and the self. Unveröffentlichtes Referat, University of Michigan.

S. 243: Davidow, S., und A. Bruhn 1990. Earliest memories and the dynamics of delinquency: A replication study. *Journal of Personality Assessment, 54,* 601–616.

S. 244: Eine Veränderung der frühesten Erinnerung nach der Einlieferung: Tobin, S., und E. Etigson 1968. Effect of stress on earliest memory. *Archives of General Psychiatry, 19,* 435–444.

S. 244 f.: Die Geschichte von »Jane« steht in Eckstein, D. 1976. Early recollection changes after counseling: A case study. *Journal of Individual Psychology, 32,* 212–223.

S. 246: Adler, A. 1931. *What Life Should Mean to You.* Boston: Little, Brown.

S. 246 f.: Veränderungen früher Erinnerungen bei High-School-Schülern: Kihlstrom and Harackiewicz, The earliest recollection.

S. 247 f.: Zu Kontrast und Kontinuität in der Lebensgeschichte siehe Hankiss, A. 1981. Ontologies of the self: On the mythological rearranging of one's life history. In: Bertraux, D. (Hg.), *Biography and Society.* Beverly Hills, Calif.: Sage.

S. 248: Ein Mann erinnert sich als erstes daran, wie er ins Krankenhaus gebracht wurde: Kotre, J. 1984. *Outliving the Self.* Baltimore: Johns Hopkins University Press.

S. 249: Eine Frau erinnert sich als erstes daran, wie ihre Mutter sie verließ: Kotre, J., und E. Hall 1990. *Seasons of Life.* Boston: Little, Brown.

S. 256: Adams, V. 1983. Remembering the first drink. *Psychology Today,* Mai, 82.

S. 257: Die Erinnerung einer Frau an eine neue Kirchengemeinde: Kotre, *Outliving the Self.*

S. 260: Mehr erstmalige Erinnerungen als letztmalige: Cohen und Faulkner, Lifespan changes.

S. 260f.: Über die Arunta und die Nakhi siehe Eliade, M. 1959. *The Sacred and the Profane.* New York: Harcourt, Brace.

8. Das vergeistigte Gedächtnis

S. 264: »... mir in den Mund gesteckt haben ...«: Kotre, J. 1984. *Outliving the Self.* Baltimore: Johns Hopkins University Press.

S. 264f.: »... alle Freiheit, die wir brauchten ...«: Kotre, *Outliving the Self.*

S. 265: »... noch wunderbarer für mich ...«: Kotre, J., und E. Hall 1990. *Seasons of Life.* Boston: Little, Brown.

S. 265: »... und das war es dann ...«: Kotre, *Outliving the Self.*

S. 265f.: Revere, V., und S. Tobin 1980. Myth and reality: The older person's relationship to his past. *International Journal of Aging and Human Development, 12,* 15–26. S. auch Lieberman, M., und S. Tobin 1983. *The Experience of Old Age.* New York: Basic Books.

S. 267: »Und bei Gott ...«: Wacker, R. 1985. The good die younger. *Science, 6,* 67.

S. 267: Zur Identität, die wir der Nachwelt hinterlassen wollen s. Unruh, D. 1983. Death and personal history. Strategies of identity preservation. *Social Problems, 30,* 340–351.

S. 268: Tobin, S. 1991. Mythicizing parents when old. Referat vor der 99. Jahresversammlung der American Psychological Association, San Francisco, 18. August.

S. 271: Haley, A. 1976. *Roots.* Garden City, New York: Doubleday.

S. 275ff.: Stone, E. 1988. *Black Sheep and Kissing Cousins.* New York: Penguin.

S. 282f.: Die Lebensgeschichte der Nonne steht in Kotre, *Outliving the Self.*

S. 283f.: Die Geschichte der 21jährigen Frau mit ihrem verstorbenen Vater steht in Kotre, J. 1979. *Simple Gifts.* Kansas City: Andrews and McMeel.

S. 284f.: Die Geschichte mit der Skulptur des Großvaters findet sich in Kotre, *Outliving the Self.*

S. 285: Der Eklat um Moscone wird beschrieben in Unruh, Death and personal history.

S. 286 f.: Die Hashoian-Erinnerungen finden sich in Kotre, J., und K. Kotre 1990. Of seasons and survivors. *Seasons of Life Audiotapes,* Programm 26. Ann Arbor, Mich., und Washington, D.C.: University of Michigan / Corporation for Public Broadcasting.

S. 288 f.: Schwartz, B. 1990. The reconstruction of Abraham Lincoln. In: Middleton, D., und D. Edwards, *Collective Remembering.* London: Sage.

S. 291 f.: Kingston, M. 1976. *The Woman Warrior.* New York: Knopf.

Dank

Ich danke all denjenigen, deren Erinnerungen Teil dieses Buches geworden sind. Bei vielen von ihnen handelt es sich um die Menschen, deren Lebenserinnerungen ich im Lauf der Jahre aufgezeichnet habe. Als ich dieses Buch zu schreiben begann, profitierte ich von der Hilfe meines Agenten Donald Cutler und von mehreren langen Gesprächen mit dem mittlerweile verstorbenen Erwin Glikes, dem langjährigen Verleger von The Free Press. Erwin und seine Geschichte mit dem Messinglineal werden mir immer im Gedächtnis bleiben. Während der Arbeit prüfte mein Kollege Jeff Stern nicht nur, was ich über das Gehirn schrieb, er ließ es mich vielmehr auf ganz neue Weise sehen. Und meine Frau Kathy steuerte ihre profunden klinischen Kenntnisse bei. Gegen Ende legten Susan Arellano und Edith Lewis gekonnt letzte Hand an das Manuskript. Ihnen allen gilt mein Dank.

Auch das Umfeld meiner Arbeit war wichtig. Eine bessere Atmosphäre als die meiner Heimat-Hochschule – der University of Michigan-Dearborn – hätte ich mir nicht wünschen können. Wo sonst findet man Seminare mit 25 Teilnehmern aus allen Lebensjahrzehnten, vom zweiten bis zum neunten? Und wo sonst besitzt man noch die Freiheit, um Wissen zu ringen und nicht um Forschungsgelder? Ich danke den Studenten, die mit mir über meine Vorstellungen diskutierten, den Kollegen, die mich an den ihren teilhaben ließen, und der Verwaltung, deren Politik es ist, die diversen Talente an ihrer Fakultät zu fördern.

Register

HANSER
HANSER
HANSE
HA
H

Der faszinierende Bericht über das

Universum der Gefühle in unserem Kopf

Jeder weiß, was Emotionen sind, aber kaum jemand, wie und wo sie entstehen. Joseph LeDoux läßt seine Leser an einem Stück Pionierforschung teilhaben. Sein Buch ist der Bericht über die Mechanismen in unserem Gehirn, die wirksam werden, schon bevor wir uns der Gefühle bewußt sind. Dabei kommt er auf Fragen, die uns alle interessieren: Auf welche Weise beeinflussen Emotionen unsere Wahrnehmungen, Erinnerungen, Gedanken und Träume? Können wir sie steuern, oder steuern sie uns?

»Ein phantastisch gutes Buch.«
The New Scientist

JOSEPH LEDOUX

DAS NETZ DER
GEFÜHLE
WIE EMOTIONEN ENTSTEHEN

HANSER

Ca. 384 Seiten mit
ca. 50 Abbildungen. Gebunden